개발 없는 개발

* 이 도서의 국립중앙도서관 출판시도서목록(CIP)은 e-CIP홈페이지(http://www.nl.go.kr/ecip)와
국가자료공동목록시스템(http://www.nl.go.kr/kolisnet)에서 이용하실 수 있습니다.(CIP제어번호: CIP2011005500)

개발 없는 개발

일제하, 조선경제 개발의 현상과 본질

허수열 지음

은행나무

개정판 서문

초판본을 출판한 지도 어언 6년이 흘렀다. 그간 세간의 과분한 주목을 받기도 하였고, 일본어 번역판 『植民地朝鮮の開發と民衆』(保坂祐二역, 明石書店, 2008)도 출간되었다.

그러나 초판본 제2장의 '토지생산성을 고려한 일본인 소유의 논면적 추계'와 '민족별 배분과 일제하 조선 농업개발의 평가' 항목에서는 조선은행과 경성상공회의소의 자료를 잘못 해석함으로써 이에 따른 오류가 있었다. 이들 자료는 토지의 가치에 관한 추계였는데, 그것을 토지생산성을 반영하는 것으로 잘못 해석함으로써 생긴 문제였다. 결과적으로 생산성을 고려하였을 때의 일본인들이 소유하였던 경지면적이 부풀려지고, 농업생산물의 분배 몫에서 일본인들이 차지하는 부분이 과다 계산됨으로써, 농업개발에 따라 증산된 농업생산물의 조선인 분배 몫이 축소되어 버렸다.

이 문제는 김낙년 교수의 서평에서 처음으로 제기되었다. 조선은행과 경성상공회의소의 자료를 토지생산성을 고려한 것으로 보아서는 안 된다는 김 교수의 비판은 타당하다고 생각한다. 따라서 토지생산성을 고려하였을 때의 일본인 소유 경지면적에 대한 추계는 새롭게 이루어져야 했다. 『경제사학』46호(2009년 6월)에 기고한 「일제하 조선에 있어서 일본인 토지소유규모 추계」라는 논문은 이런 목적으로 작성한 것이었다. 이 개정판에서는 그 연구를 토대로 문제가 되었던 부분을 수정하였지만, 아직 충분하지 못하다. 토지생산성을 고려하였을 때의 민족별 경지면적에 대한 직접적인 사료를 찾아내지 못하였기 때문이다.

  이 책에 대한 비판은 이 밖에도 여러 가지가 있지만, 그 대부분은 1910~17년간의 조선총독부의 농업생산통계에 대한 필자의 해석에 관한 것이었다. 조선총독부 『통계연보』의 통계를 토대로 실질농업생산액을 추계해 보면 1910~17년간에 유난히 빠른 성장이 발견되는데, 필자는 이것이 당시의 부정확하였던 통계 때문에 생긴 것이라고 해석하였던 반면, '식민지근대화론'에서는 실제로 이렇게 급속히 성장하였다고 주장해 오고 있다. 그러나 현재의 판단으로는 필자의 주장이 여전히 타당하다고 생각하여 이 개정판에서는 그 부분에 대해서는 전혀 수정하지 않았다. 그 대신 『일제초기 조선의 농업-식민지근대화론의 농업개발론을 비판하다』(한길사, 2011년)이라는 별도의 책을 출간하여 식민지근대화론과 필자 사이에 쟁점이 되었던 문제들을 좀 더 구체적으로 다루어 두었다.

  출간 후 여러 가지 유익한 비판을 해주신 선후배 동료 학자들과 은행나무 주연선 사장님 그리고 편집부에게도 이 자리를 빌려 깊은 감사의 말씀을 드린다.

2011년 10월 17일
허 수 열

머리말

 1995년 8월, 미국 워싱턴의 국립항공우주박물관(The National Air and Space Museum)에서 에놀라 게이(Enola Gay) 특별 전시회가 개최되었다. 이 전시회는 미국의 제2차 세계대전 승전 50주년을 축하하는 행사의 하나였으며, 히로시마에 원자폭탄을 투하한 B-29 비행기의 동체 일부를 전시하고 있었다. 그 비행기의 애칭이 바로 에놀라 게이였다.
 많은 관람객들이 몰려들었기 때문에 다른 전시장과는 달리 정해진 시간에만 입장할 수 있었다. 입장 순서를 기다리는 동안, 전시장 입구의 대형 스크린에서는 에놀라 게이의 승무원들이 왜 원폭을 투하해야만 했는지 설명하는 비디오가 상영되고 있었다. 관람객 중의 일부는 얼굴이 상기되어 있기까지 했다. 때로는 박수치고 환호하면서 가끔 그 자리의 유일한 동양사람인 필자를 흘끔 흘끔 쳐다보곤 했는데, 그 눈길 속에 어떤 적의 같은 것이 느껴졌다.
 "나는 한국사람입니다. 그리고 한국인들도 피해자입니다"라고 말하고 싶었다. 그리고 또 한편으로는 그 불행한 일로 한국의 독립이 앞당겨졌다는 생각도 하고 있었다.
 당시 필자는 미국 국립문서보관소(NARA)에서 보물찾기 같은 자료 찾기에 몰두하고 있었다. 이 책에서 사용된 연합군 최고사령부(SCAP) 자료도 그 때 찾은 것이다. 필자가 항공우주박물관을 가게 된 것은 NARA에 자료를 찾으러 온 어떤 일본 교수의 권유 때문이었다. 그 분은 필자가 일본에 체류할 때도, 또 미국에서 같이 자료 조사를 할 때도 많은 도움을 주신 고마운 분이었다. 그 분은 히로시마 원폭 투하로 30만 명의 일본인이 희생되었는데, 전시장의 설명문에서는 3만 명 사망으로 축소되어 있는 것이 몹시 못마땅했던 것이다. 그리고 필자가 그 왜곡된 사실(史實)의 현장을 확인해주었으면 하는 바람이 있었던 것 같다.

히로시마에 투하된 원폭. 사실은 하나이지만 미국 사람, 일본 사람, 한국 사람이 받아들이는 것이 서로 달랐다. 하나의 사실에 대한 평가나 해석이 이렇게 서로 다른 것, 바로 그것이 『역사란 무엇인가』라는 책에서 카(E. H. Carr)가 말하고 싶어했던 역사일 것이다.

원폭투하에 대한 평가가 서로 다르듯이 일본이 조선을 지배한 과정과 내용 및 그 귀결에 대한 해석과 평가도 사람마다 같지 않다. 어느 나라 사람인지에 따라 다를 수 있고, 같은 나라 사람이라고 하더라도 현상황에 대한 인식과 미래에 대한 전망이 달라지면 이미 지나가버린 과거의 사실에 대한 해석과 평가도 달라지기 때문이다.

1996년 12월 8일 일요일. 일본의 진주만 공습(1941년 12월 8일)이 있은 지 55년 후인 그날부터 매 일요일마다 일본의 산케이신문은 55년 전 그 주에 어떤 일이 있었는지를 연재하기 시작했다. 태평양전쟁이 4년간 지속되었기 때문에 연재도 4년간 지속되어 2000년 12월 31일에 끝났다. 그것을 묶어 단행본으로 출판한 것이 『저 전쟁—태평양전쟁 전기록(あの戰爭—太平洋戰爭全記錄)』이라는 책이었다. 그 책의 서문에는 이렇게 써 있었다.

신문 연재의 목적은 …… 저 전쟁은 왜 일어난 것인가? 사람들은 무엇을 생각하고 무엇을 위해 싸운 것인가? 이것을 …… 분석하여 올바른 역사인식을 다음 세기에 전하는 것에 있었다.

지금 역사교과서를 둘러싼 논의가 왕성하다. 그것은 특히 제2차 세계대전에 있어서 일본의 입장과 역할, 이웃 여러 나라와의 관계를 어떻게 인식하는가에 비중이 실려 있다고 생각할 수 있다. 과연 동경재판사관(東京裁判史觀)으로 대표되는 것처럼 일방적인 일본의 침략전쟁이었던 것일까? 그 때까지의 세계의 강국은 이해의 대립을 전쟁에 호소하여 해결하는 것을 당연한 것으로 생각하고 있었다. 일본이 미국과 영국에 선전포고를 한 싸움도 그와 같은 대단히 '보통의 전쟁'은 아니었던 것인가? 또 아시아 여러 나라에 침공해 들어간 것은 침략인가 해방전쟁인가? 상대가 있는 전쟁이기 때문에 어느 한쪽이 일방적으로 나쁘다는 것은 있을 수 없다. 하물며 특정 이데올로기로 역사를 도배하는 것은 배척하지 않으면 안 된다.

2001년 겨울. 오랜만에 다시 교토에 갔다. 일본의 '건국기념일의 날' 아침에 호리 가즈오 교수가 '건국기념일 지정에 반대하는 모임'에 같이 가자고 찾아왔다. 천황제를 반대하고, 일본군국주의에 반대하고, 일본의 우경화에 반대하는 그런 사람들의 모임이었다. 우울한 보고가 있었다. 지난 한 해 동안 우익단체의 활동이 얼마나 활발했고 또 거기에 얼마나 많은 지원이 주어졌는지 꼼꼼히 기록한 것이다. 일본의 우경화에 대한 우려가 이어졌다.

2003년 겨울. 필자가 일본의 한 서점을 찾아갔을 때, 별도로 만들어진 코너 하나는 바로 『저 전쟁』과 같은 생각으로 쓰인 책들이 가득 차 있었다. 도대체 어떤 역사인식이 올바른 것인가? 저 전쟁이 과연 '보통의 전쟁'의 하나인가? 바로 그런 생각으로 임진왜란과 정유재란을 일으켰고 조선을 식민지로 삼았던 것일까? 앞으로 일본의 이해가 걸린 일이 생긴다면 다시 전쟁에 호소한다는 것일까? 과연 그 전쟁이 해방전쟁일까? 도대체 어떤 역사인식을 다음 세기에 전하겠다는 것인가?

"공습, 원폭, 종전, 자결… 폐허 속에서 일어선 사람들"이라는 띠를 두른 그 책의 어디에도 3백만에 달하는 일본의 젊은이들을 죽음의 구렁텅이로 몰아넣었고, 아시아를 온통 전쟁의 도가니 속으로 몰고 들어갔던 군국주의에 대한 반성은 존재하지 않았다. 도리어 일본 군인들의 영웅적 전투와 그 전쟁에서 산화한 군인들에 대한 진혼으로 가득 차 있었다. 그 고귀한 희생을 부정하는 것은 동경재판사관이라는 것이 그 책의 역사인식이었다.

그러나 아무리 역사적 진리가 상대적인 것이라고 하더라도, 인류가 보편적으로 추구해야 할 가치도 있다. 에놀라 게이 승무원의 호소가 원폭투하를 정당화시켜 주는 것이 아니듯이, 꽃다운 나이에 조국 일본을 위해 산화한 일본 젊은이들이 일본군국주의를 정당화해주지는 않을 것이다. 마찬가지로 아무리 '해방'이나 '개발'과 같은 미사여구로 수식한다고 해도, 자국의 이익을 위해 함부로 다른 나라를 침략하여 짓밟는 제국주의 역시 용인될 수 없는 것이다.

이 책은 제국주의적 침략을 옹호하는 사람들이 내세우는 가장 대표적 주장의 하나인 '개발'이라는 것이 얼마나 무의미한 것이었는지를 명백하게 밝히기 위한 책이다. 조선에서 개발이라는 것이 일정한 의미를 가지려면 그것이 조선인의 개발로 이어져야 하지만, 민족별로 극단적으로 불평등한 생산수단의 소유관계와 그에 따른 분배의 불평등, 또 거기에서 파생하는 차별 등으로 인해 식민지체제가 지속되는 한 조선인들에게 진정한 의미의 개발은 있을 수 없었다는 것을 입증하고 있다. 또 일본의 식민지 지배가 끝났을 때, 일제시대를 통해 이루어졌던 놀라운 개발이 마치 신기루처럼 사라져버리고 해방 후 한국경제는 다시 일제 초의 상태로 되돌아가버렸음을 드러낼 것이다. 그리고 일제시대에 이루어졌던 개발의 유산이 해방 후 한국의 공업화 과정에서 매우 제한적인 역할밖에 하지 못했음도 밝힐 것이다. 제국주의적 침략을 정당화하기 위해 내세우는 '개발'의 실상은 '종속'과 '차별'의 강요였음을 분명히 하고자 하는 것이다. 자국의 이익을 관철시키기 위해 이웃나라의 자유의지를 짓밟는 제국주의적 침략이 야만화, 반문명화의 과정이었음을 확실히 하는 데 목적이 있다는 것이다.

물론 이것만으로 일제시대의 개발의 모든 측면을 다 다룬다고 생각하지는 않는다. 일제시대에 이루어진 각종 제도적 변화와 근대적 제요소의 도입이 해방 후 한국 사회의 전개과정에서 긍정적인 역할을 한 측면도 있고, 또 한편으로는 식민지 지배를 당하면서 받은 깊은 상처와 남북분단과 한국전쟁 및 그것에 이어지는 휴전상태라는 후유증이 아직도 치유되지 않은 채 남아 있기 때문에 이런 점에 대한 평가가 동시에 이루어지지 않는다면 일제지배에 대한 종합적 평가도 완전하지 않을 것이다. 그러나 이런 요인들은 객관적 평가가 어려워 이 책에서 다루지는 않을 것이다.

이런 저술 목적 때문에 이 책은 처음부터 끝까지 민족이라는 키워드로 뒤덮여 있다. 그러나 이 책이 진정으로 목적으로 하는 바는 반일이나 한국의 민족주의 혼을 다시 불러일으키려는 데 있는 것이 아니다. 협량한 민족 이기주의의 발호가 얼마나 잘못된 것인가를 일제시대 조선경제의 개발경험을 통해 비판하기 위함이다. 국수주의적 민족주의나 지나친 우경화는 근린 국가들 사이에 지울 수 없는 상처와 갈등의 골을 확대시킴으로써 현재와 미래의 상생적 발전을 가로막을 것이기 때문에 철저히 경계해야 할 것이라는 점을 일제시대의 경험을 통해 입증하고 싶은 것이 좀더 근본적인 저술 목적이다. 우리 내부에서 있을 수도 있는 국수주의적 민족주의도 동시에 경계하고자 함이다.

끝으로 이 책을 내면서 그 동안 필자를 여러 모로 보살펴주시고 이끌어주신 은사 이현재 교수님, 김종현 교수님, 그리고 안병직 교수님께 깊은 감사의 말씀을 올리고 싶다. 또 푸근한 마음으로 연구에만 정진할 수 있게 뒷바라지 해준 아내와 언제나 자기 몫을 잘 해준 윤경, 규서 두 아이들, 그리고 소중한 새 식구 이준엽 군에게 이 책을 선사하고 싶다.

어려운 출판여건에도 불구하고 흔쾌히 출판을 허락해준 은행나무의 주연선 사장님과 편집부의 탁윤희 님, 그리고 자료입수에 많은 도움을 준 졸업생 김병문 군에게 감사드린다.

2005년이 밝아 오는 달
솔내음 가득한 연구실 밖 동산을 바라보며
허 수 열

| 차례 |

개정판 서문 · · · · · · · · · · · · · · · · · 5
머리말 · · · · · · · · · · · · · · · · · · · 7

서 장 문제의 제기

1. 식민지적 개발의 귀결 · · · · · · · · · · · 17
2. 개발론의 특징과 문제점 · · · · · · · · · · 22
3. 분석 방법 · · · · · · · · · · · · · · · · 28

제2장 농업개발

1. 농업개발의 현상 · · · · · · · · · · · · · 39
   농업 투입의 변화 · · · · · · · · · · · · · 39
   농업생산의 증대 · · · · · · · · · · · · · 56

2. 농업개발의 본질 · · · · · · · · · · · · · 79
   일본인 소유 경지의 규모와 비중 · · · · · · · · 80
   토지생산성을 고려한 일본인 소유의 논 면적 추계 · · · 97
   지주제의 확대 · · · · · · · · · · · · · · 105
   민족별 배분과 일제하 조선 농업개발의 평가 · · · · · 112

제3장 공업개발

1. 공업개발의 현상 · · · · · · · · · · · · · 131
   광공업 정책 · · · · · · · · · · · · · · · 132
   산업구조의 고도화 · · · · · · · · · · · · 137
   공업 생산양식―공장공업과 가내공업 · · · · · · 141
   공업구조의 고도화 · · · · · · · · · · · · 153
   고용구조 · · · · · · · · · · · · · · · · 160

2. 공업개발의 본질 · · · · · · · · · · · · · 167
   민족별 공업생산과 개발의 주체 · · · · · · · · 167

　　　　　이중구조 · · · · · · · · · · · · · · · · · · 182
　　　　　군수공업화 · · · · · · · · · · · · · · · · · 204

제4장　근대교육과 기술의 발전
　　　　1. 교육 · · · · · · · · · · · · · · · · · · · 241
　　　　2. 기술과 기능 · · · · · · · · · · · · · · · 255

제5장　불평등과 차별
　　　　1. 경제성장과 생활수준 · · · · · · · · · · · 271
　　　　　1인당 곡물소비량 · · · · · · · · · · · · · 271
　　　　　1인당 소비 · · · · · · · · · · · · · · · · 277
　　　　　계층별·직업별 소득과 소비 · · · · · · · · 282
　　　　2. 경제적 불평등과 민족차별 · · · · · · · · 294
　　　　　임금에 있어서 민족차별 · · · · · · · · · · 304
　　　　　승진에 있어서 민족차별 · · · · · · · · · · 306

제6장　연속과 단절―개발의 유산
　　　　1. 일본인 기업자산의 남북한별 분포 · · · · · 317
　　　　2. 일본인 물적 유산의 활용 상황 · · · · · · 322
　　　　3. 한국전쟁의 피해 · · · · · · · · · · · · · 327
　　　　4. 물적 유산의 가치 평가 · · · · · · · · · · 331

종　장　개발 없는 개발 · · · · · · · · · · · 335

　　　　　부표 · · · · · · · · · · · · · · · · · · · 347
　　　　　찾아보기 · · · · · · · · · · · · · · · · · 355

서장

문제의 제기

일제시대에 조선이 개발되었다는 것은 명백한 사실이다. 개발의 측면을 강조하는 논의들은 바로 이러한 현상에 대한 분석을 기초로 하고 있다. 그러나 이러한 개발 현상에 대한 분석에서 한 걸음 더 나아가 그것이 조선인에게 어떤 의미를 가진 것이었는가를 분석해보면 전혀 다른 양상이 나타나게 된다. 조선은 개발되었지만 조선인에게는 아무런 의미도 없는 것, 즉 '개발 없는 개발'이라는 모습이 보이게 되는 것이다. 서장은 바로 이러한 개발 없는 개발을 분석하기 위한 문제제기 틀을 제시한다.

1. 식민지적 개발의 귀결

　세계 각국의 인구, 국내총생산, 1인당 국내총생산 등에 관한 역사적 통계로 유명한 메디슨(A. Maddison)의 데이터에서 조선에 관한 것만 발췌하여 그래프로 그려보면 [그림 1-1]과 같다. 1911~38년의 1인당 국내총생산은 그래프의 모양으로 보건데 아마 미조구치 토시유키(構口敏行)가 추계한 국내총지출(gross domestic expenditure)과 같은 기존의 연구를 토대로 했을 것으로 짐작된다.

　메디슨의 추계에 의하면, 1911년의 조선의 1인당 국내총생산은 777달러였다.[1] 일제시대에 피크에 도달했던 연도는 1937년으로서 1,482달러였지만, 중일전쟁 이후에는 감소추세로 돌아서서, 1944년 1,330달러로 줄어

---

[1] 국제통화기금(IMF)의 자료 중, 1900년의 세계 각국의 1인당 국내총생산을 추계한 것이 있다 (IMF, *World Economic Outlook*, May 2000, 157쪽). 이 자료에 의하면 1900년의 조선의 1인당 국내총생산이 1990년의 달러 구매력으로 환산했을 때 850달러 정도 되었고, 전 세계적으로 중상위권에 속하는 것이었다고 한다. 그러나 이 추계는 그대로 믿기 어렵다. 통계라는 개념조차 없었던 당시의 자료로 이런 계산을 한다는 것은 거의 불가능하기 때문이다. 국민총생산을 계산할 정도로 통계가 갖추어져 있지 못함은 물론이고, 심지어는 1인당 국민총생산을 구하기 위한 정확한 인구조차 전혀 알 수 없던 것이 당시의 통계 현실이었다.

들었고, 1945년에는 616달러로 급락했다. 1945년의 수준은 1911년보다 더 낮은 것이었다. 그리하여 해방이 되었을 때 조선은 그 당시 세계에서 가장 가난한 농업국의 하나로 되돌아갔다.

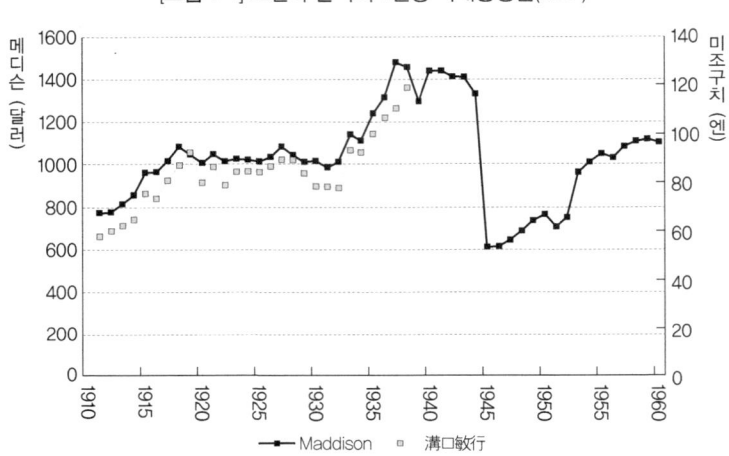

[그림 1-1] 조선과 한국의 1인당 국내총생산(GDP)

주 : 달러는 1990년 International Geary-Khamis dollars로 표시된 것이고, 엔은 1934~36년 평균가격으로 표시된 것이다. 1945년 이전은 조선 전체, 1945년 이후는 남한만을 대상으로 한다. 미조구치의 그래프는 변화추세를 보기 위해 추가한 것이다.
자료 : Angus Maddison, *The World Economy : Historical Statistics*, OECD Development Centre, 2001, 표 5c; 溝口敏行, 梅村又次 編, 『舊日本植民地經濟統計-推計と分析-』, 東洋經濟新報社, 1988, 239쪽.

1950년의 한국의 1인당 국내총생산은 770달러로 메디슨의 자료에 나오는 145개국 중에서 106번째였다. 1950년 아시아 아프리카 여러 나라 중에서 1인당 국내총생산이 한국보다 더 높은 나라는 아프리카의 21개국을 비롯하여, 아시아의 카타르, 쿠웨이트, 아랍에미리트, 이스라엘, 레바논, 시리아, 남 아라비아, 싱가포르, 홍콩, 바레인, 일본, 이란, 요르단, 터키, 말레이시아, 이라크, 스리랑카, 필리핀, 팔레스타인, 대만, 인도네시아, 태국 등이 있었다. 한국보다 더 낮은 나라는 아프리카의 22개국을 비롯하여 베트남, 아프가니스탄, 오만, 인도, 라오스, 방글라데시, 네팔, 중국, 몽골, 버마 등이 있었다.

[표 1-1] 직업별 인구구성

	1930년	1940년	1949년
농 업	78.4	76.5	78.8
수 산 업	1.1	1.3	1.1
광 업	0.1	1.0	0.4
공 업	6.1	4.0	3.3
상 업	5.9	6.1	4.7
교 통 업	0.9	1.0	0.9
공무자유업	1.8	2.0	5.2
가사사용인	1.6	2.4	1.8
기 타 유 업	4.1	5.7	3.8
합 계	100.0	100.0	100.0
총유업자수	6,456,744	5,674,391	7,900,535

주 : 1940년 이전은 동년 국세조사에서 남한 8도를 발췌함.
    1949년은 동년 5월 총인구조사에 의거함.
자료 : 韓國産業銀行調査部, 『韓國産業經濟十年史(1945~1955)』, 1955, 343-344쪽.

해방 후 한국이 농업국이었다는 것은 [표 1-1]에서 확인된다. 1949년의 인구조사에 의하면 전체 유업자의 78.8%가 농업에 종사하고 있었다. 여기에 수산업을 더하면 전체 유업자의 8할이 제1차 산업에 종사하고 있었던 것으로 된다. 이 수준은 공업개발이 아직 본격화되지 않았던 1930년 무렵의 비율과 비슷하고, 일본의 1887년의 산업별 인구구성과 비슷하다.[2]

해방 후 한국은 기적이라고 불릴 정도의 고도성장을 이룩했다. 따라서 21세기를 앞두고 지식(knowledge)에 대한 관심이 한창 고조되고 있을 때, 세계은행이 1999년판 『세계개발보고서』에서 한국을 주목한 것도 놀랍지 않다. 이 보고서에 딸린 '개발을 위한 지식'(Knowledge for Development)이라는 제목의 슬라이드 자료는 첫 페이지가 1956~1992년간의 한국과 가나의 1인당 실질 국내총생산을 비교하는 그래프로 시작

---

2) 1887년의 일본의 산업별 인구구성은 제1차 산업이 78%, 제2차 산업이 9%였다. 安藤良雄 編, 『近代日本經濟史要覽』(제2판), 東京大學出版會, 1987, 25쪽.

되고 있다([그림 1-2]).[3] 이 그림은 1950년대에 한국과 가나는 비슷한 수준에서 출발했지만, 1990년대가 되면 가나는 여전히 가난을 벗어나지 못하고 있는데 한국은 부유한 나라가 되었고, 그러한 차이를 낳은 원인의 일부는 물적 및 인적 자본(physical and human capital)의 개발 정도에도 있지만 지식 개발의 차이에도 크게 의존한다는 주장을 펴기 위해 제시된 것이다. 20세기 후반 동아시아의 경제개발의 기적이 세계은행의 지적과 같이 지식 때문에 이루어진 것인지 어떤지는 이 책의 관심사가 아니다. 그러나 이 자료에서도 1950년대의 한국의 1인당 국내총생산이 매디슨의 추계에서와 마찬가지로 아프리카의 가나와 같은 수준이었던 것으로 나타나고 있다는 점과 1960년대에 경제개발이 시작되면서 비로소 한국과 가나의 1인당 국내총생산이 뚜렷이 달라지기 시작했다는 점은 한국의 공업화의 역사적 전개와 관련하여 특히 주목할 필요가 있다.

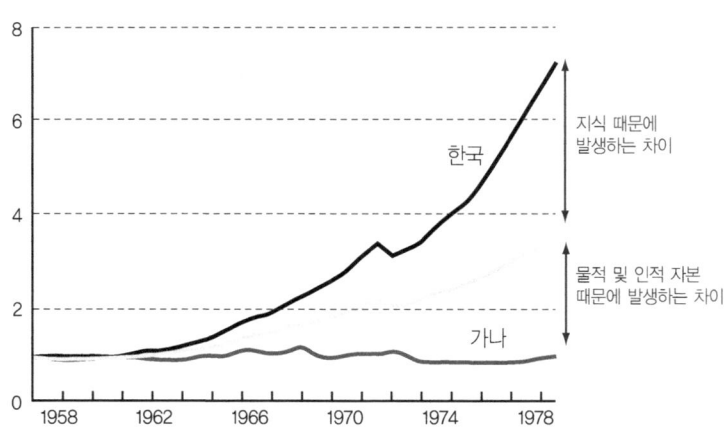

[그림 1-2] 가나와 한국의 1인당 실질 국내총생산의 추세

자료: World Bank, *World Development Report 1998/99*, 22쪽.

---

3) 이 그림은 World Bank, *World Development Report 1998/9*, 22쪽에 있는 것과 동일한 것이다.

쿠즈네츠(S. Kuznets)는 인구가 증가하면서 1인당 생산의 지속적 성장(sustained growth)이 이루어지는 상태를 근대적 경제성장(modern economic growth)이라고 불렀다.[4] 이러한 근대적 경제성장은 근대 이전에는 볼 수 없는 것이었다고 한다. 앞의 [그림 1-1]의 매디슨과 미조구치의 1인당 국내총생산을 보면, 1911~18년과 1932~37년에만 그런 현상이 있었다. 이 중 1911~18년의 추계는 전혀 믿을 것이 못되기 때문에 제외한다면 일제시대의 근대적 경제성장은 1932~37년의 5년간에 한정되고, 근대적 경제성장의 본격적 전개는 1960년대 이후였다는 것으로 된다.

지금까지 나온 여러 국민경제 계산에 의하면 일제시대 조선의 실질국내총생산(혹은 국내총지출)의 연평균 성장률은 4% 전후였던 것으로 되어 있다.[5] 주지하는 바와 같이 일제시대는 두 번의 세계대전 및 그 사이 기간과 겹치고 있다. 당시의 세계경제는 두 번의 세계대전과 세계대공황으로 성장이 둔화되었던 시기였는데, 이 때 이 정도의 성장률이라면 아마 세계적으로 가장 높은 성장률이었을 것이다.

그토록 놀라운 속도로 성장했는데, 그 결말은 1945년의 급락에 의해 조선의 1인당 국내총생산은 일제시대 이전으로 되돌아가 버렸다. 그렇다면 일제시대에 이루어진 개발과 성장은 도대체 무엇이었던가? 일제시대의 개발에 관한 본격적 탐구에 앞서 우선 지금까지 나온 일제시대의 개발에 대한 여러 견해들을 검토하는 것부터 시작해본다.

---

[4] 즉 인구가 증가한다는 전제 하에서 인구증가율을 상회하는 경제성장률이 최소한 30~40년 이상 지속될 때 근대적 경제성장이 있다고 보는 것이다. 근대적 경제성장에 대해서는 S. Kuznets, *Modern Economic Growth*, Yale University, 1966, 제1장 및 제2장 참조.
[5] 1912~37년간의 조선의 국내총지출의 연평균 성장률은 미조구치의 경우에는 4.0%였고, 차명수의 경우에는 이것보다 조금 더 높은 4.2%였다. 「GDP & GDE」, 낙성대 경제연구소 발표문, 2004. 2. 19. 石南國의 인구추계를 이용하여 이 기간 동안의 연평균 인구성장률을 구해 보면 1.4%가 되기 때문에, 이 기간 동안의 1인당 국내총지출의 연평균 성장률은 2.6% 및 2.8%로 된다.

2. 개발론의 특징과 문제점

 오랫동안 일제시대 한국사는 침략, 수탈, 저항 등의 키워드로 뒤덮여왔다. 이러한 역사관에 대한 맞바람은 외국에서 왔다. 피티(Mark R. Peattie)가 '개발과 수탈(Development and Exploitation)'이라는 새로운 개념을 제기하면서 '개발'이라는 측면이 새롭게 부각되기 시작했다.[6]
 피티의 견해는 마츠모토 토시로(松本俊郎)에 의해 '침략과 개발'론으로 이어졌다. 연구대상이 중국이라는 점을 제외하면 그 문제의식은 피티와 크게 다르지 않았다.[7] 키무라 미츠히코(木村光彦)는 마츠모토 토시로의 '침략과 개발'론을 원용하여 해방 이전의 조선경제를 설명했다.[8] 국내에서도 이른바 '식민지 근대화론'이라고 불리는 일부 경제사 연구 그룹이 출현하여 비슷한 연구태도를 취하게 되었다. 이들은 장기경제통계를 정비하고 이것을 활용하여 조선 후기 이래 현재에 이르는 장기간의 한국경제의 동태의 일부로서 일제시대의 한국경제를 연구하는 성장사학의 연구방법으로

---

6) Ramon H. Myers and Mark R. Peattie eds., *The Japanese Colonial Empire 1895~1945*, Princeton University Press, 1984.
7) 松本俊郎, 『侵略と開發―日本資本主義と中國植民地化―』, 御茶の水書房, 1988.
8) 木村光彦, 「成長の前史」, 『概說 韓國經濟』(渡邊利夫 編), 有斐閣選書, 1990.

점차 수렴되어 가고 있다.[9] 조선의 자본주의화를 주장하는 연구는 이론 그 자체에서 위의 여러 연구들과 근본적으로 다르지만, 많은 점에서 위의 여러 연구들과 인식을 같이 하고 있다.[10] 이렇게 보면, 지난 20년 사이에 개발의 측면에 주목하는 연구가 무척 다양해지고 또 상당한 세력을 얻게 되었다. 이 책에서는 편의상 이들 제 견해들을 '개발의 측면을 강조'한다는 점에서 '개발론'이라고 부르기로 하겠다.

개발론은 다양한 이론적 기반 위에 서 있다. 그럼에도 불구하고 몇 가지 공통적인 점도 있다. 첫째, 이들 연구는 일제의 조선에 대한 침략이나 수탈을 비판하고 있다. 피티는 중심부의 식민지 지역에 대한 가혹한 요구, 일본인과 조선인 사이의 경제적 불평등, 일본의 정책에 의해 초래된 왜곡과 불균형 등과 같은 종래의 수탈론의 주장을 대부분 그대로 받아들이고 있다.[11] 키무라 미츠히코는 일본에 의한 조선의 식민지화가 불법적이고 침략이었으며, 1910년 이후의 통치내용도 조선인에게 침략적이고 적대적인 것이었고, 많은 조선인에게 큰 고통을 주었다고 지적하고 있다.[12] 호리 가즈오(堀和生)는 『일본자본주의와 조선·대만』의 서문에서 다음과 같이 지적했다.

전후 일본에서는 역대 정부나 보수정치가에 의해, 일본의 전전의 식민지 통치에 관한 변해(辯解)나 찬미가 되풀이되어 왔다. 또 최근에는 '서로운 역사교과서를 만드는 모임'의 멤버들에 의해 일본의 아시아 침략이나 식민지 지배의 실태를 명백히 하는 것, 다음 세대의 아이들에게 올바르게 전하는 것을 자학사관이라고 비판하고, 그것을 모두 무시, 왜곡 내지 정당화하려는 움직임이 되풀이되고 있다. 우리들은 일본의 침략전쟁이 용서할 수 없는 비인도적인 폭력

---

9) 안병직 편, 『韓國經濟成長史』, 서울대학교출판부, 2001; 김낙년, 『일제하 한국경제』, 해남, 2003.
10) 堀和生, 中村哲 編, 『日本資本主義と朝鮮・臺灣』, 京都大學學術出版會, 2003, xi쪽.
11) Myers and Peattie, 앞의 책, 36쪽.
12) 木村光彦, 앞의 책, 30-31쪽.

행위였던 것은 두말할 나위도 없고, 식민지 지배도 군사력, 경찰력에 의해 당해 사회의 사람들의 의사를 짓밟고 강행된 것이었음을 분명히 인식할 필요가 있다. 침략전쟁과 식민지 지배는 어떠한 궤변에 의해서도 정당화되는 것은 아니고, 그것들에 의한 상흔이 지금도 아시아 여러 나라와 사람들의 마음에 남아 있는 것을 인식하지 않으면 안 된다. 우리들은 그들 보수정치가나 '새로운 역사교과서를 만드는 모임'의 견해와는 전혀 다른 견해에 입각하고 있다.

이들 여러 견해에서도 알 수 있듯이, 개발적 측면을 강조한다고 하여 그것이 바로 일본제국주의 찬미의 입장에 서 있다고 생각한다면 큰 오해이다. 대부분 반제적(反帝的) 입장을 가지고 있어, 이 점에서는 수탈론과 조금도 다를 바 없다.[13]

둘째, 그러나 위의 여러 견해들은 이른바 '수탈론'과는 달리 개발을 적극적으로 평가하고 있다. 물론 수탈론이라고 하여 개발적 측면을 전혀 부정하는 것은 아니다. 해방 직후에 나온 책에서 이기수는 "과거 40년간(1905~1945년: 인용자)의 경제사는 …… 착취당한 기록인 동시에, 조선에 자본주의적 생산관계가 발전되고 조선사회가 비록 식민지의 입장으로나마 근대화해온 과정"이라고 하여, 일제 지배가 조선경제를 자본주의화 혹은 근대화하는 역할을 한 점도 지적하고 있다.[14] 그 뒤에도 이와 유사한 여러 견해들이 이어졌다. 그러나 수탈론에서는 개발의 측면을 그다지 중요하지 않게 다루거나 혹은 왜곡된 것으로 간단히 상정했고, 초점은 일관되게 수탈에 맞추어져 있었다. 그 반면, '개발과 수탈론'은 위에서 지적한 바

---

13) 단 성장사학 계통의 연구들이 일제의 조선지배에 대해 비판적 입장에 서 있는지 어떤지는 분명하지 않다. 성장사학의 경우에는 근대 경제성장론의 입장에 서 있기 때문에 제국주의에 대한 비판은 주요한 관심대상이 되지 않는다. 예컨대 김낙년은 "식민지 지배의 부당성에 대한 비판과 식민지기에 나타난 경제현상에 관한 분석은 차원이 다른 것"으로 이해하고 있다. 김낙년, 앞의 책, iii쪽.
14) 李基洙, 「제2부 경제사」, 『日帝下의 朝鮮社會經濟史』, 조선금융조합연합회, 1947.

와 같이 수탈의 측면을 명시적으로 언급하고 있지만, 분석의 초점은 개발의 측면에 맞추어져 있었다. 일제시대의 각종 경제통계를 훑어보면, 개발은 명백한 사실이다. 뿐만 아니라 일제의 조선지배가 일본 제국주의의 이익을 위한 것이었고 한국민의 의사에 반하는 부당한 것이었다는 점도 명백하다. 이 두 측면 중 어느 것을 강조하느냐는 결국 현 상황에서 어떤 측면이 역사적으로 더 중요한 의미를 갖는가에 달려있다. '개발론'은 1960년대 이후 한국이 공업화에 성공하여 '중진국' 내지 선진 자본주의국으로 성장함에 따라 생긴 것이다. 즉 한국의 성공적 공업화의 '역사적 배경' 혹은 공업화의 '경로'에 대한 관심이 증가함에 따라 생긴 것이었다. 일제시대에 조선사회가 전근대사회에서 근대사회로 이행해가는 초석이 놓여졌고, 그것이 해방 후 한국 경제의 고도성장의 역사적 기원이라고 생각하게 된 것이다. 성장사학에서 이러한 개발적 입장이 가장 확실히 나타난다.

셋째, 위의 견해들은 대부분 식민지 조선을 하나의 독립된 경제단위로 의제하여 분석하는 공통점도 가지고 있다. 민족문제나 계급문제와 같은 것은 거의 다루어지지 않고 국민소득, 무역, 산업구조, 금융, 경제성장 등 주로 조선 전체에 대한 거시경제적 분석을 하고 있다.[15] 일제시대 조선사회라는 것이 다양한 측면을 가진 다원적인 사회였기 때문에, 이것을 계급이나 민족 개념만으로 파악해서는 그 전체상이나 다이나믹을 제대로 다 볼 수 없는 것은 물론이다. 조선사회를 지역단위로 보게 되면 거기에서 얻을 수 있는 새로운 사실도 많다. 더구나 오늘날 대부분의 (독립된) 국가에서는 지역을 단위로 경제분석을 행하고 있고, 그 분석기법도 매우 발달되어 있다. 따라서 지역을 단위로 하는 경제분석은 현재와 과거를 일관적인 기준에서 보는 데 매우 유용할 뿐만 아니라, 오늘날 경제학에서 널리 사용하

---

15) 일제시대 조선경제를 하나의 독립된 경제단위로 파악하여 분석하는 것의 의의에 대해서는 김낙년의 주장이 대표적이다. 김낙년, 앞의 책, 17쪽. 단 본원적 축적을 주장하는 堀和生의 견해는 다르다.

는 각종 분석기법이나 개념들을 적용하여 일제시대를 분석함으로써 일제시대 조선경제에 대한 이해의 폭을 넓히고 그 내용을 풍부하게 만드는 데 크게 기여했다. 이 책의 내용 중 상당부분도 이들 새로운 연구에 힘입은 바가 크다. 그러나 정작 한국사의 입장에서 가장 큰 관심의 대상이 되는 '이러한 개발이 조선인에게 어떤 의미를 가진 것인가' 라는 점에 대해서는 아직 제대로 된 연구가 없다. 이 책은 민족문제야말로 식민지 조선경제를 이해하는 데 가장 본질적인 것이라고 생각한다는 점에서 '개발론'과 생각을 달리 한다.

왜 민족문제를 가장 본질적인 것이라고 보는가? 식민지 사회는 이민족에 의한 지배가 핵심이고, 따라서 그러한 사회에 대한 분석에서는 민족문제를 핵심적 요소로 포함하지 않으면 안 된다고 생각하기 때문이다. 오래된 주제인 민족문제를 오늘날 다시 끄집어낸다고 하여 '천박한' 민족주의자라니 혹은 앵무새처럼 민족주의를 읊조린다고 매도해서는 안 된다. 또 민족이라는 것이 근대국민국가가 형성된 이후 정립된 근대적 개념이고 따라서 포스트모던의 세계에서는 민족개념의 의의도 크게 희석될 것임이 분명하다고 하더라도, 그것이 일제하 한국사회와 같이 민족문제가 가장 중요하던 시기의 한국 역사에서 민족문제를 배제하는 것이 타당함을 뜻하는 것도 아니다.[16] 지역으로서의 조선이 아니라 조선인을 주연으로 삼는 일제시대 역사의 연구 그것이 바로 한국사의 존재의의가 인정되고 있는 단계에 있어서 일제시대 연구의 핵심인 것이다.

---

16) 현재 한일간 및 한중간에는 역사문제로 민족주의가 오히려 강화되는 추세가 나타나고 있다. 아직도 민족 개념이 용도폐기 되기에는 때 이르다는 것을 의미하는 것이다. 그러나 이러한 민족주의적 색채의 강화는 일시적인 것이고, 장기적으로는 해소될 것이다. 더구나 정보통신혁명에 의해 지리적 국경의 의미가 급속히 위축되고 있고, FTA, WTO 등의 새로운 무역체제하에서 세계 각국 특히 동북아 3국간의 경제적 협력관계가 무엇보다 중요한 현 시점에 있어서는 민족주의라는 잣대를 앞세우는 것이 결코 바람직하지도 않다고 생각한다. 그러나 각국간의 교류와 협력의 의의가 중요해

이와 같이 민족문제를 가장 핵심적인 요소로 삼아 분석을 진행하게 되면, '개발론'의 여러 연구에서 도출된 것과는 사뭇 다른 결론에 이르게 된다. '개발론'에서는 근대화, 자본주의화, 경제성장, 문명화 등과 같은 발전적인 모습들이 전면에 등장하게 되지만, 이 책의 분석결과는 그것과 반대로 '개발 없는 개발(development without development)'이라는 결론에 도달하게 된다.[17] 만약 이 '개발 없는 개발'이라는 명제가 타당하다면, 일제시대의 개발이라는 것이 한낱 신기루와 같은 것이고 사실상 무의미한 것이었으며, 조선인들이 자신의 힘으로 이룩할 수 있는 개발을 식민지적 개발로 대체한 것이었고, 따라서 조선의 개발에서 결정적으로 중요한 시기였던 20세기 전반기의 조선인 자신에 의한 개발을 저해한 것이었다는 의미로 된다.

지면 질수록 그 바탕에는 상호존중과 이해가 깔리지 않으면 안 된다. 그것은 이웃의 불행이 나의 행복이라는 생각이나, 과거의 침략전쟁과 같이 이웃 국가의 자존과 발전을 저해한 행위에 대한 냉철한 비판과 반성이 뒤따르는 것이어야 할 것이다. 그 위에서 이루어지는 교류와 협력관계야말로 더욱 공고한 것으로 발전되어갈 것이다. 따라서 과거의 잘못된 식민지 지배를 은폐하거나 호도하는 입장을 가지면 진정한 교류와 협력관계로 발전될 수는 없다. 이 점에서도 일제시대의 연구는 민족관계를 가장 우선적으로 고려하는 것이 되지 않으면 안 된다. 한국사의 존재의의가 없어지게 되는 때가 된다면 자연히 민족이라는 개념도 그 존재의의를 상실하게 될 것이다.

17) 클라우어(R. Clower)에 의하면 라이베리아 경제는 외국인 농장에 의해 1차산품 수출이 급증 했는데, 그것이 다른 경제부문의 보완적 성장을 초래하는 구조적 변화와 다른 모든 부문으로 실질소득의 이득이 퍼져 나가게 하는 제도적 변화가 결여된 현상을 발견하고 이것을 개발 없는 성장(Growth without Development)으로 불렀다. Robert clower, *Growth without Development*, Northwestern University Press, Evanston, Ill., 1966, p.vi. 일제시대에 일어난 변화는 단지 성장의 문제만은 아니고, 제도의 변화와 같은 개발의 측면을 포함하고 있다. 이 점에서 일제시대 조선경제의 경우에는 '개발 없는 성장'이라는 말보다는 '개발 없는 개발'이라는 표현이 더 적합할 것으로 생각한다. '개발 없는 개발'이라는 말은 식민지적 개발의 특징을 의미하는 것이지, 개발이 전혀 없었다는 것을 의미하는 것은 아니다. 일제가 실제로 조선을 지배했던 40년이라는 긴 기간 동안, 그것이 조선인 경제의 개발에 긍정적 기여를 한 측면도 있었겠지만, 그것이 별로 중요한 것이 아니었다는 의미이다.

3. 분석 방법

일본 제국주의의 지배 기간 동안 조선은 급속한 개발을 경험했다. 그러나 그 개발의 이득은 조선인들에게 거의 귀속되지 않았고, 조선인들의 경제적 처지도 거의 개선되지 않았고 또 개선될 전망도 없었으며, 극심한 경제적 불평등과 그것에 의한 민족차별이 구조적으로 확대 재생산되고 있었다. 그리고 해방과 더불어 이 개발의 유산은 물거품처럼 사라져버렸다. 바로 그 의미에서 일제시대의 개발은 조선인에게 있어서 '개발 없는 개발(development without development)'이었다. 이 책은 바로 이러한 '개발 없는 개발'을 입증하는 데 목적이 있다.

(1) 우선 이 책에서는 실증을 앞세우는 분석을 해나갈 것이다. 경제학에서는 성장(growth)과 개발(development)을 서로 구분하여 사용하기도 한다. 전자는 양적 변화만을 대상으로 하는 반면, 후자는 제도와 같은 질적 변화도 포함한다는 점이 다르다. 따라서 개발이라는 용어를 사용하는 경우라면 당연히 그 속에 질적인 변화도 포함시켜야 하겠지만, 질적인 문제 중에는 실증이 어려운 것이 많다. 따라서 이 책에서는 연구대상을 좁혀 실증이 가능한 부분만 다룰 것이다. 물론 실증이 불가능하다고 해서 그것이 중요하지 않다는 것은 아니다.

한편 일제 초기의 통계가 매우 부정확하고 결락이 많았기 때문에 때로는 기존의 통계를 합리적으로 수정하여 사용하기도 할 것이다. 1910년대의 각종 산업생산통계도 그냥 그대로 사용하면 매우 잘못된 결과를 얻기 쉽다. 1910년대의 산업생산 통계는 1910년에 가까울수록 저평가되는 경향이 강한 것으로 생각된다. 1910년대가 저평가된다면, 조선시대의 발전수준이 저평가 되는 반면, 일제시대의 발전상은 고평가된다. 일제시대의 개발이 더욱 돋보이게 되는 것이다. 이 때문에 개발의 내용을 보다 엄밀히 하기 위해서는 정확한 통계를 확보하는 것이 무엇보다 중요한 것이다.

동일한 맥락에서 '수탈론'의 핵심 용어인 '수탈'과 같은 용어는 사용하지 않을 것이다. 일제하 조선경제가 일본 제국주의권에 편입되면서 유통과정을 비롯하여 일부 생산과정에서 자본주의적 제 관계가 발전하고 있었다. 자본주의 경제의 특징은 교환관계에 있기 때문에, 폭력을 수반하는 경제외적인 방법으로 잉여가치를 빼앗아 간다는 뉘앙스를 가진 수탈의 개념은 그다지 타당하지 않다. 또 조선에서 일본으로 유출된 잉여가치가 있었다면 부등가교환을 통해 설명하게 되겠지만, 이 역시 교환과정을 매개로 하여 이루어진다. 사정이 이러함에도 불구하고 굳이 수탈이라는 용어를 사용하게 되면, 결국 납득하기 어려운 수탈이 되어 오히려 수탈의 실체를 애매모호하게 만들어 버리는 결과를 낳게 된다.[18] 따라서 이 책에서는 수탈이라는 용어는 사용하지 않기로 할 것이지만, 결론은 수탈론의 그것과 크게 다를 바 없게 될 것이라고 생각한다.

(2) 이 책에서는 조선이라는 지역 기준보다는 조선인이라는 민족 기준을 더 중요하게 생각할 것이다. '개발론'은 한결같이 조선이라는 지역을

---

[18] 김낙년은 '쌀 수탈'의 예를 들어 현재 고등학교 역사교과서 서술의 부정확함을 지적하고 있다(iii쪽). 그의 견해에 전적으로 찬성한다. 그 밖에도 토지 수탈, 금 수탈 등에 대한 기술도 대체로 쌀 수탈과 마찬가지로 대단히 부정확하게 사용되고 있다.

대상으로 삼고 있는데, 필자는 이 지역 기준에 의한 분석이 무의미하다거나 잘못되었다고 비판하는 것은 아니다. 양자는 상호 보완적인 관계에 있으며 대체적인 것은 아니다. 앞으로 이 책에서는 지역을 기준으로 하는 연구에 의해 도출된 결과들을 자주 원용할 것이다.

그러나 '개발론'은 그 개발이 조선인에게 어떤 함의를 가진 것인지는 거의 언급하지 않는다. 예컨대 일제시대 조선에서는 국내총생산(GDP)이 연평균 4.1%의 고율로 성장했다는 지적이 있다. 이러한 고도성장의 요인이 무엇이고, 그러한 고도성장의 결과 국내시장이 어떻게 확대되고 산업구조가 어떻게 변해갔으며, 소득과 고용은 어떻게 늘어났으며, 무역은 어떻게 확대되었는지 이런 여러 문제들에 대해 치밀한 분석이 이루어졌다고 해보자. 그것이 무슨 의미를 갖는가? 결국 조선인에게 그것이 어떤 영향을 끼치게 되었는지, 아니면 해방 후 한국경제의 전개과정에 어떤 영향을 끼치게 되었는지, 이런 문제로까지 나아가지 않는다면 그 분석은 큰 의미를 가지지 못하게 될 것이다.

필자가 일제시대 조선경제에 대해 관심을 가지고 분석하는 이유는 그것이 한국사의 일부이기 때문이다. 한국사의 일부로서의 일제시대 조선경제에 대한 연구는 조선인을 주체로 삼는 연구로까지 나아갔을 때만 비로소 그 연구가 완성될 수 있다.

이 양자의 구별을 강조하는 까닭은 어느 기준을 채택하느냐에 따라 식민지 조선경제에 있어서 조선인의 경제적 처지에 대한 이해·인식이 크게 달라지기 때문이다. 이 책에서 주장하는 '개발 없는 개발'은 '수탈을 위한 개발'이든 '왜곡된 개발'이든 간에 하여튼 개발이 있었고, 그것이 한국경제의 발전에 상당히 긍정적인 기여를 했다는 주장과 상반되는 것인데, 이것은 바로 이렇게 민족을 기준으로 하여 분석을 진행할 때만 이해될 수 있다.

(3) 이 책에서는 일본 제국주의에 의해 조선 경제가 크게 개발되었다는 것을 엄연한 현상으로서 전제할 것이다. 즉 국내외적인 모순에 의해 위기

상황에 이르렀던 19세기의 조선왕조에 비하면 훨씬 더 근대적이고 효율적인 행정조직이 존재했고, 또 일본으로부터의 대규모의 자본과 근대적 기술 투입이 이루어짐으로써 조선이라는 지역은 급속히 개발되어 갔다. 그간의 '개발론'적 여러 연구가 아니라고 하더라도, 생산요소의 투입증가나 기술발전이 있으면 산출이 증가하고, 그것이 사회전반에 큰 변화를 불러일으키게 된다는 것은 경제학에서는 상식이고, 더 이상 입증하려고 노력할 필요도 없는 당연한 것이다.

그러나 오늘날의 경제학에서 운위되는 개발은 독립국임을 전제로 하지만, 일제시대의 개발은 식민지체제하에서 이루어진 개발이었고, 양자 사이에는 상당히 다른 특징이 있다. 일제시대의 개발문제를 다룬다는 것은 바로 이 식민지적 개발의 특질을 명백히 하는 것이다. 수탈론은 엄연한 현실로 존재하던 개발 현상을 논외로 함으로써, 일제시대 조선경제를 이해하는 데 한계를 드러내었다. 이 책에서는 조선의 개발이라는 현상을 적극적으로 인정한다. 그러나 그 개발은 현상형태에 불과하고, 조선인의 입장에서 보면 그러한 개발은 전혀 다른 의미를 가지게 됨을 구명하려고 한다. '개발 없는 개발'이란 개발을 전제로 할 때만 생각될 수 있는 개념인 것이다.

(4) 이 책에서는 계급관계는 별로 언급하지 않고 주로 민족관계를 다룰 것이다. 사실 한국사의 일제시대 부분에서는 오랫동안 민족문제가 강조되어 왔다. 그러나 종래의 역사학계의 경제사 서술은 엄밀한 실증적 분석을 토대로 하는 것이 아니라 감상적 혹은 합목적적으로 서술됨으로써 오류를 범하는 경우가 많았으며, 경제사에서는 민족문제보다는 계급문제에 대해 더 많은 관심을 두어 왔다. 예컨대 농업부문을 분석하는 경우에는 지주제나 지주-소작관계, 소작쟁의 등과 같은 주제를 주로 다루어 왔다. 또 민족자본이나 민족경제라는 것도 민족적인 관점에 계급적인 관점이 덧붙여진 것인데, 이런 것들은 대단히 추상적인 개념이기 때문에 현실에서 실증되기 어렵다는 단점이 있다. 따라서 실증을 중요하게 생각하는 이 책에서는 이

런 문제를 다루지 않을 것이다. 농업부문이라면 지주나 소작농의 민족적 구분이 중요하고 계급으로서의 지주와 소작농 사이의 관계는 부차적인 것으로 취급될 것이다. 또 자본이라면 조선인 자본과 일본인 자본만으로 구별될 것이고, 조선인 자본이 민족자본인지 예속자본인지는 굳이 나누지 않을 것이다.

(5) 이 책에서는 일제하 한국경제와 해방 후의 한국경제를 단속적인 측면이 강한 것으로 다룰 것이다. 김낙년은 "역사의 전개에는 과거가 현재를 규정한다는 의미에서의 경로의존성(path dependence)이 있으며, 그 구체적 양상을 구명하는 것이 역사연구의 중요한 과제"이며, "식민지기에 일어난 한국 경제의 제 변화가 해방 후 한국 경제 전개의 출발점이 되었음은 부정할 수 없"고, "따라서 조선후기-식민지기-해방 후의 각 시기를 단절된 것으로만 볼 것이 아니라 장기적인 관점에서 각 시기를 관통하는 역사의 연속면을 파악하는 것이 중요한 과제라고 생각한다"고 했다.[19] 역사가 가진 다양한 내용 중에서 연속성을 가진 일부 현상, 예컨대 물가와 같은 것만 보겠다면 굳이 문제 삼을 이유는 없다. 그러나 만약 그러한 이론에 입각하여 한국경제의 본질적인 문제를 다루려고 한다면 이러한 주장은 문제가 있다. '경로의존성'은 역사적 제도주의의 개념인데, 이 이론은 제도의 안정성과 지속성은 적절히 설명하지만 제도의 변화는 제대로 설명하지 못하는 문제점을 가지고 있다고 한다.[20] 사실 대부분의 역사적 제도주의자들도 제도가 지속되는 시기가 급격한 변화에 의해 중단될 수 있는 가능성을 인정하고 있다. 조선후기에서 현재에 이르는 기간의 한국사는 제도변화를 초래할 만한 엄청난 위기적 상황과 외부적 충격이 충분히 존재했던 시기

---

19) 김낙년, 앞의 책, 286쪽.
20) Thomas A. Koelble, "The New Institutionalism, Rational Choice, and Historical Analysis", *Comparative Politics*, 1995, 235쪽.

였다. 예컨대 조선후기에서 식민지사회로의 이행은 전근대, 전자본주의 사회에서 근대 자본주의사회로의 이행기였으며, 식민지기가 종료된 이후에는 해방과 분단 및 한국전쟁으로 기존의 제 제도가 근본적으로 흔들릴 만큼 큰 외부적 충격이 존재했던 것이다. 이러한 외부충격을 무시하고 한국 근대의 역사 전체를 연속적으로 파악하는 것은 각 시기별 특징이나 본질을 파악하지 않겠다고 선언하는 것과 다를 바 없다. 분기점(bifurcation)을 거치는 역사변화에 있어서는 과거에서 현재까지 이루어진 변화의 경로 상에서 축적된 관성(inertia)에 의해 미래의 변화의 방향이 제한되고 규정된다는 논리는 타당하지 않다는 것이다. 김낙년의 경우, "식민지기에 일어난 제 변화가 해방 후 한국 경제의 전개를 어떻게 규정"했는가를 검토할 때가 되면 "역사의 연속면을 파악하는 것이 중요한 과제"라는 자신의 주장과는 달리 '단절면'도 고려하지 않으면 안되게 되었던 것이다.[21] 단절을 중요하게 평가한다는 것은 일제시대의 유산이 해방 후 한국경제의 고도성장에 큰 역할을 하지 못했다는 것을 강조하기 위함이다. 이 책에서는 일제시대의 유산의 크기를 추계하고 그것이 해방 후의 남북분단 및 혼란기와 한국전쟁을 거치면서 얼마나 무의미한 수준으로 되어 버렸는지 밝히게 될 것이다.

---

21) 김낙년은 해방 후 한국 경제의 전개와 식민지기에 나타난 경제성장의 유형 사이에 유사한 점이 많다는 인식을 강조하고 있다. 즉 무역과 투자의 증가가 경제성장을 주도했고, 투자 중에는 외자의 비중이 높아 대외 의존적인 성장유형을 보였으며, 경제성장에서 기술발전보다는 자본이나 노동 등 요소투입의 증대가 주도하는 외연적 성장의 특징이 지속되었고, 박정희 정권의 개발주의적 정책은 경제개발에서 총독부의 역할, 특히 전시기의 그것을 상기시킨다는 점 등을 지적하고 있다(앞의 책, 286쪽). 그러나 이것은 자본과 부존자원이 부족한 상태에서 공업화하는 경우에 일반적으로 나타날 수 있는 공업화 전략의 하나이지 그것이 경로의존이라는 것을 증명하는 것은 아니다. 아무 경제발전론 교과서를 꺼내 보아도 다 쓰여져 있는 일반적인 개발전략의 하나이지 한국의 공업화에만 특유한 것은 아니라는 의미에서 그러하다.

(6) 이 책의 분석방법의 가장 핵심적인 부분으로서, 일제시대의 개발을 민족별 생산수단의 소유관계에서 접근해 들어간다. 이 책에서는 앞으로 일제시대의 개발과정에서 생산수단인 토지와 자본의 소유관계가 민족별로 현저히 불평등한 것으로 되어 갔음을 밝히는 데 많은 지면을 할애하게 될 것이다.

일제시대에 생산수단의 소유관계에서 민족별로 극심한 불평등이 존재했다는 것은 공업부문의 경우에는 이미 널리 알려져 있다. 예컨대 1942년의 경우 자산을 기준으로 했을 때 광공업부문의 회사자산의 95% 가량을 일본인이 차지하고 있었고, 조선인이 차지하는 비중은 5% 전후에 불과했다. 정도는 다르지만, 당시 최대의 산업이었던 농업부문에서도 민족별로 극단적인 소유관계의 불평등이 존재했다. 1941년의 경우 농업인구의 0.2%에 불과한 일본인들이 조선 전체 논의 54%(가치 기준)을 차지하고 있었다는 추계도 있다. 이러한 추계들이 얼마나 타당한 것인지에 대해서는 좀더 검토해 보아야겠지만, 소유관계에 있어서 민족별로 현저한 불평등성이 존재하고 있었다는 점만은 명백하다. 생산수단의 소유관계에서 민족별로 극단적인 불평등이 존재했다는 것은 소득이 민족별로 대단히 불평등하게 분배되었음을 의미한다. 물론 일제시대에 민족별 국민소득을 파악할 수 있는 자료가 존재하지 않기 때문에, 민족별 소득불평등의 정도는 알 수 없다. 따라서 이 분석에서는 그 대신 생산액이나 비용을 포함하는 수입액의 측면에서 양 민족간에 엄청난 격차가 존재하고 있었던 것을 밝혀낸다.

민족별 소득 불평등은 다시 소유관계의 불평등을 악화시키게 될 것이고, 이것은 소득 분배관계를 악화시키는 악순환이 되풀이된다. 즉 민족별 경제적 격차는 일시적인 것이 아니라 구조적인 것이고, 식민지체제가 존속하는 한 확대재생산 될 수밖에 없는 성질의 것이었다. 한편 이러한 극단적이고 구조적인 민족별 경제적 불평등은 지배민족과 피지배민족 사이에 발생하게 되는 본래적 의미에서의 '차별'을 확대재생산하는 역할을 하게 된다. 조선인들의 경제적 처지는 점점 더 악화되어 가고, 일본인들의 경제적 처지는 점점 더 우월해져 감에 따라, 여기에서 발생하게 되는 차별이 본래적 의미의 차별을 심화시켜 나가게 된다는 것이다.

제2장
농업개발

일제시대는 농업이 개발되고 생산이 크게 증대된 시기였다. 그러나 그 과정에서 일본인 수중으로 더 많은 토지가 집적되어 생산된 농산물 중에서 일본인이 차지하는 몫도 크게 늘어났다. 민족별 농업생산액의 격차는 확대되었고, 외형적인 개발에도 불구하고 조선인 농민들의 경제적 처지는 개선되지 않았다. 제2장에서는 일제시대 농업개발의 현상과 그 본질을 구체적으로 검토해본다.

1. 농업개발의 현상

1) 농업 투입의 변화

(1) 경지면적

일제 초기의 조선 농업은 조선왕조시대 농업발달의 종점이자 일제시대 농업의 시작점이다. 1910년대의 농업을 면밀히 검토한다면, 구한말의 조선의 농업상황을 알 수 있고, 또 이 시기 이후의 농업발달을 검토함으로써 일제지배하에 이루어진 농업발달을 파악할 수 있게 된다는 것이다.

그런데 일제 초기의 여러 통계가 모두 그러하듯이, 1910년대의 농업통계도 결코 액면 그대로 믿을 것이 못된다. 가장 기본적인 통계가 인구와 토지면적의 파악이라면, 조선의 인구통계는 1925년의 국세(인구)조사 이후, 그리고 토지면적에 대한 통계는 1918년 토지조사사업의 완료 이후에야 비로소 정확해졌다. 인구와 토지에 대한 통계가 이와 같으니, 1918년 이전에는 작물 재배면적, 수확량, 농가인구, 가축의 수 등등 그 나머지 다른 통계도 부정확할 수밖에 없었다. 그렇기 때문에 1910년대의 조선의 농업이 어떤 상태에 놓여 있었던가 알아보려면, 제일 먼저 합당한 통계를 획득하는 것에서부터 시작하지 않으면 안 된다. 여기서 합당하다는 것은 기존의 통계를 합리적으로 해석하여 수정하는 것을 의미한다.

우선 일제시대의 경지면적에 대한 통계부터 검토해보자. 조선총독부 『통계연보』에서는 1910~42년까지의 경지면적 자료를 얻을 수 있다. 그 밖의 다른 자료들을 동원하면 1943~44년의 경지면적도 알 수 있다([부표 1] 참조). 1943~44년에는 일본 전쟁경제의 붕괴로 말미암아 경지면적도 현저히 축소된다. 여기서는 1910~42년간의 경지면적만을 생각해보기로 하겠다(이하 [그림 2-1] 참조). 이 그림을 보면 그래프는 두 구간으로 선명히 갈라진다. 그 경계선은 토지조사사업이 완료되는 1918년이다. 1910~17년간에는 경지가 58.6% 증가한 반면, 1918~42년간에는 겨우 1.2% 증가한 것으로 나타난다. 이러한 사정은 전답별로 나누어보아도 마찬가지이다.

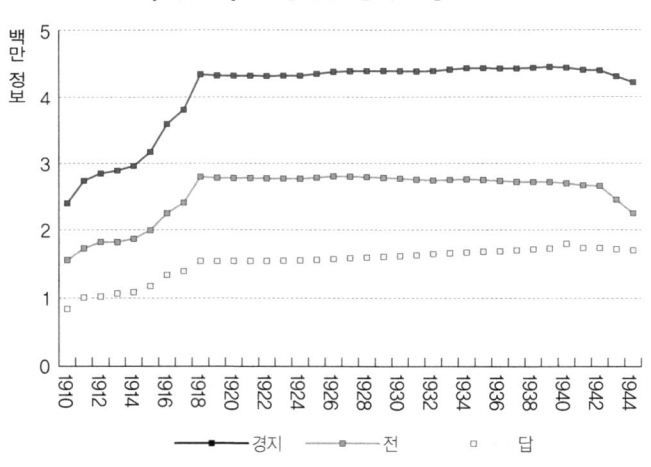

[그림 2-1] 조선총독부 『통계연보』의 경지면적

자료 : 朝鮮總督府, 『統計年報』, 각 연도판.

1910~17년간에도 경지면적이 실제로 증가했을 가능성을 배제할 수는 없다. 그러나 1920년부터 산미증식계획이 시작되면서 농업개발에 역점이 두어졌지만, 1910년대에는 아직도 농업개발이 본격화되지도 않았기 때문에 그 증가폭은 1918년 이후보다 더 낮아야 한다. 경지면적이 1910년대

에 조선총독부 『통계연보』의 숫자처럼 그렇게 급증했다는 것은 상식적으로 납득하기 어렵다. 이 점을 좀더 구체적으로 검토해보자.

경지는 황무지를 개간하든가 해안을 간척하여 확대된다. 밭을 논으로 바꾸는 이른바 '지목변환'은 경지구성을 변화시킬 뿐이고, 경지면적 자체를 증대시키는 것은 아니다. 1910년대에 경지면적이 얼마나 증대되었는가를 알아보려면 개간과 간척 면적이 얼마나 증가되었는가를 알아보면 된다.

우선 개간과 간척에 의한 경지면적의 확대는 주로 일본인 농사경영자들에 의해 이루어졌을 것이다. 일본인 소유 경지 중 일부가 미간지 개간 및 간척을 통해 형성된 것임은 각종 사료에서 확인된다. 그러나 그 비중은 크지 않았다. 조선총독부 통계를 보면, 1909년 말 현재의 일본인 소유지의 80.3%는 기간지였다. 따라서 일본인들이 보유하는 모든 미간지를 개간하여 경지로 전환시켰다고 하더라도 그렇게 하여 증가하게 될 경지면적은 일본인 소유지의 20% 미만이다. 1922년의 일본인 소유 경지면적은 21만 정보였기 때문에, 일본인들의 개간사업에 의해 증가된 경지면적은 최대 약 4만 정보, 즉 1922년 경지면적 432만 정보의 약 1% 미만에 불과하다. 따라서 일본인의 개간에 의한 경지면적의 증가도 전체적으로 보면 그다지 큰 의미를 부여하기 어렵다. 또 1910년대에는 아직 본격적인 토지개량사업이 시작되기 이전이기 때문에 개간과 간척에 의해 경지면적이 증대되었을 가능성은 한층 줄어든다.

또 1927년판 『조선토지개량사업요람』에 의해 수리조합에 의해 개간·간척된 면적을 보면 1919년까지 6,784정보(개간 1,555정보, 간척 5,228정보)로서, 1919년 경지면적의 0.16%에 불과하다. 수리조합에 의하지 않는 개간과 간척면적은 알 수 없지만, 이것을 포함하더라도 사정은 크게 달라지지 않을 것이다. 요컨대 1910년의 경지면적은 1918년의 경지면적과 약간의 차이가 있을 뿐 사실상 거의 같다는 말이 된다.

경지면적에 관한 지금까지의 설명이 타당하다면 그 결과는 어떻게 되는가? 1910년과 1918년의 경지면적이 거의 같고, 1918년과 1942년의 경지면적이 거의 같다면, 1910년과 1942년의 경지면적이 거의 같다는 의미가 된다. 두 연도 사이의 차이는 크게 잡아도 2% 범위를 벗어나지 않을 것이다.

그러니까 일제시대에 새롭게 추가된 경지면적은 극히 일부분에 불과하고, 일제 말까지 조선에 존재하던 경지의 대부분은 구한말 이래로 내려오던 것들이었다는 의미가 된다.[22] 바꾸어 말하면 경지의 개발이라는 점에서는 조선왕조시대에 이미 대단히 높은 수준에 도달해 있었다는 의미이기도 하다.

(2) 관개시설

일제시대의 농업개발에서 대표적인 사례로 거론되는 것 중의 하나가 관개시설의 확충일 것이다. 주지하는 바와 같이, 농본국가였던 조선왕조도 관개시설에 역점을 두기는 마찬가지였다. 조선시대의 관개시설은 18세기를 정점으로 점차 붕괴되어 갔다고 한다. 1910년 무렵의 관개시설 상태는 18세기 이후 최악이었을 것이다.[23]

일본은 통감부시대 이래 이 붕괴된 관개시설의 정비·확충을 시작했다. 1906년에 '수리조합조례'를 발포하고, 1908년에는 '수리조합 설립요령 및 모범규약'을 제정하여 조합설립을 종용·지도하고 조합의 부채 원리금 지불에 대해서는 정부가 보증할 수 있도록 했으며, 1909년부터는 '제언 및 보의 수축에 관한 통첩'에 의거하여 농민을 권유 지도하여 관개시설의 수축에 종사시키고 정부는 그 공사에 필요한 자재를 보조하는 방식으로 제언과 보의 수축을 장려했다.

---

22) 일제시대에 일어난 가장 큰 변화는 경지면적의 확대가 아니라, 전을 답으로 변환하는 이른바 '지목변환'에 있었다. [그림 2-1]에서도 보았듯이, 1918~42년간에 경지면적은 1.2% 증가하여 거의 달라지지 않았지만, 답 면적은 12.4% 증가하고 전 면적은 오히려 4.9% 감소한 것에서도 이러한 사정을 알 수 있다.
23) 松本武祝, 『植民地期朝鮮の水利組合事業』, 未來社, 1991, 32-42쪽 참조.

제언과 보 수축 사업은 1909년부터 시작되었지만, 그것이 본격화된 것은 1912년부터였다. 1909~18년 사이에 82만 6천 엔의 국고보조에 의해, 5만 정보의 관개 면적을 가지는 1,937개소의 제언과 보가 수축되었다. 그러나 1909~18년간의 10년간 이 사업에 투입된 국고 보조액은 연 평균 8만 3천 엔 정도였는데, 이 금액은 1911년 조선총독부 예산액의 0.18%에 불과한 것이었다. 또 이 사업을 통해 수축된 제언과 보의 관개면적은 약 5만 정보인데, 그 면적은 1918년 조선 전체 논면적의 3.3%에 불과한 것이었다.[24]

1910년대에는 제언과 보 수축사업 이외에, 수리조합에 의한 관개시설의 확충 및 관청의 인허를 받은 개인 사업자에 의한 관개시설의 확충도 이루어졌다. 1910년대의 관개시설 확충 결과는 [표 2-1]과 같다.

[표 2-1] 1918년 현재 조선의 관개시설

관개시설의 종류	면적(정보)	구성비
재래의 제언과 보에 의한 것	238,900	70.0%
보조를 받아 수축된 제언과 보에 의한 것	51,800	15.2%
수리조합에 의한 것	42,300	12.4%
관의 인허를 받아 개인에 의해 경영되는 사업에 의한 것	8,200	2.4%
합 계	341,200	100.0%

자료 : 朝鮮總督府殖産局 編, 『朝鮮の灌漑及開墾事業』, 1922, 14쪽.

이 표를 보면, 1918년 현재 조선에 존재하던 관개시설 34만 1천 정보 중에서 '재래의 제언과 보에 의한 것'이 23만 9천 정보로 전체의 70%를 차지하고 있었고, 조선총독부의 보조에 의해 수축된 것은 5만 2천 정보로 15.2%였으며, 수리조합에 의한 것은 4만 2천 정보로 전체의 12.4% 정도였다. 요컨대 1910년대 말까지만 해도 조선왕조시대부터 내려오던 것과 그것을 수축한 관개시설이 관개 면적기준으로 85.2%를 차지하고 있었고, 일제시대에 들어와서 신규로 확충된 관개시설은 14.8%에 불과하였다.

---

24) 朝鮮總督府殖産局 編, 『朝鮮の灌漑及開墾事業』, 1922, 7-8.

일제시대의 관개시설의 확충은 1920년 산미증식계획이 시작되면서 본격화되었다. [그림 2-2]의 관개답 그래프를 보면, 관개면적은 1925~33년간에 상당히 빠른 속도로 증가하고 있다. 1924년 이전에는 자료불비로 생략되어 있지만 이 기간에도 매우 빠른 속도로 증가했을 것으로 보아야 한다. 산미증식(갱신)계획 기간 동안에는 모든 관개시설에서 관개면적의 증가가 관찰된다. 그러나 보의 경우에는 1940년대에 급감하고, 기타도 산미증식(갱신)계획이 종료된 이후에는 거의 변함이 없지만, 제언과 양수기에 의한 관개면적은 꾸준히 증가하고 있다. 특히 제언에 의한 관개면적은 1943년에 급증하는 것이 눈에 띈다.

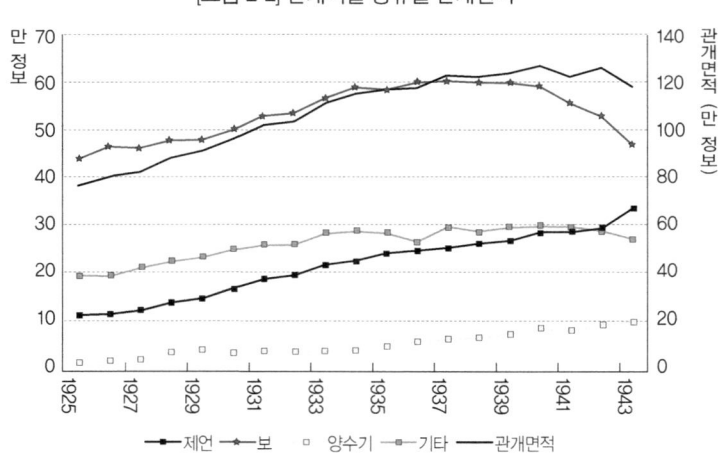

[그림 2-2] 관개시설 종류별 관개면적

자료 : 友邦協會, 『太平洋戰下の朝鮮(4)』, 132쪽; 朝鮮總督府土地改良部, 『土地改良事業の實績』, 1931, 1934, 1939, 1940년판; 朝鮮總督府 編, 『土地改良事業の槪況』, 1932, 부표 7-8쪽; 朝鮮經濟通信社, 『朝鮮經濟統計要覽』, 1949, 14-15쪽 등에서 작성.

관개시설의 확충과 더불어 전체 답 중에서 관개답이 차지하는 비중도 급증해갔다. [그림 2-3]을 보면, 1915년과 1918년에 각각 27.2% 및 24.5%에 불과하던 관개면적 비율은 1942년에는 74.4%에 이르게 된다. 단 1910년대의 통계는 1920년대 이후의 통계와 달리 관개시설을 제언과 보에 한정

하고 있다.[25]

제언과 보에 한정하여 살펴보면, 1918년 24.5%였던 관개율은 1925년에는 35.1%로 상승하게 되고, 1933년까지 급속히 증가하여 그 이후에는 대체로 50% 전후의 수준으로 높아진다. 일제 말기의 관개시설은 제언과 보에 한정해서 본다면, 1920년대의 급성장에 의해 1910년대에 비해 약 두 배 정도 증가한 것으로 되는 셈이다.

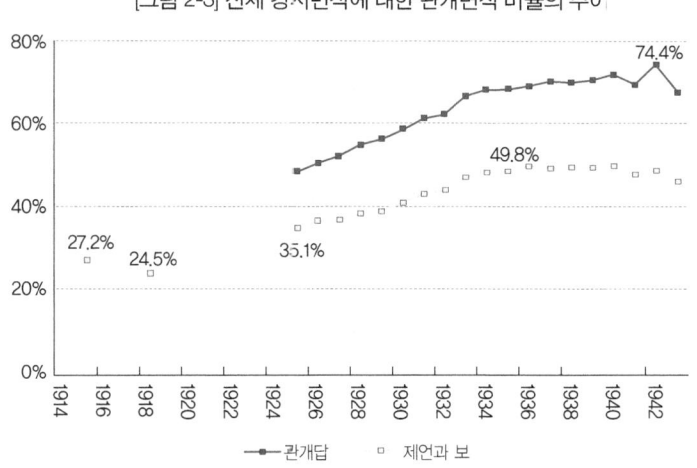

[그림 2-3] 전체 경지면적에 대한 관개면적 비율의 추이

자료 : 朝鮮總督府殖産局 編, 『朝鮮の灌漑及開墾事業』, 1922; 持地六三郎, 「治水と水利」, 『朝鮮彙報』, 1916년 10월 1일, 9쪽; 友邦協會, 『太平洋戰下の朝鮮(4)』, 132쪽; 朝鮮總督府土地改良部, 『土地改良事業の實績』, 1931, 1934, 1939, 1940년판; 朝鮮總督府 編, 『土地改良事業の槪況』, 1932, 부표 78쪽; 朝鮮經濟通信社, 『朝鮮經濟統計要覽』, 1949, 14-15쪽 등에서 작성.

한편 [표 2-2]를 보면, 1931년 현재 수리조합에 의한 관개시설은 15.8%에 불과함을 알 수 있다. 관개면적의 84.2%는 비수리조합에 의한 것이고,

---

25) 1915년과 1918년 사이에 관개율이 감소한 것은 1918년 이전의 논면적이 정확하지 못했기 때문에 생긴 통계상의 문제일 뿐이고, 사실은 관개율이 상승했다고 보아야 할 것이다.

관개설비별로 보면 제언보다는 보와 기타에 의한 것이 77%로 대단히 높은 비중을 차지하고 있다. 요컨대 1931년 단계에 있어서도 관개설비의 3/4은 비수리조합(수리조합에 의하지 않는 것)의 보와 기타에 의한 것이었다.

[표 2-2] 논의 관개설비별 면적 비율 (1931년)

	제언	보	양수기	기타	소계
수리조합	11.1%	2.1%	2.4%	0.1%	15.8%
비수리조합	7.4%	49.7%	1.8%	25.4%	84.2%
합계	18.5%	51.8%	4.2%	25.5%	100.0%

자료 : 朝鮮總督府土地改良部 編, 『朝鮮土地改良事業要覽』, 1931년판.

나아가 [표 2-3]에서 보면, 수리조합에 의한 관개시설의 1개소 당 평균 관개면적은 수리조합에 의하지 않는 것에 비해 월등히 넓다. 수리조합의 주축을 이루는 제언의 경우에는 1개소 당 관개면적이 평균 713.9정보였다. 그러나 수리조합에 의하지 않는 관개시설 중, 관개시설 1개소 당 관개면적은 보의 경우에는 평균 6.3정보였고 기타의 경우에는 평균 1.4정보에 불과하여 규모가 매우 작았지만, 그 수가 각각 80,339개소 및 182,960개소로서 엄청나게 많다. 또 수리조합에 의하지 않는 제언의 평균 관개면적도 29.4정보로 비교적 소규모 제언이었지만, 그 수가 6,261개소로 상당히 많았다. 말하자면 1931년 당시, 조선의 관개시설은 수리조합에 의한 대규모 제언이 아니라 수리조합에 의하지 않는 무수한 소규모 보와 기타 관개설비가 중심을 이루고 있었고 거기에 소규모 제언이 덧붙여져 이루어진 것이었다. 이러한 사실은 일제시대의 관개시설의 대부분이 조선총독부의 적극적 지원과 육성에 의해 확충되었다기보다는 지주와 농민들이 변화하는 시장환경에 능동적으로 대응하면서 이루어진 것으로 생각해도 좋을 것이다.[26]

일제시대의 관개시설의 확충은 구한말의 경우와 비교하면 획기적인 것이었다. 그러나 구한말은 조선왕조 붕괴기에 해당하고 따라서 정상적인 국

[표 2-3] 관개시설 1개소 당 평균면적 (단위: 정보)

	제언	보	양수기	기타	소계
수리조합	713.9	178.2	329.4	22.4	392.3
비수리조합	12.0	6.3	26.2	1.4	3.2
합계	29.4	6.6	55.3	1.4	3.8

자료 : 朝鮮總督府土地改良部 編, 『朝鮮土地改良事業要覽』, 1931년판.

가가 존재하던 시기가 아니었다. 1910년대에 관찰되는 관개시설의 상태는 바로 이러한 최악의 상태에 도달해 있던 구래의 관개시설을 중심으로 하는 것이었다. 일제시대 최성기의 관개시설은 일제 초에 비해 약 2배 정도에 달했던 것으로 볼 수 있어, 만약 조선왕조 시기에서 관개시설이 최성기에 달했던 18세기와 비교한다면 그 증가폭은 그다지 크지 않았을 것으로 생각된다. 나아가 일제시대에 확충된 관개시설 중 조선총독부의 관개정책에 의한 부분은 얼마 되지 않고, 그 대부분은 시장조건의 변화에 조선인 지주와 농민들이 좀더 적극적으로 대응하는 과정에서 확충된 것임을 알 수 있다. 이러한 사실은 조선이 일제의 식민지체제하에 놓여 있지 않았다 하더라도, 정상적인 국가로만 존재할 수 있었다면 스스로의 힘으로 훌륭히 관개시설을 확충시켜 나갈 수 있었음을 의미한다.

(3) 작물의 품종

일제하 농업개발 중에서 세 번째로 검토해볼 사항은 이른바 '우량품종'

---

26) 宮嶋博史도 "법령에 기초하지 않은 소규모의 수리개발이 관개면적의 신장을 가져다 준 가장 커다란 요인이었다고 추정"되고, "식민지기의 수리조합사업이 수리개발사에서 수행했던 역할은 상당히 한정된 것"이었다고 지적하고 있다. 또 "식민지기에서의 수리조합의 전개과정은, 일본의 식민지정책이 점차로 조선사회에 침투해 간 과정이었음과 동시에 수리개발에 있어서 일본인의 역할이 감소하고 조선인이 그 주체로서 성장해 온 과정이기도 하였다."고 지적하고 있다. 李榮薰, 張矢遠, 宮嶋博史, 松本武祝 공저, 『近代朝鮮水利組合硏究』, 일조각, 1992, 63, 66쪽.

의 보급에 대한 것이다. 우량품종이라는 말은 조선 재래의 품종은 불량 품종이라는 의미를 갖는 것으로 비추어질 수 있어, '신품종'의 도입으로 용어를 바꿀 필요가 있을지 모른다. 이런 주장을 하는 까닭은 새로운 품종의 도입이라는 것이 일제시대에 와서 본격화되었고, 조선왕조시대에는 품종 개량을 위한 노력이 거의 없었다는 뜻으로 해석될 수도 있기 때문이다.

일제시대의 조선에서 보급된 우량품종은 주로 일본에서 육성된 것이다.[27] 그것이 노농기술(老農技術)의 일부로 일본에서 품질이 뛰어난 것을 선별하여 개량한 것이듯이, 조선왕조시대에도 이러한 우수 품종을 발굴하여 보급하려는 노력이 활발히 행해졌다.[28] 1910년대의 우량품종의 보급이라는 것도 이 점을 전제로 해야만 비로소 이해가 가능하다.

우량품종은 일제 초기부터 그 보급률이 급증하기 시작하여 1920년이 되면 우량품종이 재배된 면적은 전체 수도 재배면적의 53%에 달하게 되었다(이하 [그림 2-4] 참조). 우량품종의 보급률은 1910~20년간에 획기적으로 늘어났던 것이다. 그 뒤에도 우량품종의 재배면적은 꾸준히 늘어나 1940년이 되면 그 비중은 90%에 달하게 된다. 우량품종의 수확량도 약간의 차이는 있지만 대체로 우량품종 재배면적과 비슷한 추세로 변해

---

27) 일본 농업에서는 처음에는 공업과 마찬가지로 대농업경영에 조응하는 구미의 농구, 종자, 종묘, 종축을 도입·이식하려 했지만, 기후, 풍토, 영세하고 산재하는 경지, 소작제도 등의 자연적·역사적 조건이 달라 별로 성공적이지 못했다. 그리하여 明治農法은 결국 경험적인 재래농법의 중시와 老農의 기용으로 선회해갔다. 일본에서의 우량품종의 도입이라는 것은 노농에 의해 선발된 품종 중에서 특히 우량한 것을 적극적으로 장려 보급해가는 것이었다. 暉峻衆三 편, 『日本農業 100年のあゆみ―資本主義の展開と農業問題―』, 有斐閣, 1996, 64-65쪽.
28) 17세기 이후에 육성된 벼 품종 중에는 올벼 품종이 많아 논에서 이모작을 실현할 수 있게 해 주었으며, 풍해와 한해에 강한 것, 생산성이 높은 것, 밥맛이 특별히 좋은 것 등의 여러 품종이 있었다고 한다. 조선후기의 벼를 비롯한 각종 작물의 종자개량에 대해서는 『조선기술발전사 5―리조후기편―』, 과학백과사전종합출판사, 1996, 166-168쪽 참조.

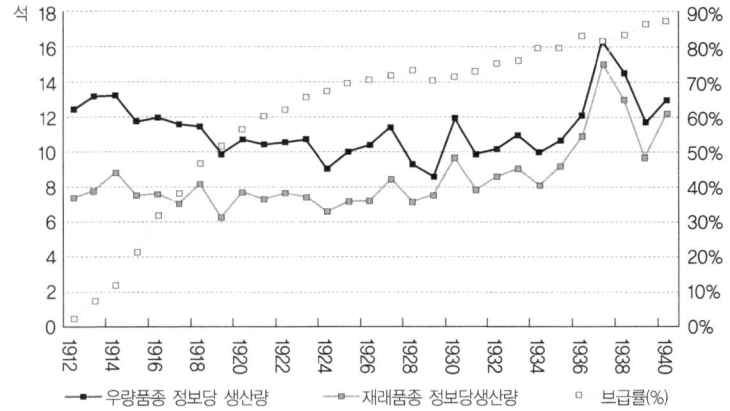

[그림 2-4] 우량품종의 정보당 생산량과 그 보급률

주 : 우량품종 정보당 생산량은 우량품종 총생산량을 총재배면적으로 나누어 계산함.
자료 : 朝鮮總督府農林局, 『朝鮮米穀要覽』, 1941, 30-37쪽에서 작성.

갔다.

그런데 이 우량품종이 일본에서 높은 생산성을 보여주었다고 하여 조선에서도 반드시 좋은 성과를 내었다고 보기는 어렵다. 초기에는 조신력(早神力), 곡량도(穀良都), 다마금(多摩錦) 등의 3품종이 급속히 보급되어 1920년에는 이들 3품종이 전체 우량품종 재배면적의 6~8할을 차지했다. 1930년대 이후에는 은방주(銀坊主)와 육우(陸羽)132호 및 풍옥(豊玉) 등이 그 대신 널리 보급되었다.

다시 [그림 2-4]를 보면 조신력, 곡량도 및 다마금이 주로 보급되었던 1920년대 말까지는 우량품종의 보급률이 증가하면서 단보당 생산량이 감소하고 있다. 우량품종의 단보당 생산량은 1914년 1.35석을 정점으로 점감하여 1929년에는 0.8석에 근접하게 된다. 조선의 미곡 재배면적과 그 생산량에서 우량품종 재배면적과 그 생산량을 각각 차감하여 우량품종 이외의 것, 즉 재래종의 단보당 생산량을 구해보면 대체로 0.8석 부근이 되기 때문에, 1920년대 말에는 우량품종의 단보당 생산량이 재래종의 그것에 거의 근접하게 되었다는 것이다.

이것은 1910, 20년대에 주로 보급된 우량품종이라는 것이 과연 다수확 품종이었던가에 대해 의문을 갖게 한다. 주요 우량품종에 대해 농업통계에서 나타나는 연도와 그 재배 지역 및 정보당 수확량, 재배면적의 비중 등을 정리해 보면, 1910년대에 등장하는 품종은 단보당 수확량이 평균 1.10석이고, 1920년대에 등장하는 품종은 1.15석으로 거의 차이가 없다. 그러나 1930년대에 등장하는 품종의 경우에는 1.39석으로 뚜렷한 차이가 있다. 즉 1920년대 말까지 조선에서 보급된 우량품종이라는 것은 다수확 품종이었기 때문이 아니라, 일본인들의 기호에 맞고 따라서 높은 상품성과 가격이 보장되는 품종이었기 때문에 널리 보급된 것으로 생각된다.[29]

이와 같이 1910년대와 1920년대에 널리 보급된 우량품종의 도입에 의해 통계상으로는 미곡생산이 증대한 것처럼 보이고 있지만, 사실은 비옥도가 높은 토지에서부터 낮은 토지로 점차 그 보급이 확대되었기 때문에 나타난 현상이며, 실제로는 미곡 증산에 큰 영향을 주지 않았던 것으로 판단된다. 그러나 1930년 은방주, 1931년 육우 132호, 1936년 풍옥 등의 다수확 품종이 널리 보급되고 또 1926년부터 금비 사용량이 급증하면서 우

---

29) 미곡의 단보당 생산량이 감소한 원인에 대해 松本武祝은 '종자의 混交와 劣化' 및 토지조건이 부적당한 경지로 경작보급이 이루어진 것을 그 이유로 들고 있다(松本武祝, 『植民地權力と朝鮮農民』, 社會評論社, 1998, 51쪽). 蘇淳烈에 의하면 早神力은 多肥化에 따라 도열병에 약한 결점이 문제가 되어 서서히 모습을 감추고, 그 대신에 耐肥性이 강한 穀良都가 20년대 말까지 전성기를 맞이했지만 이것도 耐病性이 약하고 쓰러지기 쉬운 결점 탓으로 사라져갔다고 지적하고 있다(蘇淳烈, 『植民地後期朝鮮地主制の研究』, 京都大學大學院研究科 博士學位論文, 1994, 98쪽). 그러나 [그림 2-4]에서 볼 수 있듯이 보급률이 급증하는 시기에는 단보당 생산량이 격감하고 보급률의 증가가 완만한 시기에는 단보당 생산량도 완만히 감소하기 때문에 품종열화보다는 우등지에서 열등지로 재배지가 확대되어 간 것이 주요 원인이었던 것으로 판단된다. 요컨대 초기의 우량품종의 급속한 보급은 이것이 다수확 품종이었기 때문이 아니라, 미질이 일본인들의 기호에 맞는 것이기 때문에 상품성이 뛰어나 더 높은 가격을 받을 수 있었던 것과 관련이 있다고 생각된다.

량품종의 도입에 의한 미곡증산효과가 나타났다고 생각된다. [그림 2-4]에서 1930년 이후 우량품종의 단보당 평균 수확량이 증가하기 시작하는 것은 바로 이러한 다수확품종으로서의 우량품종의 보급과 관련해서 이해될 수 있을 것이다.

요컨대 우량품종의 보급으로 생산성에 뚜렷한 변화가 발생하게 되는 것은 1930년대 이후였다. 1920년대 말까지는 우량품종의 도입으로 인한 생산성 개선효과가 거의 없었다는 것은 결국 1920년대 말까지는 재래종도 우량품종 못지 않은 생산성을 가지고 있었음을 의미하는 것이다.[30]

이것은 다시 품종개량이라는 점에서 조선왕조시대에 도달되었던 농업발달 수준이 상당한 것이었음을 의미하는 것이기도 하다.

일제시대의 품종개량은 미곡의 경우에만 해당되는 것은 아니었다. 각종 밭작물과 과수, 가축 및 가금 등 여러 부문에서 신품종이 활발히 도입되었다. 신품종의 도입은 수확물의 질을 개선하는 것도 있고, 또 생산량을 증가시키는 것도 있다. 이 중 수확물의 질을 평가하기는 어렵기 때문에, 생산량의 증가에 대해서만 몇 가지 작물의 예를 통해 알아보기로 하자.

[그림 2-5]에서 볼 수 있듯이, 보리와 밀 및 콩 3개의 밭작물의 경우, 우량품종의 보급률은 급속히 증가하고 있다. 세 작물 중에서 콩의 우량품종 보급률이 가장 빨리 증가하고 있고, 밀의 경우가 가장 낮다. 그러나 그 보급률은 미곡의 경우에 비하면 훨씬 낮은 것이었다. 한편 이들 세 작물에서 공통적으로 나타나는 또 하나의 특징은 우량품종이 재래품종보다 생산량이 많은 다수확품종임에는 분명하지만, 단보당 생산량이 후기로 갈수록 떨어지고, 우량품종과 비우량품종 사이의 격차가 축소되는 경향이 있다는 것

---

30) 蘇淳烈은 재래종이 多肥・多收栽培에는 부적당하지만, 한발에 강하고, 이삭이 나서 익을 때까지 걸리는 기간이 짧으며, 수분이 부족한 토양에서도 발아가 강하다는 장점이 있어, 관개수나 비료가 부족한 곳에서는 일본의 우량품종보다 오히려 좋은 성적을 올리는 경우도 적지 않았다고 지적하고 있다. 蘇淳烈, 앞의 논문, 91쪽.

이다. 이 역시 열등지로 재배면적이 확대되면서 발생한 것으로 생각된다. 밭의 경우에는 '지목변환' 사업으로 인하여, 후기로 갈수록 경지면적이 감소해간 것과, 밭 경지면적의 감소에도 불구하고 재배면적이 증가한 것에서 알 수 있듯이 윤작이나 간작이 급증한 것이 단보당 생산량의 감소를 초래한 원인이었을 것으로 생각된다. 한가지 특이한 점은 우량종과 비우량종 사이의 생산력의 격차가 가장 큰 밀(30.9%)은 보급률이 가장 낮고, 양자 사이의 격차가 가장 작은 콩(10.5%)은 보급률이 가장 높다는 점인데, 이 역시 우량품종과 재래품종의 생산력 격차가 실제로는 그다지 크지 않았음을 의미한다.

[그림 2-5] 보리, 밀, 콩 우량품종의 단보당 생산량과 보급률 (단위: 석, %)

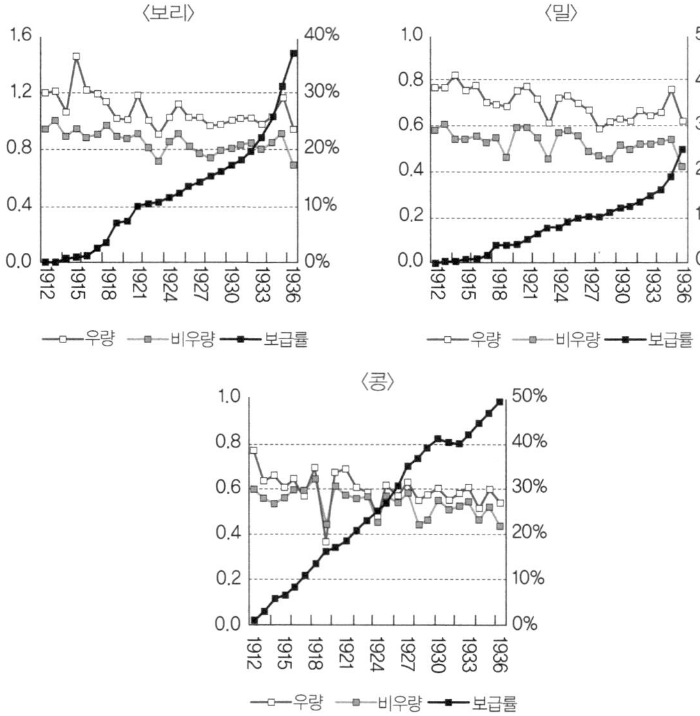

자료 : 朝鮮總督府, 『農業統計表』(1936년판), 1937, 51-52쪽에서 작성.

요컨대 보리, 밀, 콩 등의 주요 밭작물의 경우를 보면, 우량품종이라는 것이 주로 재래종으로 이루어져 있는 비우량품종에 비해 별로 다수확 품종이 아니었던 것이 명백하다. 이 결론을 뒤집어보면, 밭작물의 경우에도 조선 후기의 품종 개량 노력이 이미 상당한 수준에 도달되어 있었다는 것으로 된다.

(4) 비료 투입의 확대

조선후기에 시비의 중요성이 강조되었다는 것은 잘 알려진 사실이다. 그러나 일제 초기의 비료투입 통계를 보면 조선에서는 거의 비료가 사용되고 있지 않은 것으로 되어 있다(이하 [그림 2-6] 참조). 실제로 비료가 별로 사용되지 않았는지 혹은 초기 통계에서 공통적으로 나타나는 과소평가 때문인지는 분명치 않다. 그러나 1910년대의 조선총독부의 시비장려정책이 주로 퇴비와 녹비의 장려에 초점을 맞추고 있었고 금비사용은 오히려

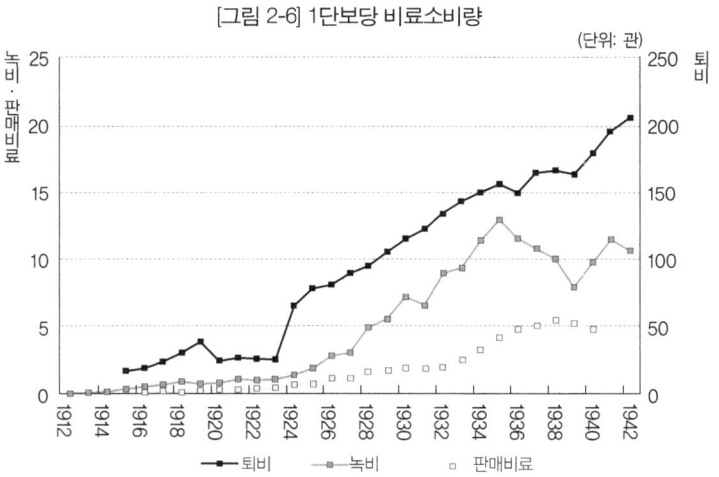

[그림 2-6] 1단보당 비료소비량

주 : 『朝鮮經濟年報』의 톤 단위는 관 단위(1관 = 3.75kg)로 환산했다.
자료 : 1912~40년: 朝鮮總督府, 『朝鮮農業統計表』, 1940년판, 42쪽.
　　　1941~42년: 朝鮮銀行, 『朝鮮經濟年報』, 1948년판, I-364쪽에서 작성.

억제하는 등 비료사용의 확대에 그다지 적극적이지 않았던 것은 명백하다.[31]

조선총독부가 비료사용을 적극적으로 장려하기 시작한 것은 산미증식계획 이후였다. 특히 산미증식갱신계획이 시작되는 1926년부터는 퇴비와 녹비의 획기적 증산을 목표로 하는 제1차 자급비료 증산계획(1935년까지 10개년간)이 세워짐과 아울러, 금비구입을 장려하기 위한 비료 저리자금 대부제도(1939년까지 14개년간)를 실시했다.

자급비료 증산계획은 계획기간인 1926~35년간에 녹비생산량을 5천 3백만 관에서 7억 8천만 관으로, 그리고 퇴비생산량은 19억 1천 3백만 관에서 66억 관으로 끌어올리는 것을 목표로 하고 있었다. 1935년의 생산실적은 녹비가 5억 4천 6백만 관이었고, 퇴비가 70억 7백만 관으로 퇴비의 경우에는 목표를 초과달성하게 된다.

한편 조선총독부는 산미증식갱신계획의 시작과 보조를 맞추어 1926년부터 농사개량 저리자금을 대부해주는 제도를 새로 실시했다. 이 자금은 비료, 농구, 농약 등 8가지 항목에 대해 저리자금을 융통해주기 위해 시작된 것인데, 실제로는 그 8~9할 정도가 판매비료 구입자금용으로 대부되었다. 연도별 농사개량 저리자금 대부액은 [그림 2-7]과 같다. 목표연도인 1939년에는 4천 9백만 엔 가량이 대부되었다.

이 농사개량 저리자금 중 상당부분은 유안 등 화학비료의 구입에 사용되었기 때문에 1926년 이후에는 판매비료, 특히 화학비료의 사용량이 뚜렷이 증가하기 시작한다. 1930년 일질 흥남공장의 유안생산이 본격화되면서

---

31) 『朝鮮の肥料』에서는 "시정 당초에는 농가의 경제상태가 빈약하고 농민의 비료에 관한 지식이 유치하기 때문에 판매비료의 장려를 행하지 않고 오히려 억제할 방침"을 취해왔다고 했다. 朝鮮總督府農林局, 『朝鮮の肥料』, 1941, 19쪽. 松本武祝도 "수입비료 증가에 의한 무역수지 악화와 농업경영의 급격한 상품화에 따른 자작농민의 몰락이라는 두 가지 염려 때문에 구입비료 도입에 부정적"이었다고 보고 있다. 松本武祝, 『植民地期朝鮮の水利組合事業』, 58쪽.

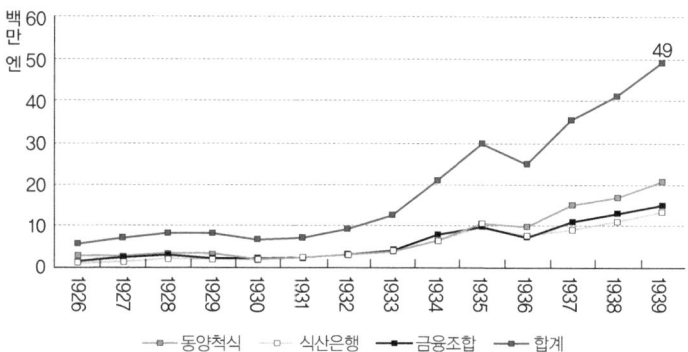

[그림 2-7] 비료 저리자금 대부액

주 : 자금연도는 9월부터 이듬해 8월간의 1년으로 한다.
자료 : 朝鮮總督府農林局, 『朝鮮の肥料』, 1941, 26-27쪽.

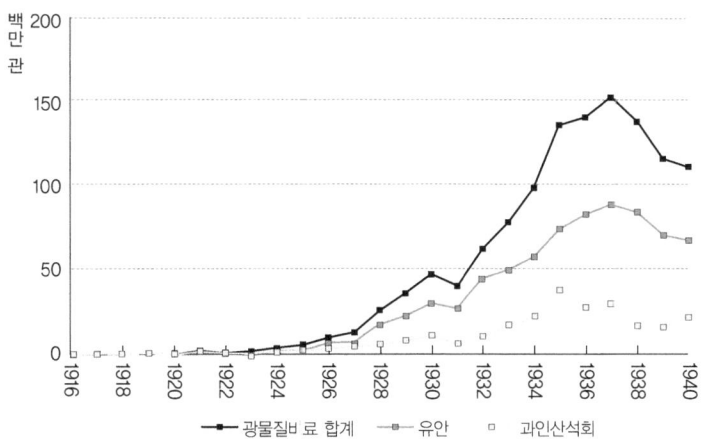

[그림 2-8] 연도별 광물질 비료 사용량

자료 : 朝鮮總督府, 『農業統計表』, 1940년판, 110쪽.

  화학비료 사용량은 한층 더 증가하게 된다([그림 2-8] 참조).
  1930년대의 단보당 생산량의 증가는 한편으로는 은방주, 육우 132호 및 풍옥과 같은 다수확품종의 보급확대와 관련이 있지만, 또 한편으로는 관개시설의 확대와 더불어 비료투입량이 크게 증가함으로써 이루어진 것이었다.

지금까지 필자는 1910년대를 중심으로 하면서 그 이후의 조선의 농업투입 상태에 대해 검토해 보았다. 1910년대에는 조선총독부에 의한 농업개발이 아직 본격화되지 않았다. 즉 1910년대의 조선의 농업은 구한말 시대에 도달했던 농업상태의 연장선상에 놓여 있는 것이었다. 따라서 1910년대의 조선의 농업을 검토해보면, 조선왕조 말기의 농업상태를 짐작해볼 수 있는데, 이 시기가 왕조 붕괴기로 국가적 차원에서는 농업개발을 위한 노력이 거의 없었음에도 불구하고, 경지면적, 관개시설, 품종개량 등 거의 대부분의 분야에서 이미 상당히 높은 수준에 도달해 있었다. 이 점을 강조하는 이유는 국가가 공권력을 회복하고 본격적으로 개발에 나서게 된다면, 조선의 농업은 스스로의 힘에 의해 급속히 발전할 수 있는 역량을 갖추고 있었던 것에 유의할 필요가 있기 때문이다. 18세기까지 이루어진 조선의 농업발달이나 해방 후 한국의 농업발달이 그것을 입증한다고 생각한다. 물론 일제시대에도 1920년대의 산미증식(갱신)계획에 의한 관개시설의 확충과 1920년대 후반 이후의 비료투입의 증가 및 1930년대의 다수확품종의 도입 등에 의해 미곡생산량이 크게 증가했다.

2) 농업생산의 증대

조선의 농업생산은 일제지배 기간 동안 얼마나 증가했을까? 이러한 계산을 하려면 무엇보다 우선 정확한 통계가 존재해야 한다. 과연 조선총독부의 농업생산통계가 믿을 만한 것인가?

조선총독부의 농업통계는 1909년부터 조사되기 시작했다. 그러나 1917년까지 조선총독부 『통계연보』에 실려있는 농업통계는 결코 믿을 만한 것이 못된다. 조선총독부 자신도 이 문제를 알고 있었기 때문에 토지조사사업이 완료된 이후에 농업생산통계를 대폭 손질했다. 수정은 1918년판과 1919년판, 두 번에 걸쳐 이루어졌다. 수정의 과정에 대해 『조선농업발달사』에서는

이렇게 지적하고 있다.[32]

……조선총독부 농무당국은 관계직원을 각지에 파견하여 실정을 정밀하게 조사시키고, 거기에서 얻은 자료와 토지조사에 의거하는 농지를 서로 비교하여 신중히 검토한 결과, 1910년까지 거슬러 올라가 각종 작물의 재배면적 및 수확량을 수정 발표했던 것이다.

이 지적대로 1917년판과 1918년판 및 1919년판 3개 연도의 조선총독부 『통계연보』를 서로 비교해보면, 각종 작물의 재배면적과 생산량에 상당한 정도의 수정이 가해진 것은 분명하다. 그리고 수정 후의 통계가 좀더 현실에 가까워졌을 것이라는 점도 분명하다.

그러나 과연 위의 말대로 각지의 실정에 대한 정밀한 조사를 토대로 수정이 이루어진 것일까? 이미 지나가버린 과거의 일을 어떻게 정밀하게 조사한다는 것일까? 이 점을 구체적으로 밝혀줄 수 있는 자료는 아직 본 적이 없다. 따라서 아래에서는 미곡의 경우를 예로 들어, 기존의 통계를 통해 거꾸로 그 수정과정을 알아보기로 한다. 미곡 이외의 다른 작물에 대해서도 비슷한 설명이 적용될 수 있을 것이다.

조선총독부 『통계연보』 1917년판, 1918년판, 1919년판, 이 3개 연도판에 수록되어 있는 미곡 재배면적과 생산량 통계를 서로 비교해보면 [표 2-4]와 같다. 1917년판의 통계는 수정 전의 것이고, 1918년판에서 대폭적인 수정이 있었지만, 1919년판에서도 일부 수정이 이루어지고 있다. 1920년판 이후의 『통계연보』에 수록되어 있는 1910~18년의 재배면적과 생산량에 대한 통계는 바로 이 1919년 수정치인 것이다.

---

32) 朝鮮農會, 『朝鮮農業發達史』(發達篇), 1937, 140쪽.

[표 2-4] 미곡 재배면적과 생산량

(단위: 단보, 석)

		1917년판	1918년판	1919년판	증가율
재배면적(단보)	1910	8,256,869	11,255,853	13,527,968	63.8%
	1911	9,624,863	13,335,649	13,990,128	45.4%
	1912	9,819,431	13,361,843	14,171,743	44.3%
	1913	10,460,471	14,200,170	14,570,779	39.3%
	1914	10,792,488	14,682,185	14,840,137	37.5%
	1915	11,280,430	15,051,813	14,980,199	32.8%
	1916	11,583,371	15,237,494	15,188,438	31.1%
	1917	11,691,566	15,364,490	15,289,617	30.8%
생산량(석)	1910	7,917,621	9,093,741	10,405,613	31.4%
	1911	9,972,712	11,656,286	11,568,362	16.0%
	1912	8,982,000	10,546,087	10,865,051	21.0%
	1913	10,090,645	12,156,394	12,109,840	20.0%
	1914	12,159,084	14,385,611	14,130,578	16.2%
	1915	11,373,962	13,244,103	12,846,085	12.9%
	1916	12,531,009	14,391,507	13,933,009	11.2%
	1917	12,227,009	14,079,111	13,687,895	11.9%
단보당 생산량(석)	1910	0.9589	0.8079	0.7692	-19.8%
	1911	1.0361	0.8741	0.8269	-20.2%
	1912	0.9147	0.7893	0.7667	-16.2%
	1913	0.9646	0.8561	0.8311	-13.8%
	1914	1.1266	0.9798	0.9522	-15.5%
	1915	1.0083	0.8799	0.8575	-15.0%
	1916	1.0818	0.9445	0.9173	-15.2%
	1917	1.0458	0.9163	0.8952	-14.4%

자료 : 朝鮮總督府, 『統計年報』, 1917, 1918, 1919년판에서 작성.

이 표에서 재배면적 부분을 그래프로 그려보면 [그림 2-9]와 같다. 토지조사사업 이전의 미곡의 재배면적과 생산량 통계는 1918년판과 1919년판, 두 번에 걸쳐 수정이 이루어진 것임을 알 수 있다. 1918년판에서는 대폭적인 수정이 이루어졌고, 1919년판에서는 부분적인 수정이 있었다. 수정이 완료된 1919년판의 그래프는 거의 직선에 가깝고, 또 기울기도 3개의 선 중에서 가장 완만하다. 또 1917년판의 선에서 보여지는 증감추세는 1919년판의 그래프에서도 비슷하게 나타나고 있다. 말하자면 수정 전 재배면적에 대해 어떤 추세선을 사용하여 수정한 것이 수정 후 재배면적이라고 생각되는 것이다.

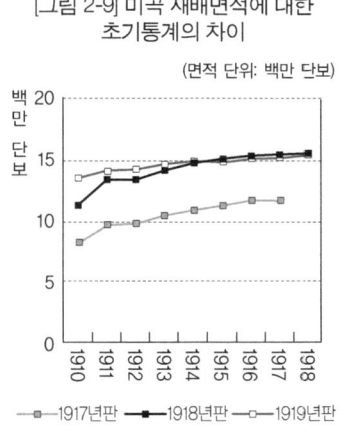

[그림 2-9] 미곡 재배면적에 대한 초기통계의 차이

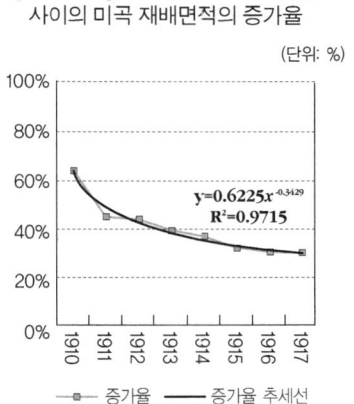

[그림 2-10] 1917년판과 1919년판 사이의 미곡 재배면적의 증가율

어떤 추세선을 사용했을까? 다시 [표 2-4]의 증가율 부분을 보자. 재배면적의 경우에는 무언가 규칙성이 보이지만, 생산량의 경우에는 전혀 불규칙적이다. 재배면적 증가율과 그 추세선은 [그림 2-10]과 같다. 재배면적의 증가율은 $y=0.6225x^{-0.3429}$ 이라는 거듭제곱식에 유사한 방정식에 의해 조정된 것임을 알 수 있다. 1910년에 가까울수록 처음 조사되었던 재배면적을 더 많이 상향조정해 줌으로써 결과적으로는 [그림 2-9]에서 보았던 것처럼 1917년판의 재배면적 선에 비해 훨씬 기울기가 완만한 1919년판 선이 나오게 된 것이다.

한편 [표 2-4]에서 수정 전과 수정 후의 단보당 생산량을 비교해보면, 이것 역시 1918년판과 1919년판 두 번에 걸쳐 수정되고 있다. 수정 후에는 수정 전에 비해 단보당 생산량이 상당히 하향 수정되고 있음을 알 수 있다. 1919년판과 1917년판을 비교해보았을 때, 1910년에 가까울수록 단보당 생산량의 하향조정 폭이 크다. 단 그 조정 폭에서는 별다른 규칙성은 없는 것 같다.

1919년판에서 주어진 최종적으로 수정된 미곡 생산량은 이렇게 수정된 재배면적에 수정된 단보당 생산량을 곱하여 얻은 것이었다. 앞에서 보았듯이 초기로 갈수록 재배면적을 더 많이 상향조정해준 반면 단보당 생산량은 더 많이 줄여 잡았는데, 재배면적 증가율이 단보당 생산량 축소율보다 크도록 조정했기 때문에, 전체적으로 생산량은 초기로 갈수록 당초의 값보다 더 많이 증가하도록 되었다.

이렇게 대폭적인 수정을 가함으로써, 1910~17년간의 통계도 현실을 더 잘 반영하도록 개선되었을 것이다. 그러면 과연 이 수정에 의해 농업생산이 사실대로 통계에 잡힌 것일까? 다시 수정 후의 재배면적부터 검토해보자(이하 [그림 2-11] 참조).

경지면적과 달리 재배면적은 기상조건에 따라 변화가 한층 심하다. 1928년과 1939년처럼 이앙기에 엄청난 한발이 들어 재배면적이 크게 줄어든 때도 있었다. 1936년에도 재배면적이 큰 폭으로 줄어들고 있지만, 이것에 대해서는 좀 다른 해석이 필요하다. 1936년부터는 논두렁과 같이 실

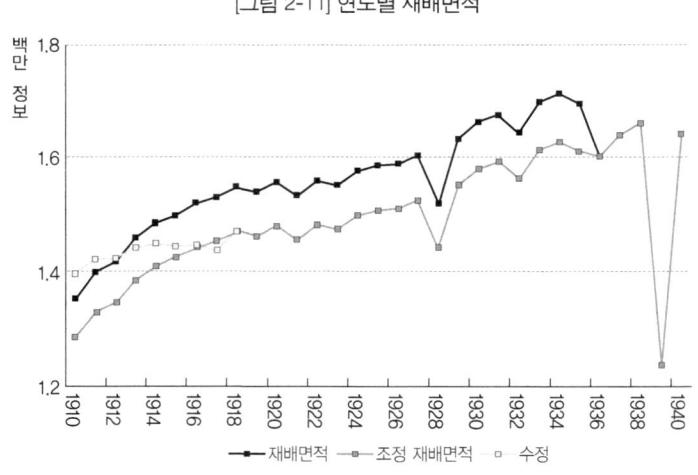

[그림 2-11] 연도별 재배면적

주 : 재배면적은 『통계연보』의 수정된 면적을 사용했다. '조정 재배면적'은 1935년 이전의 각 연도의 재배면적에서 일률적으로 5%씩 차감하여 구한 면적을 말한다.
자료 : 朝鮮總督府, 『統計年報』, 각 연도판에서 작성.

제 경작에 사용될 수 없는 면적은 재배면적에서 제외되었기 때문이다. 박섭은 그 감소율을 약 5%로 가정한다.[33] 통계의 일관성을 유지하려면 1935년까지의 재배면적에서도 5%씩 재배면적을 줄여 잡아주어야 할 것이다. '조정 재배면적'이 바로 그것이다.

이제 『통계연보』의 1910~35년간의 재배면적을 일률적으로 5%를 공제한 다음, 몇 개의 구간으로 나누어 그 증가율을 구해보면 [표 2-5]와 같다.[34]

[표 2-5] 구간별 재배면적 증가율

1910~1918	14.4%	1926~1934	7.8%
1918~1926	2.6%	1934~1940	0.9%

주 : 구간별로 동일한 기간을 잡았다. 단 마지막 구간은 예외적으로 짧다.

1910~18년 구간의 재배면적 증가율은 14.4%로 다른 어떤 구간보다도 월등히 높다. 이 구간의 재배면적 증가율이 특히 높아야 할 어떤 이유가 존재할까? 우리는 앞에서 1910년대의 농업투입 상황을 여러 측면에서 검토해본 바 있다. 그 검토 결과에 따른다면 1910년대에 산미증식(갱신)계획 기간보다 재배면적이 더 빨리 증가했을 것으로 보아야 할 뚜렷한 이유는 없다. 요컨대 1919년판에서 나타난 조선총독부의 수정 재배면적이라는 것이 아직도 충분히 수정되지 못한 것임이 명백하다. 1910년대의 재배면적은 1910년에 가까워질수록 더 많이 상향조정되어야 한다. 필자가 조정한 재배면적은 앞의 [그림 2-11]의 '수정' 곡선과 같다. 자세한 내용은 나중에 다시 언급할 것이다.

---

33) 1920년의 「農作物ノ作付段別(附 收穫高)統計ノ確實ヲ期スルノ件」에 의하면, 경작하지 않는 토지의 비율은 잠정적으로 평탄부 7%, 중간부 10%, 산간부 15%로 잡고 있다. 단, 이 비율은 아직 조사가 불완전하여 앞으로 점차 조사의 확실을 기할 필요가 있다고 했다. 朝鮮農會, 『朝鮮農務提要』, 1936년판, 1156쪽 참조. 여기에서는 박섭의 비율 5%를 그냥 사용하기로 한다.

34) 단, 1910~17년의 재배면적은 1919년판에서 주어지는 수정된 재배면적을 5% 차감하여 사용했다.

다음으로 단보당 생산량에 대해 검토해보자. 앞의 [표 2-4]에서 보았듯이 단보당 생산량도 1918년판과 1919년판, 두 번에 걸쳐 수정되었다. 수정 후의 단보당 생산량은 수정 전에 비해 평균 16% 정도 적다.

박섭은 "1918년 이전의 토지조사사업 기간은 정책적 필요에 의해서 수확량의 조사가 엄밀하게 이루어졌던 기간이며, 농민들이 수확량을 숨기기 어려웠다"고 지적하고 있다.[35] 박섭의 지적처럼 토지조사사업의 목적 중 하나가 과세지가를 산정하기 위한 토지등급의 설정에 있었기 때문에 단보당 수확량 조사는 정확했을 것이다. 비록 부정확했다고 하더라도 사후적으로 재조사할 수는 없기 때문에 조사된 표본 토지의 단보당 수확량은 더 이상 변경시킬 수 없다.

그렇다면 어떻게 하여 두 번에 걸쳐 사후적으로 단보당 생산량이 줄어들었을까? 토지 등급별로 표본을 잡아 수확량을 조사하고 그것에 등급별 토지면적을 곱한 다음 각 토지등급별 수확량을 집계하여 전국 생산량을 얻었다면, 등급별 토지구성비의 변화에 의해 전국 생산량이 달라질 수 있다. 앞의 『조선농업발달사』의 인용문에서 본 "토지조사에 의거하는 농지를 서로 비교하여 신중히 검토한 결과"라는 구절이 바로 이러한 경우를 지적하는 것으로 해석된다.

조선총독부에 의해 최종 수정된 1910~18년간의 단보당 수확량을 그 이후의 단보당 추세와 비교하여 그 수정결과를 평가해보자. [표 2-6]에서 1917년까지의 미곡통계는 1919년판 『통계연보』의 자료를 사용했다. 단 재배면적은 일률적으로 5% 차감하여 계산했다. 1918~35년간의 미곡생산량은 박섭의 추계치를 사용했다. 1936년의 조사방법의 변경에서 발생하는 오류를 누적적으로 수정한 값이다. 1936년 이후의 자료는 『통계연보』의 생산량과 재배면적을 그대로 사용했다. 각 구간은 8년씩 잘라 단보당 생산량 증가율을 계산해보았다. 다행스럽게도 각 구간별로 농업부문의 주

---

35) 박섭, 앞의 논문, 96쪽.

요변화가 포함되고 있었다. 1910~18년간은 토지조사사업이 이루어진 구간이다. 1918~26년간은 토지조사사업의 완료와 산미증식계획이 추진된 구간이고, 1926~34년간은 산미증식갱신계획 구간이다. 구간별 단보당 생산량 증가율은 두 가지 방법으로 계산해보았다. 하나는 각 구간의 시작 연도와 끝연도의 단보당 생산량을 서로 비교하는 방법이고, 또 하나는 각 구간별로 선형회귀식을 작성하고, 그것에서 시작연도와 끝연도의 단보당 생산량을 추정하여 서로 비교하는 방법이다. 어느 경우로 비교해보아도 1910~18년 구간의 단보당 생산량 증가율이 현저히 높게 나타난다.

[표 2-6] 구간별 단보당 생산량 증가율

	연도간 비교	회귀식에 의한 비교
1910~1918	47.0%	24.3%
1918~1926	10.1%	14.4%
1926~1934	13.5%	16.9%
1934~1940	0.8%	-3.8%

과연 1910~18년간에 단보당 생산량(토지생산성)의 증가율이 산미증식(개정)계획기간의 그것보다 더 컸을까? 앞에서 설명했듯이 이 기간에는 우량품종이 급속히 보급된 것을 제외하면 토지생산성을 증가시킬 만한 다른 특별한 요인은 없는 것으로 생각된다. 앞에서 보았듯이 이 우량품종이라는 것이 다수확 품종이라고 보기도 어렵다. 또 관개시설의 확충에 의한 토지생산성의 증가는 산미증식(개정)계획 이후의 일이다. 또 비료의 투입량이 아주 낮은 수준에 있었기 때문에 우량품종이 다수확 품종이 되기 위한 다비다수확이라는 전제도 성립되기 어렵다. 1910년대의 조선총독부의 농업정책은 토지조사사업에 있었지, 토지생산성을 올리는 데 있었다고는 하기 어렵다는 것이다. 이런 점들을 고려한다면, 1910~18년간에 단보당 생산량은 거의 변화가 없었다고 생각해도 좋을 것인데 반해, 통계상으로는 가장 급속히 증가하는 것으로 되어 있다. 단보당 생산량은 1917년판에서 1918년판을 거쳐 1919년판으로 가면서 지나치게 축소 수정된 것이다.

이와 같이 조선총독부가 수정한 1910~17년간의 미곡생산량은 재배면적의 측면에서도 또 단보당 생산량의 측면에서도 지나치게 축소됨으로써, 재배면적과 단보당 생산량의 곱으로 주어지는 생산량은 크게 과소평가되었다고 생각된다. 재배면적과 단보당 생산량에 대한 수정은 나중에 다시 다루기로 한다.

미곡을 중심으로 살펴본 조선총독부 농업통계가 갖는 문제점은 미곡 이외의 다른 작물의 경우에도 마찬가지이다. 즉 미곡 이외의 다른 작물에 대해서도 토지조사사업이 끝난 뒤, 조선총독부 스스로 대폭적인 수정을 가했지만, 각 작물별로 하나하나 분석해 보면 1910~17년간의 재배면적과 생산량 통계는 여전히 크게 과소평가되어 있다.

(1) 미곡생산의 증대

필자는 앞에서 1917년 이전의 미곡생산량 통계가 실제 이상으로 상당히 축소되어 있음을 지적한 바 있다. 미곡생산량에 대한 통계를 볼 때는 이밖에도 또 한가지 중요한 고려사항이 있다. 그것은 1936년에 미곡생산량의 조사방법이 변경된 것이다.

이 1936년의 미곡생산량 조사방법의 변경으로 생산량 조사는 한층 더 정확해졌다고 보는 것이 일반적이다. 바꾸어 말하면 그 이전의 통계에 무언가의 문제가 있다는 의미가 되기 때문에, 1935년까지의 생산량 통계를 이 새로운 기준에 맞도록 수정해줄 필요가 생기게 된다.

1936년의 경우, 신구 양 조사방법에 의한 미곡생산량통계가 알려져 있는데, 신조사방법에 의한 수확량은 19,410,763석이고, 구조사방법에 의한 것이 15,427,832석으로서 그 차이가 3,982,931석(구조사방법을 기준으로 할 때 25.8% 증가)이나 되었다.[36] 이 문제를 처음 제기했던 토하타 세이이

---

36) 東畑精一, 大川一司, 『米穀經濟の研究(1)』, 有斐閣, 1939, 425쪽.

치(東畑精一) 등은 그 수정 방법으로 비례적 수정과 추세적 수정이 있지만 후자가 더 타당할 것이라고 보았고, 산미증식계획에 의해 미곡생산이 크게 변하게 되는 1920년부터 오차가 집중적으로 그리고 누적적으로 발생했을 것으로 생각했다. 박섭은 추세적 수정법에 따라 미곡생산량의 수정을 행했다.[37] 그러나 토하타 등의 추계와는 다음의 두 가지 점에서 다르다. 첫째, 토하타 등은 산미증식계획의 시작과 더불어 오차가 발생하기 시작했다고 보는 반면, 박섭은 토지조사사업이 완료된 1918년의 조사는 정확하다고 보고 그 이후부터 누적적으로 오차가 발생하기 시작했다고 본다. 둘째, 박섭은 1935년까지의 재배면적에는 논두렁과 같이 실제 경작에 사용되지 않는 면적이 약 5% 정도 포함되어 있는데 이것을 감안해주어야 한다고 주장한다. 앞의 [그림 2-11]에서 보았듯이, 이렇게 수정해 줌으로써 1910~35년과 1936년 이후의 재배면적의 변화추세는 상식적으로 납득할 수 있는 형태로 변해가는 것으로 된다.

미곡생산량 통계의 수정에 대한 위의 박섭의 추계는 지금까지 나온 것 중 가장 합리적이다. 따라서 아래의 분석에서는 박섭의 추계치를 사용하기로 한다. 다만 1911~17년간의 추계치 부분에 대해서는 약간 이견이 있다.

박섭의 수정치와 조선총독부 『통계연보』의 미곡생산량을 비교해본 것이 [그림 2-12]이다. 이 그림의 '차이'에서 알 수 있듯이 박섭의 추계치는 1912년을 제외하면 1921년까지 조선총독부 『통계연보』의 미곡생산량보다 약간 적다. 박섭의 계산에서는 1935년 이전의 재배면적이 5% 줄어들었기 때문이다. '차이'의 크기가 1918년에 가장 크고 1911년에는 오히려 플러스로 나타나는데 이것은 『통계연보』의 생산량을 1910년에 가까워질수록 좀더 많이 상향조정했음을 의미한다. 그러나 1910~17년간의 미곡생산량은 이 정도의 수정만으로 충분하다고 생각되지는 않는다.

---

37) 박섭, 「식민지기 미곡 생산량 통계의 수정에 대하여」, 『經濟學硏究』 44(1), 1996; 「1912-1940년의 한국농업생산통계」, 『經濟學硏究』 47(4), 1999.

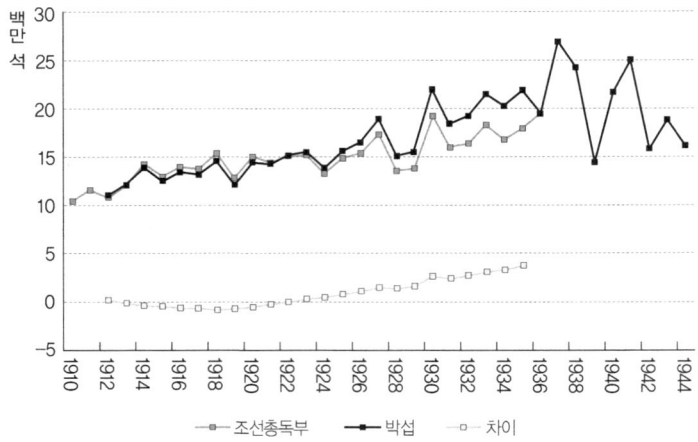

[그림 2-12] 조선총독부의 미곡생산량과 박섭의 수정치

주: '차이'는 朝鮮總督府 『統計年報』의 미곡생산량에서 박섭 추계의 미곡생산량을 빼서 얻은 값이다.

박섭이 추계한 미곡 생산량 자료를 일정한 구간 단위로 잘라서 선형회귀식을 작성하고, 그것을 사용하여 구간 증가율과 연간 성장률을 구해보면 [표 2-7]과 같다. 1911~18년 구간의 구간 증가율과 연간 성장률은 다른 구간에 비해 아주 높게 나타난다. 누누이 지적하는 바이지만, 이 구간의 미곡생산량의 증가율이 산미증식계획기간보다 더 높다는 것은 상식적으로 납득하기 어려운 일이다. 이 구간의 미곡생산량은 조선총독부에 의해 이미 두 번에 걸쳐 수정되었고, 박섭에 의해 다시 한번 더 수정되었음에도 불구하고 여전히 문제가 남아 있는 것이다. 1918년의 미곡 생산량이 비교적 정확한 것이었다고 가정한다면, 1910년 쪽으로 갈수록 생산량이 점점 과소평가되고 있었던 것으로 판단되고, 또 다른 수정의 필요성이 제기된다.

박섭의 수정치도 결국 조선총독부 『통계연보』의 원자료를 토대로 한 것이다. 따라서 1910~17년간의 미곡생산량에 대한 새로운 수정은 원자료의 검토에서부터 다시 시작하는 편이 좋을 것이다.

[표 2-5]에서 보았듯이 조선총독부 『통계연보』에 의하면, 1918~26년의

[표 2-7] 박섭 미곡생산량의 구간 증가율과 연 평균 성장률

	구간 증가율	연 평균 성장률
1911~18	23.1%	3.0%
1918~26	18.1%	2.1%
1926~34	27.6%	3.1%
1934~42	-16.1%	-2.2%

주 : 1911~18년은 1918~26년에 비해 구간의 길이가 1년 짧다. 연간 성장률로 환산하면 이 기간의 증가율은 1926~34년과 거의 비슷하다.

재배면적 증가율은 2.6%였는데 1910~18년은 14.4%로 매우 크다. 그러나 1910~18년간의 재배면적 증가율이 1918~26년간의 그것을 초과했을 것으로는 생각하기 어렵다. 따라서 여기서는 1910~18년간에도 1918~26년간의 추세로 재배면적이 증가했다고 가정하고 다시 계산해보자. 단 1918년의 재배면적은 정확하다고 가정하기로 하고, 경작 불가능한 면적은 5%로 가정하여 일률적으로 공제하기로 한다.

또 [표 2-6]에서 보았듯이 조선총독부『통계연보』에서 계산된 단보당 생산량 증가율도 1910~18년이 24.3%인데 비해 1918~26년은 14.4%, 1926~34년은 16.9%, 1934~40년은 -3.8%(이상 회귀식에 의한 비교 기준)로 1910~18년이 특별히 높다. 이 역시 당시의 농업조건을 고려했을 때 타당성이 없다. 1910~17년간의 단보당 생산량은 1918~26년간의 조선총독부 원자료에서 계산된 단보당 생산량과 동일한 추세로 변했다고 가정하여 수정했다.

수정된 결과를 조선총독부『통계연보』의 원자료 및 박섭의 추계와 비교해보면 [표 2-8]과 같다. 그리고 그것을 그래프로 그려보면 [그림 2-13]과 같다. 이 그림에서 볼 수 있듯이, 일제시대의 미곡생산량은 흉풍에 따라 연도별로 등락이 매우 심하다. 미곡생산량 변화추세를 보면, 일제 초기에는 서서히 증가하다가 산미증식갱신계획이 실시되는 1926년경을 경계로 매우 빨리 증가하여 1937년에 일제시대 최대생산량인 26,796,950석에 도달하고, 그 후 크게 감소한다.

[표 2-8] 1911~17년간의 미곡 재배면적 및 생산량의 재수정

	재배면적(단보)			단보당 생산량(석)		생산량(석)		
	조선총독부	5% 차감	수정	조선총독부	수정	조선총독부	박섭	수정
1910	13,527,968	12,851,570	13,934,167	0.7692	0.9220	10,405,613		12,847,404
1911	13,990,128	13,290,622	14,206,245	0.8269	0.9567	11,568,362	11,869,328	13,591,084
1912	14,171,743	13,463,156	14,211,804	0.7667	0.8735	10,865,051	11,046,720	12,413,469
1913	14,570,779	13,842,240	14,423,914	0.8311	0.9149	12,109,840	12,010,370	13,196,221
1914	14,840,137	14,098,130	14,512,830	0.9522	1.0130	14,130,578	13,807,330	14,700,849
1915	14,980,199	14,231,189	14,478,914	0.8575	0.8953	12,846,085	12,487,555	12,962,901
1916	15,188,438	14,429,016	14,509,767	0.9173	0.9321	13,933,009	13,392,968	13,524,396
1917	15,289,617	14,525,136	14,438,912	0.8952	0.8870	13,687,895	13,117,406	12,806,965

주 : '5% 차감'은 『통계연보』의 재배면적에서 경작불능면적이 차지하는 비율을 5%로 가정하여 일률적으로 뺀 재배면적이며, '수정'은 필자의 수정치를 의미한다.

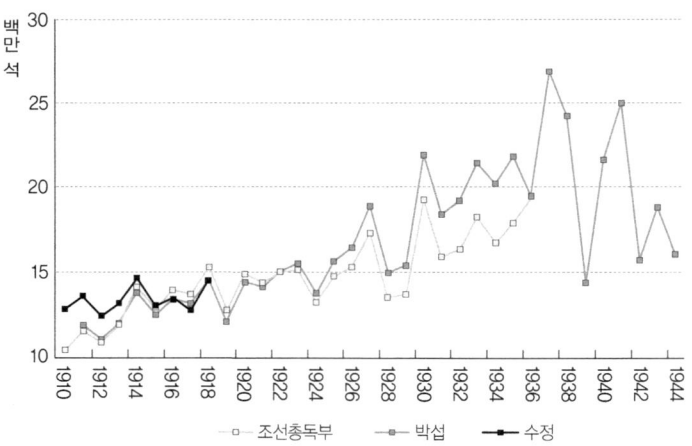

[그림 2-13] 추계된 미곡생산량의 비교

주 : 1919년 이후에는 '수정'과 '박섭'은 같고, 1936년 이후에는 모두 같아진다.
자료 : [부표 2]에서 작성.

일제시대 전 기간에 걸쳐 미곡생산량에 대한 통계를 마련했기 때문에, 이제 일제 초와 일제 말 사이에 조선에서 미곡이 얼마나 증산되었는지 계산할 수 있게 되었다. 그러나 [그림 2-13]에서 보았듯이 일제시대 조선의

미곡생산량은 증가하다가 감소하는 모습을 보여주고 있다. 중간과정에서 큰 변화를 수반하는 이런 경우에는 어떤 비교 시점에서, 어떤 비교 방법으로 계측하느냐에 따라 미곡 증산의 평가가 크게 달라질 수밖에 없다.

[표 2-9] 여러 가지 방법으로 계측된 일제시대의 미곡생산 증가율

	1910~1944	5년 이동평균(1910~14년 평균 대비)			선형회귀식 1910~44
		최종 5년	최고	최종 10년	
구간 증가율	24.9%	45.1%	68.1%	52.3%	75.4%
비교 기간	1910 / 1944	1910-14 / 1940-44	1910-14 / 1934-38	1910-14 / 1935-44	1910 / 1944

자료 : [부표 2]에서 작성.

우선 일제시대가 시작되는 1910년과 끝나는 1944년의 두 연도를 비교해보면, 생산량은 24.9% 증가했다. 미곡생산량이 최저였던 1912년과 최대였던 1937년을 비교해보면, 그 증가율은 115.9%였다. 생산량에 대한 추계가 타당하다면, 어떤 방법으로 계산하든지 증산율은 115.9%를 넘어설 수는 없다.

그러나 농업통계와 같이 연도별로 등락이 심한 경우에는 특정 2개 연도의 값을 비교하는 것은 별로 도움이 되지 못한다. 이런 경우에는 흔히 이동평균법이 이용된다. 5년 이동평균을 계산해보자. 미곡생산통계가 1944년까지 주어지기 때문에, 1940~44년 평균과 1910~14년 평균을 서로 비교해보면 증가율은 45.1%였다. 1910~14년의 평균값과 1935~44년(마지막 10년)의 평균을 비교해보면 증가율은 52.3%였다. 일제시대 미곡생산량이 정점에 도달한 연도는 1937년이지만 5년 이동평균값이 최고인 연도는 1936년이었다. 1910~14년의 평균과 1934~38년의 평균을 비교해보면 증가율은 68.1%였다.

한편 1910~44년간의 미곡생산량을 토대로 선형회귀식을 작성하고 그것에 의해 1910년과 1944년의 미곡생산량을 추계한 다음 이 양자를 비교

해보면, 증가율은 75.4%였다.

이와 같이 어떤 방법으로 계산하느냐에 따라 최소 24.9%에서 최대 115.9%까지의 여러 가지 계산 결과를 얻을 수 있다. 특정 두 개 연도의 값을 비교하는 방법을 논외로 한다면, 두 개의 평균값을 서로 비교하는 방법과 선형회귀식에 의한 계산법이 남게 된다.

중간과정에서 복잡한 변화가 수반되는 경우에는 일반적으로 회귀식에 의한 계산이 적당하다. 그러나 지금 이 경우에는 별로 적합하지 않은 것 같다. 선형회귀식에서 계산된 75.4%라는 구간 증가율은 5년 이동평균 최저치와 최고치를 서로 비교한 68.1%를 상회하기 때문이다.

그렇다면 평균값을 서로 비교하는 방법이 남게 되는데, 1911~15년의 평균과 1940~44년의 5년 평균값을 비교하는 것도 별로 타당하지 않다. 1940년대는 조선의 농업이 일본 전쟁경제의 붕괴로 말미암아 급속히 축소되고 있던 좀 특이한 시기였기 때문이다. 만약 이 방법을 택한다면, 1930년대 말까지 이루어진 농업개발의 효과가 거의 반영되지 않게 된다. 한편 1911~15년의 평균을 일제시대 미곡생산이 최고에 도달되었던 1934~38년간의 평균과 비교하는 것도 별로 타당하지 않다. 1940년대의 붕괴과정이 배제되기 때문이다.

따라서 가장 합리적인 비교는 일제시대의 농업개발의 성과도 포함하면서 동시에 일제 말기의 농업붕괴의 측면도 고려할 수 있도록 1911~15년간의 5년 평균과 1935~44년간의 10년 평균을 비교해보는 것이라고 생각된다. 위의 표에서 보았듯이 이 방법에 의하면 일제시대에 조선의 미곡생산량은 52.3% 증산된 것으로 된다. 앞으로 일제시대의 미곡증산율을 이용하는 모든 계산에서는 이 52.3%라는 값을 사용할 것이다.

(2) 밭작물 생산의 증대

1940년의 조선의 농업생산액 구성은 [그림 2-14]와 같다. 식산물이

81.2% 정도의 비중을 차지하고 있고, 자급비료, 축산물, 잠업 및 식산물 가공품이 각각 6%대의 비중으로 나머지 18%를 차지하고 있었다.

[그림 2-14] 업종별 농업생산액과 그 구성비(1940년)

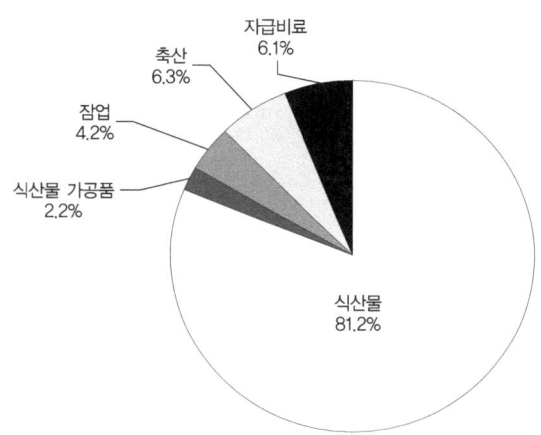

주 : 원자료에는 식산물의 볏짚류와 식산물 가공품의 면포, 마포의 생산액이 빠져 있지만, 이 표에서는 그것을 1934년 생산액으로 대체하여 계산했다.
자료 : 朝鮮總督府, 『統計年報』, 1940년판에서 작성.

식산물은 미곡, 맥류, 두류, 잡곡류, 서류, 야채류, 특용작물, 과일류, 볏짚류와 뽕나무 묘목으로 이루어진다. 조선총독부 『통계연보』에 게재되어 있는 식산물에 대한 통계는 실제 재배되고 있는 작물의 일부에 불과할 것이다. 그나마 1930년대에 새로 게재되기 시작한 것이 많다. 따라서 기존의 통계만으로는 식산물 생산에 대한 충분한 분석이 어렵다. 한가지 다행스러운 것은 새로 게재되기 시작한 작물의 생산액이 전체 작물생산액에서 차지하는 비중이 매우 낮다는 점이다. 1940년의 경우를 예로 들어, 식산물의 구성내용을 살펴보면 [그림 2-15]와 같다.

이제 위의 식산물 중에서 미곡과 볏짚류 및 뽕나무 묘목(桑苗)을 제외한 나머지를 '밭작물'이라고 이름 붙이고, 이것이 일제시대를 통해 얼마나 증산되었는지 추계해보기로 한다.

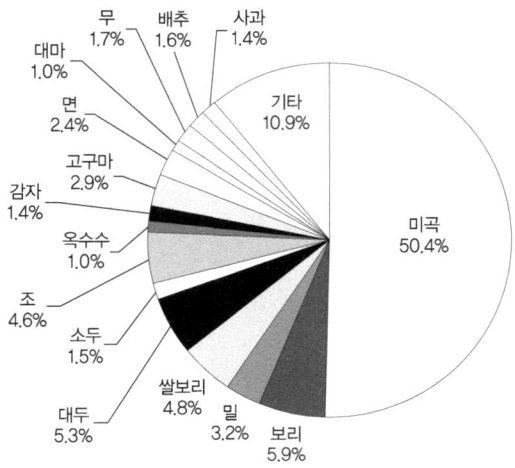

[그림 2-15] 식산물의 작물별 생산액 구성(1940년)

주 : 식산물 생산액에서 차지하는 비중이 1%를 넘는 작물만 따로 뽑고, 그 나머지는 기타로 처리했다.
자료 : 朝鮮總督府, 『統計年報』, 1940년판에서 작성.

    그러나 일제시대의 밭작물에 대한 통계는 앞의 미곡의 경우에 검토했듯이 액면 그대로 모두 받아들일 수 있는 것이 아니다. 통계를 이용하기 전에 밭작물 생산통계의 특성부터 잠깐 살펴보고 지나가기로 하자.
    우선 밭작물의 재배면적에 대한 통계부터 살펴본다. 밭작물 재배면적의 변화 동향은 [그림 2-16]에서 볼 수 있듯이 1910~19년과 1920년 이후의 두 구간으로 확실히 구분된다. 단 1939년의 재배면적이 특이하게 증가한 까닭은 그 해 이앙기에 유례 없는 한발로 논의 식부율이 70.9%에 불과하여 메밀과 같은 대체 밭작물 재배면적이 급증했기 때문이다. 그런데 누누이 지적해온 것처럼, 1910년대의 영농조건이 1920년대 이후보다 더 좋았다고 보기는 어렵다. 따라서 1910년대에 밭작물 재배면적이 1920년대 이후보다 더 빨리 증가했다는 것은 결코 사실이 아닐 것이다. 1910년대의 증가는 통계상의 증가에 불과한 것이고 실제 증가율은 1919년 이후의 그것을 넘어서지 않을 것이다.

[그림 2-16] 밭작물 재배면적의 증가

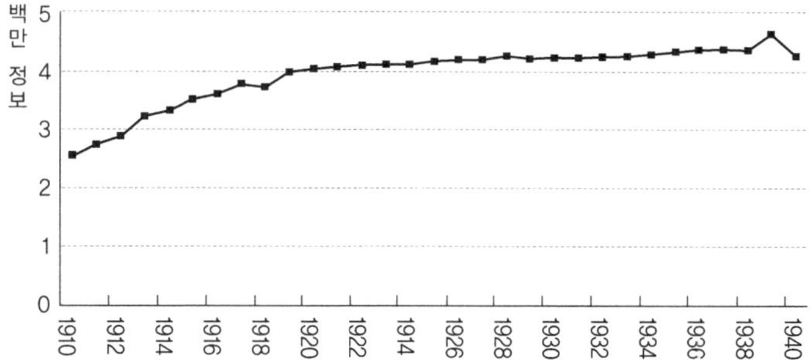

자료 : 朝鮮總督府, 『統計年報』, 각 연도판에서 작성.

　다음으로 밭작물의 생산량에 대해 검토해보자. 밭작물의 생산량에 대한 단위로서는 세 가지가 있다. 즉 맥류, 두류, 잡곡류 등은 석 단위로 집계되어 있고, 특용작물과 야채류 및 서류(감자와 고구마)는 관 단위로 집계되어 있다. 인삼만은 유일하게 근 단위로 집계된다. 인삼을 일단 제외하면 밭작물 생산량은 석 단위로 집계된 것과 관 단위로 집계된 것 두 종류로 압축된다. 집계 단위별로 합산해보면 [그림 2-17]과 같다.

　생산량은 재배면적과 달리 등락이 격심하지만, 대체로 1910년대의 급증과 1930년대 말 이후의 급감이 공통적으로 나타난다. 단 서류를 제외한 식량 밭작물 생산량은 1920년대와 1930년대 동안 별로 변하지 않았던 반면, 이것을 제외한 나머지 밭작물 생산량은 이 기간 동안에 크게 증가했다는 차이가 있다.

　위 그림에서도 알 수 있듯이, 서류를 제외한 식량 밭작물의 경우, 1918~36년간의 변화추세에서 볼 때, 1910~18년간의 급증은 합당하지 않다. 또 서류, 특용작물, 야채류의 경우에는 1918~36년간의 변화추세를 볼 때, 1910~18년간에도 어느 정도 증가했을 가능성이 있지만, 그 증가율은 위의 그림처럼 큰 것은 아니었을 것이다. 대부분의 밭작물에서도 1910년

[그림 2-17] 밭작물의 생산량 증가

주: 서류와 특용작물, 야채류 등 서로 성격이 크게 다른 작물을 단위가 같다고 한꺼번에 통합하는 것은 옳지 않다. 이 그래프는 동향만 보기 위한 것이다.
 '식량 밭작물'에는 보리, 밀, 쌀보리, 대두, 팥, 녹두, 조, 피, 기장, 수수, 옥수수, 귀리, 메밀 등을 포함시켰고, '서류, 특용작물, 야채류'에는 고구마, 감자, 육지면, 재래면, 대마, 저마, 연초, 들깨, 깨, 완초, 인삼, 무, 배추, 참외 등을 포함시켜 합산했다.
자료: 朝鮮總督府, 『統計年報』; 朝鮮銀行, 『朝鮮經濟年報』, 1948년판, I-47-52쪽; 朝鮮經濟通信社, 『朝鮮經濟統計要覽』, 26-27쪽.

에 가까워질수록 생산량이 과소집계되고 있다고 보는 것이 타당할 것이다.

미곡의 경우에는 단일 품목이기 때문에 재배면적과 생산량에 대한 수정이 비교적 간단했지만, 다양한 작물로 이루어져 있는 밭작물의 경우에는 어떤 일정한 기준에 따라 수정한다는 것은 무척 어려운 일이다. 따라서 여기서는 [표 2-10]과 같은 두 가지 방법으로 증산율을 구해보았다.

각 작물별 증산율을 구하기 위해 사용된 방법은 다음과 같다.

[방법1]
1918~22년의 5년 평균과 1935~44년의 10년 평균을 사용하여 증산율을 계산한다.

[방법2]

1910~14년의 5년 평균과 1935~44년의 10년 평균을 사용하여 증산율을 계산한다.

단 1910~14년의 데이터는 1918~26년간의 선형회귀식에서 추계한 값

[표 2-10] 밭작물의 작물별 증산율과 그 가중평균

	1918 생산액(엔)	1918 구성비	증산율	
			방법1	방법2
보 리	65,692,637	17.2%	-3.63%	-0.5%
밀	28,717,713	7.5%	-5.86%	0.3%
쌀 보 리	6,522,189	1.7%	732.31%	748.8%
대 두	66,367,237	17.4%	-28.90%	-23.3%
팥	20,985,736	5.5%	-32.07%	-43.6%
녹 두	2,033,912	0.5%	-12.04%	4.1%
조	50,124,172	13.1%	-15.31%	13.2%
피	6,188,611	1.6%	-55.73%	-76.7%
기 장	1,148,043	0.3%	-35.43%	-54.0%
수 수	7,476,332	2.0%	-25.73%	-53.2%
옥 수 수	5,845,596	1.5%	56.65%	79.5%
귀 리	5,216,703	1.4%	-52.85%	-56.7%
메 밀	6,368,435	1.7%	8.36%	14.3%
감 자	29,674,526	7.8%	236.91%	155.7%
고 구 마	5,466,172	1.4%	43.03%	25.9%
육 지 면	14,677,869	3.8%	153.61%	284.1%
재 래 면	4,015,056	1.1%	-9.22%	102.0%
대 마	8,437,821	2.2%	1.00%	41.2%
저 마	711,932	0.2%	-30.65%	-6.6%
연 초	3,048,581	0.8%	114.55%	48.7%
들 깨	734,197	0.2%	-45.65%	-48.0%
깨	762,272	0.2%	-15.59%	-22.8%
완 초	979,611	0.3%	-6.27%	46.1%
인 삼	5,865,927	1.5%	57.99%	
무 우	15,317,697	4.0%	-1.37%	-11.9%
배 추	13,647,617	3.6%	11.12%	0.6%
참 외	5,569,397	1.5%	-11.28%	-23.5%
합계 혹은 평균	381,595,991	100.0%	28.0%	31.2%

주 : 방법1과 방법2에 대한 설명은 본문 참조.
자료 : 朝鮮總督府, 『統計年報』, 1918년판에서 작성.

을 사용한다.[38]

밭작물 전체의 증산율은 각 작물별로 계산된 증산율에 1918년의 농업생산액에서 구한 가중치를 곱한 가중평균으로 구했다.

이 계산에 의하면 가중평균된 밭작물 전체의 증산율은 방법1의 경우 28.0%, 방법2의 경우 31.2%라는 비슷한 값을 갖는 것으로 계산되었다. 이 계산에서는 두류의 땅콩, 강낭콩, 완두 및 기타 두류와 특용작물의 청마, 황마, 아마, 연초, 완초, 닥, 곤마, 아마종자, 기류, 제충국, 박하와 야채류의 양배추, 파, 가지, 오이, 호박, 수박, 마늘, 고추, 미나리 등이 제외되었다. 분석대상에서 제외된 것은 대체로 1930년대에 들어 새로 통계가 작성되기 시작한 것이어서 분석이 불가능한 것이었지만, 관찰되는 범위 내에서 보는 한 비교적 빠르게 생산량이 늘어나는 것이 많았다. 이들을 포함하게 되면 밭작물 증산율은 위에서 계산된 값보다 더 커지겠지만, 제외된 작물이 밭작물 생산액에서 차지하는 비중은 1918년에는 1.3%였고, 1940년에는 7.5%로 그다지 크지 않았다. 그것을 제외하고 분석해도 결과는 크게 달라지지 않을 것이다.

과일류 생산에 대한 통계는 사과와 배 및 포도에 대한 것이 비교적 긴 시계열을 가지고 있고, 후기가 되면 감과 복숭아에 대한 통계도 집계되기 시작한다. 그러나 과일류는 재배면적이 아니라 과일나무 그루수로 집계되고 있어 다른 밭작물과 성격을 달리하기 때문에 여기에서는 제외했다. 사과와 배만 보는 한, 과일 생산량도 매우 빠른 속도로 증가했다.

한편 조선총독부에 의해 생산량과 재배면적에 대한 통계가 주어지는 작물을 대상으로 그 생산량과 재배면적 및 단보당 생산량을 비교해보면 [표

---

38) 기존의 데이터값이 존재하는 경우에도 이 방법을 사용했다.

2-11]과 같다. 전체 32개의 작물 중에서 생산량이 증가한 작물이 19개, 감소한 작물이 13개로 증가한 작물이 더 많다. 재배면적이 증가한 작물은 20개, 감소한 작물이 12개로 역시 증가한 작물이 더 많다. 그런데 단보당 생산량을 보면 완전히 반대이다. 그것이 증가한 작물은 8개에 불과한 반면, 감소한 작물은 무려 24개나 된다.

[표 2-11] 생산의 증감에 따른 주요 밭작물의 분류

생산의 증감			작물의 종류		
생산량	재배면적	단보당 생산량	식량작물	특용작물	원예작물
증가	증가	증가	쌀보리	**육지면, 연초**	**사과, 배**
		감소	감자, 고구마, 땅콩, 옥수수, 메밀	인삼, 닥, 완초, 대마	배추, 무
감소	증가	증가	밀	재래면	**포도**
		감소	보리, 녹두, 조	깨	
	감소		**콩, 수수, 기장, 팥, 귀리, 피**	**저마, 들깨**	참외

주 : 굵은 글자는 20% 이상 생산량이 증가하거나 감소한 작물을 의미한다.
자료 : [부표 4]에서 작성.

밭작물의 경우에도 품종개량, 시비량의 증대, 관개시설의 확대와 같이 토지생산성을 증대시킬 수 있는 여러 요인이 개선되고 있었다. 그런데도 더 많은 밭작물에서 단보당 생산량이 감소했다는 것은 생산성이 낮은 토지에서 재배되는 비율이 더 높아져 간 것으로 해석된다. 미곡에 대한 설명에서 보았듯이 일제시대에는 지목변환을 목적으로 하는 토지개량사업을 통해 많은 밭이 논으로 변환되었다. 이렇게 논으로 전환된 밭은 토지생산성이 높은 밭이었고, 전환되지 않고 남은 밭은 생산성이 낮은 열등한 토지일 가능성이 높다. 또 밭면적이 감소해갔음에도 불구하고 그 재배면적이 증가해 갔다는 것은 토지이용률이 더 높아졌음을 의미한다. 간작이든 윤작이든 어쨌든 토지이용률이 높아지려면 지력회복을 위한 수단이 충분해야 하는데, 그 점이 불충분했기 때문에 토지생산성이 하락했을 가능성도 있다.
앞으로의 분석에서는 일제시대에 밭작물은 31.2% 증산이 이루어졌다고

가정하기로 한다. 참고로 1918년과 1940년 두 연도 사이에 위의 품목에 해당하는 작물의 생산액(경상가격)은 421,122,760엔에서 736,015,883엔으로 약 74.8% 증가했다. 이것을 김낙년의 농산물 물가지수를 사용하여 디플레이트해 주면 35.4% 증가한 것으로 되어 필자의 계산과 비슷해진다.[39]

---

[39] 김낙년의 농산물 물가지수는 1930년을 100으로 했을 때, 1918년 218.9, 1940년 282.6였다. 김낙년, 앞의 책, 244쪽.

2. 농업개발의 본질

지금까지 일제시대에 농업개발이 이루어짐으로써 농업생산량에서 상당 정도의 증산이 이루어졌음을 설명했다. 미곡의 경우에는 52.3%, 밭작물의 경우에는 31.2%가 각각 증산된 것으로 계산되었다.

이러한 증산은 경지면적 혹은 재배면적의 확대, 우량품종의 보급, 관개시설의 확충, 비료투입의 증대 등 여러 가지 요인이 작용하여 이루어진 것이었다. 그 개발과정에서 조선인 농민들도 영향을 받아 농업개발이 진행된 측면도 있고, 또 이렇게 하여 이루어진 농업기반은 해방 후의 한국농업의 전개과정에서도 일정한 역할을 했을 것임에 틀림없다.

그러나 이것은 일제시대의 식민지적 농업개발의 한 측면에 불과하다. 일제시대의 농업개발의 또 하나의 측면은 식민화의 과정이었다는 점도 간과해서는 안 된다. 즉 일제시대의 농업개발의 중심축은 일본인이었다. 일본인들은 이 농업개발 과정에서 보다 비옥한 토지를 점점 더 많이 집적해갔다. 일본인 수중으로 토지가 점점 더 많이 집적·집중됨으로써, 조선에서 생산된 농산물 중에서 일본인이 차지하게 되는 몫도 크게 늘어나지 않을 수 없었다. 농업개발 과정이 진행되면서 민족별로 농업소득의 분배상태는 더욱 불평등해져 갔기 때문에 외형적인 성장에도 불구하고 조선인 농민들의 경제적 처지는 거의 개선되지 않았다.

지금부터 일제시대에 토지가 민족별로 어떻게 소유되고 있었는지 검토해보기로 하겠다. 단 여기에서 관심의 대상이 되는 토지는 토지 일반이 아니라 농업생산과 관련하여 중요한 논과 밭, 즉 경지를 말한다.

1) 일본인 소유 경지의 규모와 비중

민족별 경지소유 규모를 알기 전에 우선 조선의 경지면적에 대한 좀더 정확한 데이터가 필요하다. 토지조사사업 이후의 경지면적 통계가 정확한 것으로 간주한다면, 문제가 되는 것은 1910~17년간이다(앞의 [그림 2-1] 참조).

우선 다음의 [그림 2-18]을 살펴보기로 하자. 이 그림은 경지면적에 대한 통계가 확실치 않은 1917년 이전을 제외한 나머지 구간에 대해 전체 경지면적 중에서 논면적이 차지하는 비율을 그린 것이다. 그래프는 산미증식갱신계획이 시작되는 1926년을 분기점으로 두 구간으로 확연히 구분된다. 경지구성상에서 의미있는 변화가 일어났다는 것은 경지면적의 변화추세에서도 어떤 의미있는 변화가 발생했을 개연성이 높음을 의미한다. 따라서 1910~17년의 경지면적도 1918~26년간의 추세대로 변했다고 보는 것이 가장 합리적일 것이다.

이렇게 하여 새로 추계된 조선의 경지면적은 [부표 1]과 같다. 1918년 이후의 경지면적은 토지조사사업 이후이기 때문에 『통계연보』의 자료를 수정 없이 사용하기로 한다.

다음에는 일본인 소유 경지면적에 대해 알아보기로 하자. 1909년판 조선총독부 『통계연보』의 '일본인 농사경영자' 표를 보면, 1909년 12월 말 현재 일본인들은 967만 엔 가량의 자금을 투입하여 기간지를 중심으로 6만 2천 정보의 토지를 소유하고 있는 것으로 나타난다.[40] 그러나 이 자료에서

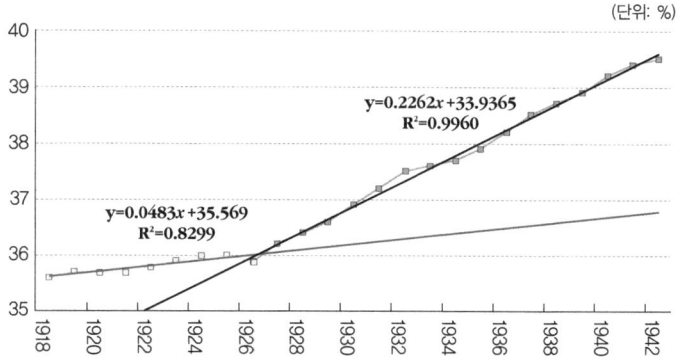

[그림 2-18] 경지면적에서 논면적이 차지하는 비율

자료 : 조선총독부, 『통계연보』에서 작성.

말하는 토지는 논과 밭뿐만 아니라 임야도 포함하는 것이고, 논밭에 대한 면적은 따로 주어져 있지 않다.[41]

1910~15년간의 일본인 소유 경지면적은 조선총독부 『통계연보』에서 논밭별로 면적을 알 수 있다. 1922년과 1928년의 경우에는 『조선의 농업』에서 논밭 면적을 알 수 있다.[42] 또 『일본인의 해외활동에 관한 역사적 자

---

40) 병탄 이전의 일본인들의 토지소유에 대해서는 정연태의 연구가 자세하다. 그는 일본인 소유의 농지면적이 1906년 6월에 8,104정보, 1909년 6월에 42,880정보였다고 했다. 鄭然泰, 『日帝의 韓國 農地政策(1905~1945년)』, 서울대학교 국사학과 박사학위논문, 1994, 58쪽.
41) 자료에서는 농사경영의 목적이 조림으로 되어 있는 것도 포함되어 있다. 즉 논밭 이외에 임야도 일부 포함되어 있다고 보아야 할 것이다. 1908년의 경우에는 '일본인 중요 농사경영자 중 중요한 자'에서 경지구성의 내역을 알 수 있다(農商務省農林局, 『朝鮮農業要覽』, 1910, 25-26쪽 [농촌경제연구원, 『농지개혁시 피분배지주 및 일제하 대지주 명부』, 1985, 217쪽에서 재인용]). 단, 이 자료의 경지면적(논밭) 합계는 22,919정보로 1910년의 69,312정보의 1/3 정도에 불과하다. 제목 그대로 중요한 자만 적출한 것임을 알 수 있다.
42) 『朝鮮に於ける內地人』(朝鮮總督府, 1924, 47-48쪽)에도 1922년 말 현재의 도별 일본인 경지면적을 알 수 있는 자료가 게재되어 있다.

료』에도 1932년의 일본인 논밭 면적을 알 수 있는 자료가 있다. 즉 일본인이 소유하는 경지면적을 알 수 있는 연도는 1910~15, 1922, 1928, 1932년 뿐이다. 이들 자료를 정리해보면 [표 2-12]와 같다.

[표 2-12] 일본인 소유 경지의 논밭별 면적과 그 구성비

	일본인 소유 경지면적 (정보)			일본인 소유 경지의 구성내역 (%)			조선의 논밭면적에서 차지하는 비율(%)		
	논	밭	계	논	밭	계	논	밭	계
1910	42,585	26,727	69,312	61.4	38.6	100.0	5.1	1.7	2.9
1911	58,044	35,337	93,381	62.2	37.8	100.0	5.7	2.0	3.4
1912	68,376	39,605	107,981	63.3	36.7	100.0	6.7	2.2	3.8
1913	89,624	60,403	150,027	59.7	40.3	100.0	8.4	3.3	5.2
1914	96,345	63,517	159,862	60.3	39.7	100.0	8.8	3.4	5.4
1915	107,846	61,162	169,008	63.8	36.2	100.0	9.2	3.1	5.3
1922	137,000	77,000	214,000	64.0	36.0	100.0	8.9	2.8	5.0
1928	145,000	78,000	223,000	65.0	35.0	100.0	9.1	2.8	5.1
1932	264,742	128,797	393,539	67.3	32.7	100.0	16.1	4.7	9.0

자료 : 朝鮮總督府, 『統計年報』, 1910~15년판; 朝鮮總督府殖産局, 『朝鮮の農業』(1924년판), 1926, 150쪽, (1928년판), 1930, 167쪽; 大藏省管理局, 『日本人の海外活動に關する歷史的調査』 통권 제5책 조선편 제4분책, 74쪽; 朝鮮總督府, 『朝鮮に於ける內地人』, 1924, 47-48쪽.

이 표를 보면 몇 가지 특징이 나타난다. 첫째, 일본인들이 소유하는 경지면적이 급증했다. 1910년에 7만 정보였던 일본인 소유의 경지는 1932년에는 40만 정보로 늘어났다. 22년간에 5.7배로 늘어났던 것이다. 이러한 증가에 의해 조선 전체경지에서 일본인 소유 경지가 차지하는 비율은 1910년 2.9%에서 1932년 9.0%로 증가했고, 논은 5.1%에서 16.1%로, 밭은 1.7%에서 4.7%로 각각 증가했다. 둘째, 조선의 경지구성은 논보다는 밭이 훨씬 많은데, 일본인 소유경지는 거꾸로 논이 훨씬 많다. 일본인 소유 경지에서 논이 차지하는 비율은 59.7~67.3%로 논이 밭의 거의 2배 정도로 많은 것이다. 셋째, 일본인 소유 경지에서 논이 차지하는 비율은 1910년 61.4%에서 1915년 63.8%, 1922년 64.0%, 1928년 65.0%, 1932년 67.3%로 증가해가는 추세를 보여주고 있다.

그러나 기존의 자료에서 얻을 수 있는 정보는 매우 제한적이다. 1916~31년간에도 1922년과 1928년 두 연도에 대한 자료밖에 없을 뿐만 아니라 1933년 이후에는 아무런 자료도 없다. 이러한 상황하에서는 민족별 토지소유관계를 통한 다양한 분석이 제대로 이루어질 수 없다.

이 자료적 한계를 뛰어 넘을 수 있는 주목할만한 것이 하나 있다. '지세납세의무자 면적별 인원표'가 그것이다. 이 표는 원래 조선총독부 재무국에서 매년 발간한 『조선세무통계서』에 수록되어 있는 것인데, 그 표의 제일 끝 부분에는 민족별 총면적, 즉 조선인, 일본인, 외국인별로 기재되어 있는 '총면적'이 있다. 바로 이 '총면적'이 일본인이 소유하는 경지면적을 알 수 있는 단서가 된다.

'지세납세의무자 면적별 인원표'는 지세령 제1조에 의거하여 지세부과의 대상이 되는 논, 밭, 대지, 지소, 잡종지의 소유면적 규모별 인원수를 보여주는 표이다. 그런데 지세의 부과대상이 되는 민유과세지는 거의 대부분 논과 밭으로 이루어져 있었다. 예컨대 1931년의 경우라면 [표 2-13]에서 볼 수 있듯이, 민유과세지 전체에서 논과 밭을 제외한 나머지(즉 대지, 지소, 잡종지)가 차지하는 비율은 3.8%에 불과했다. 1918~42년간에 대해 민유과세지 면적에서 이 나머지가 차지하는 비율을 구해보면 3.7~3.9%(평균 3.78%)로 1931년의 경우와 대동소이했다.

[표 2-13] 1931년 말 민유과세지의 내역

(면적 단위: 천 정보)

	면 적	비 중
밭	2,738	60.8%
논	1,594	35.4%
대 지	133	3.0%
지 소	1	0.0%
잡종지	35	0.8%
합 계	4,501	100.0%

자료 : 朝鮮總督府, 『統計年報』, 1931년판, 718-719쪽.

따라서 '지세납세의무자 면적별 인원표'의 '총면적'과 조선총독부 『통계연보』의 경지면적은 사소한 차이가 있을 뿐 사실상 동일한 것이라고 보아도 무방하다. 현재 자료를 알 수 있는 1929~42년간의 '지세납세의무자 면적별 인원표' 상의 '총면적'과 『통계연보』의 경지면적을 비교해보면, 양자간의 차이가 최소 0.2에서 최대 2.8%(평균 1.2%)에 불과하다([표 2-14] 참조). '지세납세의무자 면적별 인원표' 상의 '총면적'에서 평균 1.2% 정도 빼주면 그것이 바로 『통계연보』의 경지면적이 된다는 것이다.

[표 2-14] '지세납세의무자 면적별 인원표' 상의 '총면적'과 『통계연보』의 경지면적 비교

	통계연보의 경지면적(A)	지세납세의무자 소유지면적 (B)	비율(B/A, %)
1929	4,392,116 정보	4,462,227 정보	101.6
1930	4,388,664	4,480,090	102.1
1931	4,384,510	4,502,103	102.7
1932	4,390,443	4,514,860	102.8
1933	4,411,804	4,536,507	102.8
1934	4,431,483	4,460,959	100.7
1935	4,432,279	4,459,166	100.6
1936	4,426,770	4,434,556	100.2
1937	4,427,169	4,438,244	100.3
1938	4,436,825	4,445,460	100.2
1939	4,448,373	4,453,543	100.1
1940	4,437,179	4,452,499	100.3
1941	4,404,607	4,455,924	101.2
1942	4,396,003	4,471,250	101.7
평균			101.2

자료 : 朝鮮總督府, 『統計年報』; 朝鮮總督府 財務局 『朝鮮稅務統計書』에서 작성.

지세납세의무자 면적별 인원표의 총면적의 성격이 이러하다면, 그 내역으로 수록되어 있는 민족별(조선인, 일본인, 외국인별) 총면적은 거의 그대로 민족별 경지면적으로 간주해도 무방할 것이다. 단 『조선세무통계서』에는 해당 연도의 민족별 총면적만 있고, 과세지 종류별 내역(즉 논, 밭면적 등)은 기재되어 있지 않다. 또 현재 입수할 수 있는 것은 1934~39년

판 및 1942년판뿐이었다. 다른 연도판이 추가로 더 발견된다면 민족별 경지소유 내역도 더욱 정확해질 것이다.

이제 앞의 [표 2-12]에 『조선세무통계서』의 자료를 추가하여 1910~42년간의 일본인 소유 경지면적을 그래프로 그려보면 [그림 2-19]와 같다.

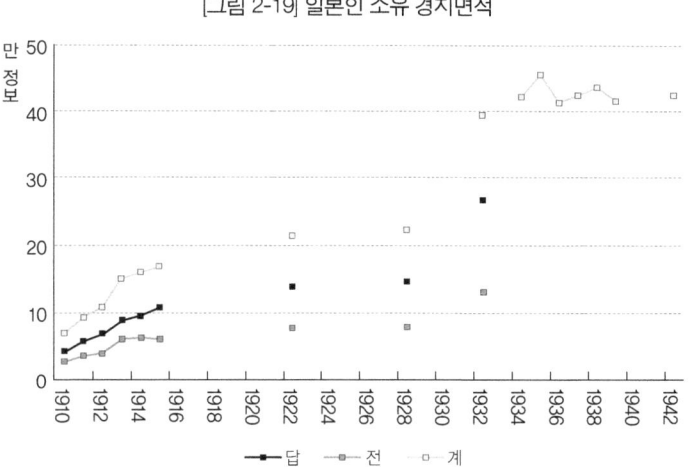

[그림 2-19] 일본인 소유 경지면적

우선 위의 그림에서 일본인 소유 경지면적('계') 부분에만 초점을 맞추어 보자. 일본인 소유 경지면적의 변동추세는 몇 개의 단계로 나누어진다. 1910~15년간 및 1928~35년간에는 대단히 빠른 속도로 증가했지만, 1916~28년간 및 1935~42년간에는 변화가 매우 완만했을 것으로 판단된다. 즉 일본인 소유 경지면적은 일률적인 속도로 증가한 것이 아니라 1910~15년 및 1928~35년이라는 두 시기에 집중적으로 증대된 것이었다.[43]

이 중 1910~15년간의 일본인 소유 경지면적의 급증은 동양척식(주)의

---

43) 일본인 소유 경지면적은 일제 말에도 또 한번 급증했을 가능성이 있다. 이 점에 대해서는 뒤에서 좀더 자세히 검토한다.

제2장 | 농업개발　85

회사소유지(社有地)의 확대에 의한 바가 크다. 이 점을 이해하기 위해서는 우선 일본인 소유 경지면적에 관한 여러 통계자료에 동척 사유지가 포함되어 있는지 어떤지부터 명백히 해야 한다.

1922년의 일본인 소유 경지면적에 관한 두 개의 통계자료가 이 점을 해명하는 데 도움이 된다. 1922년의 일본인 소유 경지면적에 관한 조선총독부의 조사결과는 『조선의 농업』(1922년판)과 『조선에 있어서 일본인』(1924년판) 두 곳에 수록되어 있다. 이 두 자료를 비교해보면 『조선의 농업』(1922년판)의 일본인 소유 경지면적에는 동척 사유지가 포함되어 있는 것을 알 수 있다. 1928년의 자료는 1922년판과 마찬가지로 『조선의 농업』에 수록되어 있기 때문에 동척 사유지가 포함된 것으로 해석해도 무방할 것이다.[44] 1932년의 자료 역시 조선총독부의 조사자료이기 때문에 동척 사유지를 포함하는 것으로 보는 것이 옳을 것이다. 『통계연보』에 수록되어 있는 1910~15년간의 일본인 소유 경지면적 자료도 동일한 조선총독부자료일 뿐만 아니라, 그 속에 동척사유지를 포함시켜야만 통계가 일관적이 된다는 점에서 역시 동척사유지를 포함한 것으로 해석된다.[45] 요컨대 기존의 1910~15, 1922, 1928, 1932년의 자료들은 모두 동척 사유지를 포함하고 있는 것으로 해석된다.

1910~42년간의 동척 사유지의 변화양상은 [그림 2-20]과 같다. 동척

---

44) 淺田喬二도 1922년과 1928년에는 동양척식(주)의 소유토지가 포함되어 있다고 했다. 淺田喬二, 『日本帝國主義と舊植民地主制』, 御茶の水書房, 1968, 78쪽.
45) 1915년의 자료와 1922년의 자료를 비교해보면, 일본인 소유 논면적은 107,846정보에서 137,260정보로 증가하고 있다. 1922년의 일본인 소유 논면적은 137,260정보인데, 그 속에는 46,866정보의 동척 소유 논이 포함되어 있다. 즉 동척 소유 논을 제외한 나머지는 90,394정보가 된다. 만약 『통계연보』 1915년판의 일본인 소유 논면적에 동척 소유분이 포함되어 있지 않다고 가정한다면, 1915~22년간에 일본인 소유 논면적은 107,846정보에서 90,394정보로 줄어들게 된다. 1915~22년간에 일본인 소유 논면적이 줄어들었다고 생각하기 어렵기 때문에 1915년판 『통계연보』의 논면적 속에는 동척 소유분이 포함된다고 보아야 한다.

사유지는 1910년 10,944정보에서 1915년 68,675정보로 증가했다. 1916~24년간에는 7만 정보 수준에서 거의 변화가 없다가 그 후 감소하여 1940년대에는 5만 정보 수준으로 줄어들게 된다.

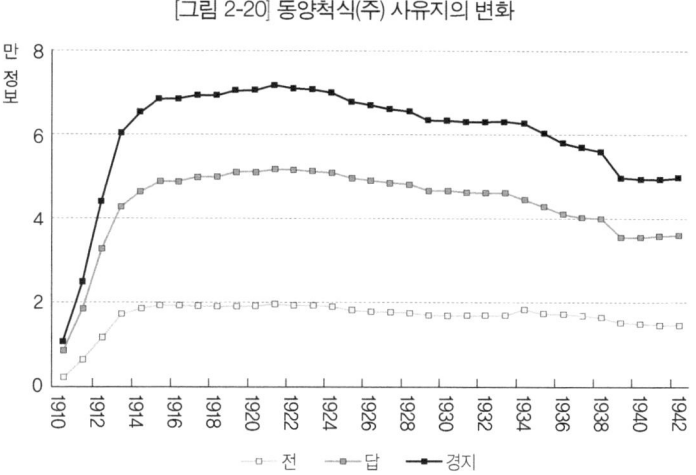

[그림 2-20] 동양척식(주) 사유지의 변화

자료 : 朝鮮總督府, 『統計年報』, 각 연도판에서 작성.

이 동척 사유지 면적이 급증하는 1910~15년간에 초점을 맞추어 보자. 이 기간 동안 일본인 소유 경지면적은 69,312정보에서 169,008정보로 99,696정보 증가했는데, 같은 기간 동안 동척 사유지는 10,944정보에서 68,675정보로 57,730정보 증가했다. 즉 1910~15년간에 증가한 일본인 소유 경지면적의 58%는 동척 사유지의 증가에 의한 것이었다. 1916~28년경까지의 일본인 소유 경지면적 증가세는 1915년 이전의 급증세와는 달리 상당히 둔화되고 있는데, 이 기간은 동척 사유지 면적 증가세의 둔화와 맞물려 있다.

1920년대 말 이후에도 일본인 소유 경지면적이 급증하게 된다. 일본인 소유 경지는 1928년 223,000정보에서 1935년에는 455,000정보로 7년간에 2배 이상 증가했다. 일본인 소유 경지면적은 1935년 정점에 도달하고,

그 이후에는 42만 정보 수준을 오르내리게 된다. 조선의 경지에서 일본인 소유 경지가 차지하는 비중도 1910~42년간에 최고 10.3%(1935년)였고, 1936년 이후에는 대체로 9%대에 머물고 있었다고 해도 좋다.

1928~35년간의 일본인 소유 경지면적의 급증은 1910~15년간의 급증과는 원인을 달리 한다. 주지하는 바와 같이 이 시기는 대공황의 시기였다. 공황은 모든 경제부문에 타격을 주었지만, 농업부문이 받은 타격은 특히 심각했다. 공황에 의해 농가의 경제상태가 극도로 악화되어, 소작농은 물론이고 자소작농과 자작농, 나아가 일부 지주들까지 큰 타격을 받았다.

공황기에 모든 물가가 하락했지만, 농가의 주 수입원인 농산물 가격은 특히 더 많이 하락했다. [그림 2-21]에서 볼 수 있듯이 1925~31년간에 미곡 가격은 60% 정도 하락했는데, 1930~31년간의 미곡가격 하락은 특히 심각한 것이었다. 미곡가격은 1936년이 되어도 1925년 수준을 회복하지 못하고 있다.

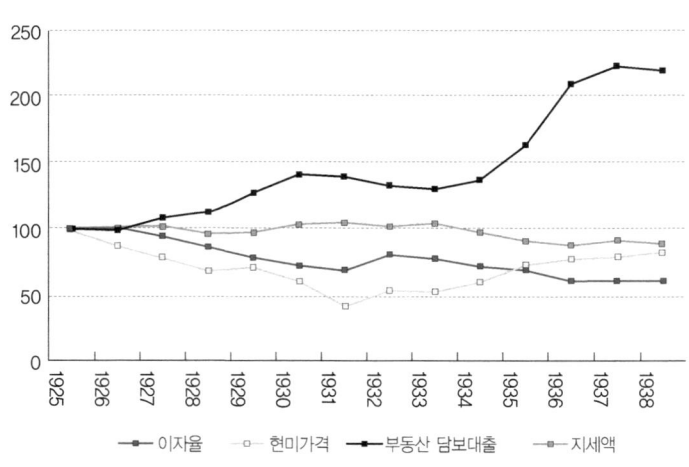

[그림 2-21] 미가, 이자율 및 부동산담보대출 지수의 추이 (1925 = 100)

주 : 이자율로서는 조선식산은행 貸付金日步 보통을 사용했고, 미곡가격은 조선은행조사의 경성 물가표 중 현미가격(개량상 1석)을 사용했다.
자료 : 朝鮮總督府 財務局, 『朝鮮金融事項參考書』, 1939년판에서 작성.

농산물 가격의 급락과는 달리 농가의 현금지출과 관련된 제 지표는 상대적으로 덜 하락했다. 이자율도 하락했지만 1925~31년간의 하락률은 미곡가격의 하락률 60%의 절반에 불과한 30% 정도였다. 지세로 대변되는 제세공과금은 1933년경까지는 거의 불변이었고, 공황이 극심하던 1930~31년에는 오히려 약간이나마 상승하는 경향조차 있었다. 또 1925~31년 간에 부동산 담보대출은 40% 가량 증가하고 있는데, 이것은 한편으로는 이 시기 농가경제의 어려움을 보여주는 하나의 증거이기도 하지만, 또 한 편으로 보면 농가경제를 더욱 압박하는 요인이기도 했다.

이와 같이 1920년대 말 이후에는 농가의 주수입원인 미곡가격을 비롯하여 각종 농산물 및 농산가공품의 가격이 폭락함에 따라 농가의 현금수입은 격감되어 갔지만, 제세공과금, 수리조합비, 차입 원리금 등의 농가 현금지출은 상대적으로 크게 줄어들지 않았다. 모든 지주가 다 그런 것은 아니지만, 차입금이 많았던 일부 지주들은 경제적으로 큰 타격을 받았음에 틀림없다. 차입금을 주요 재원으로 건설되었던 수리조합의 경우에도 마찬가지 현상이 발생했다. 1935년의 조사에 의하면 조선의 197개소의 수리조합 중 1/3에 해당하는 67개소의 수리조합이 불량(갑, 을, 병 3종 합계)상태에 빠졌다고 한다.[46]

일부 지주들이 공황에 의해 심각한 타격을 받게 되자, 그들은 다투어 농지를 매각하려고 내어놓게 되고, 농지가격도 급속히 하락할 수밖에 없었다. [그림 2-22]에서 볼 수 있듯이, 1931년의 논가격은 1928년의 57%에 불과한 것이었다.

요컨대 1920년 말 이후의 공황 과정에서 현금흐름이 원활하지 못하고 차입금 상환압박이 컸던 일부 지주들이 경쟁적으로 토지를 방매함으로써 이 시기에는 대규모적인 토지소유권의 이동이 이루어졌을 것이다. 그리고

---

46) 朝鮮殖産銀行調査部, 『殖銀調査月報』, 제22호(1940년 3월호), 15-19쪽.

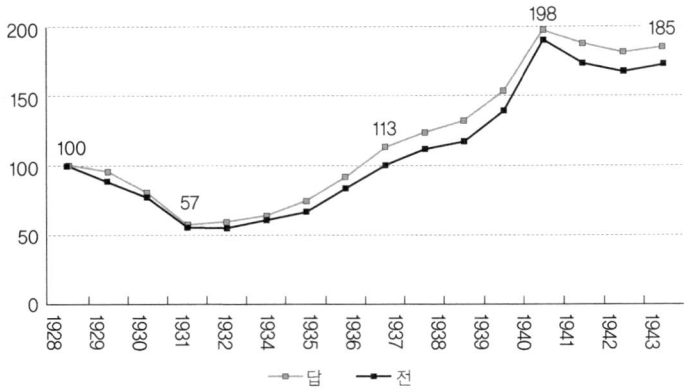

[그림 2-22] 단보당 논 매매가격지수 (중등 논 기준; 1928 = 100)

자료: 朝鮮殖産銀行, 『全鮮畓田賣買價格及收益調』, 각 연도판.

이렇게 경제적 곤란 때문에 토지를 염가로 방매할 때 자금력이 좋은 일부 일본인들이 그 토지를 대량으로, 또 염가로 사들임으로써 1928~35년간에 일본인 소유 경지면적이 급증했던 것이다.[47]

토지소유권의 큰 이동을 낳았던 이러한 사정은 1930년대 중엽부터 서서히 안정국면에 들어서게 된다. 1930년대를 통해 이자율은 계속 하락해갔고, 반대로 미곡가격은 1932년부터 회복국면에 들어갔으며, 1935년부터는 토지가격도 빠르게 상승하기 시작했다. 나아가 1936년부터는 불량수리조합을 구제하는 정책도 실시되기 시작했다.[48] 토지소유권의 급격한 이동을 초래했던 각종 요인들이 제거되고 농가경제도 어느 정도 안정을 되찾게 된 것이다. [그림 2-19]에서 일본인 소유 경지면적의 비중이 1936년부

---

47) 1932년 1월부터 8월까지 8개월간의 전라북도의 대소지주의 전락(轉落) 상황을 보면, 지주 → 자작농 323호, 지주 → 자소작농 166호, 지주 → 소작농 57호, 합계 546호가 몰락했다고 한다. 1931년 말 전라북도의 지주수가 3,057호였기 때문에, 8개월간에 전체 지주 17.9%가 몰락한 것으로 된다. 『동아일보』, 1933년 3월 1일자, '전북 3천여 호 지주 중 5백여 호 급전락' 기사 참조.
48) 각주 46과 같음.

터 일단 정체상태를 보이게 되는 것도 이런 이유 때문일 것이다.

기존의 자료들과 대공항기의 토지소유권의 이동상황에 대한 이러한 설명을 통해, 1910~42년간의 일본인 소유 경지면적 합계와 논밭별 면적을 추계해볼 수 있다. 주어진 통계치를 보면 일본인 소유 경지면적은 몇 개의 구간으로 나누어 추계하는 것이 좋을 것 같다.

우선 1910~28년간의 일본인 소유 경지면적부터 추계해보자. 기존의 1910~15년, 1922년, 1928년의 데이터에서 도출된 다음과 같은 다항식을 사용하여 나머지 연도의 일본인 소유 경지면적을 추계해낼 수 있다([그림 2-23] 참조).

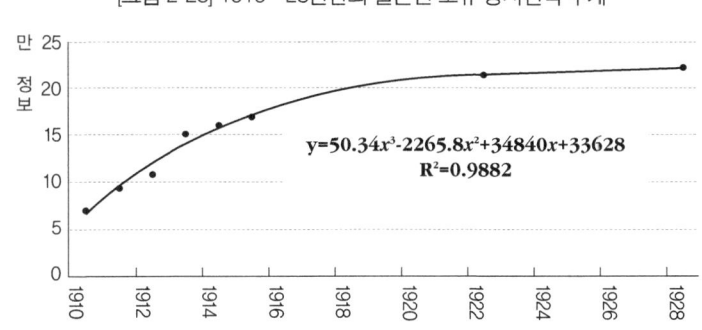

[그림 2-23] 1910~28년간의 일본인 소유 경지면적 추계

$y = 50.34x^3 - 2265.8x^2 + 34840x + 33628$
$R^2 = 0.9882$

1916~27년간의 일본인 소유 논의 면적도 다음과 같은 다항식을 사용하여 추계할 수 있다([그림 2-24] 참조).

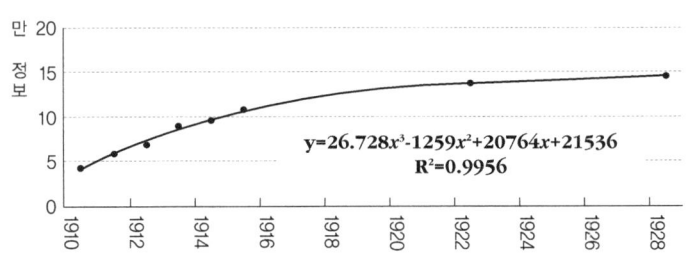

[그림 2-24] 1910~28년간의 일본인 소유 논면적의 추계

$y = 26.728x^3 - 1259x^2 + 20764x + 21536$
$R^2 = 0.9956$

일본인 소유 밭면적은 일본인 소유 경지면적에서 일본인 소유 논면적을 차감하여 구할 수 있다. 1916~27년간의 일본인 소유 논밭면적 및 경지면적에 대한 추계결과는 [표 2-15]와 같다.

[표 2-15] 1916~27년간의 일본인 소유 논과 밭 및 경지면적 추계

(단위: 정보)

	논	밭	계
1915	107,846	61,162	169,008
1916	114,361	69,390	183,750
1917	120,757	72,354	193,111
1918	125,918	74,438	200,356
1919	130,004	75,784	205,788
1920	133,176	76,533	209,709
1921	135,594	76,826	212,420
1922	137,000	77,000	214,000
1923	138,810	76,615	215,424
1924	139,928	76,392	216,321
1925	140,934	76,282	217,216
1926	141,988	76,425	218,412
1927	143,250	76,962	220,212
1928	145,000	78,000	223,000

주: 회색 부분은 필자의 추계치임.

1928~35년간의 일본인 소유 경지면적에 대한 추계는 좀 다르게 접근해 들어갈 필요가 있다. 대공황으로 경기가 바닥을 치게 되는 해가 1931년이라고 한다면, 1931년이 될 때까지는 일본인 소유 경지는 점점 더 빠른 속도로 증가되어 갔을 것이고, 바닥에서 벗어나게 되는 1932년 이후에는 증가 속도가 점점 줄어들었을 것으로 가정하는 것이 좋을 것이다. 즉 1928에서 1935년간에 직선적으로 증가한 것이 아니라 로지스틱 분포(logistic distribution)의 형태로 증가되어 갔을 것으로 보는 것이 더 현실적이라고 판단된다. 대체로 1936년경부터는 토지집적 현상은 일단락된다.

여기에서는 1928년과 1934년의 경지면적의 차이가 연도별로 다음과 같은 비율로 증가하도록 조정했다. 즉 1929년 7.5%, 1930년 27.5%, 1931년 67.5%, 1932년 87.5%, 1933년 95.0%. 이러한 분포는 1928년 이후의 중등전답의 평균 매매가격지수의 변화 추세, 즉 100(1928) → 92(1929) → 79(1930) → 57(1931)을 참조하여 책정한 것이다([그림 2-22] 참조).

추계결과는 다음의 [표 2-16]과 같고, 그것을 그래프로 그려보면 [그림 2-25]와 같다.

[표 2-16] 1929~34년간의 일본인 소유 경지면적의 추계

(면적 단위: 정보)

연도	일본인 소유 경지면적	차이(D)의 배분율
1928	223,000	
1929	237,712	7.5%
1930	276,943	27.5%
1931	355,407	67.5%
1932	394,638	87.5%
1933	409,350	95.0%
1934	419,158	100.0%
1928년과 1934년의 차이(D) = 196,158		

주: 회색은 필자의 추계치이다. 단 1934년의 면적은 『조선세무통계서』 자료를 수정한 값이다. 수정방법에 대해서는 [표 2-17]을 참조 바람. 또 조선총독부가 조사한 1932년의 일본인 소유 경지면적은 393,539정보였기 때문에, 1932년의 추계치는 이 조사자료와 0.3% 정도 차이가 있다.

마지막으로 1935~42년간의 일본인 소유 경지면적을 추계해보자(이하 [표 2-17] 참조). 1934~39년 및 1942년의 일본인 소유 경지면적은 『조선세무통계서』의 '납세의무자 면적별 인원표'에서 구할 수 있다. 그러나 이 면적은 논과 밭 이외의 택지, 지소, 잡종지가 포함되어 있어 경지면적보다 약간 많다. 각 연도별로 조선총독부 『통계연보』의 경지면적과 『조선세무통계서』의 총면적 사이의 차이를 고려하여 [표 2-17]과 같이 면적을 수정했다. 자료가 없는 1940, 1941년은 보간법으로 추계했다.

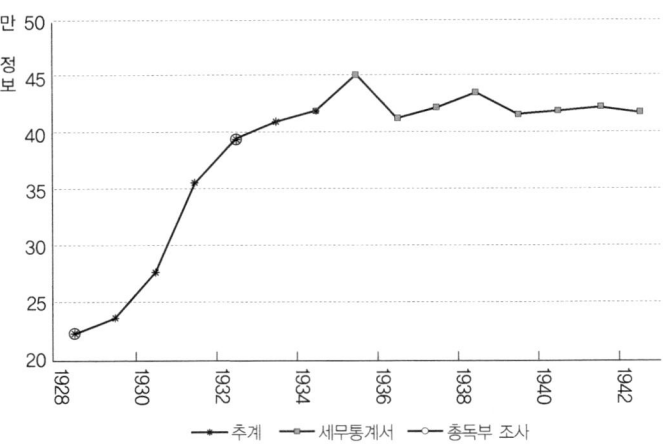

[그림 2-25] 로지스틱 분포를 가정했을 때의 1928~35년간의
일본인 소유 경지면적 변화

주 : 1934~42년간의 『조선세무통계서』 자료는 원본을 수정한 것이다. 그 수정방법에 대해서는 [표 2-17]을 참조 바람.

[표 2-17] 1934~42년간의 일본인 소유 경지면적 추계

(단위: 정보)

	조선의 경지면적		비율 C(= B/A)	일본인 소유 경지면적	
	통계년보(A)	세무통계서(B)		세무통계서(D)	수정(D/C)
1934	4,431,483	4,460,959	100.67%	421,946	419,158
1935	4,432,279	4,459,166	100.61%	454,558	451,817
1936	4,426,770	4,434,556	100.18%	412,726	412,001
1937	4,427,169	4,438,244	100.25%	423,125	422,069
1938	4,436,825	4,445,460	100.19%	435,615	434,769
1939	4,448,373	4,453,543	100.12%	415,501	415,019
1940	4,437,179	4,452,493	100.35%	418,412	417,929
1941	4,404,607	4,455,924	101.17%	421,322	420,840
1942	4,396,003	4,471,250	101.71%	424,233	417,094

주 : 회색 부분은 필자의 추계치임.

1928~42년간의 일본인 소유 논밭면적은 논과 밭 구성비의 추이에서 계산해내는 것이 가장 좋을 것 같다. 경지면적이 급증할 때는 전체 경지에서 논이 차지하는 비율도 증가하지만, 경지면적이 일정할 때는 그 비율도

일정해진다고 생각해볼 수 있다. 경지면적이 급증했던 1910~15년간에 그 비율이 급증했던 것은 앞에서 설명한 바와 같다. 1928년과 1932년의 자료에서도 마찬가지 경향을 읽을 수 있다([표 2-18] 참조).

[표 2-18] 일본인 소유 경지와 논의 증가율 차이

(1928년과 1932년)

	경지면적(정보)	논면적(정보)	비중
1928	223,000	145,000	65.0%
1932	393,539	264,742	67.3%
증가율	76.5%	82.6%	

이 기간 동안 일본인 소유 경지면적은 76.5% 증가했지만, 논면적은 82.6% 증가했다. 즉 일본인들은 이 기간 동안 경지를 확대하면서 상대적으로 논을 더 많이 취득했던 것이다. 그 결과 일본인 소유 경지의 논밭별 구성비율은 1928년 65.0%에서 1932년에는 67.3%로 증가한다. 경지면적이 증가한 1928~35년간에 이러한 추세가 지속되었고, 경지확장이 일단락되는 1936년 이후에는 논밭별 경지구성비율이 일정해졌다고 가정하기로 하자. 일본인 소유 경지의 논밭별 구성비율은 [표 2-19]와 같이 될 것이고, 여기에 일본인 소유 경지면적을 곱하면 일본인 소유 논면적을 계산해낼 수 있다. 경지면적에서 논면적을 빼면 밭면적을 얻을 수 있다

일본인 소유 경지면적에 대한 추계 결과는 [부표 1]과 같고, 그것을 그래프로 그려보면 [그림 2-26]과 같다. 1930년대가 되면 일본인들은 30만 정보에 가까운 논과 15만 정보 가량의 밭, 합계 45만 정보가량의 경지를 소유하게 되었다.

[표 2-19] 1928~42년간의 논밭 면적의 추계

(면적 단위: 정보)

	논비율(A)	논면적(B = D * A)	밭면적(C = D-B)	경지면적(D)
1928	65.0%	145,000	78,000	223,000
1929	65.6%	155,903	81,809	237,712
1930	66.1%	183,191	93,753	276,943
1931	66.7%	237,091	118,316	355,407
1932	67.3%	264,742	128,797	393,539
1933	67.8%	277,681	131,669	409,350
1934	68.4%	286,691	132,467	419,158
1935	69.0%	311,570	140,247	451,817
1936	69.0%	284,114	127,888	412,001
1937	69.0%	291,056	131,013	422,069
1938	69.0%	299,814	134,955	434,769
1939	69.0%	286,194	128,824	415,019
1940	69.0%	288,201	129,728	417,929
1941	69.0%	290,209	130,631	420,840
1942	69.0%	287,625	129,468	417,094

주 : 회색 부분은 필자의 추계치임.

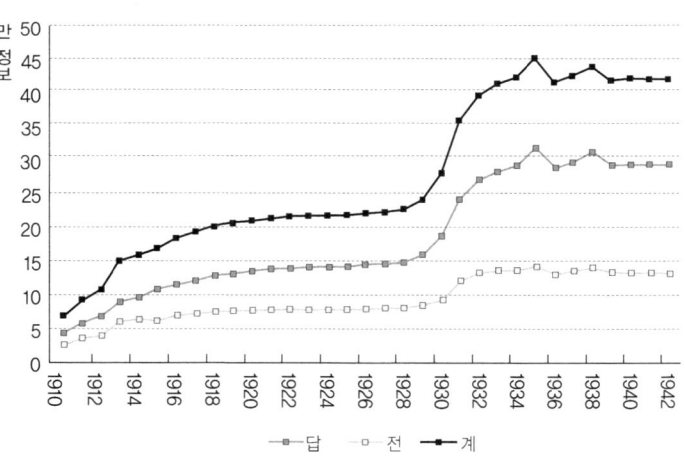

[그림 2-26] 일본인 소유 경지면적 및 논밭면적

자료 : [부표 1]에서 작성.

2) 토지생산성을 고려한 일본인 소유의 논 면적 추계

지금까지는 면적을 기준으로 하여 일본인 소유의 경지면적과 조선의 경지면적에서 차지하는 비중을 구해 보았다. 그런데 경지의 비옥도는 민족별로 서로 다르다고 알려져 왔다. 즉, 일본인들이 소유하던 경지가 조선인들이 소유하던 경지에 비해 토지생산성이 상당히 높았다는 것이다.

그러나 현존하는 통계에서 이런 경지의 비옥도를 고려한 민족별 경지 소유면적을 알 수 있는 자료는 잘 발견되지 않는다. 다만 조선은행과 경성상공회의소가 민유과세지 중에서 일본인이 소유한 경지면적을 추계한 자료가 있는데, 그것이 이런 내용을 밝혀주는 데 가장 가까운 자료라고 생각한다.

구체적인 추계방법은 잘 알 수 없지만, 이 두 기관에서 추계한 결과를 정리해 보면 [표 2-20]과 같다.

[표 2-20] 일본인 소유 경지면적과 전체 민유과세지에서 차지하는 비중

(단위: 만 정보)

	1931년					1941년				
	민유과세지	회사	개인	합계	비중	민유과세지	회사	개인	합계	비중
논	159	40	30	70	44	168	50	40	90	54
밭	274	10	10	20	7	271	11	11	22	8
계	433	50	40	90	21	439	61	51	112	26

자료 : 1931년, 朝鮮銀行, 『朝鮮に於ける內地資本の流出入に就て』, 1933, 46쪽.
1941년, 京城商工會議所, 『朝鮮に於ける內地資本の投下現況』, 1944, 31쪽

이 표의 출처에서 알 수 있듯이, 이 추계는 조선에 투하된 일본자본의 크기를 추산하는 과정에서 나온 것이다. 그리고 이 표의 민유과세지 면적은 조선총독부 『통계연보』의 경지면적과 크게 다르지 않다. 요컨대 이 표는 자본투하에 의해 형성된 자산의 크기를 파악하는 과정에서 추계한 일본인 소유 경지면적인 것으로 짐작된다. 그리고 이 표에 따르면, 일본인 소유의 논 면적은 1931년 70만 정보, 1941년 90만 정보로 조선 전체 논 면적의 44% 및 54%에 해당하는 것으로 되어 있다. 1930년대 중엽 이후가 되면 일본인이

조선의 논의 절반 가량을 소유하게 된다는 아주 놀랄 만한 추계이다.

추계기관이 조선은행과 경성상공회의소라는 점에서 보면, 이 추계가 아무런 근거도 없는 허황된 것은 아니라고 판단된다. 그런데 이것을 앞에서 필자가 추계하였던 1931년과 1941년에 일본인들이 실제로 소유하였던 면적과 비교해 보면 그 차이가 엄청나게 크다. 만약 [표 2-20]의 추계가 나름대로 어떤 근거를 가진 믿을 만한 것이었다면, 이 양자 사이의 차이는 경지 가치의 차이로 해석될 수 있을 것이다.

경지의 가치는 토지의 비옥도라든가, 관개설비나 경지정리의 정도, 도시와의 거리, 교통편의 등등의 다양한 요인에 의해 결정될 것이다. 따라서 [표 2-20]에서 추계된 일본인 소유 경지면적의 비중을 곧바로 토지생산성을 고려하였을 때의 경지면적의 비중으로 해석할 수는 없지만, 경지 가격에 가장 큰 영향을 주는 것은 토지생산성이기 때문에 일본인 경지의 토지생산성이 조선인에 비해 상당히 높았다는 것 정도는 쉽게 유추할 수 있다고 생각한다.

일본인이 소유하는 답은 지역적으로 집중되어 대농장으로 경영되는 경향이 강하였다. [표 2-21]은 1931년 당시 100정보 이상의 토지를 소유한 일본인 대지주의 논 면적을 도별로 살펴본 것이다.[49] 일본인 대지주가 소유하는 답의 75.0% 즉 93,507정보는 전북, 전남, 황해, 경남의 4개 도에 집중되어 있다. 그 결과 이들 일본인 대지주가 소유하는 답의 면적이 각 도별 논 면적에서 차지하는 비중도 이들 4개 지역에서는 특히 높았다. 즉, 전북(22.3%), 전남(13.8%), 경남(6.7%), 황해(11.4%) 등과 같았다. 100정보 미만의 토지를 소유하는 일본인 지주의 논이 각 도별로 같은 비례로 분포되어 있다고 가정한다면, 일본인 소유 논의 면적은 전북 42.4%, 전남 26.2%, 경남

---

49) 단, 1931년의 조선 전체의 일본인 소유 논 면적은 237,091정보로 추산(동척소유분이 포함)되는데, 100정보 이상의 토지를 소유하는 일본인 대지주의 소유 논 면적은 124,735정보로 전체 일본인 소유 논 면적의 52.6%에 해당한다는 점에 유의할 필요가 있다. 나머지 47.4%를 도별로 구분하는 것은 현재로서는 불가능하다.

12.7%, 황해 21.7%에 달한다. 일본인들이 특히 많은 논을 소유하고 있던 이들 도는 4개도에 불과하지만 1931년 조선 전체 벼 재배 면적의 42.1%를 차지하는 이른바 곡창지대이고, 정보당 미곡 생산량은 10.3석으로 그 밖의 도의 9.3석에 비해 16.7% 더 높다. 일본인이 많은 토지를 소유하고 있는 도의 평균생산량이 그렇지 않은 도에 비해 더 많았다는 것은 일본인 토지의 정보당 생산량이 조선인 토지에 비해 더 높을 개연성이 있음을 시사한다.

[표 2-21] 일본인 대지주 소유 논에 대한 분석

(1931년: 정보, 석)

	조선의 미곡 재배 면적과 생산량				일본인 대지주		
	재배 면적	생산량	정보당 생산량	생산량 비중	논 면적	논 면적의 도별 비중	비중
	A	B	C = B/A	D	E	F	E/A
경기	206,153	1,940,883	9.4	11.9%	8,757.0	7.0	4.2%
충남	161,170	1,357,697	8.4	8.3%	9,292.0	7.4	5.8%
충북	69,184	678,392	9.8	4.2%	335.0	0.3	0.5%
경북	174,317	1,708,896	9.8	10.5%	1,598.0	1.3	0.9%
평남	84,607	884,989	10.5	5.4%	1,648.0	1.3	1.9%
평북	89,888	1,048,883	11.7	6.4%	5,880.0	4.7	6.5%
강원	89,917	888,549	9.9	5.4%	2,739.2	2.2	3.0%
함남	58,780	547,630	9.3	3.4%	898.0	0.7	1.5%
함북	16,918	125,437	7.4	0.8%	81.0	0.1	0.5%
전북	163,239	1,670,352	10.2	10.2%	36,388.0	29.2	22.3%
전남	212,392	2,462,898	11.6	15.1%	29,288.0	23.5	13.8%
경남	176,293	1,786,365	10.1	10.9%	11,871.0	9.5	6.7%
황해	140,589	1,244,854	8.9	7.6%	15,960.0	12.8	11.4%
합계	1,643,447	16,345,825	9.9	100.0%	124,735.2	100.0	7.6%

주 : 1931년 조사의 일본인 대지주 소유 논 면적은 100정보 이상의 경지를 경영하는 자에 대한 조사이고, 동척도 포함된다.
자료 : 朝鮮總督府『統計年報』1931년판 ; 朝鮮總督府殖産局,『朝鮮の農業』1931년판.

일본인 지주가 소유하는 논의 생산성이 조선인에 비해 좀 더 높다는 것은 확인되지만, 이런 계산으로는 아직 그 차이가 어느 정도인지 명확하지 않다. 무언가 다른 방법으로 이 문제에 접근해 들어가 볼 필요가 있다.

『조선토지개량사업요람』 1931년판에는 다른 연도판과는 달리 수리조합 구역 내의 민족별 토지소유면적과 생산량에 대한 통계가 수록되어 있다. 여기에 약간의 통계적 조작을 가하면, 수리조합 구역 내의 조선인 소유 논과 일본인 소유 논의 토지생산성에 대해서도 알 수 있다. [표 2-22]는 이 자료에 수록되어 있는 151개의 수리조합 중에서 각 수리조합별로 조선인 소유 면적이 해당 수리조합 면적의 2/3를 상회하면 조선인 조합, 1/3을 하회하면 일본인 조합, 그 중간이면 조일 공동조합으로 분류하여 각각의 단보당 생산량을 구해본 것이다.

[표 2-22] 수리조합 구역 내의 민족별 단보당 수확량(나락)

	조합수	실수확 면적 (정보)	단보당 수확량(석)		시공 후 수확량(석)
			시공 전	시공 후	
조선인 조합	85	41,627	1.18	2.64	1,097,031
일본인 조합	19	27,646	1.03	3.10	856,651
조일 공동조합	47	87,960	1.09	2.76	2,427,999
합계/평균	151	157,233	1.10	2.79	4,381,681

자료 : 『朝鮮土地改良事業要覽』 1931년판, 100-133쪽에서 작성.

각 수리조합을 이렇게 분류하면, 조선인 조합에서는 거의 대부분의 토지가 조선인 소유로 되고, 일본인 조합에서는 거의 대부분의 토지가 일본인 소유로 된다. 따라서 해당 수리조합의 생산량을 재배 면적으로 나누어 단보당 생산량을 구하면, 조선인 조합에서는 수리조합 구역 내의 조선인 논의 단보당 생산량을 알 수 있고, 일본인 조합에서는 일본인 논의 단보당 생산량을 알 수 있게 된다. 단보당 수확량에 대한 계산결과를 보면 조선인 조합의 경우에는 2.64석, 일본인 조합의 경우에는 3.10석으로 양자간에 약 17% 정도의 차이가 있다. 수리조합 구역 내에 있는 논이라고 하더라도, 조선인 논과 일본인 논 간에는 토지생산성에 제법 큰 차이가 있다. 조선인 소유지와 일본인 소유지가 엇비슷하게 혼재하고 있는 조일 공동조합의 경우에는 조선인 조합과 일본인 조합의 중간값으로 나타나는데, 이 역시 논리적으로 정합적

이다.[50]

물론 일본인들이 소유하는 논이 모두 수리조합 구역 내에만 소재하는 것은 아니다. 『조선토지개량사업요람』1931년판에서 민족별 및 토지소유 규모별로 수리조합 조합원 수와 소유 면적을 정리해 보면 [표 2-23]과 같다. 조선인 조합원 수는 81,220명으로 전체의 92.7%를 차지하지만, 그 소유 면적은 전체의 55.9%에 불과하다. 나머지 44.1%의 79.249 정보의 토지는 6,372명의 일본인 및 기타 지주가 소유하고 있다. 이 표의 '일본인' 및 '조선인'의 면적 합계에서 각 민족별 면적은 밝혀진다. 그러나 기타에 해당하는 27,705정보는 민족별로 구분된 것이 아니기 때문에 뭔가의 방법으로 이것을 민족별로 나누어줄 필요가 있다.

[표 2-23] 수리조합 구역 내 민족별 소유면적별 조합원 수와 그 면적

(1931년 12월 31일 현재, 면적 단위: 정보)

소유 면적별	일본인		조선인		기타		합계	
	인원수	면적	인원수	면적	인원수	면적	인원수	면적
~0.5	1,593	431	40,366	9,779	165	52	42,124	10,262
~1	1,000	761	19,335	13,905	108	90	20,443	14,756
~10	2,580	8,763	20,408	49,738	224	822	23,212	59,323
~50	437	9,285	1,035	19,956	75	1,913	1,547	31,154
~100	67	5,211	60	3,993	20	1,449	147	10,653
100~	72	27,049	16	3,015	31	23,423	119	53,488
합계	5,749	51,499	81,220	100,386	623	27,750	87,592	179,635
비중	6.6%	28.7%	92.7%	55.9%	0.7%	15.4%	100%	100%

자료 : [표 2-22]와 같음.

미야지마히로시(宮嶋博史)는 "기타 가운데 조선인의 토지회사나 종중재산분을 제외하면 일본인 소유 토지는 전체의 40%를 약간 하회할 것으로 생각된다"고 하였다. 기존의 여러 자료들을 동원하여 추산해보면, 미야지마의

---

50) 단 시공 후 수확량은 과대평가되는 경향이 있다는 지적이 있다.

추산이 크게 틀리지 않다는 것을 알 수 있다.[51] 여기에서는 이 비율을 40%라고 가정해보자. 그렇다면 수리조합 구역 내의 일본인 소유지는 수리조합 전체면적 179,635정보의 40%인 71,854정보가 될 것이다. 이 면적은 1931년의 일본인 소유 논 면적 237,091정보의 30.3%에 해당하기 때문에, 나머지 69.7%는 수리조합 구역 밖에 소유하는 논이 된다.

수리조합 구역 밖에 존재하는 일본인 소유 논의 단보당 생산량을 알 수 있는 더 이상의 자료는 없다. 만약 수리조합 바깥에 존재하는 일본인 소유 논의 단보당 생산량을 수리조합 구역 내의 조선인 논의 단보당 생산량(나락 2.64석 = 현미 1.32석)과 같다고 다소 대담한 가정을 해보기로 하자. 1931년의 조선의 미곡 생산량은 조선총독부 『통계연보』에서 알 수 있어, 이것을 토대로 일본인 논과 조선인 논의 단보당 생산량을 계산할 수 있다.

즉, [부표1]에서 조선 전체, 조선인 소유 및 일본인 소유 논 면적을 알 수 있다. 수리조합 구역 내부의 일본인 소유 논 면적을 알고 있기 때문에, 일본인 논 면적에서 그것을 빼주면 수리조합 구역 외부의 일본인 소유 논 면적을 구할 수 있다. [표 2-24]의 '논 면적' 란을 완성할 수 있는 것이다. 앞의 [표 2-

---

51) 이영훈 등, 『近代朝鮮水利組合硏究』, 일조각, 1992, 43쪽. 그러나 농지개혁시 피분배 지주에 대한 자료를 보면 농업회사, 향교, 불교, 천주교, 학교 등에 의한 소유지 면적은 3,180정보였다. 단, 서울은 30정보 이상, 나머지는 20정보 이상의 지주에 대한 남한만의 자료이다. 또 1930년의 충남북, 전남북 및 평북에 대한 100정보 이상 토지를 소유하는 조선인 지주의 경우, 회사 및 종교단체 등에 의한 소유지 면적은 1,264정보였다. 한국농촌경제연구원, 『農地改革時被分配地主 및 日帝下 大地主 名簿』, 1985.12., 자료 II-2, II-4, II-5, II-6, II-8에서 계산. 단, 전남의 경우는 50정보 이상의 지주에 대한 조사이다. 여기에 경기도에 관한 1937년의 지주명부를 토대로 이 '기타'에 속할 만한 조선인의 토지 규모를 더해 보면 6,043정보(논)가 나온다. 어느 것이나 꼭 합치하는 자료는 아니지만, 동원할 수 있는 모든 자료를 다 사용해 봐도 이 '기타'의 압도적인 부분이 일본인 소유의 경지였다고 판단된다. 따라서 수리조합 구역 내의 일본인 소유지의 비중은 40%를 약간 상회할 것으로 판단된다. 만약 기타 중에서 2만 정보가 일본인 논이라고 가정한다면, 수리조합 구역 내의 일본인 소유지는 모두 71,499정보가 될 것이고, 전체 수리조합 구역 내 논 면적의 39.8%가 된다.

22]에서 수리조합 구역 내부의 일본인 토지의 단보당 생산량이 1,550석으로 계산되었고, 수리조합 구역 외부의 일본인 토지의 단보당 생산량을 1,320석이라고 가정하였기 때문에, 각각의 면적에 이 단보당 생산량을 곱하여 양자를 합산하면 일본인 논의 미곡 생산량을 구할 수 있다. 일본인 논의 생산량을 일본인 논의 면적으로 나누어주면 일본인 논의 단보당 생산량을 구할 수 있다. 한편, 조선총독부『통계연보』에서는 1931년의 미곡 생산량을 얻을 수 있기 때문에, 여기에서 일본인 논에서 생산된 미곡의 수량을 빼주면, 조선인 논에서 생산된 미곡의 수량을 얻을 수 있고, 다시 그것을 조선인 논 면적으로 나누어주면 조선인 논의 단보당 생산량을 구할 수 있다. 이렇게 계산한 결과가 [표 2-24]이다.

[표 2-24] 조선의 미곡 생산량 중에서 일본인 소유 논이 차지하는 비중

	논면적(정보)	단보당 생산량(석)	생산량	
			수량(석)	비중(%)
일본인 논	237,372	1.390	3,298,575	20.8%
수리조합 구역 내부	71,854	1.550	1,113,737	7.0%
수리조합 구역 외부	165,518	1.320	2,184,838	13.8%
조선인 논	1,391,612	0.904	12,574,424	79.2%
조선의 논	1,628,984	0.974	15,872,999	100.0%

주 : 단보당 생산량은 현미로 환산했다. 단, 나락의 현미 환산율은 1/2로 가정했다.

이 계산에 의하면 일본인 논의 단보당 생산량은 조선인 논보다 53.8% 더 많은 것으로 된다. 문제는 이 계산에 사용된 가정 즉, 수리조합 바깥에 존재하는 일본인 소유답의 단보당 생산량이 수리조합 구역 내의 조선인 답의 단보당 생산량과 같다는 가정이 매우 자의적이라는 것이다. 달리 의존할 바가 없어 임의로 채택한 가정이지만, 결과적으로 보면 어느 정도의 타당성을 갖는다고 판단된다. 이 점에 대해 조금 더 부연 설명해 두기로 하자.

주지하는 바와 같이 조선식산은행의『全鮮畓田賣買價格及收益調』라는 조사자료는 일제시대에 이루어진 모든 소작료 수량에 관한 조사자료 중 가장

체계적이고 풍부한 내용을 담고 있다. 즉, 1928년부터 1943년까지 16년간 매년 593~670건의 표본에 대해 조사한 결과를 담고 있어, 표본의 수에 있어서도, 또 시계열의 길이에 있어서도 상당히 의미 있는 자료로 생각된다. 조사 내용은 답 100평당 매매가격, 법정지가, 소작료 수량, 소작료 환가(換價), 유지관리비, 순이익, 수익률 등을 상·중·하의 3등급별로 수록하고 있다. 다만 이 자료에는 100평당 생산량에 대한 자료는 수록되어 있지 않기 때문에 지금까지 그 활용도가 크게 높지 않았던 것으로 생각된다.

　이 자료는 민족별 구분이 없기 때문에 일본인들이 소유한 토지가 등급별로 어떻게 분포하였는지는 알 수 없다. 그러나 일본인 소유 답 중에서 30%는 수리조합 구역 내에 존재한다는 것은 그간의 연구를 통해 알게 되었다. 또 『토지개량사업요람』의 '수리조합에 의하지 않는 토지개량사업 일람표'라는 자료를 정리해 보면, 일본인 소유의 답 중 3%가 여기에 속하고 있다. 전자는 토지생산성이 가장 높은 지역에 속하는 것이고, 후자는 일본인 소유 토지 중 생산성이 가장 낮은 지역이라고 할 수 있다. 그런데 『토지개량사업요람』에서 '수리조합에 의하지 않는 토지개량사업' 지역의 토지생산성을 계산해 보면, 대체로 조선식산은행 자료의 중등답에 근접하는 것을 알 수 있다. 이들 두 지역을 제외한 나머지 지역은 매매를 통해 취득한 것으로 볼 수 있는데, 만약 그 절반이 상등답이라고 가정한다면 일본인 소유답의 65%는 상등답이고, 나머지 35%는 중등답이라고 생각할 수 있다. 다소 자의적이지만 이런 가정이 다른 극단적인 가정보다는 한결 합리적이다. 그리고 이 가정에 입각하여 민족별 토지생산성 격차를 계산해보면 일본인 소유 답이 조선인의 그것에 비해 평균 51.9% 생산성이 더 높았던 것으로 계산된다. 앞에서 계산하였던 민족별 토지생산성 격차 53.8%와 비슷한 값으로 된다.

　김낙년도 『全鮮畓田賣買價格及收益調』라는 자료를 이용하여 민족별 토지생산성 격차를 계산하여 28.5라는 값을 얻었다. 그런데 이 격차율을 계산함에 있어서 그는 '소작인 수입 일정'이라는 가정을 도입하였다. 동일한 면적의 토지를 경작하여 거기에서 얻게 되는 소작인의 수입이 달라진다면, 소작인들 간의 경쟁에 의해 결국 소작인 수입이 같아지게 될 것이라는 생각이다. 얼핏 생각하면 매우 합리적인 가정 같지만, 현실은 그렇지 않았다. 필자가 함경남도의 소작 관행에 관한 조사를 비롯한 당시의 소작 관행에 대한 여러 가지 조사자료를 검토해본 결과, 일정한 것은 '소작인의 수입'이 아니라 '소작료율'이었다. 따라서 김낙년이 계산해낸 28.5%라는 값을 '소작인 수입 일정'이라는 가정 대신에 '소작료율 일정'이라는 가정으로 대체하게 되면 57%로 계산된다.[52] 이 계산 결과도 앞의 두 가지 계산 결과, 즉 53.8% 및 51.9%와 매우 비슷한 값을 보여준다.

이러한 민족별 토지생산성 격차를 전제로 토지생산성을 고려한 일본인들의 답 소유 비율을 계산해보면, 1931년의 경우 실면적으로 14.6%이고 토지생산성을 고려하였을 때는 20%로 된다. 또 일본인 소유 논 면적이 조선 전체의 논 면적에서 차지하는 비율은 그것이 피크에 도달하는 1935년의 경우 실면적으로 18.3%이고 토지생산성을 감안하였을 때는 25.4%에 달했던 것으로 추산된다. 조선 전체 답의 1/4 정도가 일본인 소유였다는 의미이다.[53]

3) 지주제의 확대

일제시대 농업통계 중에는 농가를 지주(갑), 지주(을), 자작농, 자소작농, 소작농, 순화전민, 피용자 등으로 구분한 것이 있다.[54] 화전민에 대한 통계

---

52) 이 계산에 대한 자세한 설명은 허수열 「일제하 조선에 있어서 일본인 토지소유규모 추계」, 『경제사학』제46호, 2009년 6월을 참조하라.
53) 이것에 대해서도 허수열의 위의 논문에서 자세히 다루어 두었다.
54) '지주(갑)'은 소유경지를 모두 소작시키고 스스로 경작하지 않는 자, '지주(을)'은 소유경지의 대부분을 다른 사람에게 소작시키고 일부분 스스로 경작하는 자를 말한다. 단, 농가계급 구분에서 때로 '겸화전민'에 대한 통계가 나오기도 하는데, 이것은 숙전과 동시에 화전도 경작하는 자로서 통계에서는 지주, 자작, 자작 겸 소작, 소작 중에 포함된다.

는 1926년부터 그리고 피용자에 대한 통계는 1933년부터 집계되고 있는데, 양자를 합해 18만 호 정도이다. 또 지주(갑)과 지주(을)을 합한 호수 역시 10만 호 남짓하다. 3백만 호 가량의 농가 중에서 이들 30만 호 정도를 제외한 나머지는 자작농, 자소작농 및 소작농 호이다.

이들 농가계급이 어떻게 변해갔는지는 [그림 2-27]에서 볼 수 있다. 1910년대 말부터 1930년대 초에 걸쳐 다른 계급의 호수는 크게 변하지 않는데, 소작농 호수가 급증하고 자소작농 호수가 급감하는 것이 두드러진 현상으로 나타난다. 즉, 자작농 호수는 50만 호를 약간 상회하는 수준에서 크게 변하지 않았지만, 자소작농 호수는 100만 호 정도에서 70만 호 정도로 크게 줄어들고, 그 반면 소작농 호수는 100만 호 정도에서 150만 호 정도로 크게 증가한 것이다. 자소작농 층의 몰락과 소작농 층의 증대는 특히 1920년대 말과 30년대 초에 격심하였다. 그리하여 1910년대 말까지만 하더라도 자소작농 호수와 소작농 호수는 둘 다 모두 100만 호 정도로 비슷하였지만, 농민분해가 일단락되는 1930년대 초가 되면 자소작농 호수는 소작농 호수의 절

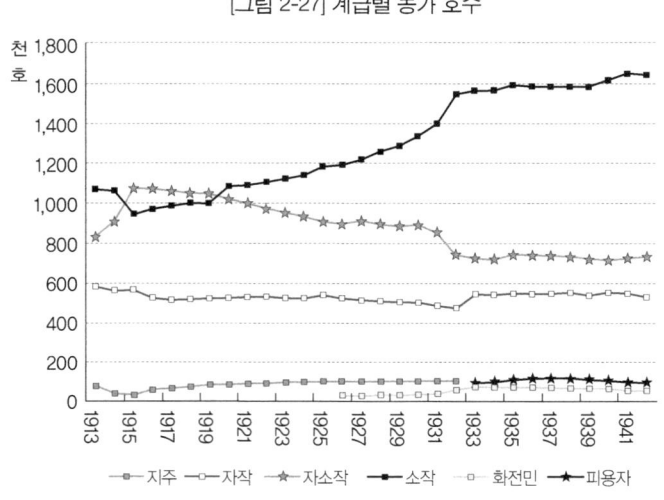

[그림 2-27] 계급별 농가 호수

자료: 朝鮮總督府 『統計年報』 및 朝鮮銀行, 『朝鮮經濟年報』(1948년판), I-28~29에서 작성.

반 이하로 떨어지게 된다. 1915~32년간의 불과 17년 만에 자소작농 호수는 31% 감소하고 소작농 호수는 64% 증가해, 전체 농가의 53%가 소작농이 되어버리는 세계적으로 유례없는 격렬한 농민 분해가 있었던 것이다. 산미증식(갱신)계획으로 대표되는 일제시대의 농업개발 정책은 농업생산의 증가와 동시에 수많은 조선 농민이 토지를 상실하고 궁박 상태에 놓이게 만드는 또 다른 측면을 가지고 있었던 것이다.

1932년 이후에도 지주제가 계속 강화되었는지 혹은 일본의 경우에서처럼 쇠퇴 국면에 접어들게 되었는지에 대해서는 의견이 엇갈린다. 1932년 이후에 그 전처럼 격렬한 농민 분해가 없어졌다는 점에서 보면 지주제는 최고조에 달한 것으로 보인다. '조선농지령'이나 '농촌진흥운동'에서 볼 수 있듯이 총독부의 농업정책도 지주제에 다소 불리하게 작용하는 경향을 가지고 있었다. 나아가 비농업 부문이 급속히 발달하면서 농민들이 농업 이외의 다른 분야로 진출할 수 있는 가능성이 더 많이 열리게 된 것도 지주제의 확대를 저지하였던 것으로 보인다.

1930년대 초 이후에 지주제가 더 이상 확대되지 않았다는 사실은 소작지에 관한 여러 통계에서도 확인된다. [그림 2-28]에서 볼 수 있듯이, 소작지 면적은 1927년경부터 1934년경까지 급속히 증대한다. 1920년대 말의 증가에서는 밭 소작지의 증가가 돋보이지만, 논 소작지도 꾸준히 증가하였다. 이 소작지 면적은 그 후 1940년대 초까지는 거의 변함이 없었다. 소작지 면적이라는 점에서 지주제의 발달은 일단 소강상태에 들어갔던 것으로 보아도 좋을 것이다. 다만, 일제 말기에 논 소작지 면적이 다시 증가하고 있는 점에 유의할 필요가 있다.

전체 경지에서 소작지가 차지하는 비중을 구해보면 위의 설명이 한층 더 뚜렷해진다([그림 2-29] 참조). 소작지 비율은 논, 밭을 막론하고 1927년부터 급증하고 있다. 1926년은 그동안 지지부진하던 산미증식계획을 산미증식갱신계획으로 새롭게 다시 시작한 해이다. 1927년은 은행공황이 있었던 해이고, 1929년은 세계대공황이 발발한 해이기 때문에, 연속적인 공황의

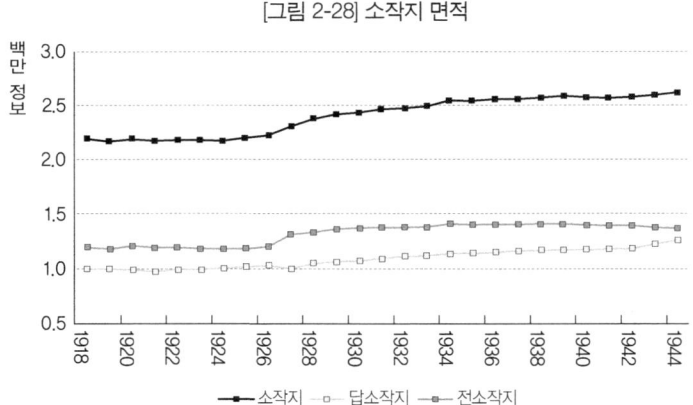

[그림 2-28] 소작지 면적

자료: 朝鮮總督府『統計年報』및 朝鮮銀行,『朝鮮經濟年報』(1948년판), I-38~39쪽.

도래가 농민분해에 상당한 영향을 주었겠지만, 산미증식계획으로 농업개발이 가장 활발히 이루어지던 시기가 바로 소작지 비율이 급증하고 또 자소작농 층의 급속한 몰락과 소작농 층의 급증이 있었던 시기와 일치하고 있다는 점은 주목할 필요가 있다.

한편 [그림 2-29]에서 보면, 조선의 소작지율은 일제 말에도 급증하고 있다. 이 시기의 경지면적의 변화를 좀 더 구체적으로 살펴보면 [표 2-25]와 같

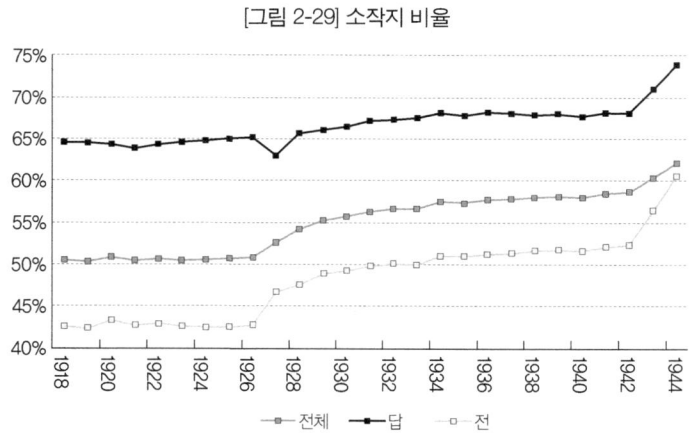

[그림 2-29] 소작지 비율

자료: 朝鮮總督府『統計年報』및 朝鮮銀行,『朝鮮經濟年報』(1948년판), I-38~39쪽.

다. 1942~44년간에 경지면적은 18만 정보 줄어들었다. 논밭 면적 모두 감소하였지만, 특히 밭 면적의 감소가 컸다. 그런데 전체 경지 면적의 감소와는 대조적으로 소작지 면적은 오히려 4만 정보 가량 증가하였다. 밭 소작지 면적이 3만 정보 정도 줄어들었음에도 불구하고 논 소작지 면적이 8만 정보 정도 늘어났기 때문에 생긴 현상이었다. 1944년경에 논 소작지 면적이 제법 크게 늘어났던 것은 지주 소유지가 그만큼 늘어난 것을 의미하지만, 이것만으로는 조선인 지주 소유지가 늘어난 것인지 일본인 지주 소유지가 늘어난 것인지 아직 분명하지 않다.

[표 2-25] 1944년경의 경지 면적과 소작지 면적의 변화

(단위: 정보)

	경지		논		밭	
	경지 합계	소작지	논 합계	논 소작지	밭 합계	밭 소작지
1942	4,396,003	2,572,230	1,735,898	1,180,836	2,660,105	1,391,393
1944	4,219,790	2,616,724	1,734,001	1,258,538	2,485,789	1,358,186
증가	-176,213	44,495	-1,897	77,702	-174,316	-33,207

자료 : [그림 2-31]과 같음.

이 점을 좀 더 분명히 해보자. 민족별 지주제의 동향에 대한 다음의 두 그림이 도움이 될 것이다([그림 2-30]과 [그림 2-31] 참조).

이 두 그림은 소유지의 면적구간별로 납세의무자 수를 보여주는 '납세의무자 면적별인원표'에서 작성한 것이다. 납세의무자 수를 기준으로 하는 것이기 때문에 실제 지주 수는 이것보다 훨씬 작을 것이다. 그러나 지주제의 동향을 파악하는 데는 어느 정도 도움이 될 것으로 생각한다. 1정보 미만의 경우에는 택지가 혼합되어 그 수가 엄청나게 많다. 그러나 1정보를 넘어서게 되면 일단 택지는 포함되지 않게 될 것이다. 이 때문에 1정보 미만은 그림에서 생략하였다. 1~5정보 구간에는 영세지주도 포함되겠지만, 주로 자작농 및 자소작농의 소유지가 포함될 것이다. 5~10정보 구간에는 영세지주가 더 많이 포함될 것이고, 10정보를 넘으면 주로 지주로 이루어진다고 보아도 좋을 것이다. 50정보를 넘는 경우에는 대지주에 해당할 것인데, 그 숫자는

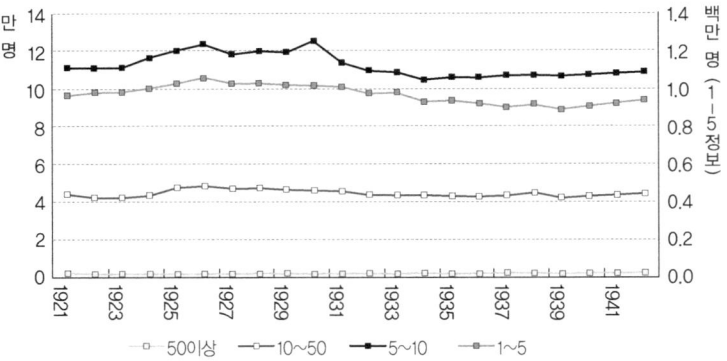

[그림 2-30] 조선인 지세납세의무자 수

주: 1940, 1941년은 1939년과 1942년에서 보간법으로 추계하였음.
자료: 朝鮮總督府財務局, 『朝鮮稅務統計書』, 해당 연도판에서 작성.

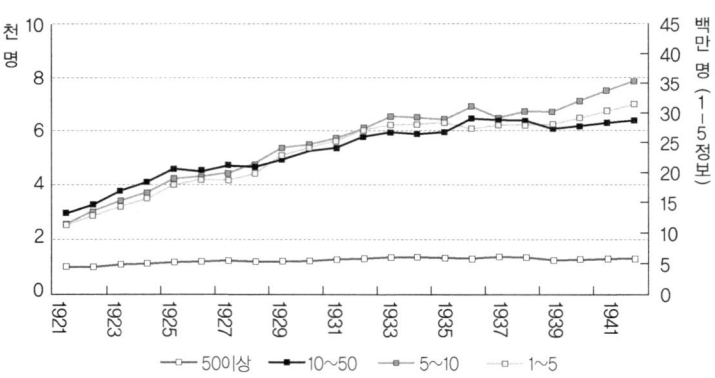

[그림 2-31] 일본인 지세납세의무자 수

주 및 자료: [그림 2-30]과 같음.

크게 변하지 않았다.

　지세납세의무자 수를 토대로 보는 한, 조선인 소유지는 각 등급 모두에서 1926년 무렵이 정점이고 그 이후 감소 경향이 뚜렷하게 나타난다. 1926년 이전에도 증가 추세가 나타나기는 하지만 그다지 뚜렷하지는 않다. 그러나 일본인 지세납세의무자 수는 거의 모든 등급에서 증가 경향이 뚜렷하다. 조선인 지세납세의무자 수가 감소하는 1926년 무렵 이후에도 증가 경향이 뚜렷하여 1933년경이 되어야 정점에 도달한다. 1935~36년경 이후에는 조선인 지세납세의무자 수는 일제 말까지 거의 변함이 없다. 그러나 일본인 지세납세의무자 수는 일시적으로 감소 혹은 정체하였다가 다시 증가하기 시작한다. 물론 대부분의 설명은 50정보 미만의 납세의무자에 한정된 것이기는 해도, 조선인지주제가 1920년대 중엽부터 크게 흔들리고 있었던 반면, 일본인 지주제는 미곡증산정책의 중단 기간(1934~39년) 동안 일시적 소강상태는 있었지만 일제 말까지 계속 확대되어간 것을 알 수 있다.

이 지세납세의무자 수의 추세를 감안한다면, 앞의 [그림 2-29]에서 보았던 일제 말의 논 소작지 면적 비율의 상승은 일본인 지주에 의해 주도되었다고 생각된다. 즉, 일제 말기에도 다시 일본인지주의 수중으로 논이 집중되어가는 현상이 나타났던 것이다.[55]

지금까지 살펴본 바와 같이, 조선의 경지는 1910~15년, 1928~35년, 1943년 이후의 몇 번의 시기를 거치면서 일본인에게 집중되어갔다. 농업생산은 증대되었지만, 그 과정에서 조선인들은 생산수단인 경지를 점차 상실

---

55) 조선은행의 『조선경제연보』 1948년판에는 '재무부 국고국에서 제시한 숫자' 라는 주기와 함께, 1945년 말 현재 남한의 '민족별 토지 소유면적 조사표' 라는 것이 수록되어 있다. 일제시대 민족별 경지면적을 추계하는 데 결정적인 자료가 되었던 것이 朝鮮總督府財務局에서 간행한 『朝鮮稅務統計書』였다. 『조선경제연보』 1948년판에 수록된 자료의 원천이 재무부 국고국이라는 것은 이 점에서 시사하는 바가 많다. 실제 이 자료의 형식은 『朝鮮稅務統計書』의 '납세의무자 면적별 인원표' 와 일치한다. 요컨대 『조선경제연보』의 이 자료는 1945년에 조선총독부 재무국이 가지고 있던 자료가 원천일 가능성이 높고, 따라서 일제 말기의 민족별 토지소유 면적을 알아 보는 데 매우 중요한 자료일 것으로 판단된다. 아무튼 이 자료에 의하면 남한의 토지면적 2,472,177정보 중에서 외국인이 소유한 면적이 446,729정보로 전체의 18.1%를 차지하는 것으로 되어 있다.(I-34쪽) 1942년의 조선(남북 조선 전체)의 경지면적에서 일본인 소유 경지면적이 차지하는 비중이 9.5%였던 것과 비교하면 엄청난 차이가 있다. 아마 일본인들이 남조선 지역에 특히 많은 토지를 소유한 것 때문일 것으로 생각되지만, 그렇다고 하더라도 1942년의 소유면적 417,094정보(조선 전체)보다 더 많은 446,729정보(남한만)를 소유했다는 것이기 때문에, 앞으로 좀 더 깊이 검토해봐야 할 것이다.

해갔고, 토지 없는 소작농민으로 혹은 임금노동자로 재편되어 노동에 의해 생활해가야 하는 존재로 바뀌어져 갔다.

4) 민족별 배분과 일제하 조선 농업개발의 평가

지금까지 일제시대의 농업개발에 의해 조선에서 농업생산이 얼마나 증가하였는지, 또 토지 소유관계가 민족별로 어떻게 변해갔는지 하는 문제를 분석해보았다. 이 분석 결과에 의하면, 일제 초와 일제 말을 비교해 보았을 때 농업생산량도 제법 증가하였지만 민족별 토지 소유관계가 대단히 불평등하게 되어간 것도 명백해졌다.

민족별 토지 소유관계가 대단히 불평등하고 그것이 후기로 갈수록 더욱 불평등해져 감에 따라, 그 토지에서 생산된 수확물의 배분도 민족별로 대단히 불평등해질 수밖에 없었고 또 후기로 갈수록 그 불평등도는 심화되어갈 수밖에 없었다. 지금부터는 식민지적 소유구조와 그것에서 발생하는 민족별 경제적 불평등의 구조를 알아보기로 한다.

(1) 민족별 농업생산 수취량의 변화

민족별 소유지 면적과 민족별 토지생산성을 알 수 있다면, 생산된 미곡의 민족별 배분관계도 추산할 수 있게 된다.

지주는 자신이 소유하는 경지의 일부를 스스로 경작하기도 하지만, 주로 타인노동을 사용하여 경작한다. 타인노동을 사용하는 방법으로 때로는 농업노동자를 사용하기도 하였지만 소수에 불과하고 소작제가 일반적인 형태였다. 앞의 [그림 2-27]에서 보았듯이 농업 피용자 수는 전체 농가 호수의 4%를 넘지 않기 때문에 일제시대의 농업은 소작제 농업이라고 간주해도 별로 틀림이 없을 것이다.[56] 전체 경지면적 중에서 소작지 면적이 차지하는 비중을 보여주는 [그림 2-29]에서도 이러한 사실이 확인된다. 소작지 비중은 1918년경에 이미 65%라는 높은 수준에 도달되었지만, 1920년대 말을 거치면서 67~8% 수준으로 한 단계 더 높아져 그 상태가 1940년대 초까지 이어지게 된다.

이런 설명에서 알 수 있듯이 일제시대 조선의 농업에서는 농업노동자에 의한 경작은 별로 고려하지 않아도 될 것이고, 일부 농업노동과 관련되어 발생하는 소득은 소작제에 포함시켜 생각해도 될 것이다. 요컨대 농업생산물의 배분 문제는 다음과 같이 단순화할 수 있다. 즉, 지주 소유지에서 생산된 수확물은 지주에게 소작료 부분만큼 배분되고 그 나머지는 소작농이 차지하게 된다. 단, 이때의 소작료 개념은 수확물뿐만 아니라 지세공과금이나 수리조합비, 농업부산물의 분배 등의 여러 가지를 포함하는 광의의 것으로 해석하기로 한다. 지주는 총수확물 중에서 소작료 부분만큼 수취하고, 소작인은 그 나머지를 수취하게 된다.

한편, 자작농은 정의상 자신과 가족노동력으로 소유하는 경지를 경작하는 농가를 말한다. 그리고 자소작농은 일부 자작지를 포함하면서도 소작도 행하는 농가를 말한다. 소작농은 기본적으로 경지를 소유하지 않고 소작에 의해 생계를 유지해 나가는 농가를 말한다. 따라서 자작농과 자소작농도 경지의 일부를 소유하고 있는 것으로 된다.

이제 이상의 설명을 민족 구분에 포함시켜 보자. 일본인 경지 소유자는 일본인 지주, 일본인 자작농, 일본인 자소작농으로 구성된다. 일본인 지주는 일본인 소작농과 조선인 소작농을 통해 자신의 경지를 경영한다. 따라서 일

---

56) 1930년의 조사에 의하면, 소작농의 37%(77.5만 호)가 생활이 곤궁하여 임노동에도 종사했다고 한다. 朝鮮總督府農林局, 『朝鮮ニ於ケル小作ニ關スル參考事項摘要』, 1933, 62쪽. 또 1927년의 조사에 의하면, 조선에는 약 99만 명의 半農半勞가 존재하고 있었다고 한다. 朝鮮鐵道協會, 『朝鮮ニ於ケル勞動者數及其分布狀態』, 1928, 1쪽. 이들의 수입은 농업 부문 이외에서 획득되는 것을 포함하지만, 여기서는 다루지 않기로 한다.

본인 지주의 소유지에서 생산된 수확물 중 조선인 소작농이 수취하는 몫(수확물 중에서 소작료 부분을 공제한 것)을 제외한 나머지는 일본인 지주나 일본인 소작농이 수취하게 된다. 일본인 자작농과 일본인 자소작농이 생산한 것은 모두 일본인이 수취하게 된다. 요약하면, 일본인이 소유한 경지에서 생산된 수확물 중 조선인 소작농이 수취한 몫을 제외한 나머지는 모두 일본인이 수취하게 되는 것이다.

다음으로 조선인이 수취하는 몫을 생각해보자. 조선인 지주 하에서 소작하는 일본인 소작농이 없다고 가정하면, 조선인이 소유하는 모든 토지(조선인 지주, 조선인 자작농, 조선인 자소작농의 토지)의 수확물은 조선인이 수취하게 될 것이다. 조선인이 소유하는 토지를 소작하는 조선인 소작농의 몫도 역시 조선인이 수취하는 것이 된다. 수확물 중에서 조선인이 수취하는 것은 이 밖에 일본인 지주가 소유하는 경지를 소작하는 조선인 소작농이 수취하는 몫이 있다. 요약하면, 조선인이 수취하게 되는 몫은 조선인이 소유하는 경지에서 생산된 모든 생산물과 일본인 지주의 경지를 소작하는 조선인 소작농이 수취하는 몫을 합한 것과 같다.

우리는 앞에서 민족별 경지 소유면적에 대한 통계를 정비해놓았고, 또 농업 생산에 대한 통계도 갖추어놓았다. 따라서 일본인 지주가 소유하는 경지에서 소작하는 조선인 소작농의 수취량만 계산할 수 있다면, 민족별 토지 소유관계로부터 농업생산물의 민족별 분배관계를 해명할 수 있게 된다.

다만, 이러한 계산을 위해서는 두 가지를 더 알아야 한다. 즉, 일본인이 소유하는 논을 소작하는 조선인 소작농의 소작지 면적과 그 소작료율을 알아야 한다.

소작료율에 대해서는 기존의 연구가 있고, 또 여러 가지 기술사료도 있어 비교적 정확한 추계가 가능하다. 그러나 일본인 지주의 경지를 소작하는 조선인 소작농의 수는 구하기 어렵다. 여러 가지 정황을 감안하는 다소 대담한 가정을 도입할 수밖에 없다.

우선 소작료율부터 검토해보자. 조선 전체에 대한 소작료 조사로서 가장 유명한 것은 『全鮮畓田賣買價格及收益調』가 있다. 이 자료는 1928~43년에 대해 조선식산은행에서 조사한 것인데, 표본수도 많고, 일관된 조사방법으로 조사된 것이기 때문에 상당히 믿을 만하다. 그러나 아쉽게도 그 조사 속에는 단보당 소작료 수량(금액)은 포함되지만, 단보당 수확량(금액)에 대한 자료는 없다. 박섭은 이 자료와 조선총독부의 수확량(금액)에 대한 자료를 비교하여 소작료율을 계산하였다.[57]

소작료율은 시기별로 또 논의 비옥도에 따라 달랐다. 1940년 11월에 조사된 수리조합 구역 내의 소작료율을 보면, 소작료율이 4할~58%인 논이 전체 수리조합 몽리 면적의 2할 약, 5할인 것이 5할 강, 6할인 것이 3할 정도였는데, 소작료율이 낮은 곳은 수리조합비의 1/2~1/3을 소작인이 부담하고, 기타 짚의 분배, 금비의 부담, 종자의 부담 등에서 소작인 부담이 증가하기 때문에 실제 소작료율은 6할에 근접하게 된다고 하였다.[58] 1931년경의 소작료율에 대해 "수리조합 내에서는 수확량의 6할을 소작료로 하는 관습이 있고, 그렇지 않은 곳에서는 수리조합비는 지주와 소작인이 절반씩 부담하는 관습이 있기 때문에, 여기에서는 6할을 소작료로 하여 계산하였다"는 지적도 있다.[59] 수세의 부담이 있는 수리조합 구역은 소작료율이 다른 곳보다 좀 더 높은 경향이 있었던 것이 명백하다.

한편 소작료율은 시기별로도 달랐다. 앞에서도 보았듯이 1910년대말과 1930년대 초에 걸쳐 자소작농이 급속히 몰락하고 소작농이 급증하였다. 소작농의 증가는 소작농들 간에 소작지를 확보하기 위한 경쟁의 증대를 의미하고, 이것은 소작료율의 상승으로 이어질 수밖에 없었을 것이다. 소작지에 대한 수급조건 그리고 그 가격으로서의 소작료율의 동향을 생각해본다면, 1910년대 말에서 1930년대 초까지는 소작료율이 계속 상승해갔을 것이고,

---

57) 朴ソプ, 『1930年代朝鮮における農業と農村社會』, 未來社, 1995, 222쪽.
58) 「水利組合蒙利地區の小作慣行」, 『殖銀調査月報』, 제32호, 1941.1월호, 5-11쪽.
59) 「近年に於ける農地價格の變遷に就して」, 『殖銀調査月報』, 제28호, 1940년 9월호, 7쪽.

1930년대 초에는 수리조합지역 내의 토지와 같이 비옥도가 높은 곳에서는 6할에 달하게 되었을 것이고, 그 후 다소 하락하는 추세로 반전되지만 1940년대 초에도 여전히 6할 가까운 고율의 소작료율이 지속된 것으로 보인다.

수리조합 지역은 예외적으로 생산성이 높은 지역이기 때문에, 그 밖의 다른 모든 논에서도 소작료율이 6할이었을 것으로 생각해서는 안 된다. 그러나 조선 전체 평균 소작료율이 얼마인지는 정확히 알기는 어렵다. 만약 1910년대의 소작료율이 50%였다고 가정한다면, 1940년대 초에는 55~60% 정도로 한 단계 더 상승하였을 것으로 보는 것이 옳을 것이지만, 확실한 것은 아무것도 없다. 따라서 여기서는 상당히 자의적이지만, 시기를 불문하고 소작료율을 일률적으로 55%로 가정하기로 한다. 요컨대 지주가 소유하는 경지에서 생산된 수확물 중 지주 몫은 55%이고 소작농 몫은 45%가 된다는 말이다.

다음으로 일본인 소유 경지를 소작하는 조선인 소작농의 비율에 대해 검토해보기로 하자. 동양척식㈜이나 불이농촌 산업조합 및 평강산업조합 등의 모집 알선에 의한 보호 이민과 이에 속하지 않는 자유 이민은 대부분 자작을 하거나 일본인 대지주의 소유지를 경작하는 소작농민이었다는 지적을 상기해본다면, 일본인 논 중에서 자작 혹은 일본인 소작농에 의해 경영되는 면적도 적지 않았을 것으로 판단된다.[60] 그러나 이 부분을 제외한 나머지는 조선인 소작농이 경작하였다. 일본인 지주의 논을 소작하는 조선인 소작농의 소작지 규모를 알 수 있는 자료는 없지만, 1910~41년간에 동척을 통해 누계 10.9만 호의 일본인 농업 이민이 이루어졌고, 그들에게 할당된 토지가 누계 22.9만 정보(호당 평균 2.1정보)였다는 점을 염두에 둔다면, 일본인 논 소유자들의 자작 규모가 그리 적지 않았을 것임을 알 수 있다. 그러나 당시의 농업기술 수준에서 볼 때, 타인노동(소작이나 임노동 등)에 의하지 않고 순수

---

60) 『朝鮮の農業』1936년판, 212-213쪽 참조.

자가노동으로 논농사를 하는 경우, 그 규모가 3정보를 넘기는 어려웠을 것이다. 동척 이민의 경우, 농가 호당 2.1정보 정도를 할당한 것도 참고가 될 것이다. 1931년의 일본인 농가 호수가 11천 호 정도 되었기 때문에 호당 3정보가 자작 가능한 면적이라고 가정한다면, 3만 정보 정도가 일본인 농업인구에 의해 경작 가능한 면적이 될 것이다. 1930년대의 일본인 소유 논 면적은 25만 정보에서 30만 정보 사이가 되기 때문에, 일본인 자작농이나 자소작농 혹은 소작농이 경작하는 논은 일본인 소유 논 면적의 약 1할 정도가 되었을 것으로 추산된다. 따라서 여기에서는 일본인 소유 논의 9/10는 조선인 소작농이 경작하는 것으로 가정하기로 한다.

이제 일제 초와 일제 말 두 시기에 대해 생산된 미곡이 민족별로 어떻게 배분되는지 계산해볼 수 있게 되었다. 우선 복잡한 계산을 단순화시키기 위해 1910년의 미곡 생산량(13,349,805석)을 지수화(指數化)하여 100으로 잡아두자. 즉, 여기서 말하는 1은 미곡 133,498석을 의미한다. 따라서 1941년의 생산량은 1910년 생산량보다 52.3% 많은 20,332,676석으로 152.3이 된다.[61]

수확미가 민족별로 어떻게 분배되는지 계산해보면 그 결과는 [표 2-26]과 같다. 이 표의 계산에는 다음과 같은 가정이 채택되었다.

1) 일본인 논은 조선인 논보다 단위 면적당 생산량이 50% 더 많다.
2) 일본인 소유 논의 9/10를 조선인 소작농이 경작한다.
3) 소작료율은 55%이다. 즉, 소작농의 수취량은 45%이다.

표의 작성방법은 다음과 같다. 즉 [부표1]에서 1910년과 1942년의 민족별 논 면적의 비중을 구할 수 있다. 그것이 '논 비중(단순 면적 기준)' 이다.

---

61) 유의해야 할 점은 여기에서 사용된 1910년의 미곡 생산량은 1910~14년 5년 평균값이고, 1942년의 생산량이란 1935~44년 10년 평균값을 말한다. 연도표기는 1942년으로 하였지만, 이것은 사실상 일제말기의 생산량이라고 간주해도 좋을 것이다.

[표 2-26] 수확미의 민족별 분배

(1910년 미곡 생산량 = 100)

		1910년	1942년	변화량	증가율
미곡 생산량 지수		100.00	152.30	52.30	52.3%
논 비중 (단순 면적 기준)	조	97.17%	83.06%	-14.11%	
	일	2.83%	16.94%	14.11%	
	계	100.00%	100.00%		
논 비중 (토지 생산성 감안)	조	95.82%	76.57%	-19.24%	
	일	4.18%	23.43%	19.24%	
	계	100.00%	100.00%		
지주별 분배	조	95.82	116.62	20.80	21.7%
	일	4.18	35.68	31.50	753.1%
	계	100.00	152.30	52.30	52.3%
민족별 분배	조	97.51	131.07	33.56	34.4%
	일	2.49	21.23	18.74	753.1%
	계	100.00	152.30	52.30	52.3%

주 : 민족별 경지 소유면적 비율은 [부표1]의 1910년과 1942년 값을 사용하였다.

일본인 논의 생산성이 50% 더 많은 것을 고려하여 다시 계산한 것이 '논 비중(토지생산성 감안)'이다. 생산된 미곡은 이 비율대로 지주에게 배분될 것인데, 그것이 '지주별 분배'이다. 그런데 일본인 지주의 소유지 중에서 90%는 조선인 소작농이 경작하고, 그 소작료율이 55%라고 가정하였기 때문에, 소작료를 지불한 나머지 즉, 45%는 조선인 소작농이 수취하는 수량이 된다. '지주별 분배'의 조선인 지주의 수취량에 이것을 더해주고, 일본인 지주의 수취량에서 이것을 빼주면 '민족별 분배'를 구할 수 있다.

이제 그 계산 결과를 보면, 일제 초와 일제 말 사이에 조선의 미곡 생산량은 52.3% 증산되었는데, 그동안에 일본인들이 소유한 답의 비중이 2.83%에서 16.94%로 증가함에 따라, 조선에서 증산된 미곡 중에서 35.8%는 일본인들이 차지하게 되지만, 조선인들도 증산량 중 64.2%를 차지하게 된다. 그 결과 일제 초와 일제 말 사이에 조선인들이 차지하게 되는 미곡의 수량은 1910년의 생산량을 100으로 하였을 때, 97.51에서 131.07로 33.56(즉 34.4%) 늘어나게 된다. 개발 효과의 일부를 조선인들도 차지하게 되었다는 의미이다. 물론 후기로 가면서 일본인들의 수중으로 논이 집중되어감에 따라, 일본인들이 차지하게 되는 미곡의 수량은 일제 초의 2.49에서 일제 말에는 21.23으로 급증(753.1% 증가)하게 된다.

밭작물에 대해서도 다음과 같은 가정 하에 미곡과 같은 방식으로 분석해보면 [표 2-27]과 같다.

1) 일본인의 밭과 조선인의 밭은 토지생산성이 동일하다.
2) 일본인 소유 밭의 1/2을 조선인 소작농이 경작한다.
3) 소작료율은 50%이다. 즉, 소작농의 수취량은 50%이다.

[표 2-27] 밭작물의 민족별 분배

(1910년 생산량 = 100)

		1910년	1942년	변화량	증가율
미곡 생산량 지수		100.0	131.2	31.2	31.2%
밭 비중 (단순 면적 기준)	조	99.04%	95.38%	-3.66%	
	일	0.96%	4.62%	3.66%	
	계	100.00%	100.00%		
밭 비중 (토지 생산성 감안)	조	99.04%	95.38%	-3.66%	
	일	0.96%	4.62%	3.66%	
	계	100.00%	100.00%		
지주별 분배	조	99.04	125.13	26.10	26.4%
	일	0.96	6.07	5.10	529.4%
	계	100.00	131.20	31.20	31.2%
민족별 분배	조	99.28	126.65	27.37	27.6%
	일	0.72	4.55	3.83	529.4%
	계	100.00	131.20	31.20	31.2%

주 : 민족별 경지 소유면적 비율은 [부표1]의 1910년과 1942년 값을 사용했다.

일제 초와 일제 말 사이에 밭작물의 생산량은 31.2% 증가되었는데, 그동안 일본인들이 소유한 밭의 비중이 0.96%에서 4.62%로 증가함에 따라, 조선에서 증산된 밭작물 중에서 일본인이 차지하는 비중은 12.3%에 달하게 된다. 물론 조선인들의 수취량도 99.28에서 126.65로 27.37(즉 27.6%)만큼 증가하게 된다. 증산량의 87.7%를 조선인이 차지하고 일본인은 12.3%

를 차지함에 불과하다. 밭작물의 경우에는 농업개발 효과의 거의 대부분을 조선인들이 차지하게 된다는 의미이다.

(2) 농업인구 1인당 수취량의 변화

이처럼 일제시대에 농업개발을 통해 농산물 생산량이 증가하고, 조선인들의 수취량도 커지게 된다. 미곡이나 밭작물의 모두에서 이런 현상이 관찰된다.

그런데 일제시대에 인구도 증가하고 그 가운데 농업인구도 제법 많이 증가하였다. 농업생산량의 증가와 더불어 조선인들의 수취량이 증가하였다고 하더라도 그 증가율이 농업인구 증가율에 미치지 못한다면, 농업인구 1인당 수취량은 감소하는 것으로 된다.

조선인 농업인구 1인당 수취량이 어떻게 변하였는가를 알아보려면, 조선인 농업인구에 대한 통계가 필요하게 된다. 그런데 조선총독부 스스로 인정하고 있듯이 일제 초기의 농업인구에 대한 통계는 매우 부정확한 것이었다.[62] 따라서 무언가 합리적인 방법으로 이 통계를 수정하여 사용하지 않으면 안 된다.

우선 조선총독부 『통계연보』의 농업인구 통계부터 검토해보자. 『통계연보』는 1911~16년간에는 농림업과 목축업 및 어업 등의 인구가 모두 합산되어 주어진다. 1917~32년간에는 농림업 인구, 그리고 1933년 이후에는 농업인구에 대한 통계가 주어진다. 기간별로 조사 범위에 다소의 차이가 있고 따라서 조선총독부 『통계연보』에서는 농업인구를 바로 구할 수 없다. 한편 조선총독부 농림국에서 발간한 『조선미곡요람』에는 1910~32년간의 '농업

---

[62] 『農業統計表』(조선총독부)의 각주에 따르면, "1917년 이전에는 民籍整理가 불충분하여 본표('농업자 호수' -인용자) 조사에 의한 計數도 불완전함을 면치 못함"이라고 하였다. 1937년판 7쪽.

자수'에 대한 통계가 나온다. 이 통계는 『통계연보』의 1933년 이후의 통계와 일관적인 것으로 판단된다.[63]

이제 1910~32년간은 『조선미곡요람』의 농업자수 통계를, 그리고 1933~42년간은 『통계연보』의 농업인구를 연결하여 농업인구의 변화를 살펴보면 [그림 2-32]와 같다.

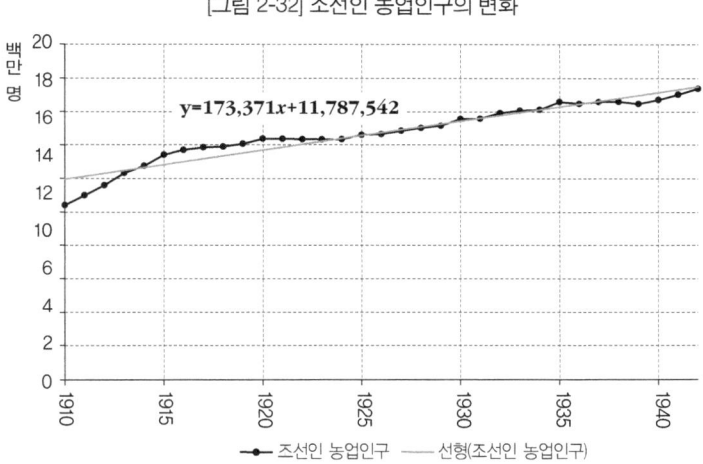

[그림 2-32] 조선인 농업인구의 변화

자료 : 1910~32년, 조선총독부 농림국, 『朝鮮米穀要覽』, 10-11쪽 ; 1933~42년, 조선총독부 『統計年報』, 각 연도판에서 작성.

1925년 이후에는 5년마다 한 번씩 인구(국세)조사가 이루어졌기 때문에, 다른 시기에 비해 통계의 정확도가 좀 더 높았을 것으로 판단된다.[64] 그런데

---

63) 『통계연보』의 1917~32년간의 '농림업자 수'와 『朝鮮米穀要覽』의 '농업자 수'를 비교해보면, 후자가 전자보다 약간 적다. 임업 종사자가 제외된 것으로 판단된다. 이 농업자 수에 대한 통계는 1932년이 마지막이고 그 이후의 것은 없다. 『朝鮮經濟年報』에도 1941~44년간의 조선의 농업인구에 대한 통계가 나오는데, 여기에는 직업 분류에서 보았을 때 임업이 포함된 것으로 판단되고, 민족 구분이 되어 있지 않아 사용하지 않기로 했다. 朝鮮銀行, 『朝鮮經濟年報』 1948년판, III-19쪽 참조.

그 이전의 농업인구 통계는 변화 양상이 상당히 다르다. 아무튼 1910~42년 간의 농업인구에 대한 회귀선을 넣어보면 [그림 2-32]와 같이 되는데, 1925~42년간의 농업인구 통계와 그 회귀선이 잘 들어맞고 있다.

그 회귀식에서 1910년의 농업인구를 추정하면 11,960,913명이 되고, 1942년의 농업자 수가 17,396,888명이기 때문에, 1910~42년간에 45.41% 증가한 것으로 된다. 앞의 [표 2-26]에서 조선인들이 차지하는 미곡의 수량이 1910~42년간에 34.4% 증가한 것으로 계산되었기 때문에, 조선인 농업인구 1인당 미곡 수취량은 1941년이 1910년에 비해 약 11.9% 감소한 셈이 된다. 또 [표 2-27]에서 1910~42년간에 조선인들의 밭작물 수취량이 27.6% 증가한 것으로 계산되었기 때문에, 조선인 농업인구 1인당 밭작물 수취량은 17.8% 감소한 셈이 된다. 조선인 농업인구에 대한 이런 추계방법은 인구(국세)조사에 의해 인구통계가 비교적 정확해지는 1925년 이후 기간의 추세를 앞으로 연장한 것이 된다는 점이 장점일 것이다.

이번에는 좀 다른 방법으로 조선인 농업인구를 추계해보자. 농업자 수는 농가 호수에 호당 인구를 곱해서도 얻을 수 있기 때문에, 그것을 세분하여 분석해보면 [그림 2-33] 및 [그림 2-34]와 같이 된다. 이 자료를 사용하여 1910년의 농가 호수 및 농가 1호당 인구를 추정한 다음, 그것을 서로 곱해주면 1910년의 농업인구를 얻을 수 있을 것이다.

우선 [그림 2-33]을 참고하면서, 1910년의 농가 호수부터 추계해보자. 이 경우 1910~13년간의 농가 호수의 급증이 특이한 반면, 1913~29년간의 추세는 상대적으로 안정적이다. 1913~29년간에 대한 회귀식을 구해보면, y = 13,248 x + 2,566,253 (R^2 = 0.944)이 되고, 이 회귀식에서 1910년의 조선인 농가 호수를 추정하면 2,526,509호가 된다.

---

64) 1925, 1935, 1944년에는 인구조사, 1930, 1940년에는 국세조사가 이루어졌다. 1920년에는 원래 국세조사를 실시할 계획이었지만, 3.1운동 등의 사정으로 '임시호구조사'로 대체되었다.

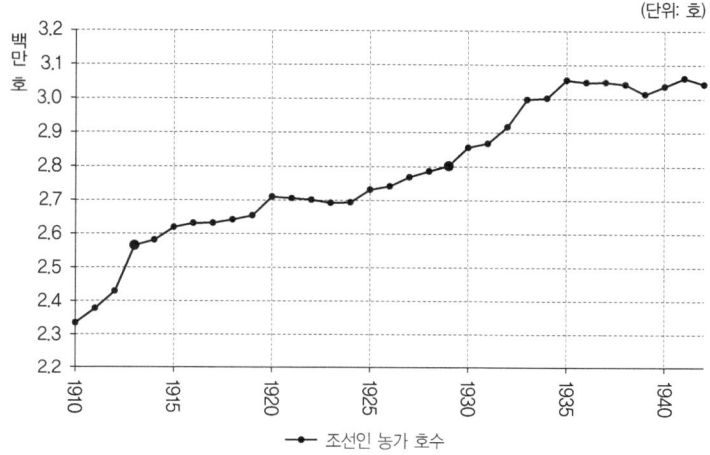

[그림 2-33] 조선인 농가 호수

주 : 큰 동그라미 사이가 회귀선을 구한 구간이다.
자료 : 1910~39년, 『朝鮮米穀要覽』 8-9쪽 ; 1940~43년, 조선총독부 『統計年報』 각 연도판.

이번에는 [그림 2-34]을 참조하면서, 1910년의 농가 1호당 인구를 구해보자. 역시 일제 초기의 증가가 매우 특이하고, 1917년 이후가 되면 변화가 상당히 안정적인 것으로 바뀌어지고 있다. 1917~29년간에 대한 회귀식을 구해 보면 $y = 0.0108x + 5.2502\ (R^2 = 0.933)$ 이 되며, 이 식에서 1910년의 조선인 농가 1호당 인구를 추정해보면 5.15명이 된다.

일본인 농업인구는 정확히 파악된 것으로 간주해 『조선미곡요람』 및 조선총독부 『통계연보』에 실려 있는 숫자를 아무런 수정 없이 사용하였다. 조선 전체 농업자 수(계)에 대해서는 조선인 농업자 수를 구한 방법 그대로 사용하여 1910년의 농업자 수를 구하고, 1942년과 비교하여 증가율을 구하였다. 농가 1호당 인구를 구하여 그것에 농가 호수를 곱하는 방법을 '방법1', 1910~42년간의 농업인구 통계 전체에서 바로 증가율을 구하는 방법을 '방법2'라고 부르기로 한다면, 앞에서 계산된 여러 값들로부터 [표 2-28]와 같은 결과를 얻을 수 있다.

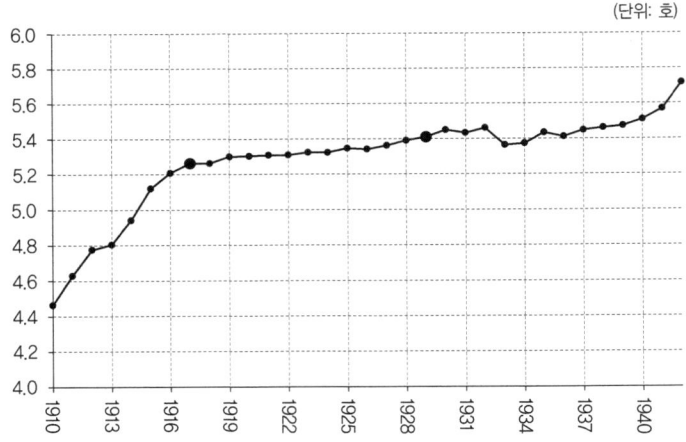

[그림 2-34] 조선인 농가 1호당 인구

주 : 큰 동그라미 사이가 회귀선을 구한 구간이다.
자료 : [그림 2-32] 및 [그림 2-33]의 자료에서 작성했다.

[표 2-28] 민족별 수취량 증가율, 농업인구 증가율, 1인당 수취량 변화율

(단위: %)

		민족별 수취량 증가율	농업인구 증가율		1인당 수취량 변화율	
			방법1	방법2	방법1	방법2
미곡	조	34.4	33.7	45.6	0.70	-11.20
	일	753.1	323.9	323.9	429.20	429.20
	계	52.3	33.0	45.3	19.30	7.00
밭작물	조	27.6	33.7	45.6	-6.10	-18.00
	일	529.4	323.9	323.9	205.50	205.50
	계	31.2	33.0	45.3	-1.80	-14.10
종합	조	31.0	33.7	45.6	-2.70	-14.60
	일	641.3	323.9	323.9	317.35	317.35
	계	41.8	33.0	45.3	8.75	-3.55

주 : 미곡 생산량과 밭작물 생산량을 평균할 때는 가중평균법을 사용했고, 가중치는 각각 0.5로 가정하였다. [그림 2-15]를 보면 1940년의 경우 식산물 총생산액 중에서 미곡이 차지하는 비중이 50.4%였다.

1인당 수취량이 민족별로 이렇게 큰 차이가 나는 것은 소수의 일본인들이 많은 경지를 소유하고 있었기 때문이다. 1942년의 농업인구 통계와 [부표 1]

에서 추계한 민족별 경지면적 통계를 이용하여, 민족별로 농가 1호당 논 면적을 계산하여 그래프로 그려보면 [그림 2-35]와 같다. 앞의 [그림 2-33]에서 보았듯이 1913년 이전의 조선총독부의 조선인 농가 호수 통계는 정확하지 못하다고 보아 1913년 이후에 대해서만 계산하였다.

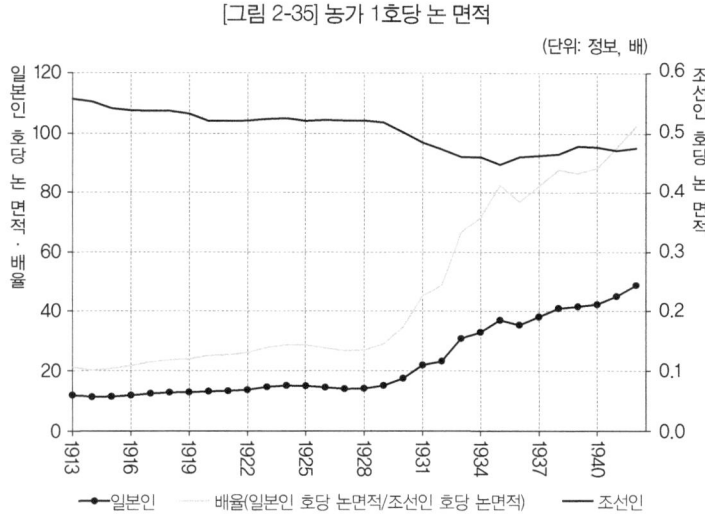

[그림 2-35] 농가 1호당 논 면적

자료 : [부표 1] ; 『朝鮮米穀要覽』 8-9쪽 ; 조선총독부 『統計年報』 각 연도판에서 작성.

조선 전체 농가 1호당 논 면적은 1915년 0.54정보에서 1942년 0.48정보로 약간 줄어들었다. 그리고 같은 기간 동안, 조선인 농가의 1호당 논 면적도 0.54정보에서 0.48정보로 15% 감소하였다. 그 반면, 일본인 농가의 1호당 논 면적은 11.77정보에서 48.81정보로 315% 증가하였다. 민족별로 농가 1호당 논 면적이 조선인의 경우에는 감소하고 일본인의 경우에는 증가하는 현상은 일제시대 전체를 통해 일어나고 있었지만, 그 중에서도 특히 1920년대 말 이후에 이런 변화 양상이 뚜렷이 나타난다. 그 결과 농가 1호당 논 면적을 보면, 1913년에 일본인이 조선인보다 21배 정도 많았지만, 1942년에는 102배로 크게 증대된다.

논밭을 합한 경지 면적에 대해 동일한 분석을 하여 보면 [그림 2-36]과 같다. 1913~42년간에 조선인 농가의 1호당 경지면적은 1.62정보에서 1.31정보로 19.1% 감소한 반면, 일본인 농가의 1호당 경지면적은 19.71정보에서 70.78정보로 259.1% 증가하였다. 그 결과 농가 1호당 경지면적은 일본인이 조선인의 무려 54배에 달하게 된다.

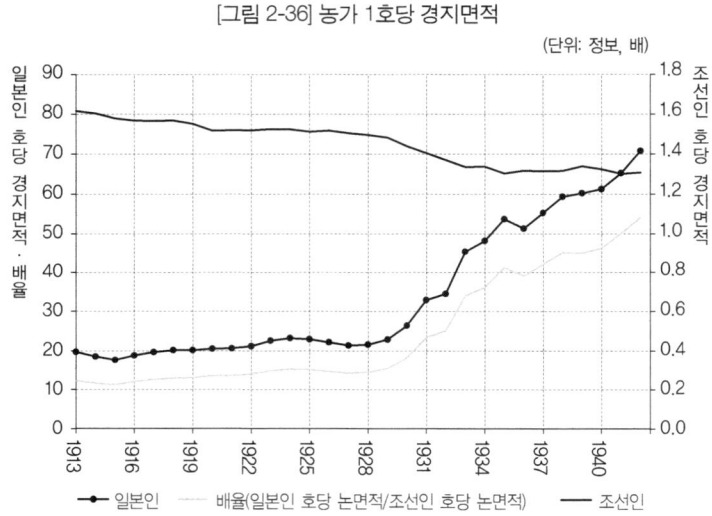

[그림 2-36] 농가 1호당 경지면적

자료: [부표1]; 『朝鮮米穀要覽』8-9쪽; 조선총독부『統計年報』각 연도판에서 작성.

1942년의 조선총독부 통계에 의하면, 일본인 농가 호수는 5,893호, 농업인구는 29,216명이었다. 조선의 농가 호수와 농업인구에서 차지하는 비중이 각각 0.17% 및 0.19%로 극소수였다. 이 극소수의 일본인들이 조선 전체 논 면적의 16.9%와 조선 전체 밭 면적의 4.6%를 소유함으로써, 민족별로 극심한 소유관계의 불평등을 나타내게 되었다. 농업에서 가장 기본적인 생산수단인 경지의 극단적인 불평등한 소유관계, 그리고 소작제도라는 생산관계에 의한 농업경영, 이 두 가지가 바로 식민지적 농업의 가장 큰 특징이었다. 1945년 조선의 독립에 의해 이 식민지적 농업 소유관계와 생산관계가

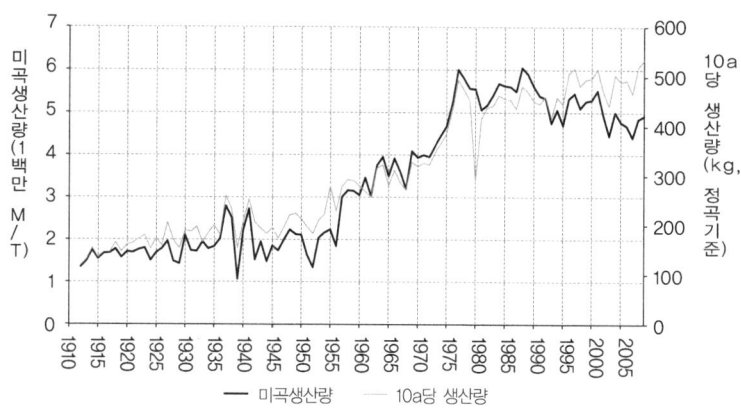

[그림 2-37] 한국(남한)의 미곡 생산량 (1910~2009년)

주 : 정곡 기준.
자료 : 1920~60년 ; 박섭의 데이터를 사용(안병직 편, 『韓國經濟成長史-예비적 고찰-』, 서울대학교출판부, 2001, 56-57쪽, 74쪽). 1961~2008년 ; 대한민국농림부, 『농림통계연보』, 농림수산부, 『농림수산주요통계』, 농림부, 『농림업 주요통계』, 통계청 KOSIS 등에서 작성.

비로소 청산되고, 한국의 농업이 본격적으로 개발되고 근대화 국면에 들어갈 수 있게 되었다.

[그림 2-37]은 20세기 동안의 남한의 미곡 생산량과 단위면적(10a)당 생산량을 정리한 것이다. 미곡 생산량은 1930년대 후반과 1940년대 초에 일시 급증하는 모습을 보여주고 있지만, 1950년대 중반까지 그다지 큰 변화는 없다. 본격적인 변화는 그 후에 일어났다. 1920~55년간의 연 평균생산량과 1975~2008년간의 연 평균생산량을 비교해보면, 후자가 전자의 약 2.5배에 달한다.[65] 단위면적(10a)당 생산량도 대체로 미곡 생산량과 비슷한 추세로 변하였다. 단위면적당 생산량도 1930년대 말과 1940년대 초에 일시적으로 급증하였지만, 1950년대 초까지 추세상으로 큰 증가를 발견하기 어렵다.

---

[65] 물론 해방 후 농업생산 급증의 원인 중에는 일제시대에 이루어진 농업개발(토지개량과 농사개량)이 있었음이 분명하지만, 동일한 조건이 일제시대에도 존재했음에도 불구하고 그 당시의 농업생산은 크게 증가하지 못하였다.

남한의 미곡 생산량 혹은 단위면적당 생산량이 본격적으로 증가하는 시기는 해방 이후 특히 1950년대 후반기에서 1970년대 후반기 사이의 20여 년간이었다. 농업혁명이라고 할 만한 놀라운 성장이 공업의 본격적 발전에 선행하면서 이루어졌고, 그 결과 1970년대가 되면 숙명처럼 여겨지던 '보릿고개'가 사라지게 된다. 일제시대의 미곡 생산량의 일시적인 증가는 마치 찻잔 속의 폭풍과 같은 것이었고, 적극적으로 평가하기 어려운 것이었다.

제3장

공업개발

일제시대에 중화학공업을 중심으로 하는 공업화에 의해 산업구조, 공업구조, 무역구조 등이 고도화되었다. 그러나 생산수단인 자본의 소유관계는 민족별로 극도로 불평등하게 되어, 일제 말에는 공업부문 자산의 9할 이상이 일본인 소유로 되었다. 조선의 공업은 바로 일본인 공업이고, 따라서 산업구조, 공업구조, 무역구조의 고도화는 바로 일본인 자본의 고도화와 다름없는 것이었다. 제3장에서는 공업화라는 현상 속에 감추어져 있는 그 본질을 명백히 하려고 한다.

1. 공업개발의 현상

제2차 세계대전 이후의 제3세계 국가에서는 공업화가 지상명제였다. 공업을 중요하게 생각하는 시각은 지금도 변함이 없다. 그런 점에서 본다면 일제시대에 조선에서 급속한 공업화가 일어났다는 것은 참으로 의미 있는 일이었다. 그럼에도 불구하고 지금까지의 한국사 연구에서는 이러한 공업화를 한결같이 부정적인 시각에서만 보아왔다. 일제시대 조선경제가 일본제국주의의 식민지였고, 따라서 이 시기의 공업발전을 긍정적으로 보는 것은 일본제국주의의 조선지배를 정당화시킬 것이라는 일종의 강박관념 같은 것이 있었는지도 모르겠다. 그리고 이 부정적 시각의 핵심에는 '파행적 공업화'라는 인식이 놓여 있었다. 해방 직후에 출간된 한 책에서 전석담은 이렇게 말하고 있다.[66]

만주사변(1931년: 인용자) 이후 특히 1937년의 중일전쟁 전후부터 1945년 8.15에 이르는 기간에는 일본자본의 급격한 조선진출과 그것에 의한 광산자원의 약탈적 개발, 군수공업의 이식 및 노동자의 강력적 동원 등 조선 경제사

---

66) 全錫淡, 『朝鮮經濟史』, 博文出版社, 1949, 284쪽.

회에 선풍을 일으켰다. 그 결과 조선경제의 대일 종속관계는 한층 더 강화되었고, 또 조선 산업의 발전은 그 기형적, 불구적 특질을 더욱 뚜렷이 나타냈지만 여하튼 이 과정을 통하여 조선경제에 한 개의 뚜렷한 변모(본질적인 변화는 아니다)를 초래하였다는 것은 간과하지 못할 사실이다.

약간씩 논조는 다르지만, 전석담의 견해는 『조선경제연보』 1948년판을 비롯한 당시의 거의 모든 논저에서 공통적으로 나타날 뿐만 아니라, 해방 후 오늘에 이르기까지 반세기 동안 한국 사학계를 풍미해온 주류적 인식이기도 하다.

그런데 최근에 와서 이런 인식에 대한 비판이 등장하고 있다. 공업화가 이루어지면서 조선의 생산과 소비 및 소득이 크게 증가했을 뿐만 아니라, 산업구조, 고용구조, 무역구조, 분업구조 등도 보다 근대적인 것으로 변해가게 되었는데, 바로 이러한 변화를 강조하는 견해들이 대두되기 시작한 것이다. 이런 주장은 때로는 반제적인 입장을 가지면서 이루어지는 경우도 있고 또 어떤 경우에는 그런 것 자체를 전혀 문제로 삼지 않는 경우도 있지만, 어쨌든 한국 근현대사의 전개과정에서 이러한 변화가 매우 의미있는 것이었다고 보는 점에서 부정적 인식 일색이었던 종래의 주장과는 크게 다르다.

제3장에서는 일제시대 조선의 공업에서 어떤 변화가 일어나고 있었는지를 살펴본 다음, 그것이 어떤 의미를 가지고 있는지 알아볼 것이다.

1) 광공업 정책

일제가 조선을 병탄한 직후 채택한 산업정책은 조선을 순수 농업지대로 묶어두려는 것이었다. 회사령(1911~20년)으로 조선에서 근대적 대공업이 발흥하는 것을 억제하려고 한 것이나, 해외 유학과 고등기술교육을 규제함으로써 조선인의 기술발전을 억압하려 한 것에서 병탄초기의 정책의 도가 여실히 나타난다.

그러나 1916년경부터 제1차 세계대전에 따른 호황기가 도래하면서 조선의 공업발전을 억제하려는 조선총독부의 규제는 한결 느슨해지는 한편, 기업설립 활동은 활발해졌다. 그 결과 회사령은 공식적으로는 1920년에 철폐되지만 1916년경부터 사실상 무의미한 것으로 되어버린다. 그 후 1920년대 말까지는 조선총독부가 공업발달을 저지하는 정책을 세우지는 않았지만, 그렇다고 뚜렷이 공업개발을 중시하는 산업정책을 세웠던 것도 아니다. 이 시기의 산업정책은 산미증식(갱신)계획을 중심으로 하는 농업부문에 놓여 있었다. 더구나 제1차 세계대전 직후의 반동공황, 1923년의 관동대지진, 1927년의 금융공황, 1929년의 세계대공황 등으로 인해 1920년대는 만성적 불황기였기 때문에 근대적 공업의 발달은 거의 정체되었다. 따라서 1920년대의 조선의 공업은 주로 영세중소자본의 속출을 특징으로 하게 되고 조선 내에서 근대적 공업의 발달은 미미했다.

그러나 1920년대 후반부터 새로운 변화의 조짐이 나타나기 시작했다. 1930년대 이후 조선의 대표적인 재벌로 성장하는 일본질소비료(日窒)의 조선 진출이 시작되었던 것이다. 일질은 1926년에는 조선수전주식회사(공칭자본금 2천만 엔)를, 그리고 1927년에는 조선질소비료주식회사(공칭자본금 1천만 엔)를 잇달아 설립했다. 이 두 회사의 자본금 합계가 조선은행, 조선철도 다음의 3번째를 차지할 정도로 그 투자는 대규모적인 것이었다. 이 두 회사는 1927년부터 공장건설에 착수하여 1929년에는 흥남공장의 제1기 공사와 부전강 제1발전소를 각각 완공하면서 생산을 개시했고, 1930년대에는 여기서 얻은 수익을 재투자하면서 일질의 조선 사업은 비약적으로 발전해가게 된다. 1920년대 후반에는 일질 이외의 일본대자본의 조선 진출도 상당히 활발해진다. 미쓰이(三井) 계통의 남북면업(南北綿業)·군시제사(郡是製絲)·동양제사(東洋製絲)·소야전시멘트(小野田시멘트), 미쓰비시(三菱) 계통의 조선중공업, 니치멘(日本棉花) 계통의 조선

면화・전남도시제사(全南道是製絲), 카네보(鍾紡) 계통의 종연방적(鍾淵紡績), 카타쿠라(片倉) 계통의 편창제사(片倉製絲), 동척(東拓) 계통의 조선연탄, 아사노(淺野) 계통의 천야시멘트스레트 등의 14개 공장이 설립되었다. 이 숫자는 종전에 비해 월등히 많은 것이고, 이 때 진출한 대자본의 대부분이 1930년대에도 조선공업발달을 주도해가는 자본계통으로 되었다.

1920년대 후반부터 활발해지기 시작한 일본대자본의 조선진출은 1930년대에 들어 한층 가속화되었는데, 이것은 1930년대가 되면서 조선총독부의 산업정책이 보다 적극적인 공업 육성정책으로 바뀌어갔기 때문이다. 이 시기에 조선총독부의 공업정책과 일본대자본의 투자패턴이 달라지게 된 이유를 정리해보면 다음과 같다.

(가) 조선총독부 산업정책의 변화 요인

① 중농주의적 산업정책의 파탄 : 급격한 농민분해와 농업부문에 특히 큰 타격을 준 대공황의 도래 때문에 농가경제가 극도로 피폐해졌을 뿐만 아니라, 일본으로부터도 조선 산미의 이입에 대한 비판이 거세게 일어나게 되자, 산미증식계획으로 상징되는 중농정책 대신 '농공병진정책', 즉 '농촌진흥운동'과 함께 공업을 적극적으로 육성할 필요가 생기게 되었다.[67]

② 조선경제의 전략적 중요성의 증대 : 만주사변과 만주국의 성립 및 그것으로 초래된 긴박한 국제정세 속에서 준전시체제가 성립되었다. 조선은 일본이 중국대륙으로 진출하는 데 있어서 교량적 위치를 차지하고 있었기 때문에, 조선이 대륙병참기지로서의 역할을 떠맡을 수 있도록 하기 위해서 공업개발이 필요하게 되었다.

---

[67] 공황과 더불어 정책의 기본방침은 농촌안정에 두어졌는데, 그 일환으로 '궁박 완화 목적으로 하는 공업의 유치'가 들려지고 있다. 朝鮮總督部, 『施政二五年史』, 1935, 21쪽.

③ 세계경제의 블록화 : 대공황 이후 세계경제가 블록화되어 감에 따라 일본무역은 큰 위기에 봉착하고 이것을 극복하기 위한 방안으로 엔 블록을 구축하려고 했으며, 그 일환으로 조선에도 일정한 정도의 공업을 개발할 필요가 있었다.

(나) 일본 기업의 대조선투자 증대 요인

① 배출적 요인 : 일본의 생산재 생산부문은 제1차 세계대전 기간 및 1920년대에 상당 정도의 발전을 이룩하게 된다. 그러나 구미 각국에 비하면 경쟁력이 뒤떨어지고 있었기 때문에 주로 일제 판도 내에서 그 판매처를 구하지 않을 수 없었다. 조선은 일본의 생산재 생산부문의 시장으로서 점차 중요하게 되어갔다.[68] 한편 대공황의 발발과 더불어 일본에서는 중요산업을 카르텔로 조직하여 생산과 판매에 대한 규제를 가하게 되었다. 조선총독부는 조선에 대해서는 '중요산업통제법'의 적용을 유보함으로써 조선에 진출하는 일본기업이 아웃사이더로서의 이득을 누릴 수 있게 배려했다.[69]

② 견인적 요인 : 첫째, 만주사변 이후의 새로운 정세 속에서 조선은 시장, 노동, 자원 등의 여러 측면에서 새롭게 주목받는 대상이 되었다. 조선은 화폐제도나 금융제도가 일본과 하등 다를 바 없었고, 사회간접자본도 비교적 잘 정비되어 있었으며, 1920년에는 관세령의 유보 조항이 폐지됨으로써 조선은 일본의 국내시장과 거의 동등한 지위를 갖게 되었다. 나아가 만주사변 이후 조선의 배후에 거대한 시장을 형성하여 중국으로 진출하려는 일본기업에게 있어서 조선은 특히 매력

---

68) 堀和生, 『朝鮮工業化の史的分析』, 有斐閣, 1995, 34쪽.
69) 小林英夫, 「1930年代朝鮮 '工業化' 政策の展開過程」, 『朝鮮史研究會論文集』 제3집, 143쪽 및 朝鮮銀行調査課, 『最近朝鮮に於ける大工業の躍進と其の資本系統』(調査報告 제16호), 1935. 3., 3-4, 15쪽 참조.

적인 지역으로 되었다. 둘째, 조선은 1930년대 초까지의 급속한 농민분해에 의해 막대한 양의 상대적 과잉인구가 축적됨으로써 생존수준 임금으로 무제한적인 노동 공급을 받을 수 있게 되었다. 따라서 저임금이 긴요한 공업의 경우 조선은 대단히 매력적인 지역이 되었다. 셋째, 조선총독부는 일본 대기업의 적극적인 유치를 위해, 그들에게 각종 특혜를 제공해주었다. 이러한 특혜에는 금융・세제상의 지원, 공장건설에 필요한 용지의 염가확보, 필요한 공업원료의 보장, 공장법 적용의 회피와 노동운동에 대한 탄압 및 노동력 조달에 대한 각종 편의의 제공 등 여러 가지가 있었다.

1937년의 중일전쟁의 발발은 조선의 산업정책에 있어서 또 하나의 전환점이었다. 전쟁 발발 직후인 9월에는 '국가총동원계획요강'이 책정되었고, '수출입품 등에 관한 임시조치에 관한 법률'과 '임시자금조정법'을 공포하여 군수충실, 물가억제, 수출진흥이라는 3원칙을 달성하려고 했다. 1938년부터는 '물자동원계획'과 '국가총동원법' 및 '생산력확충계획'(1938-41년간의 4개년 계획으로 출발)이 시작되었다. 이 과정에서 군수물자 조달을 위한 광공업의 육성에 정책의 중점을 두게 된 것이다.

군수공업을 중심으로 하는 공업육성정책은 전쟁의 장기화와 더불어 점차 그 강도가 높아갔다. 전쟁 초기에는 장기적 전력(戰力)의 확대를 목표로 생산력 확충계획 하에서 공업생산능력의 육성에 중점이 두어졌지만, 전황이 급박하게 돌아가면서 1943년에는 초중점산업이 지정되는 등 보다 직접적인 군수품의 생산에 초점이 두어졌다. 기업에 대한 통제는 중소상공업유지육성정책, 기업허가령, 기업정비령, 군수생산책임제, 군수회사법 등으로 점차 강화되어갔다. 노동에 대한 통제는 국가총동원법에 의거한 각종 법령에 의해 노동력의 소재를 확실히 파악하고(국민직업능력신고령), 고용에 대한 통제를 강화하고(학교졸업자 사용제한령 → 從業者雇入制限令 → 靑少年雇入制限令 → 노무조정령), 임금을 통제하고(임금통제령), 노동력 이동의 통제 및 강제동원(현원징용 및 국민징용령, 국민근로보국협력령)을 통해 노동력을 이른바 시국산업에 집중시키는 방향으로 나아갔다.

이와 같이 조선총독부의 공업정책은 시기별로 성격을 달리했다. 조선에서 공업발전을 억제하려는 정책은 식민지 지배 초기에만 국한되었고, 그 나머지 기간에는 공업발전에 방임적이거나 혹은 육성하려는 정책을 전개했다. 특히 1937년의 중일전쟁 이후에는 더욱 적극적인 공업 육성정책이 펼쳐졌는데, 군수공업화정책이란 바로 이 중일전쟁 이후의 공업정책을 말한다.

공업육성정책의 전개 및 조선에 대한 일본인 자본의 진출과 더불어 조선의 광공업도 매우 빠른 속도로 발전하게 된다.

2) 산업구조의 고도화

광공업의 발전은 우선 산업구조의 고도화로 나타났다. 클라크(C. G. Clark)류의 산업분류에 의해 조선의 산업구조의 변화를 검토해보면 통계적으로 산업구조의 고도화는 하나의 명백한 현상으로 나타난다.

조선총독부 『통계연보』에 게재되어 있는 생산액 통계를 아무런 가공 없이 그대로 비교해본다면 [그림 3-1]과 같다. 1910~40년간의 생산액 증가율은 농업부문이 가장 낮아 9.2배이고 임업, 축산업, 광업이 10~18배, 수산업이 39.6배 증가한 것에 비해, 공업은 무려 120배 증가했다. 그리고 공업부문 생산의 증가는 주로 1930년대 이후에 발생한 것이었으며, 이러한 성장의 결과 1940년경이 되면 공업생산액은 농업생산액과 거의 같아지게 된다. 제2차 산업에 해당하는 광공업 생산액의 비중이 상대적으로 크게 높아지는 것을 알 수 있다.[70]

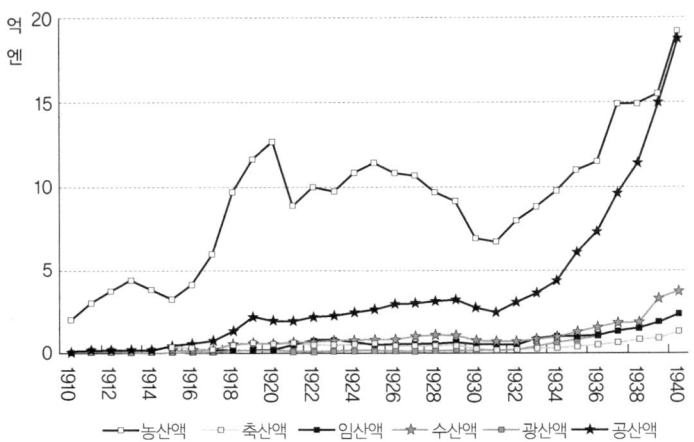

[그림 3-1] 산업(대분류)별 생산액의 추이

주 : 경상가격 기준이고, 부가가치 개념에 의한 것이 아니다. 일제 초의 통계에서 일반적으로 나타나는 과소평가 문제를 시정하지 않았다.
자료 : 朝鮮總督府, 『統計年報』에서 작성.

 차명수는 부가가치 개념을 적용한 산업생산액 비중을 제시했다([그림 3-2]). 그의 부가가치 추계결과는 아직 평가할 수 없지만,[71] 적어도 위의 [그림 3-1]보다는 현실을 더 잘 설명해줄 것이라는 점은 분명하다. 이 그림에 의하면, 각 산업별 순위는 변함이 없지만, 제1차 산업의 비중이 지속적으로 또 현저히 축소되고 제2, 3차 산업의 비중이 급증함에 따라 1939년이 되면 세 산업의 비중이 비슷한 수준으로 모여들고 있다.[72]

---

70) 클라크의 법칙에서는 산업별 인구구성으로 설명하고 있지만, 산업별 부가가치 기준이 더 나은 지표가 될 것이다.
71) 부가가치 추계과정에 대한 구체적 설명이 없기 때문에 추계결과에 대한 평가도 유보할 수밖에 없다. 단 나중에 다시 언급되겠지만, 그의 국내총생산 추계에 문제점이 있는 것으로 보아, 부가가치추계에도 의문의 여지가 있다고 생각한다.
72) 堀和生는 부가가치 기준으로 제2차 산업의 비중이 제1차 산업 비중의 절반 이상을 차지하게 된 시점은 일본에서는 러일전쟁 무렵이었기 때문에, 1940년경에 조선의 산업구조가 이런 단계에 도달했다는 것은 바로 조선에서 자본주의가 성립한 것을 의

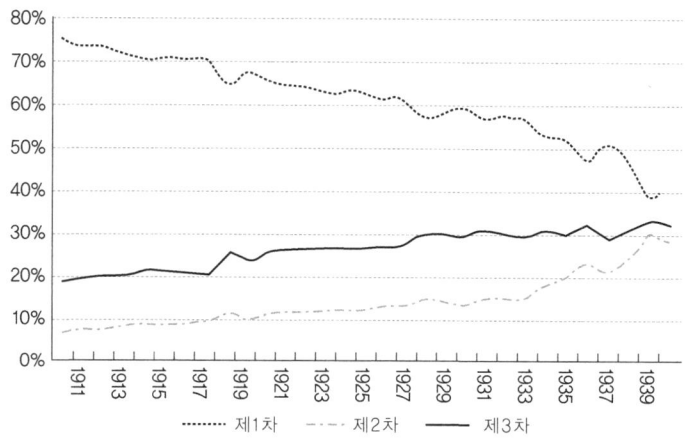

[그림 3-2] 산업별 생산액 비중

······ 제1차   ─·─ 제2차   ── 제3차

자료 : 차명수, "GDP & GDE", 낙성대 경제연구소 발표문, 2004. 2. 19에서 가져 옴.

김낙년도 산업별 부가가치생산액을 추계하였다([표 3-1] 참조).[73] 1918 ~40년간에 농업 생산액은 1.7배, 수산업 생산액은 5.6배, 임업 생산액은 7.7배, 광업 생산액은 21.1배, 공업 생산액은 8.4배 각각 증가한 것으로

미한다고 해석했다. 이처럼 산업구조는 해당 사회의 성격을 구분하는 데 사용되기도 한다. 자본주의의 성립이라는 해석에는 상당한 반론이 있지만, 공업의 발전과 더불어 조선에서 자본주의적 범주가 급속히 확대된 것은 명백하다.

73) 김낙년의 부가가치 계산방법은 상당히 진일보한 것으로 평가되지만, 계산결과에는 여전히 많은 문제가 있는 것으로 생각된다. 예컨대 1925년의 농업, 1930년의 금속공업, 1930년의 기계기구공업, 1925년의 요업, 1925년의 화학공업 아니면 1918년의 화학공업, 1925년의 식료품공업 등의 부가가치 생산액은 전후 연도와 비교해 보았을 때 상식적으로 납득하기 어렵다. 1930, 1935, 1940년의 경우에는 전반적으로 산업생산이 상당히 빨리 증가하던 시기였기 때문에 추세적으로는 타당한 것 같지만, 이 계산의 정확성 여부는 이 자료만으로는 말하기는 어렵다. 다만 1935년의 방직공업 부가가치액 추계에 문제가 있는 것은 명백하다. [표 3-1]의 추계치를 김낙년 자신이 추계한 물가지수(종합지수)로 디플레이트하여 구간별 성장률을 구해 보아도, 그 당시의 경제상황에 비추어 상식적으로 납득하기 어려운 성장률이 다수 나타난다.

된다. 광공업 생산액의 증가가 전체 생산액의 증가를 주도하고 있다. 그 결과 전체 산업생산액에서 농림 수산업 생산액이 차지하는 비중은 1918년 90%에서 1940년 64%로 격감하고, 광공업 생산액이 차지하는 비중은 10%에서 36%로 급증하게 된다.

[표 3-1] 김낙년의 부가가치생산액 추계

(단위: 천 엔)

		1918	1925	1930	1935	1940
농	업	918,238	1,046,376	555,783	865,221	1,590,961
수 산	업	29,758	47,493	45,235	58,380	165,766
임	업	24,327	49,795	57,507	104,970	187,367
광	업	13,753	13,358	14,554	65,760	289,722
공	업	94,780	162,136	124,284	246,030	800,595
	방 직	2,348	2,130	11,674	42	45,294
	금 속	18,346	10,202	1,420	10,368	36,563
	기계기구	2,216	3,929	6,247	5,155	67,970
	요 업	3,522	10,145	6,878	13,651	39,679
	화 학	3,565	24,977	22,971	69,421	264,158
	목 제 품	1,199	2,589	1,904	2,294	12,584
	인쇄제본	1,750	5,105	5,235	7,654	11,006
	식 료 품	18,157	47,939	24,192	83,018	170,396
	기 타	43,677	55,119	43,763	54,427	152,945
합	계	1,080,857	1,319,158	797,363	1,340,360	3,034,411

자료 : 김낙년, 『일제하 한국경제』, 해남, 2003, 248-252쪽에서 부가가치생산 부분만 발췌 인용.

어떤 자료를 보더라도 일제시대에 공업생산이 급증한 것은 명백하고, 시기별로는 1930년대 후반 이후에 특히 급속히 증가했다는 것도 명백하다. 그러나 조선의 공업제품의 소비는 조선 내의 생산만으로 한정되는 것은 아니었다(이하 [그림 3-3] 참조). 조선 내 생산액의 6할 가량에 해당하는 공업제품이 순수이입(純輸移入)되고 있었던 것이다. 물론 이 비율은 시기별로 달라, 1927년경까지는 수이입에 대한 의존도가 다소 줄어들다가 1928~30년에는 급증했지만, 1932년 이후 다시 뚜렷이 줄어들기 시작한다. 1932년 이후에는 조선 내 공업생산의 확대에 따라 공업제품의 자급률도 높아져, 1940년이 되면 공업제품의 자급률은 76%에 이르게 된다. 단순히 자급률만 높아진 것이 아니라 공업제품 생산과 소비가 증가하면서 높아진 것이고, 또 자본재를 중심으로 일본으로부터의 이입이 증가하면서 높아진 것이었다. 호리 가즈오는 이것을 조선의 공업 내부에서 또 조선과 일본 사이에서 분업관계가 고도화된 것으로 보고 특히 강조하고 있다.[74]

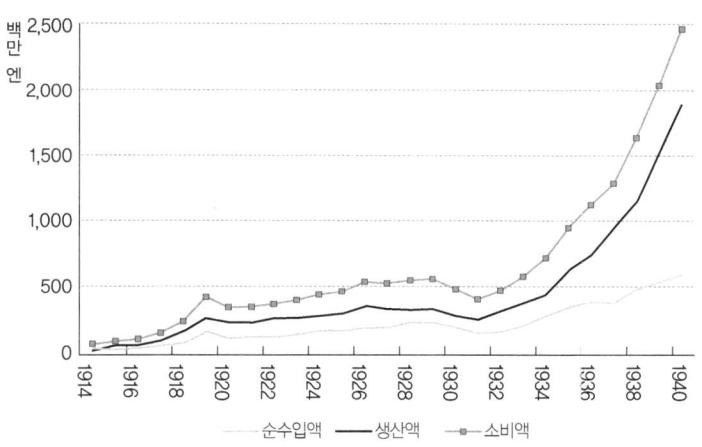

[그림 3-3] 공산품 생산액과 소비액 및 순수입액(경상가격)

자료 : 堀和生, 『朝鮮工業化の史的分析』, 36쪽에서 작성.

3) 공업 생산양식—공장공업과 가내공업

공업생산액의 증대는 공장제(factory system)의 확산과 더불어 이루어진 것이라는 점도 주목할 필요가 있다. 공장제란 자본가가 공장이라는 일정한 장소에서 다수의 임노동자를 고용하여 생산하되 기계(machine)를 사용하여 생산하는 것을 말한다. 비슷한 개념으로 공장제수공업(manu-

---

74) 堀和生, 『朝鮮工業化の史的分析』, 제1장 참조.

facture)이 있는데, 이것은 사용하는 생산수단이 도구(tool)라는 점에서 공장제와 구별된다.

일제시대의 공업생산 통계에서는 공장에 대한 통계가 주어지지만, 이 공장의 기준이 위에서 말하는 공장제 공업의 개념과 완전히 합치하는 것은 아니다. 공장의 기준은 시기별로 달랐다. 1912년 이전에는 종업원수 10인 이상이거나 원동기를 갖고 있으면 공장으로 취급하고 있고, 1913~28년에는 종업원수 5인 이상이거나 원동기를 갖거나 1년간의 생산액이 5천 엔 이상이면 공장이라고 보았다. 1928년 이전에는 원동기를 보유하면 종업원수나 생산액의 크기에 관계없이 모두 공장이라고 본 것이 특징이다. 산업혁명의 상징인 원동기야말로 근대적 공장을 상징한다고 생각했기 때문일 것이다. 그러나 1929년부터는 종업원수 5인 이상이라는 조건 하나만 충족하면 공장으로 구분하게 된다. 이 무렵이 되면 조선에서도 원동기 사용이 보편화되었음을 의미한다.

[표 3-2]에서 볼 수 있듯이 1930년이 되면 경성부 내의 공장 중에서 원동기를 보유하는 공장이 5할을 넘어서게 된다. 이 시기가 되면 원동기의 보급은 종업원수 50명 이상의 비교적 규모가 큰 공장뿐만 아니라 종업원수 5~9명의 영세공장 및 가내공업규모에 이르기까지 널리 이루어지고 있었다. 1930년대가 되면 전기생산량이 급증하게 되고 이와 더불어 전기모

[표 3-2] 공장규모별 원동기보유 공장수 비율

(경성부, %)

	종업원 규모						
	~4	5~9	10~29	30~49	50~99	100~	합계
1921	16.2	24.5	39.3	65.2	75.0	72.7	28.2
1927							45.0
1928	41.1	22.7	62.6	74.4	72.7	91.7	42.2
1929	30.6	30.6	63.9	86.0	84.6	90.5	49.6
1930	35.6	38.9	66.3	86.7	88.	95.0	52.8
1931	38.3	40.3	69.4	87.5	87.5	100.0	54.9

주 : 공장규모는 종업원수에 의해 구분된다.
자료 : 京城府, 『産業要覽』, 1932년판, 58-61쪽에서 작성.

터의 사용이 확대되면서 영세공장의 동력화가 한층 증대되어갔다.

이와 같이 조선총독부『통계연보』의 공장이라는 것이 공장제 공업의 개념과 반드시 합치하는 것은 아니지만, 후기로 갈수록 원동기 보급이 증대되기 때문에 분업적 협업을 행할 수 있을 정도로 종업원수만 충분히 많다면 공장제 공업이 된다. 일제시대의 공장수의 변화는 [그림 3-4]와 같다.

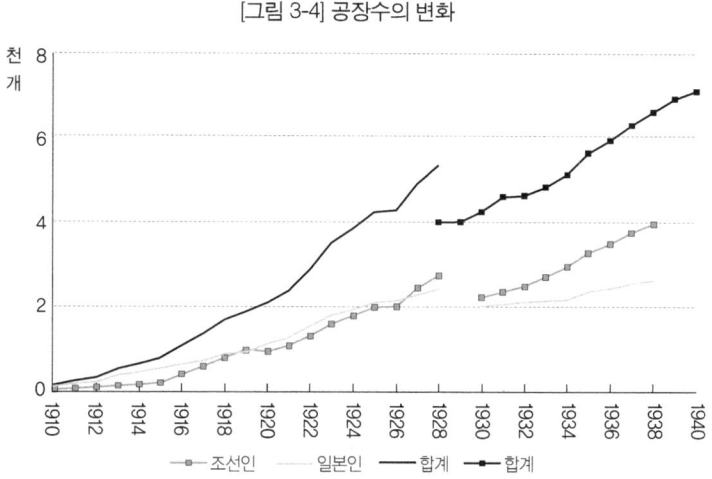

[그림 3-4] 공장수의 변화

자료 : 朝鮮總督府,『統計年報』및 朝鮮總督府,『朝鮮工場名簿』각 연도판에서 작성.

1928년에는 구 기준에 의한 공장수와 신기준에 의한 공장수가 동시에 게재되어 있어 양자를 비교해볼 수 있다. 양자 사이에 상당한 격차가 나타난다. 이러한 공장 기준의 차이를 염두에 두면서 공장수의 변화추세를 보면, 공장수는 일제시대 내내 지속적으로 증가하고 있다. 물론 이 그림에는 나와 있지 않지만, 일본 전쟁경제가 붕괴되는 1943년 이후에는 공장수가 다소 감소했을 가능성이 있다. 또 공장수의 변화를 민족별로 보면, 일본인 공장수보다 조선인 공장수의 증가속도가 더 빨라, 1910년대 말에는 양자가 거의 근접하게 되고, 1927년부터는 조선인 공장수가 일본인 공장수를 상회하게 된다. 1930년대에는 양자간의 격차가 한층 더 확대된다. 적어도

공장수의 변화에 관한 한 일제시대에 조선인 공업이 몰락했다는 주장은 설득력이 없다.[75]

공장수의 증가와 동시에 공장의 규모도 점차 커져갔다. 종업원수 규모별 공장수의 변화추세는 [표 3-3]과 같다. 공장공업발달의 초기단계였던 1910년대에는 상대적으로 큰 규모의 공장이 많아, 종업원수 5～50명인 A급 공장수가 차지하는 비중은 1910년에 69.5%였다. 그러나 공장수가 증가하면서 상대적으로 영세한 규모의 공장이 속출하여 A급 공장수의 비율은 점차 증가하여 1915년에는 79.2%로 되었다. 1916～1929년에 대해 알 수 있는 자료는 없지만, 1930년의 비율이 92.4%이고 1932년의 비율이 92.6%인 것을 보면 공장규모의 영세화는 이 기간 동안 계속 진행되었던 것으로 짐작된다. 그러나 공업이 본격적으로 발전하게 되는 1930년대에 들어서면서 이러한 공장규모 영세화의 경향은 반전된다. A급 규모의 공장수가 차지하는 비율은 1932년의 92.6%를 피크로 점차 감소하여 1939년에는 83.2%로 떨어진다. 그 반면 이 기간 동안 종업원수 50명 이상(즉 B급 이상)인 공장수가 차지하는 비율은 크게 증가한다.

1920년대 후반부터 시작된 일본 본토의 대공업자본의 조선진출이 이러한 변화를 선도했다. 일본산업자본의 직접 진출을 주축으로 하는 공업화의 진전은 조선의 공업구조에 직접적으로 큰 영향을 주었을 뿐만 아니라, 파급효과를 통해 다시 간접적으로 관련공업의 발전을 초래했다. 1930년대

---

75) 조선인 자본의 몰락이라는 명제는 협의의 민족자본론에서 나온 것이다. 모택동은 중국혁명 과정에서 더 많은 혁명의 지지자를 끌어안을 필요가 있었기 때문에 자본가계급을 혁명에 적대적인 매판자본과 기회주의적인 민족자본으로 구분했다. 민족자본은 자본이라는 점에서는 노동과 대립적인 존재이지만, 제국주의의 억압을 받아 끊임없이 몰락하거나 몰락의 위기에 처해 있다는 점에서는 매판자본과도 대립적이다. 따라서 민족자본은 개념의 정의상 반드시 몰락하도록 되어야 한다. 만약 영세 혹은 중소 조선인 자본이 시간이 경과할수록 그 수가 증가해갔다면, 민족자본론은 성립하기 어렵다.

[표 3-3] 종업원 규모별 공장수

연도	규모별 공장수							구성비 (%)					
	휴업	1	A	B	C	D	計	휴업	1	A	B	C	D
1910	5	8	105	19	10	4	151	3.3	5.3	69.5	12.6	6.6	2.6
1911	3	11	186	29	13	9	251	1.2	4.4	74.1	11.6	5.2	3.6
1912		20	248	35	12	10	325		6.2	76.3	10.8	3.7	3.1
1913		79	384	33	17	12	525		15.0	73.1	6.3	3.2	2.3
1914	2	64	499	32	29	14	640	0.3	10.0	78.0	5.0	4.5	2.2
1915	4	69	607	33	35	18	766	0.5	9.0	79.2	4.3	4.6	2.3
1930	92		3,923	126	54	51	4,246	2.2		92.4	3.0	1.3	1.2
1932	95		4,260	147	46	51	4,599	2.1		92.6	3.2	1.0	1.1
1934	157		4,619	200	73	76	5,125	3.1		90.1	3.9	1.4	1.5
1935	151		5,053	243	97	87	5,631	2.7		89.7	4.3	1.7	1.5
1936	184		5,259	259	126	89	5,917	3.1		88.9	4.4	2.1	1.5
1937	149		5,615	285	142	108	6,299	2.4		89.1	4.5	2.3	1.7
1938	317		5,648	336	161	128	6,590	4.8		85.7	5.1	2.4	1.9
1939	419		5,787	410	194	143	6,953	6.0		83.2	5.9	2.8	2.1

주 : 공장규모는 종업원수에 의한 구분이고, 규모란의 '1'은 종업원수 4인 이하, 'A'는 5~49명, 'B'는 50~99명, 'C'는 100~199명, 'D'는 200명 이상을 각각 의미한다.
자료 : 1915년까지는 朝鮮總督府, 『統計年報』 각 연도판, 1930~1939년은 朝鮮總督府殖産局, 『朝鮮工場名簿』 각 연도판에서 작성.

초까지 주로 영세공장의 속출에 의해 발전되어온 공장공업은 이 시기에 접어들면서 근대적 대공업의 발전을 축으로 하는 형태로 변화되기 시작했다.

지금까지는 공장의 발달에 대해 알아보았다. 그런데 당시의 조선총독부 통계에서는 이 공장의 기준에 미달하는 것은 가내공업으로 분류했다. 즉 가내공업이란 1929년 이후의 공장기준에 따른다면 종업원수 4명 이하의 제조장을 의미하게 되는데, 여기에는 자가소비를 위한 생산도 포함된다. 예컨대 자가소비를 위한 된장이나 간장의 제조도 가내공업생산에 포함되는 것이다.

조선총독부『통계연보』에는 가내공업 생산 통계는 없다. 공업생산 통계로는 공장생산액과 공산액 통계가 있을 뿐이다. 그런데 공산액이라는 것이 민간공장 생산액과 관영공장 생산액을 합한 것에 가내공업 생산액을 더한 것이기 때문에, 내부적으로는 가내공업생산액 통계가 집계되었을 것으로 생각된다.[76] 조선총독부 『조사월보』에 보면 1931~40년간의 가내공업생산액 통계가 수록되어 있고, 정부기록보존소의 문서 중에 『가내공업 생산 집계 원표』가 소장되어 있는 것을 보아도 그러하다.

요컨대 1929년 이후의 기준에 따르면 공산액은 다음 식과 같이 정의된다.

공산액 = 공장생산액＋관영공장생산액＋가내공업생산액－(제면＋제재＋정
   곡＋가공임)
단, 공장생산액은 민간공장 생산액을 의미한다.

따라서 가내공업생산액은 다음과 같이 구해질 수 있다.

가내공업생산액 = 공산액－공장생산액－관영공장생산액＋(제면＋제재＋정
   곡＋가공임)
단, 공장생산액은 민간공장 생산액을 의미한다.

1931~40년간의 가내공업생산액 통계는 조선총독부 『조사월보』에 게재되어 있다. 1923~28년간에도 위 식의 등호 오른쪽에 있는 각 항을 알 수 있기 때문에 역시 가내공업생산액의 계산이 가능하다. 그러나 실제로 계산을 해보면, 금속공업에서 가내공업생산액이 마이너스의 값으로 나타나는 등 계산결과가 만족스럽지 못하다. 이런 문제가 있기는 해도 가내공업의 동향 정도는 파악할 수 있을 것으로 생각하여 정리해보면 [그림 3-5]와 같다.

---

76) 몇 가지 주의해야 할 점이 있다. 공장생산액은 시기별로 포괄범위가 다르다. 1923~28년에는 민간공장뿐만 아니라 관영공장 생산액도 공장생산액에 포함된다. 그러나 1929년 이후의 공장생산액은 민간공장 생산액만을 수록하고 있다. 관영공장 생산액은 따로 통계가 주어지지 않는다. 그리고 공산액 통계에서는 공장생산액에 포함되어 있는 제면, 제재, 정곡, 가공임은 포함되지 않는다.

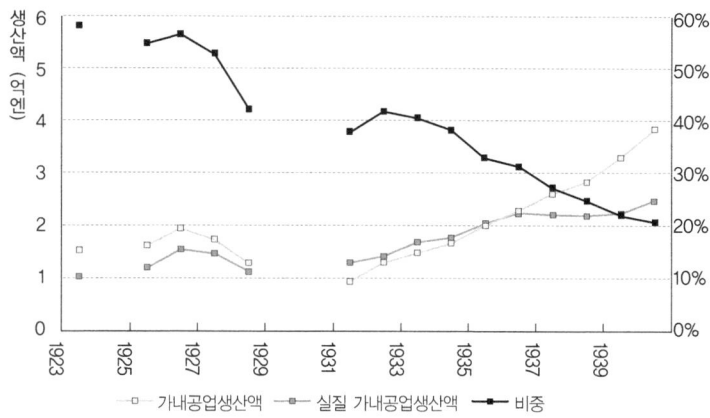

[그림 3-5] 가내공업생산액과 공산액에서 차지하는 비중

주 : 실질 가내공업생산액의 계산에는 김낙년의 물가지수(공산품)를 사용했다.
자료 : 朝鮮總督府, 『統計年報』, 공장생산액 및 공산액; 朝鮮總督府, 『調査月報』, 6-6, 8-9, 9-11, 12-1, 13-4의 가내공업생산액 등에서 작성.

가내공업생산액은 1920년대 후반에 다소 감소한 것으로 보이는데, 실제로 감소한 것인지 혹은 집계방법의 변경에서 오는 것인지는 불분명하다. 그러나 이 구간을 제외하면 1940년까지는 계속 증가한 것으로 나타난다. 김낙년은 미조구치 토시유키의 제2차 산업 디플레이터를 사용하여 그 실질생산액을 구했다. 그 결과에 따르면 "가내공업의 실질생산액은 1928년을 예외로 하면 오히려 증가하는 추세를 보였으며, 감소로 전환된 것은 중일전쟁 이후라고 판단"되며, "중일전쟁 이후 가내공업은 쇠퇴로 돌아섰다고는 하지만 그 속도는 완만했고, 전체 공산액의 20~30%의 비중을 유지하여 오히려 뿌리 깊게 잔존했다고 해야 할 것이다"고 지적하고 있다.[77]

그러나 [그림 3-5]에서 볼 수 있듯이 가내공업생산액을 김낙년의 물가지수로 디플레이트하여 얻은 실질가내공업생산액은 1927, 1928년 두 해를

---

77) 김낙년, 앞의 책, 180-181쪽.

제외하면 한결같이 증가했다. 김낙년은 중일전쟁 이후에 그것이 쇠퇴로 돌아섰다고 하고 있지만, 위 그림에서 보면 중일전쟁 이후에도 계속 증가하고 있는 것이다. 가내공업생산이 감소로 돌아섰다면 아마 1942년 이후였을 것이다.

이와 같이 가내공업은 생산액 그 자체로서는 일제 말기를 제외하면 일관되게 증가했지만, 공산액에서 가내공업생산액이 차지하는 비중은 그와 반대로 일관되게 감소했다. 일제 초에 공산액은 거의 가내공업생산액으로 이루어져 있었겠지만, 1920년대 초에 60%, 1920년대 중엽에 50% 이하로 떨어지면서 공업생산의 지배적 생산 방식은 공장공업으로 된다. 1940년에는 20% 가까운 수준으로 떨어지게 되고, 추세상으로 보면 1940년대에도 상당히 줄어들었을 것으로 짐작된다.

가내공업생산액이 공장공업의 발달과 더불어 상대적으로 크게 위축되면서도 절대액에서는 계속해서 증가해가는 이 현상은 가내공업의 파악기준 때문이다. 즉 가내공업은 정의상 자급적 생산과 부업적 생산 및 전업적 생산, 이 세 가지 부분을 동시에 포함하고 있었다. 자급적 생산부분 속에는 조선의 생활관습이 바뀌지 않는 한 생산이 줄어들기 어려운 것들이 많이 포함된다. 집에서 된장이나 간장을 담궈 먹는 것이 그 좋은 예일 것이다. 또 부업적 생산 속에는 현금수입의 극대화나 현금지출의 극소화를 통해 농가경제를 보완하는 수공업생산이 포함된다. 예컨대 가마니나 새끼, 짚신 혹은 재래식 직물제조 등이 그것이다. 전업적 생산 속에는 정미업이나 온유제조와 같이 영세공장과 동일한 품목의 제조에 종사하지만, 다만 그 규모가 공장 기준에 미달하여 가내공업으로 분류되고 있는 경우가 좋은 예일 것이다. 이런 것들은 공장공업이 발달한다고 하여도 절대적으로 그 규모가 축소되기 어려운 것이고, 부업적 및 전업적 생산의 경우에는 오히려 생산이 증가할 가능성이 높다.

가내공업은 이러한 여러 부류의 공업생산양식이 혼재되어 있는 것이기 때문에, 사실 공장과 가내공업을 구분하는 경계선 부근에서는 공장과 가내공업이 질적으로 큰 차이가 있는 것은 아니다. 예컨대 4명의 종업원을 고용하는 정어리기름 제조장과 5명의 종업원을 고용하는 정어리기름 제조장은 조선총독부의 각종 공업 통계에서는 가내공업과 공장공업으로 구분되겠지만, 실제 그 성격상 아무런 차이도 없을 것이다. 따라서 가내공업과 영세공장은 질적으로 서로 구별되는 존재가 아니라 상당 부분 동질성을 가지는 존재이고, 따라서 가내공업 중에서 일부는 생산규모가 늘면서 고용노동이 5명 이상으로 증가하면 공장으로 분류될 수 있고, 또 반대로 영세공장 중에서도 고용규모가 4명 이하로 축소되면 가내공업으로 분류될 수도 있게 된다. 이것은 개별공장의 규모변동을 추적해보면 그 중 얼마만큼이 가내공업에서 성장해 올라 온 것인지를 짐작할 수 있게 해준다.

종업원수가 5명 이상 49명 이하인 A급 규모의 공장의 경우에는 고용규모가 작아질수록, 즉 종업원수가 5명에 가까이 갈수록 거기에 해당하는 공장수가 급증해갈 것이다. 조선총독부『통계연보』1915년판의 개별 공장에 대한 자료를 토대로 종업원수와 공장수 사이의 관계를 살펴보면 [그림 3-6]과 같다.

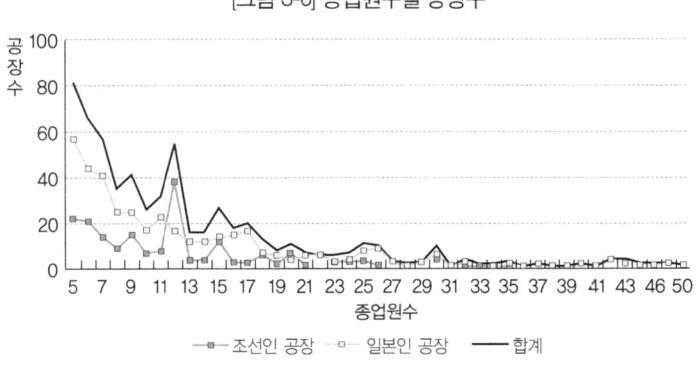

[그림 3-6] 종업원수별 공장수

자료 : 朝鮮總督府,『統計年報』, 1915년판에서 작성.

가내공업의 경우에도 이러한 분포양상이 연속되어 있다고 생각하는 것이 옳을 것이다. 이제 이 양자를 구분하지 않고 종업원수와 제조호수(혹은 공장수) 사이의 관계를 생각해본다면 [그림 3-7]과 같이 양자 사이에 반비례적인 관계가 존재했을 것으로 생각된다.

[그림 3-7] 공장과 가내공업

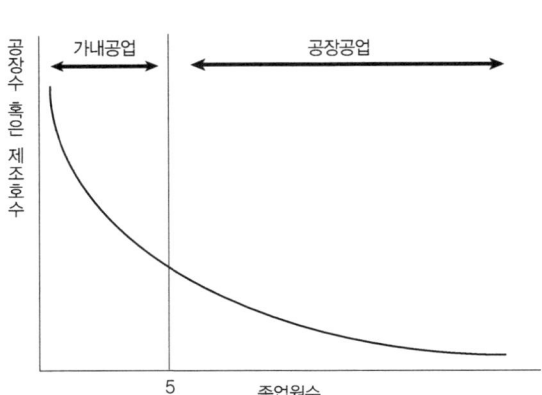

만약 어떤 가내공업자가 영업의 호조로 종업원을 한두 명 더 고용하여 그 수가 5명을 초과하게 되면 공장으로 분류될 것이고, 반대로 종업원수가 5명에 가까운 영세공장이 사정이 어려워져 종업원을 한두 명 해고하게 되면 이번에는 공장이 아니라 가내공업으로 분류될 것이다. 이처럼 가내공업과 공장공업은 구분의 경계선 부근에서는 약간의 조건변화로 그 구분이 달라지게 될 가능성이 있다.

이제 『조선공장명부』를 조작하여 가내공업에서 시작하여 공장으로 성장한 경우가 얼마나 되는지 알아보기로 하자. 『조선공장명부』는 1930년 이래로 매년 1권씩 발간된 것으로 짐작된다. 그러나 현재 알려져 있는 것은 1930, 1932, 1934~40년판(조사연도 기준)뿐이다. 즉 1931년판과 1933년판이 빠져 있다. 이들 공장명부 중에서 1930, 1932, 1934~38년판을 다음 [표 3-4]와 같은 방식으로 정리해보자.

삼양직조상회가 공장명부상에서 처음으로 등장하는 것은 1934년판이다. 1930년판과 1932년판에는 삼양직조상회가 등재되어 있지 않다. 그런

[표 3-4] 자료정리 결과의 일부 예

공장명	1930	1932	1934	1935	1936	1937	1938	설립연도
삼양직조상회			A	A	A	A	B	1928
고려직조상회			A	A	A			1933

주 : 설립연도는 원자료의 '창립연월'에서 연도만을 따 온 것이다.
　　칸 안의 알파벳은 공장규모를 의미한다. 종업원수를 기준으로 A는 5~49명, B는 50~99
　　명을 각각 의미한다.
자료 : 朝鮮總督府殖産局, 『朝鮮工場名簿』, 각 연도판에서 작성.

데 원자료에서는 삼양직조상회가 1928년에 처음 설립된 것으로 나타나 있다. 평양에 소재하던 이 공장은 메리야스제품을 생산하던 공장이었다. 메리야스공장을 하나 건설하는 데 1928년~1934년간의 6년이 걸렸을 까닭이 없다. 1928년에 설립되어 소규모 가내공업으로 운영되다가 1933년에 이르러 종업원수가 5명 이상이 되면서 공장명부에 그 이름이 처음으로 올라간 것으로 생각하는 것이 합당할 것이다. 이 공장은 그 후에도 계속 종업원수가 늘어나서 1938년에는 50명 이상이 된다. 삼양직조상회와 같이 『조선공장명부』상에서 처음으로 등장하는 연도를 '출현연도'라고 부르기로 하자. 그리고 출현연도와 설립연도의 차이를 '기준치'라고 부르기로 하자. 삼양직조상회의 경우라면 기준치는 1934－1928＝6, 즉 6이 된다. 고려직조상회의 경우에는 출현연도가 1934년이고 설립연도는 1933년이어서 기준치는 1이 된다. 이 경우에는 가내공업으로 시작하여 그 이듬해 공장으로 되었는지, 처음부터 공장규모였지만 설립에서 본격적 가동에 이르기까지 걸리는 시차 때문인지는 불분명하다. 그러나 기준치가 2를 넘어서게 된다면 가내공업에서 출발한 것이 좀더 확실해질 것이고, 기준치가 3을 넘어서게 되면 더욱 확실해질 것이다.

　이 경우 몇 가지 고려해야 할 사항이 있다. 농업경영을 배경으로 하는 공장이나 분공장 및 대상업을 배경으로 설립된 공장 등은 가내공업을 배경으로 하는 것으로 보기 어렵다. 그 밖에 자료자체의 오류나 자료정리과정에서 발생할 수 있는 오류 등도 고려하지 않으면 안 된다. 따라서 위와 같은 기계적 방법에 의한 추산은 많은 문제점을 내포하고 있지만, 가내공업을 배경으로 하는 공장이 어느 정도 있을 수 있는가에 대한 대체적인 추산은 가능하다고 생각한다.

[표 3-5]는 기준치의 변화에 따라 그 조건에 맞는 공장수가 어떻게 변해가는가를 보여주고 있다. 당연히 예상되는 바와 같이 기준치가 커지면 커질수록 그 조건에 맞는 공장수는 감소한다. 예컨대 조선인 공장의 경우에는 기준치를 2년 이상으로 잡을 때, A급 공장의 49.6%가 가내공업에서 성장한 것이었다고 해석된다. 즉 1930년에 이미 존재하고 있어 공장으로서의 출현연도를 알 수 없거나 소수의 설립연도를 알 수 없어 분석이 불가능한 것(표의 '기타')을 제외한 나머지 5,058개 공장 중에서 2,509개 공장이 가내공업에서 성장한 것으로 해석할 수 있다는 것이다. 동일한 방법으로 기준치를 3년 이상으로 주면 그 비율은 40.1%, 4년 이상으로 주면 33.0%가 된다. 일본인 공장에 대해 동일한 분석을 해보면, 그 비율이 조선인 공장의 경우보다 오히려 높게 나타나고 있다. 즉 기준치를 2년 이상으로 주었을 때 54.0%, 3년 이상으로 주었을 때 45.5%, 4년 이상으로 주었을 때 38.3% 등이었다. 따라서 일본인 공장의 경우가 조선인 공장에 비해 상대적으로 더 많이 가내공업에서 출발하여 공장으로 성장해갔다고 할 수 있다.

[표 3-5] '가내공업'에서 성장한 공장수 추산

기준치		2 이상	3 이상	4 이상	기타	합계
조	공장수	2,509	2,026	1,671	2,314	7,372
	비율(%)	49.6	40.1	33.0		
일	공장수	1,115	941	792	2,057	4,125
	비율(%)	53.9	45.5	38.3		

주 : '기타'는 1930년판 『朝鮮工場名簿』에 이미 등재되어 있었거나, 설립연도 미상으로 분석이 불가능한 경우이다.

이와 같이 가내공업에서 공장공업으로 성장했을 것으로 짐작되는 제조업체는 민족별로 또 기준치를 2로 잡느냐 3으로 잡느냐에 따라 그 비율은

10% 포인트 정도 차이가 나지만, A급 공장의 40% 이상이 가내공업에서 성장한 것임은 거의 확실하다. 공장공업의 저변에는 영세규모의 공장수를 몇 십 배 초과하는 '공장으로 성장 가능성이 있는 가내공업자'의 거대한 저수지가 존재하고 있었던 것이다.

한편 공장 중에는 앞의 삼양직조상회와 같이 최저변의 가내공업에서 성장하여 중규모의 공장으로까지 성장한 경우도 있고, 또 지금까지 조선인들이 거의 존재하지 않았던 근대적인 업종에서 생산을 영위하게 되는 경우도 있었다. 이런 경우는 일본인 공장에서 많이 나타나지만, 조선인 공장에서도 발생하고 있었다.[78]

조선인 영세, 중소공장의 발달은 물론 이들 공업의 출현과 발전을 가능하게 하는 시장적 제 조건이 형성되어 있었기 때문에 이루어진 것이었지만, 발달의 과정 그 자체는 자생적인 것이었다. 환언하면 공업발달을 가능케 하는 조건이 형성되어 있다면 언제든지 가능한 것이었다는 점에서 보면, 역사적으로 축적되어 온 조선인들의 주체적 역량이라는 측면도 매우 중요한 역할을 했을 것으로 생각된다.

4) 공업구조의 고도화

일제시대 산업화의 또 하나의 특징은 단순히 제2차 산업이 발달한 것만이 아니고 그 제2차 산업 내부에서는 경공업을 제치고 중화학공업이 더욱 급속히 발전함으로써 공업구조가 한층 고도화되었다는 점에서도 찾아 볼 수 있다.[79] 즉 [그림 3-8]에서 볼 수 있듯이, 1930년대의 공업화의 과정에

---

78) 許粹烈, 「日帝下 朝鮮人工場의 動向」, 『近代朝鮮工業化의 硏究』(安秉直 등 공편저), 一潮閣, 1993 참조.
79) 흔히 호프만의 법칙(Hoffmann's law)이라고도 한다. 堀和生은 조선에서 공업이 발

서 중화학공업 부문이 더욱 빨리 성장하여 1939년경에는 중화학공업 생산액의 비중이 경공업생산액의 비중을 넘어서게 되었다.

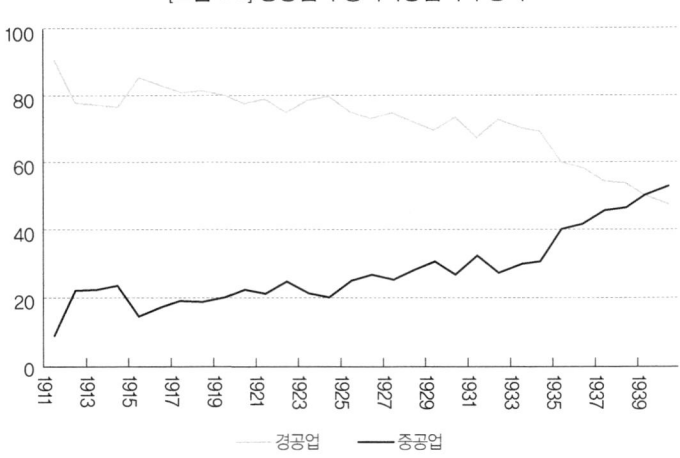

[그림 3-8] 경공업과 중화학공업의 구성비

주 : 경공업에는 방직, 식료품, 제재 및 목제품, 인쇄 제본업, 기타 공업을, 중화학공업에는 금속, 기계기구, 화학, 요업, 가스 전기업을 각각 포함시켜 집계함.
자료 : 朝鮮總督府, 『統計年報』, 각 연도판에서 작성.

1940년에 조선이 도달한 중화학공업의 비중 51.6%는 전간기에 선진 주요 공업국이 도달했던 그런 수준에 조금도 뒤쳐지지 않는 높은 수준이었다.[80] 특히 주목되는 것은 조선의 경우에는 1930~40년의 10년간에 그 비중이 25.0%에서 51.6%로 거의 2배로 뛰어 올라갔다는 점이다. 1940년

전하면서 우회생산과 분업이 발달한 것에 주목하고 있다. 중화학공업을 중심으로 하는 제2차 산업이 발달하면 당연히 이런 우회생산과 분업의 발달이 나타날 수밖에 없고, 모든 통계자료가 그것을 입증해주게 된다.
80) 주요국의 중화학공업 비중은 일본 39.1%(1929), 61.1%(1965), 독일 50.4%(1929), 67.4%(1959), 미국 51.3%(1929), 65.8%(1965), 프랑스 42.2%(1929), 59.8%(1963), 영국 33.4%(1924), 61.0%(1963)이었다. 1940년에 조선이 도달한 중화학공업의 비중 51.6%는 세계 주요국이 1930년경에 도달한 수준을 훨씬 웃도는

당시 농가 호수가 전체의 7할을 차지하고, 그 3/4이 소작이나 자소작으로 살아가던 때에 중화학공업을 중심으로 하는 광공업부문이 공업의 주축이 되었다는 것은 매우 특이한 현상이다.

1930년대에 조선의 공업구조가 급속도로 중화학공업 쪽으로 기울어지게 된 것은 조선의 자원, 특히 전력(電力) 자원에 대한 재인식과 관련이 있다. [표 3-6]에서 볼 수 있듯이, 1911년부터 실시된 제1차 수력발전 자원조사 결과에 의하면 조선의 수력자원은 57,000kW 정도에 불과했다. 그러나 1922년부터 시작된 제2차 조사결과 조선의 수력발전 자원은 2,203,000kW로 크게 증가된다. 더구나 1개소 당 평균 출력은 14,684kW로 일본의 2,625kW를 크게 상회하는 것으로 나타났다.

[표 3-6] 조선과 일본의 발전수력조사 결과

		단위	제1차 조사	제2차 조사	제3차 조사
조선	조사시기		1911~1914	1922~1929	1936~1945
	수력지점수	개소	80	150	154
	최대출력	kW	56,966	2,202,539	6,436,600
	1개소평균	kW	712	14,684	41,796
일본	조사시기			1918~1923	1937~1942
	수력지점수	개소		2,822	2,771
	최대출력	kW		7,430,000	20,040,000
	1개소평균	kW		2,625	7,250

자료 : 朝鮮電氣事業史編集委員會, 『朝鮮電氣事業史』, 中央日韓協會, 1981, 116-117쪽 및 504쪽에서 작성.

조선의 대용량 발전수력 자원에 주목하여 처음으로 그 개발에 나선 기업은 일본질소비료(주)였다. 일질은 부전강에 댐을 건설하여 20만kW의 수

것이었다. 단 조선은 경상 생산액, 나머지는 부가가치를 기준으로 하여 계산된 것이고, 중화학공업에는 금속, 기계기구, 화학, 요업을 포함시켰다. 安藤良雄 편, 『近代日本經濟史要覽』(제2판), 東京大學出版會, 1987, 26쪽.

력발전소를 건설하고, 거기에서 생산된 전력을 이용하는 유안공장을 함경남도 흥남에 설립했다. 전기를 이용하여 공중 질소를 고정하고, 물을 전기분해하여 수소와 산소를 얻고, 질소와 수소를 합성하여 암모니아를 얻어 유안을 생산하는 암모니아합성법(전해법)에서는 전기는 무엇보다 중요한 에너지이자 동시에 공업 원료이기도 했다.

일질은 원래 토지가격이 극도로 낮은 개마고원지대에 조선총독부 권력의 비호를 받아 거의 무상으로 댐 용지를 확보하고 저렴한 노동력을 이용하여 대규모 수력발전소를 건설함으로써 일본에 비해 엄청나게 싼값으로 전기를 생산할 수 있게 되었다. 일질이 새로 도입한 암모니아 합성법에 의한 유안생산에서는 전력비가 전체 생산비의 3할 가량을 차지하기 때문에 저렴한 전력비는 곧 저렴한 유안 생산비를 의미하는 것이었다.[81]

한편 조선총독부는 1926년부터 금비사용을 장려하기 위해 동양척식, 식산은행, 금융조합 등을 통해 비료 저리자금을 대부해주었다.[82] 대부액은 1926년 557만 6천 엔에서 매년 증가하여 1941년에는 5,882만 4천 엔에 달했다.[83] 비료 저리자금은 일질의 주 생산물인 유안에 대한 안정적 시장을 제공해주었다.

그러나 일질의 저렴한 생산비에도 불구하고 조선 내의 유안 판매가격은 거의 항상 일본 국내의 가격을 상당한 격차로 상회했다([그림 3-9] 참조). 저비용과 고가격은 바로 고수익을 의미한다. 일질은 조선에서 사업이 본궤

---

81) 『エコノミスト』, 1931년 4월 1일호의 추산에 의하면, 1톤 당 유안생산비는 암모니아 합성법의 경우 70.7엔, 석회질소법의 경우에는 72.8엔 정도 되었다고 한다. 그런데 일질 흥남공장의 경우에는 55.0엔으로 15엔 이상 저렴했다. 일질의 생산비가 저렴했던 가장 큰 이유는 공장규모가 컸던 것과 저렴한 전력대에 있었다. 다른 암모니아 합성법 공장의 경우에는 1KWH당 6리였음에 비해 일질은 3.4리에 불과했다(52-53쪽).
82) 朝鮮總督府農林局, 『朝鮮の肥料』, 1942년판, 59-61쪽.
83) 이 대부액은 매년의 금비소비액의 30.9~62.9%에 해당하는 것이었다.

도에 진입하게 되는 1933년부터 매년 막대한 이익을 올릴 수 있었다. 즉 1930년 하반기에서 1933년 상반기까지는 반기별로 144만 6천 엔~265만 엔(납입자본 이익률은 5.6~9.6%)의 당기 순이익을 올렸지만, 1933년 하반기부터 1939년 상반기까지는 당기 순이익이 6백만 엔에서 1천만 엔에 이르게 되고 그 납입자본 이익률은 20.1~35.1%나 되었다.[84] 일질은 이 막대한 이윤을 거의 대부분 사내유보 했는데, 1939년 상반기까지의 사내유보액은 1억 7백만 엔에 달했다.[85] 그리고 이 막대한 이윤을 토대로 전기화학과 관련된 다른 사업 영역에 진출하여 흥남을 중심으로 하는 함경도 지역에 거대한 전기화학 콤비나트를 형성했던 것이다.

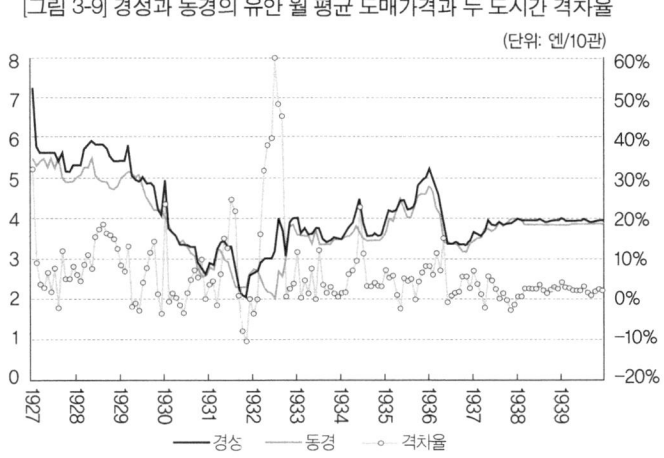

[그림 3-9] 경성과 동경의 유안 월 평균 도매가격과 두 도시간 격차율

주 : 격차율은 동경의 가격에 대한 양 지역간의 가격차의 비율을 의미함.
자료 : 경성－京城商工會議所, 『統計年報』(경성 중요 상품 월별 도매평균 가격).
       동경, 1927~32년－東洋經濟新報社, 『物價二十年』, 1933, 62쪽, 나머지는 『東洋經濟新報』, 각 호에서 작성.

---

84) 일질은 연 2회 결산법인이다. 따라서 당기 순이익이나 이익률은 연간이 아니라 반기(6개월)의 것이다.
85) 證券引受協, 『株式會社年鑑』, 1940년판, 772쪽.

그 뒤로도 일질은 계속 조선의 전원개발사업에 몰두하여 장진강(출력합계 334,000kW), 허천강(338,800kW), 수풍(700,000kW) 등의 발전소를 건설했다. 그리고 일질의 성공적 전원개발에 자극 받아 다른 기업들도 조선의 전원개발에 활발히 참여하게 되었다. 동양척식계의 부령(28,000kW), 운암(5,120kW), 칠보(28,800kW), 식산은행계의 화천(81,000kW), 청평(39,600kW) 발전소 등이 그것이다. 그리고 해방 당시 공사 중이었던 발전소로는 강계(218,900kw), 독로강(86,100kw), 운봉(500,000kw), 의주(200,000kw), 서두수(218,800kw) 등이 있었다. 그 결과 조선의 발전력은 1930년대에 들어 비약적으로 증가했다([그림 3-10]).

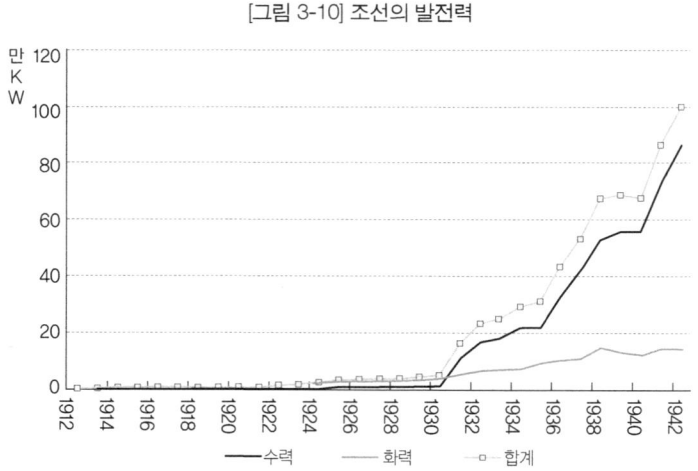

[그림 3-10] 조선의 발전력

자료 : 朝鮮總督府遞信局, 『電氣事業要覽』, 1936년판, 300-303쪽; 朝鮮總督府, 『統計年報』, 1938년판, 166쪽; 朝鮮銀行, 『朝鮮經濟年報』, 1948년판 III-172쪽에서 작성. 단, 『電氣事業要覽』은 3월 말 자료임.

대용량 전원의 개발과 더불어 조선에서는 전기를 많이 사용하는 공업이 집중적으로 발전되었다. 대표적인 전력다소비산업으로서는 일질의 유안제조업을 비롯하여 [표 3-7]과 같은 것이 있었다.

[표 3-7] 전력 다소비 산업과 관련 기업

알루미늄 관련	朝鮮輕金屬, 三井輕金屬, 仁川化學
마그네슘 관련	三菱마그네슘, 朝鮮神鋼, 日窒마그네슘, 協同三井油脂, 朝日輕金屬
전기 제철 관련	日本高周波重工業, 三菱製鋼, 日本製鐵, 朝鮮電氣冶金
카아바이트 관련	三陟開發
기타	朝鮮化學, 日本曹達, 信越化學

참고 : 해방 당시 朝鮮電工, 朝鮮住友輕金屬은 대규모 알루미늄 제련공장을 건설하고 있었다.
자료 : 朝鮮電氣事業史編輯委員會, 『朝鮮電氣事業史』, 中央日韓協會, 1981, 482-503쪽.

    수력자원 이외의 다른 광물자원의 개발과 관련된 일본 기업의 진출도 활발했다. 석회석 자원의 개발과 관련된 시멘트공장의 설립(小野田, 淺野 및 宇部시멘트의 조선 진출), 제철, 기타 비철금속의 제련과 관련된 일본 기업의 진출 등이 그것이다. 나아가 중일전쟁 이후에는 기계기구공업 관련 기업의 진출 등이 이루어짐으로써 조선의 공업구조는 급속히 중화학공업 쪽으로 경사되기에 이르렀던 것이다.

    [표 3-8]에서 볼 수 있듯이 일본산업자본의 직접진출에 의해 설립된 공장수는 1932년 14개에서 1936년에는 58개로 증가했고 1939년에는 다시 83개로 증가했다. 이들 공장의 절반 가량은 종업원수 200명 이상의 대공장이었다. 시기별로 보면, 1930년대 초까지는 경공업, 특히 방직공업 분야에 대한 진출이 중심을 이루고 있었지만, 1930년대 중반 이후에는 중화학공업 분야로 그 진출의 중심이 옮겨졌다. 전시경제체제가 한층 강화되는 1940년대가 되면 이러한 경향은 더욱 가속화되었을 것으로 보아도 좋다.

    이와 같이 일본의 대 산업자본이 중화학공업 분야를 중심으로 근대적 대공장을 속속 설립하면서 조선의 공업은 근대화되고 또 공업구조도 고도화되었다. 호리 가즈오는 이 공업구조의 고도화를 우회생산의 발전이고, 또 분업의 심화에 의한 생산력의 발전을 의미하는 것으로 해석했다. 나아가 조선 내 공업구조의 고도화는 무역의 내용에도 반영되어 종래의 제1차 산품의 수이출에서 벗어나 중간재와 최종소비재를 더 많이 수출하는 이른바

[표 3-8] 업종별 일본산업자본의 진출에 의한 공장수

연도 업종규모	1932				1936				1939			
	B	C	D	계	B	C	D	계	B	C	D	계
금속공업						1	1	2	1	1	3	5
기계기구									1	2	4	7
요업			2	2		1	3	4		1	5	6
화학공업	1	1	3	5	4	7	9	20	8	12	9	29
가스전기업							1	1				
중화학공업 소계	1	1	5	7	5	9	13	27	10	16	21	47
방직공업	2		2	4	4	4	14	22	1	3	17	21
제재목제품							1	1			1	1
인쇄제본업							1	1			1	1
식료품공업	1			2	1	4	2	7	4	5	3	12
기타공업			1	1							1	1
경공업 소계	4		3	7	7	8	16	31	7	8	21	36
소계	5	1	8	14	12	17	29	58	17*	24	42*	83*
합계	140	44	41	225	258	126	91	475	408	193	144	744

주 : 공장규모란의 'B'는 종업원수 50~100명, 'C'는 100~200명, 'D'는 200명 이상을 의미한다. '소계'는 일본산업자본의 합계이고, '합계'는 조선 내의 모든 공장에 대한 합계를 의미한다. 소계란의 '*'는 원자료상의 합산오류를 수정한 것이다.
자료 : 朝鮮總督府, 『調査月報』, 13-8, 25-26쪽.

무역구조의 고도화로 이어지게 되었다는 것이다. 김낙년도 접근 방법에서 다소 차이가 있지만, 공업제품의 생산, 소비, 무역에 대한 분석을 통해 분업관계의 심화를 명백히 했다.[86]

5) 고용구조

공업, 특히 중화학공업을 중심으로 하는 이러한 공업의 발전은 노동자의 양적 축적과 질적 성장을 초래했다.

---

86) 堀和生, 앞의 책, 제1장; 김낙년, 앞의 책, 제5장 참조.

첫째, 1930년대에는 임금노동자수가 급증했다([그림 3-11]). 광공업 노동자수는 1933, 1934년경부터 종전보다 훨씬 큰 폭으로 증가해갔다. 토건노동자수 역시 1930년대 초반부터 급증해갔다.[87] 공장이나 발전소 등의 각종 산업시설과 공업도시 건설 및 철도건설 등과 관련된 각종 공사가 활발해지면서 토건노동자에 대한 수요도 급증했던 것이다.

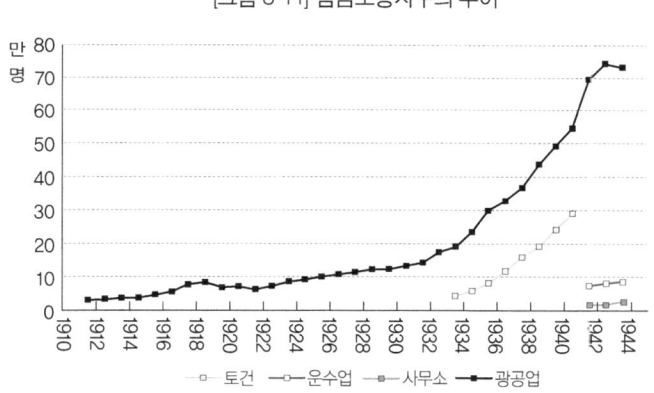

[그림 3-11] 임금노동자수의 추이

자료: 朝鮮總督府『統計年報』; 朝鮮鑛業會,『朝鮮鑛業の趨勢』; 日本商務省,『本邦鑛業ノ趨勢』, 「戰時下朝鮮の勞動問題(下)」,『殖銀調査月報』, 제38호, 3-4쪽; 朝鮮總督府,『朝鮮勞動技術統計調査結果報告』, 1941년판, 1942년판, 1943년판.

둘째, 노동자의 성별 및 연령별 구성에도 상당한 변화가 초래되었다. 경공업부문의 공장노동자수는 1933년부터 급증하기 시작했지만, 1935년부터는 중화학공업부문의 공장노동자수가 더욱 빠른 속도로 증가함으로써

---

87) 橋谷弘 교수는 "공장노동자는 20년대부터 일관하여 증가를 계속하고, 증가속도도 일관적으로 가속되어와, 특히 30년대 중엽을 분수령으로 하는 경향의 변화를 발견할 수 없다. 또 그것이 조선인 인구에서 차지하는 비중은 대단히 작아, 그것을 갖고 본원적축적이나 자본주의화라는 조선사회 전체의 변화의 지표로 할 근거는 약한 것 같다"고 지적하고 있다. 이 지적은 堀和生 교수에 대한 비판을 염두에 둔 것인데, 전반부는 다소 의문이 있지만 후반부는 상당히 타당성을 갖는다고 생각된다.

1940년이 되면 중화학공업부문의 공장노동자수가 경공업부문의 그것을 능가하게 되었던 것이다([그림 3-12]). 나아가 이 공장노동자수의 변화를 성별로 검토해보면, 경공업의 경우에는 여자노동이 상당한 비중을 차지한 반면[88] 중화학공업에서는 남자노동이 중심이 되고 있다.[89] 경공업의 대표적 존재로서의 방직공업의 경우에 여자노동자의 비중이 특히 높았고, 나아가 15세 이하의 유년 여자노동자의 비중도 상당한 수준에 달하고 있었다. 그러나 중화학공업의 경우에는 16세 이상의 성년공이 거의 대부분을 차지한다.[90] 즉 노동력의 근간이 일정한 교육과 근무년수를 전제로 하는 숙련 성년남자노동력으로 급속히 전환되고 있었던 것이다.

셋째, 노동자 중에서 근대적 대공장에 종사하는 노동자의 수가 급증했다. [표 3-9]에서 보면 1915~31년과 1931~39년 두 시기의 공장규모별 공장노동자수의 움직임에 분명한 차이가 있음이 발견된다. 전자의 시기에는 영세·소공장에의 집중경향이 있었던 반면, 후자의 시기에는 중·대공장으로 집중경향이 뚜렷해진다. 그 결과 1939년이 되면 1915년에 비해 공장노동자수가 9배 가량 증가하는 속에서 전체 노동자의 거의 3/4이 종업원수 30명 이상의 공장에 집중되었다. 나아가 1939년에는 전체 노동자

---

[88] 경공업 직공 중에서 여성이 차지하는 비중은 1930년 40.6%에서 1932년에는 37.6%로 감소했으나, 1933년 이후 다시 증가하기 시작하여 1904년에는 50.6%에 달하게 되었다(조선총독부, 『통계연보』에서 계산).

[89] 중화학공업 직공 중에서 남자가 차지하는 비중은 1930년 80.1%에서 1934년 76.4%로 감소했으나, 1935년 이후에 증가하여 1940년에는 85.6%에 달하게 되었다(조선총독부, 『통계연보』에서 계산).

[90] 1930~40년에 경공업 전체 직공수에서 여자유년공이 차지하는 비중은 최저 6.8%(1932년)에서 최고 14.5%(1940년)였고, 중화학공업의 경우에는 최저 0.8%(1934년)에서 최고 3.5%(1936년)로 경공업 쪽에서 훨씬 높은 비중을 보이고 있다. 특히 방직공업에서는 최저 19.1%(1932년)에서 최고 25.4%(1930년)에 달하고 있었다. 한편, 중화학공업의 전체 직공수에서 16세 이상 50세 미만의 남자 성년공이 차지하는 비중은 최저 72.0%(1934년)에서 최고 79.7%(1940년)로 대단히 높은 수준이었다.

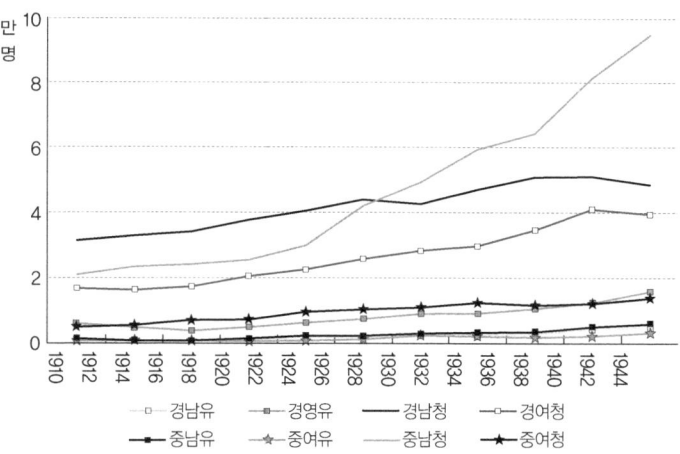

[그림 3-12] 경공업, 중화학공업 노동자수의 추이

주 : 경 = 경공업, 중 = 중화학공업, 남 = 남자, 여 = 여자, 유 = 15세 이하, 청 = 16~49세.
자료 : 朝鮮總督府, 『統計年報』에서 작성.

수의 절반이 종업원수 100명 이상의 비교적 규모가 큰 공장에 취업하고 있었던 것이다. 종업원수가 100명 이상인 공장은 분명히 근대적인 공장제 공업일 것이고, 거기에 소속된 공장노동자라면 근대적 임금노동자라고 해도 틀림이 없을 것이다.

[표 3-9] 공장규모별 공장노동자수 및 그 구성비

(단위: 명, %)

공장규모	1915	1931. 6.	1939
5~29	6,757(27.8)	51,927(49.8)	55,492(26.1)
30~99	4,096(16.9)	15,817(15.1)	47,468(22.3)
100~999	9,161(37.6)	26,654(25.5)	75,746(35.6)
1000~	4,324(17.8)	9,964(9.5)	33,753(15.9)
계	24,338(100)	104,362(100)	212,459(100)

자료 : 1915년 : 朝鮮總督府, 『統計年報』, 1915년판.
    1931년 : 朝鮮總督府學務局社會課, 『工場及鑛山に於ける勞動狀況調査』, 1933.
    1939년 : 朝鮮總督府, 『調査月報』 12-1, 19-21쪽.

넷째, 고용구조의 변화는 공업 그 자체에 한정되지 않고, 농업부문에까지 영향을 미치는 것이었다. 일반적으로 식민지에서는 병행적 공업화(parallel industrialization)가 없기 때문에 농촌의 농민분해가 오히려 반봉건적 지주제를 강화시키는 경향이 있다. 조선의 경우에도 1920년대 말까지는 이런 경향이 나타나고 있었다. 그러나 1930년대에 광공업이 급속하게 발전하여 각종 건설공사장과 공장 및 광산에서 노동력에 대한 대규모적인 수요가 발생함에 따라 농민분해의 양상도 변화되기 시작했다. 1930년대 초에 농민분해가 일단락되어 소작농호수의 비율이 거의 일정한 수준을 유지하게 된 것은 물론 '농촌진흥운동'이나 '조선농지령'의 제정에서 볼 수 있듯이 조선총독부의 농업정책이 소작농에게 좀더 우호적인 방향으로 전환된 것에도 원인이 있을 것이고, 또 1930년대가 되면 농업부문의 수익성이 점차 비농업부문의 수익성보다 유리하지 않도록 변해간 것에도 원인이 있을 것이다.[91] 그러나 그것보다는 농촌에서 토지에 대한 인구압력이 줄어들기 시작한 것이 더 중요했다. 1930년대 초까지 급속히 진행되어오던 농민분해는 병행적 공업화가 미약했기 때문에 토지를 상실한 농민들을 농촌 내부에서 소작농으로 재편시켜 영세 규모의 경지에 달라붙어 간신히 연명해가는 상대적 과잉인구를 누적시켜 왔다. 그러나 1930년대에는 한편으로는 많은 농민들이 국외로 유출되고 또 한편으로는 광공업의 발달에 따라 비농업부문에서 노동에 대한 수요가 급증하면서 농촌의 이 인구압력은 줄어들기 시작했다. 1930년대를 통해 실업률은 급속히 줄어들어 1940년경이 되면 마찰적 실업을 제외하면 거의 완전고용에 가까운 상태로 되었다.[92] 이 무렵이 되면 농업부문에서도 노동력의 부족을 호소할 정도로 되었던 것이다.

---

91) 許粹烈, 「日帝下 朝鮮의 各種 收益率」, 『經濟史學』 제34호, 2003. 6.
92) 許粹烈, 「日帝下 朝鮮의 失業率과 失業者數 推計」, 『經濟史學』 제17호, 1993.

농촌 내부에 상대적 과잉인구의 축적이 상당량 존재하던 1930년대 중엽까지는 조선총독부의 노동정책이란 인구 압력이 높은 남선 지방의 노동력을 새로 광공업이 급속히 발전하여 노동력 수요가 큰 북선 지방으로 원활히 이동시키는 이른바 '노무수급조정정책'이 중심을 이루고 있었다.[93] 그러나 노동력 공급이 핍박을 고하게 되는 1930년대 말부터는 '국가총동원법'을 매개로 강제적인 노동정책으로 전환된다. 임금이 고정되고, 직업선택과 이동의 자유가 제한되었다. 상대적 과잉인구가 존재할 때는 경쟁에 의해 임금은 생존수준에 머물 수밖에 없었고, 노동에 대한 초과수요가 발생하게 되었을 때는 강제동원 정책을 통해 역시 생존수준임금을 벗어나기 어려웠다.[94]

끝으로 근대적인 공장과 광산에 종사하는 노동자의 수가 급증했을 뿐만 아니라 노동자의 질적 발전도 상당히 이루어졌다. 특히 중일전쟁 이후, 일본인 노동자의 일부가 징용되어 나가고 그 공백을 조선인 노동자들이 메우게 되면서 직장 내에서 조선인들이 좀더 상위 직급으로 승진해 올라가는 경우도 자주 나타나게 되었다. 나아가 조선인 노동자들 중에는 직장 내의 기술연수를 통해, 혹은 각종 자격시험을 통해 좀더 숙련된 노동자로 성장하는 경우도 있었고, 그 때까지 조선인에게 상당히 폐쇄적이었던 고등기술교육 문호도 좀더 개방되면서 교육을 통해 좀더 높은 기술이나 숙련을 획득할 기회도 확대되었다. 이 모든 것들은 전쟁이라는 특별한 상황에 의한 것이었지만, 어쨌든 조선인 노동력이 질적으로 좀더 성장하게 된 것은 명백하다. 단 이 성장은 식민지적 한계가 분명한 것이었다.[95]

이제 1940년경을 중심으로 한 공업발전의 결과를 정리해 보자. 공산액

---

93) 許粹烈, 「조선인 노동력의 강제동원의 실태」, 『일제의 한국 식민통치』(차기벽 엮음), 정음사, 1985, 290-297쪽 참조.
94) 許粹烈, 위의 책, 301-338쪽.

이 부가가치 기준으로 농산액의 절반을 상회하고, 그 공산액의 7, 8할 가량이 공장에 의해 생산되며, 조선에서 생산된 공산물의 절반 이상이 일본으로부터 더 수입되어 소비되며, 조선에서 생산된 공업제품도 일본으로 이출되며, 공업 중에서는 중화학공업이 더욱 큰 비중을 차지하고 있으며, 성년 남자 노동자를 중심으로 100만 명에 가까운 근대적 임노동자층이 근대적 대공장을 중심으로 두터운 층을 이루며 존재하고 있던 사회가 바로 조선이었다. 조선은 일제의 식민지가 되면서 이미 유통과정에서는 자본주의의 일부로 편입되어 있었고, 이제 생산과정에서도 자본주의적 생산양식이 상당한 비중을 차지할 정도가 되었다면 조선사회는 자본주의사회라고도 할 수 있을지 모르겠다. 호리 가즈오가 주장하는 것이 바로 그것이다. 즉 그는 1940년경이 되면 조선에서는 자본주의가 성립하게 되었고, 그 자본주의는 불가역적인 것이 되었다는 것이다. 불가역적이라는 말을 덧붙인 까닭은 아마 해방 후로 그러한 자본주의가 연속되었음을 강조하기 위함일 것이다.

---

95) 安秉直,「植民地 朝鮮의 雇傭構造에 관한 硏究」,『近代朝鮮의 經濟構造』(安秉直·李大根 등 편), 比峰出版社, 1989;「日本窒素における朝鮮人勞動者階級の成長に關する硏究」,『朝鮮史硏究會論文集』, No.25, 綠蔭書房, 1988;「'國民職業能力申告令' 資料의 分析」,『近代朝鮮 工業化의 硏究』(安秉直·中村哲 공편), 一潮閣, 1993 참조.

2. 공업개발의 본질

1) 민족별 공업생산과 개발의 주체

앞에서 보았듯이 일제시대에 조선의 공업은 비약적으로 성장했다. 지금까지의 여러 연구에서는 그 개발의 주체가 일본에서 진출해온 대자본(이하 '일본대자본'으로 약칭)이라고 생각해 왔다. 여기에서는 이 개발의 주체문제를 좀더 깊이 파고들어가 본다.

공업개발과 관련하여 일본대자본에 특히 주목할 필요가 있다면, 자본 구분도 일본인 자본과 조선인 자본으로만 구분할 것이 아니라 일본인 자본을 다시 일본대자본과 그 밖의 일본인 자본으로 세분해줄 필요가 있다. 요컨대 일제시대의 공업생산은 일본대자본, 일본대자본을 제외한 일본인 자본(이하 '선내 일본인 자본'으로 약칭), 조선인 자본 등의 민간공장생산과, 조선총독부 등에 의한 관영공장생산 및 조선인과 일본인들에 의한 가내공업생산 등으로 이루어져 있었다.[96] 조선에서 공업이 발달하면서 이들

---

96) 중국인과 기타 외국인에 의한 생산도 이루어졌지만, 이 부분에 대한 분석은 생략하기로 한다.

공업주체별로 생산액이나 자본 혹은 자산이 어떻게 변해갔는지 알아본다.

(1) 민족별 공업생산액

1928년판까지 조선총독부 『통계연보』의 공장공업통계표에서는 업종별로 또 민족별로 공장공업생산액과 종업원수 등의 정보를 얻을 수 있다. 가내공업생산에 대한 통계가 빠져 있지만, 공장공업 부분에 대해서는 민족별 구분은 가능하다. 한편 경성상공회의소의 조사에 의하면, 1926년 현재 일본대자본은 방적업, 제사업, 조면업, 제철업, 정련업, 시멘트제조업, 펄프제조업, 제당업, 성냥제조업 등의 업종에 진출해왔던 것을 알 수 있다. 일본인 공장의 생산액에서 이들 업종의 생산액을 발췌하여 그것을 일본대자본의 생산액으로 간주하기로 한다. 자료 정리 결과는 [그림 3-13]과 같다.

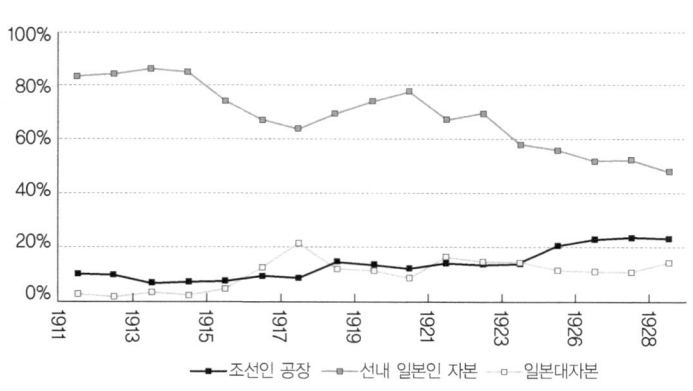

[그림 3-13] 자본 주체별 공장공업생산액의 추이 (1911~28년)

주 : 관영공장 및 기타 외국인 공장은 생략했음.
자료 : 朝鮮總督府, 『統計年報』에서 작성.

'선내 일본인 자본'이 가장 높은 비중을 차지하지만 그 비중은 현저히 줄어드는 경향이 있다. 그 반면 조선인 공장의 비중은 1910년대 초의 10% 수준에서 1918년과 1924년 두 번에 걸쳐 급증하여 1924년 이후에는 20%를 상회하게 된다. 1910년대 초와 비교하면 일본대자본 계통 및 기타 외국인 자본 계통의 공장생산액도 크게 늘어나 1928년에는 각각 14% 정도의 비중을 차지하게 된다. 관영공장생산액도 대체로 비슷한 수준에 있었다. 공장생산액이라는 측면에서 보면 조선인 공업은 상당한 성장을 한 것이 명백하다.

조선인 공업의 성장은 공장수의 증가에서 특히 두드러졌다. [그림 3-14]에서 볼 수 있듯이, 조선인 공장수의 비율은 1910년대 초의 30%를 조금 밑도는 수준에서 1920년대가 되면 50% 수준으로 높아졌다. 1916~19년 간에 그 비율이 급증함으로써 이런 결과가 생긴 것이다. 1910년대의 조선총독부의 산업정책이 조선에서 공업이 발달하는 것에 대해 우호적이지 않았던 점을 염두에 둔다면, 이 시기의 공업발전은 일단 식민지 개발과는 무관한 자생적인 것으로 생각해도 좋을 것이다.

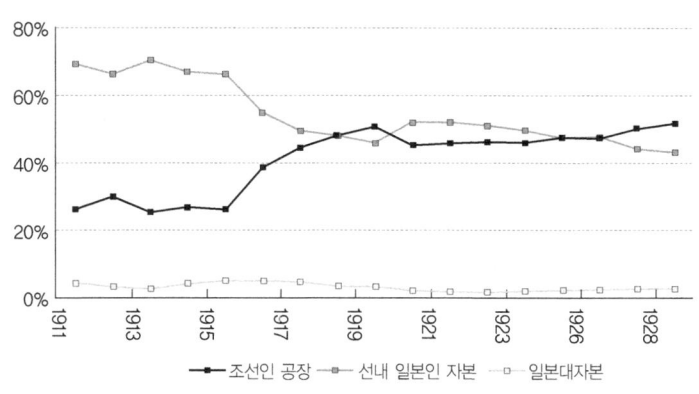

[그림 3-14] 민족별 공장수 비중의 변화 추세

자료 : 朝鮮總督府, 『統計年報』에서 작성.

조선인 공업은 이 공장공업뿐만 아니라 가내공업에 의한 것도 있었다. 공장공업생산액의 증가와 더불어 가내공업생산액도 증가해갔지만, 공장공업생산의 증가속도가 더 빨랐기 때문에 가내공업생산의 상대적 비중은 앞의 [그림 3-5]에서 보았듯이, 후기로 갈수록 급속히 줄어들게 된다.

1926년의 공산액 통계를 분석해보면, 조선인 공장생산액이 8천 3백만 엔, 조선인 가내공업생산액이 1억 9천만 엔, 합계 2억 7천 3백만 엔이어서 전체 공업생산액의 48.7%로 거의 절반에 접근하고 있다.[97]

지금까지 살펴본 것은 조선에서 아직 공업이 본격적으로 발전하기 이전인 1928년까지였다. 공업이 본격적으로 발전하게 되는 1930년대를 거치면서 민족별 공업생산 구성은 어떻게 변해갔을까? 1939년을 중심으로 민족별 공업생산의 구성을 알아보면 [그림 3-15]와 같다.[98]

[그림 3-15] 민족별 공업생산액의 구성 (1939년)

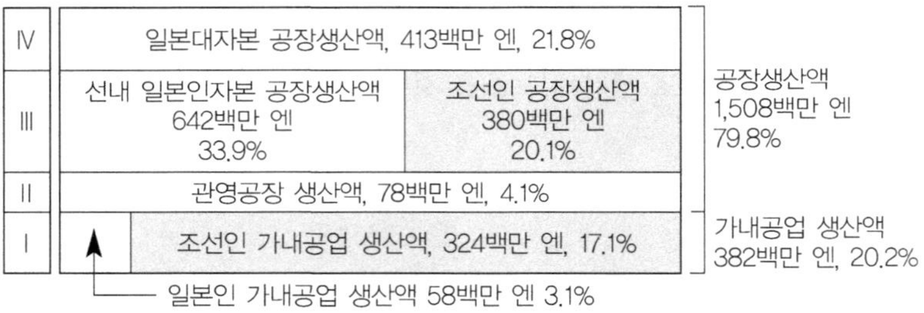

IV	일본대자본 공장생산액, 413백만 엔, 21.8%		공장생산액 1,508백만 엔 79.8%
III	선내 일본인자본 공장생산액 642백만 엔 33.9%	조선인 공장생산액 380백만 엔 20.1%	
II	관영공장 생산액, 78백만 엔, 4.1%		
I	조선인 가내공업 생산액, 324백만 엔, 17.1%		가내공업 생산액 382백만 엔, 20.2%
	일본인 가내공업 생산액 58백만 엔 3.1%		

자료 : 朝鮮總督府,『統計年報』; 朝鮮總督府,『1939年度 家內工業生産額』,『1939年度 官營工場生産額』, 정부기록보존소 소장문서에서 작성.

---

97) 京城商業會議所,『朝鮮の工産と主要工場表』, 1927에서 작성.
98) 추계의 방법은 다음과 같다. 우선 I 부분과 II 부분은 정부기록보존소 소장문서『1939년도 가내공업생산액』,『1939년도 관영공장생산액』자료에서 그 집계치를 얻을 수 있다. III, IV 부분을 합한 것은 朝鮮總督府,『統計年報』, 1939년판의 공장생산액이다. 이 공장생산액에서 방적, 금속·정련재료품, 시멘트, 공업약품, 가공유, 펄프, 광물질 비료, 맥주, 제당, 석면제품 제조업의 생산액을 전부 일본대자본의 생산액으로 간주했다. 이렇게 하여 공장생산액을 III과 IV 두 부분으로 나누어줄 수 있다. III 부분의 민족별 분할은 다소 대담한 가정을 도입하여 추계하였다. 1939년판『朝鮮工場名簿』에서 집계한 민족별 공장수와 앞에서 본 1928년의 민족별 공장당 생산액 자료를 이용하여 III 부분의 생산액을 분할해준다. 일본인 공장생산액과 조선인 공장생산액은 62 : 38의 비율로 분할된다.

1939년의 공산물생산액은 일본대자본 공장 21.8%, '선내 일본인자본' 공장 33.9%, 조선인 공장 20.1%, 관영공장 4.1%, 일본인 가내공업 3.1%, 조선인 가내공업 17.1% 등으로 분할된다. 민족별로는 일본인이 62.8%, 조선인이 37.2%를 각각 차지하게 된다.

　1926년과 1939년을 비교해보면 [표 3-10]과 같다. 공업생산액은 1926년 5억 6천 1백만 엔에서 1939년 18억 9천 6백만 엔으로 3.38배 증가했다. 그 구성비를 보면, 우선 민간공장생산액의 비율이 56.5%에서 75.7%로 급증했는데, 그 내역은 일본대자본의 비중이 3.3%에서 21.8%로 급증한 것이 가장 중요한 이유였다. 선내자본은 양 기간동안 53%로 거의 변화가 없었지만, 그 내역에서는 일본인 선내자본의 비중이 37.5%에서 33.9%로 약간 감소한 반면 조선인 공장자본은 14.8%에서 20.1%로 약간 상승했다. 민간공장생산액이 급증한 반면, 관영공장과 가내공업생산의 구성비는 크게 감소했다. 즉 관영공장의 경우에는 8.6%에서 4.1%로, 그리고 가내공업생산의 경우에는 34.8%에서 20.2%로 각각 줄어들었다. 조선인 공장의 생산액 비중이 약간 상승했지만 조선인 가내공업생산의 비중이 크게 줄어들었기 때문에 조선인의 공업생산액은 48.7%에서 37.2%로 감소되었다.

[표 3-10] 민족별 공산액의 변화

(단위: 엔)

	1926년		1939년	
민간공장생산액	317,314,017	56.5%	1,435,725,082	75.7%
일본대자본	18,650,338	3.3%	413,393,139	21.8%
선내자본	298,663,679	53.2%	1,022,331,943	53.9%
일본인	210,628,505	37.5%	642,024,460	33.9%
조선인	83,197,357	14.8%	380,307,483	20.1%
관영공장	48,534,300	8.6%	77,936,425	4.1%
가내공업	195,503,045	34.8%	382,349,998	20.2%
조선인	190,090,482	33.9%	323,834,756	17.1%
일본인	5,412,563	1.0%	57,687,303	3.0%
공업생산액 합계	561,351,362	100.0%	1,896,011,505	100.0%

주 : 중국인, 기타 외국인은 생략했음.
자료 : 朝鮮總督府, 『統計年報』; 京城商業會議所, 『朝鮮の工産額と主要工場表』, 1927; 朝鮮總督府, 『1939年度 家內工業生産額』, 정부기록보존소 소장문서 등에서 작성.

조선의 공업을 생산액의 측면에서 분석해보면, 일본에서 직접 진출해 온 '일본대자본'이 차지하는 비율은 매우 빠른 속도로 증가해갔다. 그러나 전체 공업생산액에서 차지하는 비중은 예상만큼 높지 않아, 1939년이 되어도 22%를 조금 넘는 정도에 불과했다. 주로 조선인에 의해 생산된 가내공업생산은 생산액에서는 1920년대를 통해 조금 증가했지만, 그 비중은 크게 줄어들었다. 따라서 공업화와 더불어 일본대자본의 비중이 급속히 증대되었음에도 불구하고 '선내 일본인 자본'과 조선인 공장은 1939년에도 50%를 조금 상회하는 매우 높은 비중을 차지하고 있었다.

그렇기 때문에 생산액의 측면에서 보는 한, 1930년대의 공업화는 일본대자본의 조선진출만으로는 충분히 설명될 수 없고, 조선에 거주하는 조선인과 일본인에 의해 설립된 공장들에 의한 공업활동도 중요하게 생각하지 않으면 안 된다.[99]

(2) 민족별 자본

지금까지는 생산액의 측면에서 분석했지만 이번에는 자본 혹은 자산의 측면에서 분석해보기로 한다

야마모토 유우조(山本有造)는 장기자본수지를 이용하여 일본의 조선에 대한 자본수출을 추계하였다([그림 3-16] 참조). 장기자본수지에서 본 일본의 대조선 자본수출액은 1910~38년간에 23억 8천 8백만 엔이었다. 물론 자본수출은 시기별로 크기가 달라 1910년대 말과 1920년대 초에 급증

---

99) 1930년대의 공업화 과정에서는 일본대자본의 역할이 주축이 되지만, 조선 내에서 형성된 일본인 및 조선인 자본도 매우 큰 비중을 차지하고 있었다. 허수열의 「日帝下 朝鮮의 各種 收益率」(경제사학회, 『경제사학』, 제34호, 2003. 6.)은 조선 내에서 축적된 자본이 농업부문에서 비농업부문으로 이동하게 된 원인을 수익률의 차이로 설명하려 한 것이다.

했다가, 1926년 이후에 다시 증가하는 추세를 보이고 있다. 1910년대 말은 제1차 세계대전과 관련된 대호황기였고, 1926년은 일본질소비료(주)의 조선진출과 산미증식갱신계획이 시작된 해였다. 1926년 이후 장기자본수지가 점점 커지게 된 것은 농업개발을 위해 식산은행이나 동양척식이 일본에서 공사채를 발행하거나 일본대자본의 조선진출이 활발해지면서 생긴 현상이었을 것이다.

[그림 3-16] 조선의 장기자본수지

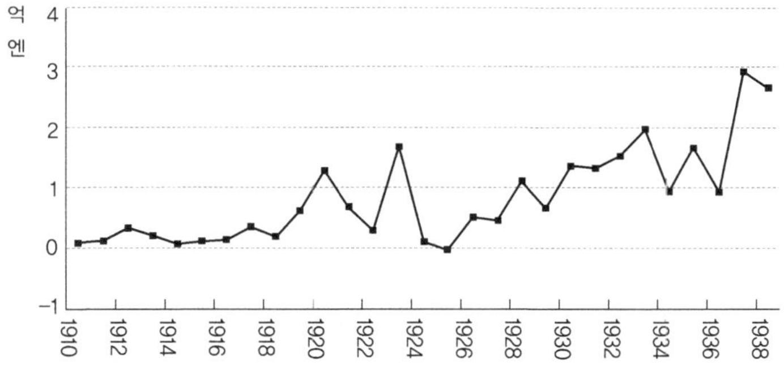

자료: 溝口敏行 등 편, 『舊日本植民地經濟統計』, 東洋經濟新報社, 1988, 298쪽.

구간별 자료이기는 해도 일본의 대조선 투자액에 대해서는 '연합군 최고사령부'(Supreme Commander for Allied Powers; SCAP)가 추계한 자료도 있다[[표 3-11] 참조]. SCAP 자료에 의하면 1900~1945년간의 일본의 조선투자액은 약 80억 엔(5.3억 달러) 정도였다고 한다. 이 추계결과는 조선은행, 조선식산은행, 경성상공회의소 등의 그것과 크게 다르지 않다. 또 이것을 시기별로 보면, 1930~45년 15년간의 일본의 대조선 투자액이 1900~45년 45년간의 전체 투자액의 80%를 차지하고 있으며, 특히 1940~45년간의 마지막 5년간의 투자액은 전체 투자액의 48%나 되고 있어, 일본의 조선투자가 주로 일제 말기에 집중적으로 이루어진 것임을 말해준다. 지금까지의 여러 연구에 의하면 조선의 공업은 1930년대 특히 중일전쟁 이후에 급속히 발전한 것으로 되어 있는데, 위 자료의 각 시기별 투자액도 이런 연구결과와 일치하고 있다.

[표 3-11] 각 시기별 일본의 조선투자액

(금액단위: 천 엔)

	1900~1916	1917~1929	1930~1939	1940~1945	합계
SCAP 추계 투자액	215,609	1,408,288	2,529,557	3,780,521	7,933,975
	2.7%	17.8%	31.9%	47.6%	100.0%
투자액 누계	215,609	1,623,897	4,153,454	7,933,975	
참고 달러 엔 전환율	0.8584	0.4483	0.5594	0.2876	
조선은행 등의 추계		(1) 2,128,792	(2) 3,600,000	(3) 7,329,592	

자료: SCAP, *Japanese Investment in E. Asia*, 3 Oct. 47.; 朝鮮銀行京城總裁席調査課, 『朝鮮二於ケル內地資本ノ流出入 = 就テ』, 1933; 「朝鮮投下內地資本と之による事業」, 『殖銀調査月報』제25호, 1940; 京城商工會議所調査課, 『朝鮮に於ける內地資本の投下現況』, 1944.
주: 참고란의 (1)은 1931년 말, (2)는 1938년 말, (3)은 1941년 말 현재에 관한 추계액임. SCAP 원본의 달러 표시 금액에 '달러 엔 전환율'을 곱하여 엔으로 환산했음.

1940년대를 중심으로 조선에 대한 일본인 투자의 크기를 좀더 구체적으로 살펴보면 [표 3-12]와 같다. 이 표에 의하면 1945년 8월의 일본인 자산의 크기는 1941년 말까지의 조선에 대한 일본인 투자액의 10.7배 정도가 된다. SCAP에서는 1945년 8월의 일본인 자산을 달러로 환산할 때 1달러=15엔이라는 환율을 적용하고 있다. 대미공식환율을 알 수 있는 마지

[표 3-12] 일제 말의 일본인의 대조선 투자

	경성상공회의소(1941년 말)		SCAP(1945년 8월)	
	투자액(천 엔)	비율	자산액(천 엔)	비율
정부	2,413,647	32.9%	14,973,400	19.0%
회사	3,940,848	53.8%	53,161,025	67.6%
개인	973,108	13.3%	10,563,000	13.4%
기타	1,985	0.0%		
합계	7,329,588	100.0%	78,697,426	100.0%

자료: 京城商工會議所調査課, 『朝鮮に於ける內地資本の投下現況』, 1944; SCAP, *Japanese External Assets as of August 1945*, 1948. 9. 30. 36-37쪽에서 작성.

막 연도인 1940년에 1달러 = 4.27엔(연평균 환율)이었던 것에 비교하면 대미 환율은 3.5배 증가한 것으로 된다. 이 점을 고려한다면 1941년에서 1945년 사이에 일본인 자산의 달러 표시액은 3배 정도 증가한 것으로 된다. 일본인들의 대조선 투자가 1940년대에 집중되었다는 점과, 1941년의 데이터가 투자액인 반면 1945년의 데이터가 자산이라는 차이를 고려할 때 외형상의 10.7배의 증가는 어느 정도 납득할 수 있는 수준이 된다.

경성상공회의소의 자료와 동양경제신보사의 자료 및 SCAP 자료를 조합하고, 몇 가지 가정을 도입하면 공업부문의 민족별 자산의 크기를 추계할 수 있다. 추계 결과는 [표 3-13]과 같다.

[표 3-13] 공업부문의 민족별 자산 추계

(금액 단위: 천 엔)

	1941년 말			1945년 8월		
	일본인	조선인	합계	일본인	조선인	합계
공업회사	2,049,241	102,462	2,151,703	32,928,930	1,646,447	34,575,377
개인공장	97,311	97,311	194,622	1,056,300	1,056,300	2,112,600
합계	2,146,552	199,773	2,346,325	3,985,230	2,702,747	36,687,977
비중	91.5%	8.5%	100.0%	92.6%	7.4%	100.0%

주 : 정부 부문의 공업투자 혹은 공업자산은 제외.
자료 : [표 3-12]와 같음.

추계방법은 다음과 같다. 추계과정에서는 다소 대담한 가정이 도입되었지만, 일본인 회사자본의 크기가 워낙 크기 때문에 여러 가지 대담한 가정이 도입되었음에도 불구하고 추계 결과가 사실과 크게 다르지 않을 것이라고 생각한다.

(1941년 말)

일본인 공업회사 자산 : 1941년 말 일본인 회사자산의 52.0%를 공업회사 자산으로 간주했다. 이 비율은 1942년판 요록의 일본인 회사 납입자본금에서 일본인 공업회사 납입자본금이 차지하는 비중이다.

일본인 개인공장 자산 : 경성상공회의소의 추계를 가져왔다.
조선인 공업회사 자산 : 일본인 공업회사 자산의 5%에 해당한다고 가정했다. 이 비율은 동양경제신보사의 추계를 토대로 계산되었다.
조선인 개인공장 자산 : 일본인 개인공장 자산과 같다고 가정했다. 1939년판 조선공장명부를 분석해보면, 조선인 공장수가 일본인 공장수보다 많지만(4,185 : 2,768), 일본인 공장의 규모가 조선인 공장보다 상대적으로 더 컸기 때문에 다소 무리하지만 양자의 자산액이 같다고 가정했다.

(1945년 8월)

일본인 공업회사 자산 : SCAP 자료의 주요 1,500회사에서 계산된 비율(61.9%)을 나머지 3,800회사에 대해서도 적용하여 추계하였다.
일본인 개인공장 자산 : 1941년의 경성상공회의소 자료에서 일본인 개인자산 중 개인공장 자산이 차지하는 비중이 약 10%였다. 1945년에 대해서도 이 비율을 그대로 적용하여 계산했다.
조선인 공업회사 자산 : 1942년 초에 대한 동양경제신보사의 추계비율 5%를 여기에서도 그대로 적용하여 계산했다.
조선인 개인공장 자산 : 일본인 개인공장 자산과 동일하다고 가정했다.

조선의 공업자산에서 조선인 공업이 차지하는 비율은 1941년 8.5%에서 1945년 7.4%로 약간 줄어든다. 그러나 이 비율은 추계과정에서 도입한 여러 가정 때문에 상당히 부정확할 수밖에 없고, 따라서 큰 의미를 부여할 수는 없다. 그러나 조선인 공업 자산액이 증가하기는 했지만, 그 비중이 10%를 넘어서지 못했다는 점만은 거의 확실하다. 공업자산이라는 측면에서 보는 한 조선의 공업 = 일본인 공업이라는 등식관계가 성립된다고 해도 과언이 아니다.

(3) 일본인 대자본

우선 동양경제신보사의 자료를 통해 1942년 현재 회사형태의 광공업기업에 있어서 민족별 산업설비 투하자본의 소유관계를 살펴보자. [표 3-14]에서 볼 수 있듯이, 1942년 초 조선 내 산업설비 투하자본 중 조선인에 의한 부분은 '조선 내 주요산업자본계통' 중 '조선인계'에 속하는 것과 '기타의 일반 조선 내 재적회사'에 속하는 두 가지가 있을 수 있다. 전자의 1%(즉 18%의 6%)와 후자의 4%(즉 8%의 절반)를 합해 약 5% 정도였을 것으로 추정된다.[100] 그 반면 '일본 산업자본의 직접진출' 74%를 포함하여 일본인 자산이 95%를 차지한 것으로 볼 수 있다. 일제 말 조선에 투하된 공업회사자본은 모두 일본인 회사자본이었다고 해도 과언이 아니다. 절

[표 3-14] 광공업, 기타 산업설비 투하자본의 투자주체별 비중

(1942년 초: 단위 %)

일본 산업자본의 직접진출						74.0
三井	3.0	東拓	8.1	東洋紡績	1.5	
三菱	4.4	日産	8.9	日鐵	3.0	
住友	1.5	鍾淵紡績	4.4	기타	11.1	
日窒	26.6	大日本紡績	1.5			
조선 내 주요 산업자본계통						18.0
특수회사	3.1	식은계	5.2	기타 일본인계	8.6	
조선인계	1.1					
기타 일반 조선 내 재적회사						8.0
일본인계	4.0	조선인계	4.0			
					합계	100.0

주 : 회사형태의 기업만 포함한다. 상업 및 금융업은 포함되지 않고, 철도 운수업 등은 포함된다.
자료 : 東洋經濟新報社, 『年間朝鮮(朝鮮産業の共榮圈參加體制)』, 1942, 26-7쪽.

---

100) 이 자료에서는 '기타의 일반 조선 내 재적회사'의 민족별 자산구성을 알 수 없다. 그 비중은 50%를 상당히 밑돌았을 것으로 판단되지만, 여기서는 50%로 간주하기로 한다. 그렇다면 조선인 자산은 '기타의 일반 조선 내 재적회사'에서 4%, 조선 내 주요 산업자본계통의 조선인계에서 1.1%, 합계 5.1%가 된다.

대적인 수준에서 보면, 일제시대에 조선인 공업회사자본도 그 나름대로 상당히 발전했다. 그러나 그 성장의 결과는 1942년 초의 경우 전체의 5% 범위 내에 한정되는 것이었고, 또 추세적으로는 후기로 갈수록 점점 줄어드는 것이었다.

SCAP 자료는 연합군 최고사령부(SCAP)에서 일본인 자산소유자의 신고, 각종 증빙문서 등을 종합하고, 일본 대장성과 일본은행의 협력을 얻어 3년간에 걸쳐 집계한 『1945년 8월 현재 일본인 해외 자산』인데, 현존하는 자료 중 가장 정확한 것이다. 요록과 같은 회사자료가 본점은 일본에 두고 조선에 지점이나 공장만 있는 일본인 투자를 제대로 알 수 없는 단점이 있는 반면, 이 자료는 자산에 대한 조사자료이기 때문에 그런 것들도 모두 포함한다는 장점이 있다. 나아가 하나의 회사에 여러 개의 공장이 있는 경우라도 각 공장 소재지 도별로, 또 남북한 별로 자산이 분류되어 있기 때문에 남북한간 및 도별 분포와 동산·부동산별 및 업종별 내역도 파악할 수 있다. 뿐만 아니라 회사 중에서 비교적 규모가 큰 1,500개에 대해서는 각 회사별로 자산에 대한 자료가 주어지기 때문에 원 사료를 통한 다양한 분석이 가능하다는 장점도 있다. 요컨대 이 자료는 일제의 조선지배가 종료되는 시점의 일본인 자산에 대해 가장 정확하고 또 가장 풍부한 내용을 담고 있는 것이다.

이 SCAP 자료를 이용하여 1945년 8월 현재 조선에 존재하던 일본인 자산의 크기부터 알아보자. 앞의 [표 3-12]에서 보았듯이 일본인 자산은 회사자산 35억 달러(532억 엔), 정부 자산 10억 달러(150억 엔), 개인자산 7억 달러(106억 엔), 합계 52억 달러(787억 엔) 정도 되었다. 전체 일본인 자산의 68%는 회사형태로 보유된 자산이었고, 정부자산과 개인자산은 19% 및 13%였다. 또 자산 가운데 67%는 부동산이었고, 동산이 25%, 기타가 8% 정도 되었다.

이 일본인 자산 중에서 회사자산 부분을 좀더 구체적으로 알아보기로 하자. [표 3-15]에서 볼 수 있듯이, SCAP에서 집계한 일본인 회사수는

5,300개이고, 그 자산의 합계액은 35억 달러(532억 엔) 정도이다. SCAP 자료에서는 이들 5,300개의 회사가 주요 1,500개의 회사와 나머지 3,800개의 소회사 두 그룹으로 분류되어 있다.[101] 3,800개의 소회사는 전체 5,300개의 회사수의 72%에 해당하지만, 그것이 전체 자산에서 차지하는 비중은 3%에 불과하다.

이제 일본인 회사의 자산을 업종별로 살펴보면 [표 3-15]와 같다. 3,800개의 소회사와 기타의 회사 잡자산 부분이 내역 계산에서 빠져 있지만, 그 비중은 5.7%로 그다지 크지 않다. 전체 일본인 회사자산의 절반을 조금 넘는 52.6%는 중화학공업 분야에 집중되어 있고, 그 다음으로는 광업이

[표 3-15] 일본인 주요 1,500개 회사의 업종별 자산구성

(자산액: 억 엔)

업 종	자산	비율	업 종	자산	비율
금융, 보험업	3.9	0.7	경공업 내역		
농 업	17.6	3.3	직물업	27.6	5.2
수산업	2.9	0.5	식료품공업	9.7	1.8
운수, 창고업	31.6	5.9	인쇄, 출판업	0.8	0.2
상업, 무역	15.5	2.9	중화학공업 내역		
토지개발업	5.4	1.0	요 업	4.3	0.8
건설업	1.1	0.2	화 학	78.3	14.7
임업, 제재 목제품공업	10.5	2.0	제철업	47.8	9.0
광 업	82.1	15.4	기계기구공업	19.3	3.6
경공업	38.1	7.2	중금속공업	7.2	1.4
중화학공업	279.5	52.6	경금속공업	22.3	4.2
기 타	12.9	2.4	제지업	4.2	0.8
1,500 회사 합계	501.2	94.3	석유, 고무업	9.1	1.7
			가스·전기·수도업	87.1	16.4

주 : 비율은 조선에 소재하는 일본인 자산 전체에 대한 것이다.
  운수, 창고업에는 사설철도가 포함된다. 국유철도는 정부자산에 포함되었을 것으로 짐작된다.
자료 : SCAP, *Japanese External Assets as of August 1945*, 1948. 9. 30.

---

101) 주요 1,500 회사에 대해서는 업종, 소재지의 남북한별, 도별, 자산의 내역이 각 회사별로 주어지고 있다. 그러나 나머지 3,800 소회사에 대해서는 남북한별 합계액만 주어질 뿐 자세한 정보가 없다.

15.4%를 차지한다. 이 두 업종을 합하면 전체 일본인 회사자산의 68%가 된다. 전시체제하에서 이들 두 업종이 특이하게 발전해갔음을 알 수 있다. 그 다음으로는 경공업(7.2%)과 운수 창고업(5.9%)이 높은 비중을 차지한다. 광공업 부문의 비중은 75.2%로 전체 일본인 회사 자산의 3/4을 차지하고 있다.

공업부문 내에서는 화학공업(14.7%)과 가스·전기·수도업(16.4%), 제철업(9.0%), 경금속공업(4.2%) 등의 중화학공업에 속하는 업종이 전체 일본인 회사 자산의 44.3%라는 큰 비중을 차지하고 있다. 수력자원을 이용한 발전업과 전력 다소비산업인 화학, 경금속공업의 발달이라는 조선공업의 특징이 여기에서도 여실히 드러난다. 그 반면 1920년대까지만 해도 조선의 가장 대표적인 산업이었던 방직공업(직물업)과 식료품공업의 비중은 10%도 되지 않는다.

지금까지의 공업회사 자산 분석을 정리해보자. 1942년에 대한 동양경제신보사의 추계에 의하면 조선인 공업회사 자산은 5% 정도에 불과하고, 나머지 95%는 일본인 공업회사의 것이었다. 1942~45년에 이르는 기간에 조선인 공업회사 자산의 비율이 더 증가했을 것이라고 보기는 어렵다. 이 기간의 조선총독부의 산업정책을 염두에 둔다면 그 비율은 더욱 줄어들었을 것이라고 보는 것이 옳을 것이다. 따라서 해방 당시의 조선의 공업회사 자산은 거의 대부분 일본인 공업회사 자산이었다고 보아도 무방할 것이다.

[표 3-16]은 해방 당시 조선의 23개의 대공업회사의 자산과 그 자본계통을 보여준다. 조선의 5,300개의 일본인 회사 중에서 0.4%에 해당하는 23개의 일본인 대공업회사의 자산이 조선 전체 일본인 회사 자산의 43.1%를 차지하고 있었던 것으로 된다. 특히 조선전력과 일본질소비료, 압록강수력발전, 일본제철 등의 4개의 회사 자산만으로도 조선 전체 일본인 회사 자산의 1/4을 조금 넘는 25.6%나 되고 있다.

이제 이들 일본인 회사 자산을 자본계통별로 정리해보자. [표 3-17]에서 볼 수 있듯이, 일본인 공업 중에서는 일질(日窒), 동척(東拓), 미쓰비시(三

[표 3-16] 주요 일본인 대기업의 내역

(자산액 단위: 백만 엔, %)

회사명	자본계통	자산액	비중	회사명	자본계통	자산액	비중
조선전력	日窒, 東拓	4,879	9.2	조선住友경금속	住友	401	0.8
일본질소비료	日窒	4,572	8.6	조선기계제작소	橫山	372	0.7
압록강수력발전	日窒, 東拓	2,489	4.7	대일본방적	大日本紡	367	0.7
일본제철	日鐵	1,627	3.1	日窒연료공업	日窒	349	0.7
鍾淵공업	鍾紡	1,017	1.9	三井유지화학공업	三井	342	0.6
일본고주파중공업	殖銀	964	1.8	三菱화학	三菱	337	0.6
조선인조석유	日窒	911	1.7	三井광업	三井	291	0.5
조선석유	日窒	747	1.4	조선경금속	森	289	0.5
조선전공	日電	628	1.2	조선방적	中外	288	0.5
三菱제강	三菱	564	1.1	동양방적	東洋紡	262	0.5
三菱광업	三菱	524	1.0	조선유지	日産	260	0.5
서선합동전기	東拓	416	0.8	이상 23회사 소계		22,896	43.1
				일본인 회사자산 총계		53,161	100.0

주 : 비중은 일본인 회사자산 총계에 대한 비율을 의미한다.
자료 : [표 3-15]와 같음.

[표 3-17] 일본인 공업회사자산 중 일본대자본계통의 비중

(1945년 8월, 단위: 백만 엔, %)

자본계통	자산	비중	자본계통	자산	비중	자본계통	자산	비중
日窒	9,769	28.3	日電	628	1.8	王子	285	0.8
東拓	5,682	16.5	住友	607	1.8	東洋紡績	262	0.8
三菱	1,983	5.8	橫山	372	1.1	安田	134	0.4
日鐵	1,627	4.7	大日本紡績	367	1.1	片倉	119	0.3
三井	1,508	4.4	日産	300	0.9	理硏	53	0.2
鍾淵紡績	1,375	4.0	森	289	0.8	宇部興産	51	0.1
殖銀	1,022	3.0	中外	288	0.8	淺野	38	0.1
						주요 일본대자본 합계	26,758	77.6

주 : ① 원문에서는 화폐단위가 달러이지만, $1 = 15엔으로 환산했다.
② SCAP의 조사대상이 되었던 5,300개의 기업체 중, 규모가 큰 1,500개의 기업체에 대한 자료를 사용했다. 따라서 나머지 3,800개의 기업체에 관한 데이터는 계산에서 제외되었지만, 그 자산 합계는 1,778백만 엔으로 전체의 6.6%에 불과하다.
③ SCAP의 업종분류 중에서 광업(내용상 광업인 중금속공업)·농업·토지개발업·건설업·무역업·운수창고업(철도 포함)·기타 등의 업종을 제외한 나머지에 대해 집계했다. 단 자본 계통의 분류는 『年間朝鮮(朝鮮産業の共榮圈參加體制)』에 의했다.
자료 : [표 3-15]와 같음.

菱), 닛테츠(日鐵), 미쓰이(三井), 카네보(鐘紡), 식산은행(殖銀) 등의 7대 자본계통만으로도 조선 전체 일본인 기업자산의 2/3를 차지하고, 나머지 14 자본계통까지 합하면 77.7%를 차지하게 된다. 공업화의 과정에서 조선에는 많은 회사와 공장이 출현하게 되었지만, 자본소유의 집중도는 엄청나게 높아 일본대자본 계통에 의한 조선산업의 장악이 확연하게 드러나게 된다.

각종 거시적 통계에서 나타나는 일제시대 조선 광공업의 발달은 무엇인가? 지금까지의 분석결과에 의하면 그것은 바로 소수의 일본인 거대 자본계통의 성장사와 다름이 없는 것이었다. 물론 이 과정에서 조선에서 성장한 일본인 자본이나 조선인 자본도 절대적으로는 성장했지만, 성장의 내용은 근대적 공업의 발달이라기보다는 자급적 및 부업적 가내공업과 재래적 기술을 기반으로 하는 영세 중소공업, 그리고 정미업이나 정어리기름제조업과 같은 1차산품의 단순가공에 그치는 그런 것들이 대부분이었으며, 그 비중도 후기로 갈수록 저하되는 것이었기 때문에 결코 발전이라고 하기 어렵다. 아래에서는 이 점을 좀더 명백히 해두기로 하겠다.

2) 이중구조

일제시대 조선공업이 이중구조적이었다는 주장이 오랫동안 통설이었다. 그러나 최근 일제시대의 공업에 대한 보다 심도 있는 연구가 진행되면서 이 이중구조론에 대한 비판이 제기되고 있다.

이중구조론에 대한 비판은 주로 조선 내부 및 조선과 일본 사이의 분업관계의 발전을 강조한다. 필자는 앞에서 일본의 대자본이 조선에 진출하여 조선의 공업발달을 견인해갔음을 지적한 바 있다. 그리고 조선에서 공업, 특히 중화학공업이 발달하면서 조선 내에서 공업제품의 생산과 소비가 증가했고, 일본대자본의 근대적 기술을 배경으로 하는 진출이었기 때문에 분업구조의 고도화, 우회생산의 확대, 공업구조의 고도화, 무역구조의 고도화 등의 여러 현상도 나타났음을 지적한 바 있다. 또 공업발전에 따라 조선인들의 공산품 소비가 증가하고, 조선인 노동 및 자본도 질적 양적으로 성장하는 등 조선 사회의 구석구석에 이르기까지 상당한 영향을 주었다. 호리 가즈오는 조선의 생산과 무역통계를 종합적으로 검토함으로써 이러한 사태의 전개를 명백히 밝혀내었고, 그것을 토대로 조선의 공업 내에서 산업연관이 증가했다고 보았으며, 다시 그것을 근거로 이중구조론적 견해를 강력하게 부정했다.[102]

호리 가즈오의 방법은 획기적인 것이고 조선과 일본 사이의 공업과 무역을 종합적으로 이해하는 데 크게 기여한 것으로 평가된다. 그러나 호리의 분석에서는 조선이 분석단위로 되어 있기 때문에, 그것을 가지고 이중구조론을 비판하는 것은 논리적으로 비약이 있다고 생각한다. 재식농장(플란테이션)과 같은 이식부문이 도입되었을 때도 그 지역 전체로는 무역, 생산, 소비가 증가하는 것이 당연할 수밖에 없다. 이중구조론의 비판이 되기 위해서는 해당 지역의 합계액이나 평균액이 아니라, 이식공업의 발달과 더불어 조선인의 무역, 생산, 소비가 어떻게 변해갔는지, 또 조선인 공업과 이식공업이 각각 어떤 양태로 존재하고 있는지, 그리고 이 양자 사이의 산업연관이 어떠한지가 분석되어야 할 것이다.

또 일본경제사에서는 1920, 30년대부터 1950년대까지 일본경제의 특징 중 하나로 이중구조를 들고 있다. 하시모토 쥬로(橋本壽朗)는 거대산업을 정점으로 하는 이중구조가 일본자본주의의 특징 중 하나였다고 한다. 이 경우 거대산업은 첫째, 자본집약적이고, 최소최적규모의 설비가 크고, 수확체증산업이기 때문에 진입장벽이 높고, 철퇴 비용이 크기 때문에 자본

---

102) 堀和生, 『朝鮮工業化の史的分析』, 서장 제2절 참조. 여기에서 그는 지금까지의 대표적 이중구조론이라고 할 수 있는 김철, 박현채, 서상철의 주장을 비판하고 있다. 호리의 지적처럼, 이들의 조선공업에 대한 인식은 잘못된 것이 많다.

이동의 자유에 관한 제약이 크며, 둘째 멀티디비저널한 경영조직과 높은 기술수준을 필요로 하는 등의 특징을 가지고 있었다고 한다.[103] 오다카 코오노스케(尾高煌之助)는 송방디플레 후의 기업발흥기에서 고도성장기의 첫 무렵까지가 근대와 재래의 병렬적 발전(concurrent growth)의 시기이지만, 1910년대 후반부터 태평양전쟁 직전까지와 태평양전쟁 직후의 약 10년간은 근대와 재래 사이의 격차가 특히 두드러진 시대였다고 보았다.[104] 우메무라 마타지(梅村又次)는 1909년과 1914년 『공장통계표』를 분석해 보았을 때, 종업원 규모별 평균임금에 현저한 격차가 없었지만 1930년대 초가 되면 최대규모(1,000명 이상)와 최소규모(49명 이하) 사이의 규모별 임금격차(wage differential by size)가 100 : 40 정도로 벌어지고 1950년대까지 그 상태가 지속되었다는 것이다. 영국과 미국이 100 : 80 정도였던 것과 비교해보면 일본의 규모별 임금격차는 특히 현저한 것이었다. 그 때문에 우메무라는 이중구조의 생성과 전개를 1920~30년대라고 보고 있다.[105] 오다카의 일본의 이중구조에 대한 논의를 정리하면 [표 3-18]과 같다.

일본경제사에서는 일제시대에 해당하는 시기의 일본산업에 이중구조가 존재했다고 보는 주장이 일반적인데, 그 식민지인 조선에서 이중구조가 존재하지 않았다고 보기는 어렵다. 농업과 공업의 생산수단인 토지와 자본이 민족별로 극단적으로 불평등하게 소유되고 있던 조선에서는 위에서 본 일본에서와 같은 이중구조 문제가 민족문제와 겹쳐서 한층 더 격심하게 나타나고 있었다고 보는 것이 옳을 것이다. 1942년 초가 되면 조선의 광공업 회사자산의 대략 95%를 일본인이 소유하게 되는 그러한 소유구조 하에서는 분업구조의 고도화나 우회생산의 확대, 공업구조의 고도화나 무역

---

103) 橋本壽朗,「巨大産業の興隆」,『二重構造』(中村隆英, 尾高煌之助 편), 岩波書店, 1989, 82쪽.
104) 尾高煌之助,「二重構造」,『二重構造』(中村隆英, 尾高煌之助 편), 岩波書店, 1989, 134쪽.
105) 西川俊作,『日本經濟の成長史』, 東洋經濟, 1985, 251-252쪽.

[표 3-18] 일본의 이중구조적 특징

농공간	농업	가족경영, 재래기술, 소규모생산, 유업자 1인당 연간 평균소득 = 약 195엔 (1933년)
	공업	기업경영, 외래기술, 중·대규모생산, 유업자 1인당 연간 평균소득 = 약 741엔 (1933년)
민간상공업	소기업	경영관리기법의 미확립, 구식·노동집약적 생산기술, 고금리 부담, 저임금
	대기업	경영관리기법의 확립, 신식·자본집약적 생산기술, 저금리부담, 고임금
공업간	경공업	노동집약적, 재래기술, 소규모생산, 경쟁적 제품시장, 비교적 소량의 자금수요, 미숙련 남녀공의 고용
	중화학공업	자본집약적, 외래기술, 규모의 경제, 과점적 제품시장, 다량의 자금수요, 숙련남자공의 고용
공업내부 (섬유공업)	직물	노동집약적 중소공장, 국내용 및 수출용 생산, 저임금
	방적	자본집약적 대공장, 국내용 생산, 고임금

자료 : 尾高煌之助, 「二重構造」, 『二重構造』(中村隆英, 尾高煌之助 편), 岩波書店, 1989, 134-135쪽의 내용을 정리한 것임.

구조의 고도화 등은 모두 이 일본인 자본의 성장에 의해 주도된 것이었고, 또 주로 일본인 기업간의 분업과 우회생산의 증대에 기인하는 것이었다.

따라서 여기에서는 이런 이중구조론을 둘러싼 논의를 염두에 두면서, 일제시대 공업발전이 거의 피크에 도달한 것으로 생각되는 1939년을 중심으로 공장 및 가내공업 생산액을 정리하여 그 내용을 검토해보기로 한다.

(1) 일본대자본의 근대적 대공업

일본대자본의 상징적 존재인 일질의 경우를 살펴보는 것에서 시작해보자.[106]

---

106) 1942년 일질의 광공업 시설자산은 조선 전체 광공업회사 자산의 26%를 차지하고 있었다. 따라서 일질의 사례를 통해 조선광공업회사 자산의 1/4을 설명할 수 있기도 하다.

일질이 부전강 발전소를 건설할 때, 제언・수로・양수장 공사는 일본인 건설회사인 니시마츠구미(西松組)・하자마구미(間組)・마츠모토구미(松本組)・쵸몬구미(長門組) 등에서 담당했고, 철관은 니혼강관(日本鋼管), 펌프・전동기는 시바우라제작소(芝浦製作所), 로우프 웨이는 야마카와색도(山川索道)에서 각각 담당했다. 물론 많은 조선인 노동자들이 현장 인부로 투입되었지만, 이것을 제외한 나머지 대부분은 일본인 기업간의 수급에 의해 이루어졌다.[107]

일질은 이 전기를 토대로 함경남도 등에서 여러 가지 사업을 전개했다. 일질의 조선공장에서는 화학비료를 비롯하여 유산, 초산, 염산, 인산 등의 염류와 가성소다, 소다회, 암모니아 등의 알칼리류, 수소, 질소, 산소, 탄산가스, 아세틸렌, 염소가스 등 백 수십 종의 제품을 생산했다. 그 과정에서 일질은 조선은 물론이고 일본, 나아가서는 세계적으로도 유수한 기업의 하나로 되었다. 그 당시 일질이 세웠던 각종 기록들이 이것을 여실히 보여준다([표 3-19] 참조).

[표 3-19] 일질이 세운 각종 기록

업종	규모	업종	규모
수전해(水電解)공장	세계 제1위	인조보석공장	일본 제1위
암모니아합성공장	세계 제3위	공작공장	일본 제1위
유지공장	일본 제1위	메탄올 합성공장	일본 제1위
화약공장	일본 제1위	석탄 직접액화	일본 제1위
카아바이트공장	일본 제1위	사설 부두	일본 제1위
마그네슘공장	일본 제1위		

자료 : 朝鮮電氣事業史編集委員會, 『朝鮮電氣事業史』, 中央日韓協會, 1981, 487쪽.

시모타니 마사히로(下谷政弘)는 대일본인조비료와 일질을 비교하여, 전자가 동종・동형의 '제조소'를 수평적으로 끌어 모은 것에 불과했지만, 후

---

107) 朝鮮電氣事業史編集委員會, 『朝鮮電氣事業史』, 中央日韓協會, 1981.

자는 이종의 '제조소'를 분업편성에 의해 연계시키는 다각경영을 하고 있었던 점에 큰 차이가 있다고 했다.[108] 시모타니의 지적과도 같이 일질의 흥남공장군은 고도의 분업편성을 토대로 하는 것이었다.

일질 흥남의 공장군의 주요 생산물의 생산공정을 그린 [그림 3-17]을 통해 이 분업관계를 살펴보자. 이 그림에서 볼 수 있듯이, 일질의 생산공정은 거의 자기완결적이었고, 조선인 공업이 그 사이에 끼어들 여지는 거의 없었다. 다만 유지공업 원료인 어유의 조달, 대두와 소금 등의 원료 조달 부문 등에서만 조선인 산업이 일부 참여할 수 있을 정도였다.

[그림 3-17] 일질계 공장들의 생산공정 관련도

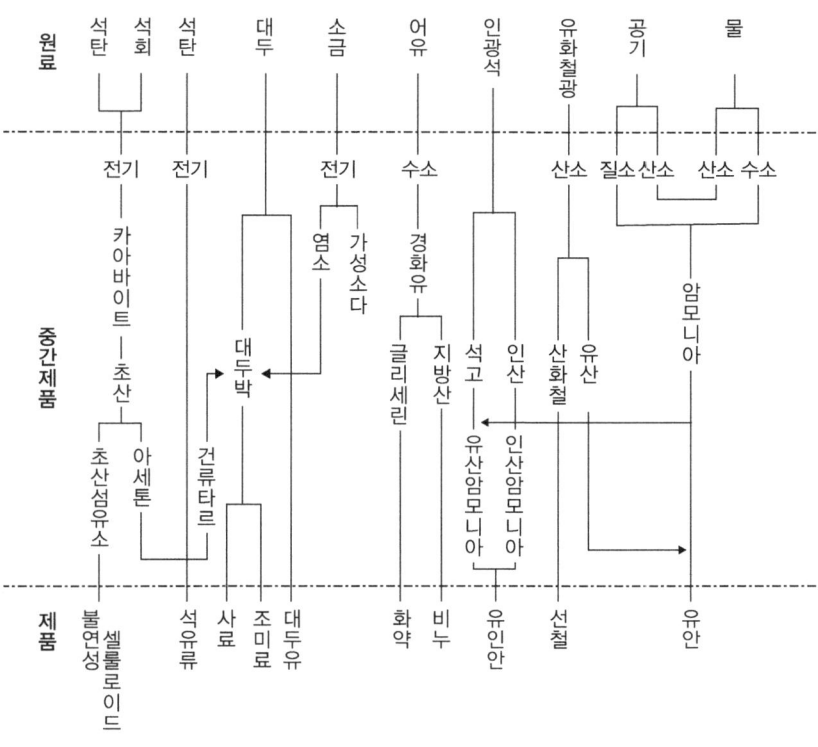

---

108) 下谷政弘, 『日本化學工業史論』, 御茶の水書房, 1982, 147-148쪽.

『조선전기사업사』에서는 이 공업단지에 대해 다음과 같이 말하고 있다.[109]

흥남은 …… 20년도 안 되는 사이에 흥남부로 되고, 인구 약 18만 명의 함경남도 제1의 대도시로 되었다. 일본인 인구는 조선 전체에서 제3위이고, 물동량은 하루 1만 톤에 이르렀다. 쇼와(昭和) 초기부터의 아주 짧은 기간에 동양 제일의 화학공장이 생겨난 것은 대수력 발전에 의해 풍부하고 싼 전력이 개발된 것과 더불어, 일본질소 노구치(野口) 사장의 강렬한 의욕과 젊은 기술진의 총력결집, 나아가 개발을 지원하는 자금원이 일체가 되었기 때문이다. 이 공장의 부대설비로는 스스로 건설한 조선 제일의 병원을 비롯하여 학교, 우체국, 관청사무소, 경찰, 집회소, 대체육관 등이 있었다. 사택은 수세식 변소와 증기난방까지 완비하는 등 당시로서는 보기 드물게 공장도시로서 종합계획 하에 건설되었다. 다른 사업장(영안, 아오지, 청수 등)에서도 다소 차이는 있지만, 마찬가지 설비가 이루어졌다.

일질의 조선사업은 공장의 시설이나 기술에서 보든지, 그 부대시설에서 보든지 당시 조선의 다른 지역 및 산업과는 완전히 동떨어진 별천지였던 것이다.

근대적 대공업의 대표적 존재로서의 일질이 가지는 이러한 성격은 일질에만 한정된 것이 아니었다. 제철업, 면사방적업과 광폭면직물(조포), 공업약품, 포틀랜드 시멘트, 경화유나 비누 등의 유지공업, 화학펄프, 맥주, 올레인, 글리세린 등의 다른 여러 근대적 대공업에서도 공통적으로 나타나는 것이었다.

이들 일본인 근대적 대공업의 특징을 [표 3-20]을 통해 확인해두자. 첫째, 전체 공장수의 1%도 되지 않는 62개의 공장에서 전체 공장생산액의

---

109) 朝鮮電氣事業史編集委員會, 『朝鮮電氣事業史』, 483쪽.

29%를 생산하고 있다. 즉 소수이기는 해도 일본에서 진출해 온 대기업은 조선공업에서 주도적 지위를 차지하고 있었던 것이다. 둘째, 이들 업종의 공장당 평균 생산액은 대단히 큰 반면, 업종당 공장수는 아주 적었다. 즉 이들 업종은 대체로 독과점적인 시장구조를 가지고 있었던 것이다. 셋째,

[표 3-20] 일본대자본의 공장이 주축을 이루는 업종과 그 밖의 업종의 비교

(1939년)

업종		생산액 (천 엔) M	공장수 (개) F	노동자수 (명) L	공장당 생산액(엔) M/F	공장당 노동자수(명) L/F	노동자당 생산액(엔) M/L
방직	방적	44,195,166	5	1,588	8,839,033	318	27,831
	기타 방직공업	149,174,511	603	50,493	247,387	84	2,954
	소계	193,369,677	608	52,081	318,042	86	3,713
금속	금속정련, 재료품	108,583,947	19	9,914	5,714,945	522	10,953
	기타 금속공업	23,054,919	276	7,961	83,532	29	2,896
	소계	131,638,866	295	17,875	446,233	61	7,364
요업	시멘트	22,439,326	6	3,261	3,739,888	544	6,881
	기타 요업	13,440,207	336	11,901	40,001	35	1,129
	소계	35,879,533	342	15,162	104,911	44	2,366
화학	공업약품	111,909,942	18	2,911	6,217,219	162	38,444
	가공유	35,944,833	2	1,427	17,972,417	714	25,189
	펄프	14,532,072	3	649	4,844,024	216	22,391
	광물질비료	51,350,181	4	5,495	12,837,545	1,374	9,345
	기타 화학공업	245,240,630	1,591	61,191	154,142	38	4,008
	소계	458,977,658	1,618	71,673	283,670	44	6,404
식품	맥주	10,902,220	2	349	5,451,110	175	31,238
	제당	11,077,125	1	134	11,077,125	134	82,665
	기타 식품공업	430,553,869	2,345	48,127	183,605	21	8,946
	소계	452,533,214	2,348	48,610	192,731	21	9,309
기타	석면제품	2,458,327	2	444	1,229,164	222	5,537
	기타 기타공업	54,202,920	454	14,211	119,390	31	3,814
	소계	56,661,247	456	14,655	124,257	32	3,866
합계	일본인대공업	413,393,139	62	26,172	6,667,631	422	15,795
	기타공장	1,022,331,943	6,891	244,267	148,358	35	4,185
	소계	1,435,725,082	6,953	270,439	206,490	39	5,309

자료 : 朝鮮總督府, 『統計年報』, 1939년판에서 작성.

노동자 1인당 생산액이 그 밖의 다른 업종에 비해 현저히 많다. 즉 자본집약적 생산기술이 채택되고 있었던 것이다. 넷째, 이들 공장에서는 공장당 노동자수가 평균 422명으로 그 밖의 공장의 35명에 비해 월등히 많다. 이들 대공장이 근대적인 기구조직을 가지고 있었을 가능성이 한층 높았다. 앞의 일본의 이중구조에 대해 정리한 [표 3-18]에서 본 바로 그런 차이가 조선의 공업에서 현저하고 또 명백하게 존재하고 있었던 것이다.[110]

토착공업과는 판이한 이런 특징들 때문에, 생산과정은 대체로 자기완결적이었고, 따라서 일부 원료조달 부문(예컨대 정어리 기름 등)과 일부 제품 가공업(예컨대 시멘트 벽돌이나 기와 등)을 제외하면 조선 내의 다른 자본, 특히 조선인 자본과는 거의 아무런 연관관계도 없었다. 1930년대에는 바로 이들 업종의 생산액이 비약적으로 증대함으로써 조선의 공업생산액이 급증하고 공업구조가 고도화되는 것 같은 현상을 보여주고 있지만, 이들 일본인 대공업과 조선인 공업 사이에는 직접적 연관관계가 별로 없었기 때문에 그런 점에서는 오히려 포령적(包領的; enclave) 혹은 비지적(飛地的)인 존재에 가까웠다고 보는 것이 옳을 것이다.

(2) 가내공업 및 그 연장선상에 있는 영세공업

일본인 근대적 대공업의 반대측에는 '가내공업' 혹은 그것과 성격상 구별되지 않는 영세공업이 있었다. 가내공업의 상대적 쇠퇴가 거의 최고조에 도달했던 1939년을 대상으로 가내공업의 내용을 좀더 구체적으로 알아보기로 하자. 1939년을 대상으로 택한 것은 정부기록보존소 문서에 그 해의

---

110) 앞의 [표 3-11]에서 보았듯이, 일본의 대조선 투자액은 1940-45년간에 전체의 48%가 집중되었기 때문에, 1940년 이후에는 이 일본인대공업의 특징은 한층 뚜렷해졌을 것으로 판단된다. 1940년의 경우만 보더라도 73개의 공장에서 전체 공업생산액의 34%를 차지하게 된다. 朝鮮總督府, 『統計年報』, 1940년판에서 계산.

민간공장생산, 관영공장생산 및 가내공업생산에 대한 집계 원고가 보존되어 있기 때문이다. 이들 자료를 정리해보면 1939년판 조선총독부『통계연보』의 공장생산액 및 공산액 통계와 일치하기 때문에 이 자료는 1939년판 공산통계의 원본이라고 볼 수 있다.

이 자료가 갖는 장점은 관영공장에 대한 통계가 주어지고 있다는 점도 있지만, 가내공업에 대해 민족별·도별·세부 품목별로 제조호수, 생산량, 생산액 등의 통계가 주어지고 있다는 것이다. 이 가내공업 자료를 정리해보면 [표 3-21]과 같다.

[표 3-21] 호당 평균 생산액별 품목수, 생산액 및 제조호수

(1939년, 생산액 단위: 엔)

	호당평균생산액	품목수	(비율)	생산액	(비율)	제조호수	(비율)
조선인	0~20	104	27.5%	130,776,889	40.4%	14,450,704	89.6%
	20~100	56	14.8%	54,376,731	16.8%	1,422,044	8.8%
	100~1,000	113	29.9%	42,370,013	13.1%	207,266	1.3%
	1,000~10,000	98	25.9%	35,333,982	10.9%	44,751	0.3%
	100,000 이상	7	1.9%	60,572,036	18.7%	3,016	0.0%
	계	378	100.0%	323,429,651	100.0%	16,127,781	100.0%
일본인	0~20	16	6.3%	394,968	0.7%	180,939	74.4%
	20~100	15	5.9%	3,320,668	5.8%	51,244	21.1%
	100~1,000	46	18.0%	775,892	1.3%	2,263	0.9%
	1,000~10,000	136	53.1%	30,650,233	53.2%	8,045	3.3%
	100,000 이상	43	16.8%	22,443,293	39.0%	835	0.3%
	계	256	100.0%	57,585,054	100.0%	243,326	100.0%

자료 : 朝鮮總督府,『1939年度 家內工業生産額』, 정부기록보존소 소장문서.

가내공업 제조호수를 단순 누계하면 조선인 1천 6백만 호, 일본인 24만 호이다. 이 숫자는 1939년의 조선인 호수(약 4백만) 및 일본인 호수(약 16만 호)를 상회한다. 하나의 제조호수에서 여러 품목의 가내공업생산을 행하였다는 의미인데, 가내공업이 여러 가지 자급적 생산과 다양한 부업적 생산도 겸하고 있기 때문이다. 따라서 가내공업에 대한 통계를 검토할 때는 이런 중복문제를 염두에 두어야 하지만, 여기서는 일단 그 점은 무시하

고 살펴보기로 한다.

우선 모든 가내공업이 동질적이 아니라는 점이 뚜렷이 나타난다. 즉 가내공업생산 속에는 연간 호당 평균 생산액이 수 엔에 불과한 것에서부터 10만 엔을 넘는 것까지 다양했다. 몇 가지로 구분한다면, 자가 소비를 위한 자급적 생산, 가계의 현금지출 절약 및 현금수입 보충을 위한 부업적 생산, 전업적 상품생산 이 세 가지가 섞여 있는 것이다. 가내공업 생산 품목이 워낙 다양하기 때문에 이들 셋을 구분해줄 수 있는 공통적인 기준을 정하기는 어렵다. 그러나 호당 생산액이 적을수록 자급적 생산의 성격이 강해지고, 많을수록 전업적 상품생산의 성격이 강해진다고 보아도 좋을 것이다.[111]

① 전업적 상품생산

호당생산액이 1,000엔 이상인 품목은 조선인 제조호수의 0.3%에 불과하지만, 품목수에서는 27.8%, 생산액에서는 29.6%를 차지한다. 일본인의 경우에는 제조호수의 3.3%에 해당하는 가내공업이 품목수의 69.9%, 생산액의 92.2%를 각각 차지한다. 호당 생산액, 품목의 다양성, 생산액에서 차지하는 비중 등의 모든 면에 걸쳐 이들 가내공업의 성격은 영세공장의 그것과 하등 다를 바 없다. 호당 생산액이 1,000엔을 넘어서는 품목은 전업적 상품생산이라고 해도 좋을 것이고, 가족노동 이외에 고용노동을 사용하는 생산이 이루어진 것으로 보아야 한다. 다만 그 고용노동의 수가 기껏해야 4명이기 때문에 가내공업으로 분류되었을 뿐이다.

---

111) 아래에서는 호당생산액이 1,000엔 이상인 것과 20엔 이하인 것을 예로 들어 설명한다. 단 이 구분은 특별한 기준에 의해 설정된 것은 아니고, 단지 두 극단을 예로 들어 설명하기 위함이다. 호당 생산액이 20~1,000엔인 것은 이 두 사례를 원용하여 설명될 수 있을 것이다.

아래 [표 3-22]에서는 호당 평균생산액이 1,000엔 이상이면서도 품목당 생산액이 50만 엔을 넘는 것을 뽑아 열거한 것이다. 생산액의 규모에서 볼 때 고용노동을 사용하고 있는 것으로 판단된다. 이들 품목 중에는 전통적 소비재산업에 속하는 것도 있지만, 외래품목이나 새로운 품목에 속하는 것도 포함된다. 그러나 면양말이나 정어리기름 혹은 시멘트기와와 같이 외래품목이라고 하더라도 기술적으로 전통적 기술과 크게 차이가 나는 것은 없었다.

[표 3-22] 호당 평균생산액이 1,000엔 이상인 가내공업

(1939년, 금액단위: 엔)

조선인 가내공업				일본인 가내공업			
품목	생산액	제조 호수	호당 생산액	품목	생산액	제조 호수	호당 생산액
면 양말	1,529,806	1,131	1,353	생사	2,604,566	323	8,064
솥, 냄비 등	597,930	502	1,191	선박	666,142	170	3,918
진유기	539,176	344	1,567	정어리 기름	2,639,225	371	7,114
선박	964,008	798	1,208	어교조	1,817,728	142	12,801
짐수레	1,023,295	906	1,129	배합비료	1,095,103	2	547,552
기와(시멘트제)	1,036,453	210	4,935	일본식 가구	741,947	236	3,144
기와(흑색소소물)	861,331	332	2,594	양가구	771,899	184	4,195
보통 벽돌	574,739	47	12,228	건구	1,829,958	322	5,683
인삼제제	2,310,129	320	7,219	일본 간장	6,771,806	162	41,801
정어리 기름	5,839,346	2,600	2,246	탁주	2,657,491	92	28,886
어교조	13,695,355	995	13,764	약주	776,365	62	12,522
양가구	864,897	723	1,196	소주	561,029	21	26,716
탁주	41,049,004	1,832	22,407	청주	781,169	21	37,199
약주	5,085,269	529	9,613	빵	838,423	669	1,253
소주	4,985,498	136	36,658	과자, 떡	3,994,491	834	4,790
가죽신	2,027,240	715	2,835	정어리 통조림	506,974	6	84,496
양복, 외투류	9,207,482	5,947	1,548	김	1,678,050	113	14,850
				기타 수산품	5,110,707	1,553	3,291
				정곡제분 강조류	1,941,340	418	4,644
				버선류	1,360,973	47	28,957
				양복, 외투류	2,349,222	753	3,120

주 : 호당 평균생산액이 1,000엔 이상이고, 품목당 생산액이 50만 엔 이상인 것만 발췌.
자료 : [표 3-21]과 같음.

조선인 가내공업의 경우, 조선의 전통적 소비와 관련된 품목들은 대체로 전통적 기술이나 혹은 그것을 약간 개량한 기술을 사용하는 것들이었다. 1930년의 조선의 직물공장에 대한 한 조사자료를 예로 들어보자.[112] 전체 40개의 조선인 직물공장 중 역직기를 가진 공장은 8개(공장규모는 종업원 수 50명 이상인 것이 5개, 5~49명이 3개)뿐이고, 나머지 32개의 공장은 족답기, 문직기, 수직기를 사용하고 있었다. 또 이들 40개의 공장 중 『조선공장명부』에 나타나는 것은 25개였기 때문에, 40개 중 15개는 4인 이하의 직공을 갖는 가내공업이라고 할 수 있다. 25개의 공장 중에서 역직기를 사용하는 8개를 제외한 나머지 17개는 역직기를 갖지 않는 A급(종업원 수 5~49명) 규모의 공장으로 간주할 수 있다. 즉 1930년의 A급 조선인 직물공장의 7할은 기껏해야 공장제수공업의 범주에 속하거나 거기에서 크게 벗어나는 것이 아님을 알 수 있다. 그리고 이들 조선의 전통적 소비와 관련된 품목의 제조호수는 이미 1920년대 말부터 감소추세가 나타나고 있었다.

다시 직물업의 경우를 예로 들어보자([표 3-23] 참조). 직물제조호수는 1920년대 말까지 계속 증가했지만, 1930년대에 들어서면서 면포, 마포, 저포에서는 제조호수의 감소가 나타나고 있다. 다만 견포의 경우에만

[표 3-23] 직물제조호수

	1911	1918	1929	1933	1939
면 포	479,804	738,844	958,509	646,237	450,703
마 포	361,621	645,836	759,699	640,643	619,801
저 포	39,179	57,349	83,351	74,626	32,228
견 포	43,731	64,377	146,558	196,957	225,102
계	924,335	1,506,406	1,948,117	1,558,463	1,327,834

주 : 1933, 1939년은 가내공업자 호수
자료 : 1911, 1918년은 조선총독부, 『통계년보』.
　　　1929년은 朝鮮總督府 中央試驗所, 『朝鮮の機業』, 1931, 10~13쪽
　　　1933년은 조선총독부, 『調査月報』.
　　　1939년은 조선총독부, 『工産表』(정부기록보존소 문서)에서 각각 작성.

---

112) 朝鮮總督府 中央試驗所, 『朝鮮の機業』, 1931, 22-23쪽 참조.

1939년까지 계속 제조호수가 증가했을 뿐이다. 전체적으로 직물제조호수는 1920년대 말에 이미 정점에 도달했고, 그 이후에는 감소추세로 돌아선 것이 분명하다.

이와 같이 전통적 소비와 관련된 품목의 제조호수가 크게 줄어들었고, 거기에서 유추할 수 있는 바와 같이 생산액도 감소했을 것임에도 불구하

[표 3-24] 1939년도 공장수 순위별 업종 및 공장수

업 종		조선인 공장			일본인 공장			공장수 합계
		5~49	50~	소계	5~49	50~	소계	
화학	동물유지제조업	782	30	928	183	77	288	1,216
식품	정곡제품의 강조류제조업	777	33	851	258	41	317	1,168
식품	조선주	301	-	307	70	-	71	378
인쇄	인쇄업	138	6	145	142	14	157	302
식품	소주	149	-	149	31	4	35	184
화학	제지업	144	5	172	2	2	5	177
제재	건구, 가구	54	-	54	82	-	85	139
요업	도자기제조업	129	-	129	6	3	9	138
식품	수산품제조업	77	-	77	52	5	58	135
기타	봉재업	41	2	43	80	7	89	132
방직	제사업	41	3	46	44	30	74	120
금속	선철 주물업	70	2	76	31	10	42	118
방직	메리야스제조업	87	19	108	7	2	9	117
제재	제재업	38	-	39	69	8	78	117
식품	청주	10	-	12	90	4	95	107
요업	벽돌, 내화물제조업	35	4	43	30	17	50	93
방직	견직물	79	2	90		-		90
식품	과자, 빵, 엿제조업	18	-	18	62	10	72	90
기계	기타의 기계기구제조업,부분품	31	2	33	33	7	40	73
식품	간장, 된장, 식초	3	-	3	62	3	66	69
화학	고무제품제조업	17	31	50	4	6	11	61
기계	조선업	1	-	1	49	6	56	57
기계	기계수리업	25	-	25	29	1	30	55
식품	통조림제조업	9	-	9	24	20	45	54
금속	그릇류	44	1	46	4	-	4	50
기계	농업용 기계기구제조업	32	1	33	14	2	17	50

자료 : 朝鮮總督府殖産局, 『朝鮮工場名簿(1939년판)』, 1941에서 작성.

고, 중일전쟁 무렵까지는 전체 가내공업생산액은 감소하지 않았다. 정어리 기름 제조업과 같은 새로운 품목에서 가내공업 생산이 급증했기 때문일 것이다.

마지막으로 가내공업과 공장공업 사이의 관계에 대해 언급해두자. 호당 생산액이 1,000엔 이상인 품목 중 품목 당 생산액이 50만 엔을 넘는 것은 거의 대부분 공장공업에서 공장수가 가장 많은 업종과 겹치고 있다. [표 3-24]는 1939년판 『조선공장명부』에서 업종당 공장수가 50개 이상인 것만 뽑아서 공장수가 많은 순서로 정렬한 것이다. 앞의 [표 3-22]에 열거된 업종이 포함되는 것은 '합계' 란의 색깔을 회색으로 표시했다. 공장수가 많은 업종은 거의 대부분 [표 3-22]에 나오는 업종이었다.[113] 여기서도 알 수 있듯이 호당 생산액이 1,000엔을 넘는 가내공업은 영세공장과 그 성격이 특별히 구별되는 것은 아니었다.

② 자급적 및 부업적 생산

한편 호당생산액이 20엔 미만인 품목은 일단 자급적 성격이 강한 것으로 볼 수 있다. 월평균 생산액이 2엔도 되지 않기 때문에 이들 품목에서는 가족노동 이외에 고용노동이 사용되기 어렵다.

여기에는 120개 정도의 품목이 있는데, 그 중 품목당 생산액이 100만 엔을 상회하는 주요한 것을 열거해 보면, 간장, 된장, 식초, 참기름, 들깨기름, 가마니, 새끼, 짚신, 멍석, 수방 삼베, 수방 모시, 돗자리, 소폭 백목면, 제면, 옥사 등이 있다. 조선인 제조호수의 90%와 일본인 제조호수의 74%가 호당 생산액 20엔 미만의 품목의 제조와 관계하고 있다.

호당 생산액이 20엔 미만인 품목의 생산액과 제조호수가 전체 가내공업

---

113) [표 3-22]에 나오는 업종 중 인삼제제, 가죽신, 배합비료만 [표 3-24]에서 보이지 않는다.

생산액과 제조호수에서 차지하는 비중을 보면 조선인의 경우 40.4% 및 89.6%이고, 일본인의 경우 0.7%와 74.4%였다. 가내공업 제조에 종사하는 자의 대부분은 20엔 미만의 생산액을 가진 품목의 생산에 종사하고 있었던 것으로 되지만, 그것이 생산액에서 차지하는 비중은 크게 낮아 대체로 자급적 성격이 강했던 것으로 보인다.

물론 이들 호당 생산액이 20엔 미만이었다고 해서 반드시 자급을 위해서만 생산했다고 단정할 수는 없다. 조선총독부의 조사에 의하면 1938년 현재 조사대상 소작농들 중 61%는 가마니 생산에 종사하여 호당 평균 162매를 생산했다(이하 [표 3-25] 참조). 그리고 생산된 가마니 중에서 76%인 123매를 판매했는데, 호당 판매액은 18엔 정도였다. 새끼와 멍석의 경우에도 사정은 비슷했다. 조사대상 소작농의 32~59%가 이들 품목의 생산에 종사하고, 생산량 중에서 42~77%를 판매했다. 단 직물의 경우는 조금 다르다. 조사대상 호수의 절반 가량에서 직물생산에 종사하고 있지만, 생산된 직물 중에서 판매되는 비율은 25%로 상대적으로 크게 낮다. 공장에서 생산된 직물이 광범하게 유통되고 있었기 때문에 가내수공업적으로 생산된 직물에 대한 시장수요는 별로 없었을 것이다. 그럼에도 불구하고 많은 농가에서 직물생산에 종사하고 그 대부분을 자급하는 까닭은 결국 농가의 현금지출을 최대한 억제하기 위한 목적이었다고 생각된다. 소작농에 대한 지금까지의 설명은 자소작농의 경우에도 거의 그대로 적용된다. 또 1933년과 1938년을 비교했을 때, 가내공업생산에 종사하는 호수와 생산량 및 판매량은 모두 증가하고 있다. 다만 직물의 경우에는 제조호수는 늘었지만, 생산량과 판매량은 별로 변하지 않았다.

된장(제조호수 3,183,663호), 간장(제조호수 2,304,687호) 등은 제조호수나 조선의 관습에서 볼 때, 거의 자급적 성격의 것이었다고 판단된다. 또 짚신(제조호수 889,673호)도 대체로 자급적 목적으로 생산된 것으로 보인다. 그러나 참기름과 들깨기름은 호당 생산량이 5kg 및 4kg이고, 식초는 제조호수가 248,493호이고 호당 생산량이 5hl이나 되기 때문에 상

[표 3-25] 소작농과 자작농의 가내공업생산 (1933년 및 1938년)

		종업호수 B	생산수량 C	판매수량 D	판매액 E	종업률 B/A (%)	호당생산량 C/B	판매율 D/C (%)	호당생산액 E/B
소작농	가마니 (매)	623 1,058	87,224 170,945	74,658 129,616	7,547 19,415	36 61	140 162	86 76	12 18
	새끼 (관)	751 1,017	46,201 91,862	18,402 38,619	1,525 4,026	43 59	62 90	40 42	2 4
	멍석 (매)	204 557	3,986 8,542	3,421 6,543	541 1,156	12 32	20 15	86 77	3 2
	직물 (반)	605 829	4,663 4,712	1,173 1,192	1,572 3,009	35 48	8 6	25 25	3 4
자소작농	가마니 (매)	620 1,075	69,783 139,811	56,087 91,604	5,714 14,127	33 58	113 130	80 66	9 13
	새끼 (관)	759 1,148	46,520 106,879	12,229 51,723	1,157 5,066	41 62	61 93	26 48	2 4
	멍석 (매)	214 679	4,082 13,283	3,406 10,230	530 1,460	12 37	19 20	83 77	2 2
	직물 (반)	775 1,060	8,482 7,801	2,111 2,226	3,232 5,574	42 57	11 7	25 29	4 5

주 : 상단은 1933년(조사호수 A = 1,728호), 하단은 1938년(조사호수 A = 1,859호).
자료 : 朝鮮總督府 農林局農村振興課, 『農家經濟槪況調査』, 1940, 소작농가의 부, 64-67쪽, 자소작농가의 부, 64-67쪽.

당 부분은 판매목적으로 생산되었다고 판단된다.

이와 같이 호당 생산액이 20엔 미만인 품목은 조선의 생활관습상 자급적으로 이루어지는 생산과 현금수입의 극대화나 현금지출의 극소화를 목적으로 하는 생산으로 이루어져 있었다. 그러나 연간 20엔의 생산액, 즉 월 2엔도 안 되는 생산액이기 때문에 이것을 전업적 생산이라고 간주하기는 어렵다. 어디까지나 가내부업적인 성격의 것이었다.

이상의 분석결과를 요약해보자. 가내공업은 결코 동질적인 것은 아니었다. 호당 생산액이 아주 근소한 품목의 경우에는 자급적인 성격이 강한 것도 있었다. 된장이나 간장의 제조는 자급적 목적을 가진 것이었다. 그러나 재래식 베틀로 직조한 직물과 같이 공장에서 생산된 대체재가 대량으로 생산되고 광범하게 유통되고 있었음에도 불구하고 농가부업으로 생산이 행해지는 경우도 있었다. 농가의 현금지출을 억제하기 위한 목적을 가지는 생산이었다. 그러나 가내공업 중에는 호당 생산액이 1천 엔을 넘어서는 것들도 있었는데, 이런 것들은 대체로 영세규모의 공장과 성격상 거의 차이가 없는 것이다. 또 그 중 상당수는 A급(5~49명) 공장으로 성장하기도 했다. 제조호수의 측면에서 보면 자급적 성격의 가내공업이 많았지만, 생산액의 측면에서 보면 이런 상품생산적 전업 가내공업도 상당히 큰 비중을 차지하고 있었다.

이제 이들 가내공업과 다른 공업과의 연관관계를 알아보자. 1939년 가내공업자료에서 품목당 생산액이 50만 엔 이상인 것을 뽑아 보면 [표 3-26]과 같이 75개의 품목이 주어진다. 이들 품목의 생산액 합계는 3억 5천 9백만 엔으로 전체 가내공업생산액 3억 8천 2백만 엔의 거의 전부라고 할 수 있는 93.8%에 달한다. 이들 품목의 내용을 하나씩 검토해보면, 거의 대부분이 농산물 혹은 수산물의 직접적 가공과 관련된 것이고, 다른 공업과 연관관계는 극히 희박함을 금방 알 수 있다. 물론 근대적 대공업에 원료를 공급하는 역할을 하는 품목으로서는 생사, 정어리기름 등이 있고, 근대적 대공업에서 원료를 받아 가공하는 것으로서는 각종 재봉품의 일부, 시멘트기와 등의 시멘트 제품, 배합비료, 건구 가구의 일부, 선철 주물제 솥·냄비 제조업 등이 있었을 뿐이다. 따라서 1939년의 조선의 가내공업은 근대적 공업 등 다른 공업과 조금이라도 연관관계가 있을 만한 것을 전부 합해보아도 전체 생산액의 2할을 넘어서지 않는다. 가내공업은 조선 내의 다른 공업과 거의 아무런 분업관계도 갖고 있지 않다고 해도 과언이 아니다. 가내공업과 영세공장이 대체로 비슷한 업종을 가지고 있었기 때문에 영세공장 역시 다른 산업과의 분업관계는 그다지 높지 않았다고 할 수 있다.

[표 3-26] 생산액이 50만 엔 이상인 품목과
전체 가내공업생산액에서 차지하는 비중 (1939년)

품 목	비율	품 목	비율	품 목	비율	품 목	비율
탁주	11.4%	기타 식물질비료	0.9%	짐수레	0.3%		
조선 간장	9.3%	정곡제분 강조류	0.9%	농구 토공구	0.3%		
조선 된장	4.9%	기타 생견 백견	0.9%	흑색소소물 기와	0.3%		
가마니	4.8%	기타 제분	0.9%	배합비료	0.3%		
어교조	4.1%	전통 가구	0.8%	나무통	0.3%		
기타 수산품	3.6%	건구	0.7%	족대	0.2%		
생사	3.3%	조선 종이	0.7%	보통 벽돌	0.2%		
양복 외투류 재봉품	3.0%	멍석	0.7%	대나무 바구니	0.2%		
새끼	2.8%	버선	0.7%	선철주물(솥, 냄비)	0.2%		
소폭면직물(백목면)	2.3%	마직물 마교직물	0.6%	가구용 도자기	0.2%		
기타 식료품	2.3%	인삼제제	0.6%	소폭인조견교직물	0.2%		
정어리기름	2.2%	가죽 신발	0.6%	청주	0.2%		
재봉품(한복, 화복)	2.2%	참기름	0.6%	고구마 전분	0.2%		
수방 대마포	2.1%	돗자리	0.6%	음식용 도자기	0.2%		
과자 떡	2.0%	짚신	0.5%	옥사	0.2%		
일본 간장	1.8%	들깨기름	0.5%	시멘트 관류	0.2%		
김	1.7%	서양 가구	0.4%	기타 종이제품	0.2%		
목탄	1.6%	선박	0.4%	기타 금속제품	0.2%		
약주	1.5%	누룩	0.4%	광폭 견직물(견주)	0.2%		
소주	1.5%	면 양말	0.4%	기타	0.1%		
제면(솜)	1.3%	기타 짚제품	0.4%	기타 통조림	0.1%		
기타 재봉품	1.2%	빵	0.4%	진유기	0.1%		
국수류	1.2%	시멘트제 기와	0.3%	면 장갑	0.1%		
소폭견직물(평견)	1.1%	식초	0.3%	정어리 통조림	0.1%		
소맥분	1.0%	식염	0.3%	다다미	0.1%		
				이상 75품목 소계	93.8%		

자료 : 朝鮮總督府, 『1939年度 家內工業生産額』, 정부기록보존소 소장문서.

(3) 중소 공장공업

50명 이상의 종업원을 고용하는 공장 중에서 일본 내 자본의 직접 진출에 의한 근대적 대공업을 제외한 나머지, 즉 조선 내에서 성장한 조선인 자본과 일본인 자본이 여기에 해당한다. 1939년판 『조선공장명부』를 사용하여 종업원수가 50명 이상인 공장을 뽑아 보면 [표 3-27]과 같다. 일본인 공장은 일본 내의 자본이 직접 진출하여 설립한 공장과 조선 내에서 축적된 자본이 설립한 공장으로 구분해두었다. 표에서 나타나는 몇 가지 특징을 보면, 첫째, 종업원수가 50명 미만인 영세공장과는 달리 종업원수가 50명 이상인 중소공장의 경우에는 일본인 공장수가 훨씬 많다. 공장의 규모가 커질수록 일본인 공장의 비율이 높아진다. 종업원수 50명 이상인 공장 중에서 일본인 공장은 456개로 69%를 차지하고, 조선인 공장은 209개로 31%를 차지한다. A급의 경우와 달리 일본인 공장의 압도적 우세가 확인된다. 그러나 B급 이상의 조선인 공장이 비록 일본인 공장에 비해 열세이기는 하지만, 상당한 비중을 차지하고 있는 것에도 주목할 필요가 있다.

[표 3-27] 종업원수 50명 이상 공장의 민족별 업종별 공장수 (1939년)

	조선인 공장				일본인 공장				일본대자본의 직접 진출				조선출신 일본인 자본			
	B	C	D	계	B	C	D	계	B	C	D	계	B	C	D	계
금속	4	1	1	6	14	5	8	27	1	1	3	5	13	4	5	22
기계	9	7	1	17	36	16	18	70	1	2	4	7	35	14	14	63
요업	8	1	1	10	23	12	10	45		1	5	6	23	11	5	39
화학	41	20	10	71	65	40	22	127	8	12	9	29	57	28	13	98
전기					2	1	1	4					2	1	1	4
중공업	62	29	13	104	140	74	59	273	10	16	21	47	130	58	38	226
방직	35	7	6	48	34	18	37	89	1	3	17	21	33	15	20	68
제재	3			3	17	12	2	31			1	1	17	12	1	30
인쇄	5	1		6	7	7	3	17			1	1	7	7	2	16
식품	33	4		37	49	28	13	90	6	5	1	12	43	23	12	78
기타	8	2	1	11	17	12	9	38					17	12	9	38
경공업	84	14	7	105	124	77	64	265	7	8	20	35	117	69	44	230
합계	146	43	20	209	264	151	123	538	17	24	41	82	247	127	82	456

주 : 공장규모란의 'B'는 종업원수 50~100명, 'C'는 100~200명, 'D'는 200명 이상을 의미한다.
자료 : 朝鮮總督府殖産局, 『朝鮮工場名簿』(1939년판), 1941; 朝鮮總督府, 『調査月報』 13-8, 25-26쪽에서 작성.

둘째, 공장의 규모가 커질수록 일본인 공장의 우세가 점점 뚜렷해진다. 각 등급별로 조선인 공장수와 일본인 공장수의 비율을 보면, B급의 경우에는 37% : 63%, C급의 경우에는 25% : 75%, D급의 경우에는 20% : 80%였다.

셋째, 근대적 및 전통적 소비재를 공장제 공업의 형태로 생산하며, 전통적 기술과는 구별되는 기술이 사용되지만 그 기술수준이나 최소최적 시설 규모는 그리 크지 않고 노동집약적이다. 200명 이상의 종업원을 고용하고 있으면서도 일본인 근대적 대공업과 그다지 큰 관계없는 공장들은 대부분 이 범주의 상층에 속한다고 볼 수 있다. 대표적 업종으로서는 제사, 방직, 직물, 양말, 벽돌, 고무신, 제면, 못, 바늘, 전구, 자동차 수리, 정어리기름, 정미, 법랑, 제재, 인쇄, 통조림, 성냥 등이었다. 종업원수 50~199명의 공장 역시 비슷한 업종구성을 가지고 있었다. 종업원수가 상당히 많고, 또 거의 대부분 원동기를 보유하고 있다는 점에서 보면 공장제공업의 성격을 가진 것임이 명백하지만, 진입의 장벽으로 될 수 있을 정도의 고도의 기술이나 큰 시설규모가 필요한 업종이 아니라는 점에서는 경쟁적인 시장형태를 가지고 있었다. 『조선공장명부』 1930~38년판을 사용하여 해당 공장이 처음 출현했을 때의 규모와 1938년의 규모를 비교해보면, 조선인 공장의 경우에는 6,593개의 공장 중에서 131개는 규모가 확대된 반면, 3,649개는 규모가 축소되거나 중도에서 소멸되었고, 2,813개의 공장은 원래의 규모를 유지한 채 1938년까지 존속하고 있었다. 분석대상이 되는 시기가 9년에 불과했지만 상당히 많은 공장이 신설되거나 소멸되고 중도에서 그 규모가 변한 것을 알 수 있다. 그러나 규모가 확대된 공장을 개별적으로 검토해보면, 일본대자본이 주로 진출하고 있는 업종으로 상승한 경우는 거의 없었기 때문에, 흥망성쇠가 전혀 다른 범주 내에서 이루어지고 있었음을 알 수 있다.

앞에서 1939년 조선인에 의한 공업생산액이 전체 공업생산액의 40% 정도를 차지하고는 있었다고 했다. 그 중에서 17.1%에 해당하는 324만 엔은 가내공업에 의한 생산이고, 나머지 23.4%, 즉 448만 엔은 공장공업에 의한 생산이었다. 이 공장공업에 의한 생산을 좀더 구체적으로 살펴보면 [표 3-28]에서 볼 수 있듯이 몇 개의 소수 업종에 집중되어 있다. 즉 조선인 공장생산액에서 정미업이 차지하는 비중은 41.8%로 압도적이며, 그 뒤를 이어 양조업(11.8%), 온유 및 온교박제조업(9.5%), 고무제품(3.2%), 면직물(3.1%) 등의 5개의 업종에 조선인 공장생산액의 69.4%가 집중되어 있었던 것이다. 나머지 6개의 업종까지 포함하면 전체 조선인 공장생산액에서 이들 11개의 업종의 생산액이 차지하는 비중은 거의 8할을 차지하게 된다. 이 중 동물유지제조업(주로 정어리기름 제조업)은 경화유 공장에 판매되어 유지공업의 원료가 되기 때문에 일본인 근대적 대공업과 연관관계가 밀접하다. 그러나 제조방법은 정어리를 삶아 기름을 짜내는 아주 단순한 것이었다. 고무제품제조업, 면직물업, 주물 이외의 금속제품 등에서도 부분적으로 타 산업과의 연관관계가 존재하고 있었을 것이다. 그러나 그것을 제외하면 정미업이나 양조업과 같이 타 산업과의 연관관계가 매우

[표 3-28] 1939년 현재 조선인 공장공업 생산액 상위 11개 업종의 생산액과 그 비중

업 종	규모별 조선인 공장수					생산액(엔)	생산액 비중(%)
	A	B	C	D	합계		
정미업	663	32	4		810	187,219,011	41.8
양조업	479				479	52,830,069	11.8
동물유지제조업	76	28	7		937	42,645,230	9.5
고무제품제조업	18	5	13	10	46	14,141,406	3.2
면직물	10	1		1	12	13,771,684	3.1
제재업	59	2			63	9,529,712	2.1
인쇄업	139	5	1		146	7,326,578	1.6
주물 이외의 금속제품	45		1	1	50	6,997,500	1.6
전분제조업		1			1	6,645,536	1.5
조면업	10	4	2		16	6,146,301	1.4
제지업(조선지)	135	5			162	5,892,125	1.3
소 계	2,334	83	28	12	2,722	353,145,152	78.9
합 계	3,673	146	43	20	4,185	447,831,219	

주 : 합계에는 '휴업', '기타'를 포함한다.
자료: 『朝鮮工場名簿』(1939년판) 및 朝鮮總督府, 『統計年報』(1939년판)에서 작성.

희박한 것들로 이루어져 있다. 표에서 열거되지 않은 나머지 것들 대부분도 타 산업과의 연관관계가 그다지 깊지 못했다.

호리 가즈오는 "30년대 중엽부터 조선인에 의한 중소공업이 급속히 대두하기 시작"했고, 이들은 "진출해 온 일본대자본과는 기본적으로 보완관계에 있었다고 해야 할 것"이라고 했다.[114] 그러나 이상에서 살펴본 바와 같이 그들 간의 관계가 기본적으로 보완관계에 있다고 주장하기는 어렵다. 일제시대 조선에서 이루어진 광공업 개발과 그것에 따라 발생하게 되는 조선의 산업구조, 공업구조, 무역구조의 근대화 또는 고도화는 거의 대부분 일본인 자본, 특히 일본에서 진출해 온 일본인 대자본에 의한 것이었고 조선인 공업과의 관련은 지극히 제한된 것에 불과한 것이었다.

3) 군수공업화

조선의 공업화에 대한 많은 연구는 공업화 = 군수공업화로 간주해왔고, 그런 의미에서 공업화를 별로 높이 평가하지 않았다. 그러나 최근에 공업화에 대한 연구가 심화되면서 이런 단순한 발상에 대한 비판이 등장하고 있다.

양비론 같지만, 조선의 공업화를 군수공업화로 규정하는 것도 또 군수공업화와 무관하다고 하는 것도 모두 문제가 있다. 조선의 공업화는 1937년의 중일전쟁 이전에는 군수공업화라는 성격이 없고, 그 이후에는 군수공업화적인 성격이 무엇보다 뚜렷했기 때문이다. 군수공업화적 성격에 대한 비판은 고바야시 히데오가 1931년의 일본의 만주침략 이후 패전에 이르는 15년간을 준전시체제 혹은 전시체제로 규정하고 공업화를 그것과 연결시

---

114) 堀和生, 「朝鮮人民族資本論」, 『朝鮮近代の歷史像』(中村哲 등 編), 日本評論社, 1988, 164-165쪽.

킨 것을 염두에 두고 있기 때문일 것이다. 그리하여 고바야시는 조선에서 공업은 1930년대에 본격적으로 발전하게 되는데, 그 가장 중요한 계기가 군수공업 육성 때문이었다고 보았다.[115]

　이러한 고바야시의 15년 전쟁론을 토대로 하는 조선 군수공업화론은 기간 설정에 있어서 다소 문제가 따른다. 물론 조선에서 공업이 본격적으로 발전하게 되는 것은 1930년대 이후이지만, 그 전조는 이미 1920년대 후반부터 시작되고 있었다. 일질을 비롯하여 일본의 대자본이 속속 조선에 진출해 오기 시작하는 시기가 바로 1920년대 후반이었던 것이다. 이 때는 조선총독부의 정책에 군수공업 육성은커녕 공업 육성의 의도조차 뚜렷하지 않던 시기였다. 즉 조선의 공업화는 군수공업이라는 동기에 의해 시작된 것은 아니었다. 나아가 1930~37년의 기간 동안의 조선총독부의 정책 속에는 일부 군수공업 육성이라는 목적이 포함된 것으로 볼 수도 있지만 그것은 잠재적인 것이었고 군사적 목적과 직결된 것이라고 보기는 어렵다. 이 시기에 설립된 공장들 중에는 방직공업이나 식료품공업과 같은 이른바 평화산업에 속하는 것들이 많았으며, 화학공업이라고 하더라도 그 중심은 민수용 비료공업과 유지공업이었다. 심지어 화약공업과 같은 것도 군사적 목적보다는 건설공사용 폭약을 생산하기 위한 것이었다.

　그러나 조선의 공업화를 군수공업화와 분리하여 생각하는 것 역시 매우 잘못된 것이다. 중일전쟁 이후의 공업화는 군수공업화이기 때문이다. 군수공업생산액의 비중이 급증하기 시작한 것도 그 하나의 지표일 것이지만, 생산력확충계획이나 물동계획 수행과정에서 나타나는 조선총독부의 정책 방향이나 목표를 살펴보아도 군수공업육성 또는 군수공업우선 의지가 명백히 나타난다. 다만 조선은 근대적 대공업이 본격적으로 발달되기 시작한 지 10여년도 경과하지 않았기 때문에, 병기나 항공기, 함정, 차량 등의 주

---

115) 小林英夫, 『大東亞共榮圈の形成と崩壞』, 御茶の水書房, 1967; 「1930年代朝鮮工業化政策の展開過程」, 『朝鮮史硏究會論文集』, 제3집, 1967.

요군수품을 생산하기에는 아직 역부족이었다. 따라서 조선의 군수공업화는 이들 '주요군수품' 보다는 그 원료(코발트, 니켈, 텅스텐, 철광석, 석탄 등의 광산물)나 소재(철강, 경금속, 비철금속, 희유금속, 액체연료, 전력 등)의 생산에 치중될 수밖에 없었다. 1930년대 말부터는 제철업, 경금속공업, 인조석유제조업 및 무수주정(無水酒精)공업, 기계기구공업 등을 확충하려는 노력이 한층 강화됨으로써 공업구조가 급속히 고도화되어 갔던 것이다. 또 앞의 [표 3-11]에서 보았듯이, 일본의 조선에 대한 투자액 중에서 48%는 1940~45년 사이에 집중되고 있기 때문에, 조선의 공업화에서 군수공업적인 계기를 떼어놓고 생각하는 것은 무리이다. 나아가 중일전쟁 이후의 전시경제체제 시기는 해방 후의 한국경제에 선행하는 시기이기 때문에 그 공업화가 군수공업적인 것이었다는 것은 해방 후 한국경제의 전개과정에서 매우 중요한 의미를 가지게 된다. 이 점에서도 식민지시대의 공업화는 군수공업화와 관련하여 파악해야 할 것이다.

요컨대 일제시대, 특히 일본의 만주침략 이후 조선에서 이루어졌던 공업화를 일률적으로 군수공업화로 간주하는 것은 명백히 잘못된 견해이다. 그러나 1937년 중일전쟁 이후에는 모든 자원이 전쟁이라는 목적에 합치하도록 통제된다는 가장 큰 특징이 있고, 따라서 군수공업육성이 가장 중요한 산업정책으로 될 수밖에 없었다. 중일전쟁 이전의 공업화에서 군수공업육성이라는 계기를 강조하는 것이 무리이듯이, 중일전쟁 이후의 공업화에서 군수공업육성이라는 계기를 떼어놓고 생각한다는 것도 무리일 것이다. 군수공업화라는 계기를 논외로 하고는 공업화를 설명하기 어렵다는 점에서 종래의 군수공업화 강조론은 타당하다.

논점을 명확히 하기 위해 우선 군수공업의 개념부터 밝혀 두기로 하자. 좁은 의미에서 보면, 군수공업이란 병기·항공기·함정 등의 '주요군수품'을 생산·가공·수리하는 공업에 한정된다. 그러나 대부분의 군수품은 다양한 소재산업·관련산업을 기초로 하여 생산되는 일종의 '종합산업의 산물' 이기 때문에 넓은 의미로 해석되는 것이 보통이다. 즉 군수물자는 ① 병기, 항공기, 함정, 선박과 차량 및 그 부품, ② 철강, 경금속과 비철금속, 희유금속, 기타 중요광산물, ③ 액체연료와 윤활유, 석탄, 가스, 코크스 및 전력, ④ 중요화학공업품, ⑤ 중요기계기구와 그 부품, ⑥ 앞의 각 항목에서 든 물자의 생산, 가공 또는 수리에 필요한 원료 및 재료, ⑦ 앞의 각 항목에서 든 물자 이외에 주무대신이 지정하는 군수물자 등의 품목을 포함하는 것으로 정의된다.[116]

이제 '중요물자수급계획' 및 '생산력확충계획'에 속하는 물자를 군수물자로 간주하여 그것이 전체 공장생산액에서 차지하는 비중을 계산해보면

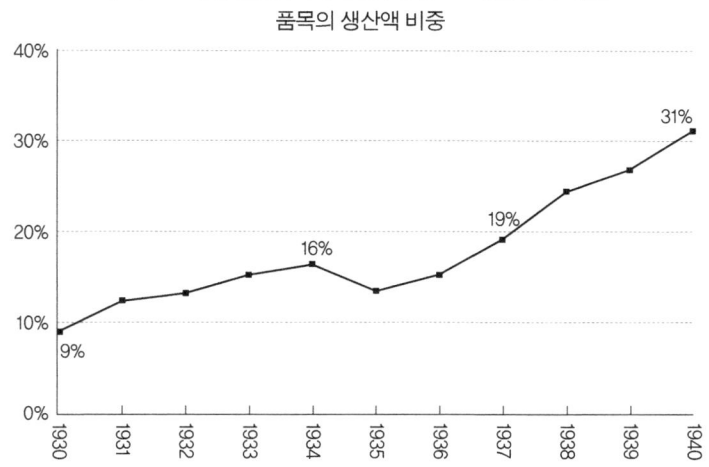

[그림 3-18] 공업생산액에서 군수공업으로 분류될 수 있는 품목의 생산액 비중

주 : 1937~39년의 공작기계생산액과 광물유생산액은 자료 미상으로 제외했다.
자료 : 조선총독부, 『통계년보』에서 계산.

---

116) 軍需物資에 관한 이러한 定義에 대해서는 '軍需會社法施行令'(1943. 12. 16. 공포) 제1조 참조. 한편 중일전쟁이 장기화되면서, 1938년 5월 일본 기획원에서 수립한 '重要物資需給計劃' 및 1939년도 '生産力擴充計劃'에서도 軍需工業은 廣義로 把握되고 있다. 이 계획에서 '重要物資'는 직접적으로 군수와 관계가 없지만 廣義의 國防을 위해 긴요한 물자임을 알 수 있고, 生産力擴充計劃에 포함되는 物資는 重要物資보다는 좀더 軍需와 관계가 깊은 것이었다. 中村隆英・原朗 編, 『現代史資料』 43(『國家總動員』 1), みすず書房, 1970, 240-242, 283-289쪽 참조.

[그림 3-18]과 같다.[117] 조선에 있어서 군수공업생산액의 비중은 만주사변(1931) 이후 몇 년간에도 증가했지만, 중일전쟁 이후부터 급증하고 있다. 그 결과 1940년이 되면 전체 공업생산액의 약 3할이 군수공업과 관련된 것이었다고 추산된다. 1940년대가 되면 자금·물자·노동력이 군수공업에 집중투입되었기 때문에 군수공업의 비중은 한층 더 증가되었을 것으로 판단된다.

1937년 중일전쟁 발발 이후, 군수공업화가 어떻게 강화되어 갔는지를 '중소기업유지육성정책', '기업허가령', '기업정비령', '군수회사법' 등을 중심으로 좀더 구체적으로 살펴본다.

(1) 중소공업 유지육성정책

1937년 7월 중일전쟁의 발발 직후인 9월에는 국가총동원계획요강이 책정되었고, 임시자금조정법과 수출입품등임시조치법 등을 통해 군수충실, 물가억제, 수출진흥이라는 3원칙을 달성하기 위한 물자의 배급, 양도·사용·소비, 자금에 대한 통제가 시작되었다. 전쟁이 장기화되면서 '국가총동원법'(1938. 4. 공포, 1939. 9. 조선시행)을 통해 노동력·물자·자금·시설과 기술·기업활동·물가 등에 관한 광범한 통제를 실시하는 한편, '물자동원계획' 및 '생산력확충계획'(1938~41년간의 4개년 계획으로 출발)도 시작되었다.

모든 자원이 군수품 공급부문에 우선적으로 배분되었기 때문에, 군수산

---

117) 단 여기서 말하는 軍需工業 生産額은 군수물자로 실제 공급된 것이 아니라, 군수물자로 분류될 수 있는 품목의 생산액을 집계한 것이다. 따라서 전쟁이 발발하기 이전 단계에서는 그것이 可能性을 意味하는 것에 불과했고, 또 군수물자로 분류되는 품목이라고 하더라도 실제로 군수물자로 사용되는 것은 그 중 일부에 불과하다는 점을 감안해야 한다.

업과 관련된 기업활동은 상대적으로 촉진된 반면, 평화산업과 관련된 기업활동은 크게 위축되었다. 다만 1942년 중엽까지는 전황이 일본의 일방적 우세 속에서 전개되었고, 조선의 경우에는 일본에 비해 상대적으로 물자가 풍부한 편이었고 또 공업발달의 정도도 크게 낮아 군수공업으로 될만한 것이 많지 않았기 때문에, 경제통제로 인한 기업활동의 위축은 1942년 중엽 이후에 본격화되었다.

그렇지만 경제통제가 실시되면서 평화산업의 일부에서는 그 영향이 뚜렷이 나타나고 있었다. [표 3-29]는 1940년 10월 말 현재 '시국의 영향이 현저한 상공업자수'에 관한 조사결과를 보여주고 있다. 시국의 영향이 현저한 업종에 종사하는 상업자 업주수는 약 20만 명인데, 1939년 말의 조선의 상업자 호수가 조선인 302,774호, 일본인 30,725호, 외국인 4,274호, 합계 337,773호였기 때문에 거의 2/3 가량이 영향을 받고 있었던 것으로 된다. 그 중 '대책 필요자'는 사실상 휴업 또는 폐업의 위기에 몰린 상업자를 의미하는데, 귀금속·시계·안경상을 비롯하여 피혁제품, 양곡상, 고무제품상, 철물 및 기계공구상 등에서 심각한 위기 상황이 발생하고 있었음을 알 수 있다. 공업부문에서도 시국의 영향을 받는 업종에 속하는 공업자수의 1/4에 해당하는 8천여 명이 '대책 필요자'로 분류되고 있었다. 업종별로는 금속공업, 기계기구공업에서 절반 이상 여기에 속하고 있었고, 기타 공업부문을 제외한 그 나머지는 모두 20~30% 가량이 대책이 필요한 것으로 되어 있다. '대책 필요자' 비율에서 업주에 비해 피용자 쪽이 낮은 것은 고용규모가 적은 것이 상대적으로 더 심각한 타격을 받고 있다는 사실을 의미한다. 공업분야에서 보면, 방직공업·기계기구공업·화학공업·금속공업·요업 등에서 고용규모가 작은 공장, 즉 중소공업의 타격이 상대적으로 더 컸다는 것을 알 수 있다.

방직공업에 관한 또 다른 자료를 보면, 1938년과 1941년 사이에, 방직기 대수는 7,806대에서 8,016대로 약간 증가했지만, 가동되고 있던 방직기 대수는 7,510대에서 5,362대로 줄어들어 가동률이 96.2%에서 66.9%로 격

[표 3-29] 시국의 영향이 현저한 상공업자수 및 대책강구가 필요한 상공업자수

업종구분		상공업자수		대책필요자		대책필요자 비율	
		업주(A)	피용자(B)	업주(C)	피용자(D)	C/A	D/B
상업	섬유제품관계상	18,649	32,882	1,442	2,544	8%	8%
	피혁제품관계상	1,222	2,566	444	424	36%	17%
	고무제품관계상	3,925	3,614	665	565	17%	16%
	철물 및 기계공구상	3,425	8,922	555	424	16%	5%
	귀금속·시계·안경상	1,715	2,225	933	1,413	54%	64%
	양곡상	10,354	16,147	1,885	2,827	18%	18%
	식료품상	12,521	18,789	1,507	1,555	12%	8%
	기타물품판매상	61,341	70,682	3,659	4,381	6%	6%
	행상인 음식점 기타	86,576	103,891	4,328	5,195	5%	5%
	합계	199,728	259,718	15,418	19,328	8%	7%
공업	방직공업	2,176	51,153	709	2,002	33%	4%
	금속공업	1,357	15,377	948	2,073	70%	13%
	기계기구공업	1,440	26,181	855	2,643	59%	10%
	요업	1,021	12,689	323	769	32%	6%
	화학공업	2,241	53,649	566	1,953	25%	4%
	제재 및 목제품공업	1,900	10,828	675	1,646	36%	15%
	인쇄 및 제본업	457	7,277	110	442	24%	6%
	식료품공업	6,644	42,019	2,574	5,366	39%	13%
	기타공업	14,224	30,263	1,312	2,950	9%	10%
	합계	31,460	249,436	8,072	19,844	26%	8%

주 : 1940년 10월 말 현재의 자료로서, 농가의 부업적 공업은 포함되지 않는다.
자료 : 朝鮮總督府 編, 『朝鮮總督府 帝國議會說明資料』(復刻版), 不二出版, 1994, 제4권, 309-312쪽에서 작성.

감했다고 한다. 면직물 생산량도 1937년 26만 2천 평방마에서 1942년에는 8만 4천 평방마로 격감했다. 또 기계기구공업 실질생산액도 1941년을 기준으로 했을 때, 1942년 91.6, 1943년 78.8, 1944년 61.8로 매년 크게 감소했다.[118] 평화산업부문에서는 대공장을 포함하는 경우에도 이와 같이 경영에 어려움이 많았기 때문에, 중소기업의 경우 그 타격이 더욱 컸음에

---

118) 朝鮮經濟通信社, 『朝鮮經濟統計要覽』, 1949, 93, 96, 89쪽 참조.

틀림없다.

따라서 1940년대에 접어들면서 기업의 숫자가 증가하고 있다는 통계도 있지만,[119] 그것은 명목적인 것에 불과하고,[120] 실제로는 많은 중소상공업자들이 상당한 위기에 몰려 있었다. 이에 조선총독부는 1941년 1월 13일, '중소상공업 유지육성'과 '전업'을 2대 근간으로 하는 '상공업지도조직요강'을 결정하여 발표했다.[121] 그리고 중소상공업 유지·육성을 위해 ① 조직화 ② 경영합리화 ③ 대공업 및 군수공업과 연계강화 ④ 금융소통의 원활화 ⑤ 대용연료사용 적극권장 ⑥ 상공상담소의 충실화 등의 여섯 가지 방책이 강구되었다.

그러나 중소상공업 유지육성정책의 초점은 중소상공업의 조직화에 있었다. 전시경제의 본질은 일원적 통제에 있고, 그것을 위해서는 조직화가 필수적이었기 때문이다. 이 조직화는 공업조합의 설립에서 시작되었다.[122] 예컨대 500톤 미만의 중소조선업에 대한 기업통합은 조선에 존재하던 9개의 임의조합 형식의 조선조합을 '조선공업조합령'에 의거하여 법적 조합으로 개조하되, 조선 전체를 북, 동, 남, 중, 서의 5개 지역으로 나누어 1지역에

---

119) 『朝鮮經濟統計要覽』에 의하면, 조선의 공장수는 1939년 6,954, 1940년 7,142, 1941년 10,889, 1942년 12,669, 1943년 13,293으로 증가한 것으로 나타난다. 단, 이 통계는 1940년까지는 조선총독부의 『統計年報』에 의한 것이고, 1941~43년은 『朝鮮勞動技術統計調査結果報告』에 의한 것이기 때문에 통계적으로 서로 일관성이 없다. 1940년과 1941년 사이의 공장수의 급증은 이 점을 고려하면 실제 이상으로 과대평가될 우려가 있다. 그러나 같은 통계계열인 1941~43년의 공장수가 증가하고 있다는 점에서 보면, 1940년대에 들어서도 공장수가 계속 증가한 것도 사실로 인정된다.
120) 조선은행은 최근의 물자부족 및 배급통제강화에도 불구하고 업자 및 업적이 크게 증가하는 추세를 보여주고 있는데, 이것은 물가등귀에 의한 숫자적 증가세였다고 지적하고 있다. 朝鮮銀行調査課, 『鮮滿支財界彙報』, 1941년 2월호, 11쪽.
121) '상공업지도조직요강', 『鮮滿支財界彙報』, 1941년 2월호, 8-10쪽.
122) 공업조합은 1936년 산업경제조사회의 답신에 의해 검토되어 오던 것을 1938년 '조선공업조합령'과 '조선공업조합시행령'을 공포함으로써 9월부터 시행되었다.

1조합을 설립하고, 그 상급기관으로서 연합회를 설치함으로써 중소조선업의 일원적 통합을 기도한 것이었다. 1939년에 설립된 남선조선공업조합을 필두로 1941년 8월~11월 사이에는 북선조선, 중선조선, 동선조선, 서선조선이 각각 설립되었고, 1942년 2월에 조선조선공업조합(朝鮮造船工業組合)연합회가 설립됨으로써 일원적 통합체제는 완료되었다. 피복공업의 경우에는 1940년에 경기, 함남, 경남, 경북, 평남, 1941년에 나머지 함북, 황해, 충남, 전남, 전북, 평북, 충북, 강원 피복공업조합이 설립되고, 또 조선피복공업조합이라는 중앙조직이 설립됨으로써, 조선 전체에 걸친 피복공업조합 조직이 완성되었다. 그 밖에도 1942년 중엽까지는 직물, 메리야스, 철공, 고무, 과자, 벽돌, 기타 여러 업종에서도 공업조합이 설립되어, 1941년 8월 말 82개이던 공업조합의 수는 1942년 8월 말에는 116개로 증가했다.[123]

조선총독부는 일본에 비해 훨씬 강력한 권한을 가지고 공업조합령을 운용하려고 계획하고 있었다. 이 법령의 제10조에서는 조선총독이 특히 필요하다고 인정할 때는 제조 또는 가공 설비의 신설 또는 확장에 대해 허가를 받도록 할 수 있다고 규정하고 있는데, 이 규정은 일본의 공업조합법에는 아직 없는 것이라는 조선은행의 지적에서도 이러한 사정을 짐작할 수 있다.[124]

중소상업의 조직화는 1941년 4월의 '상업조합령'에 의해 본격적으로 추진되었다. 1940년 11월의 '조선상업조합령 지도요강' 구체안을 보면,

---

[123] 『鮮滿支財界彙報』, 1941년 10월호, 6-7쪽 및 『要錄』, 1942년판.
[124] 조선은행조사과, 『朝鮮工業組合令實施と金融機關との關係』, 1938. 10., 4쪽 참조. 조선공업조합령 제10조는 다음과 같다. "영업상의 폐해를 예방하거나 교정하기 위해 또는 공업의 건전한 발달을 도모하기 위해 특히 필요하다고 인정될 때는 조선총독은 공업조합 조합원 또는 그 조합의 조합원이 아니면서 그 조합 지역 내에서 조합원으로서의 자격을 갖는 자에 대해 그 조합이 정하는 단속 또는 제한에 따라야 할 것을 명령할 수 있다."

조선상공회의소와 경제통제협력회가 추진주체로 되어, 각 상공회의소 지구 내의 상업조합을 현재의 조합조직을 기초로 정리·통합하여 업종별 조합으로 조직하되, 현재 경제통제협력회에 가입하고 있지 않은 조합을 가입시키고 규모가 작은 유사업종 조합은 통합시켜 조합업태의 통일과 단순화를 도모하도록 지시하고 있다. 읍면을 단위로 하는 소조합 또는 읍면 상업자의 업태별 소조합을 결성시켜 군 단위의 상업조합에 가입시키고, 그 위에 도를 단위로 하는 상업조합을 결성하며, 최종적으로 전국적 상업조합연합회를 결성함으로써 업종별 지역별로 상업통제를 위한 체제를 구축하려고 한 것이었다.[125]

물자에 대한 통제는 이러한 공업조합과 상업조합을 통한 생산과 유통의 조직화 위에서 체계적으로 이루어졌다. 물자의 계통적 배급은 물론, 금융이나 공동사업 경영상에도 많은 편의를 공여받는 것으로 되고, 특히 이 제도가 신체제하 국민조직의 일익을 담당하도록 요청받고 있었던 까닭도 바로 여기에 있었다 할 것이다.[126] 공업조합과 상업조합은 생산과 유통부문의 통제에서 핵심적인 존재였다. 환언하면 이 조직이 가지고 있는 '국책대행적 성격' 때문에 종래의 임의조합 형식을 법적 조합으로 재편했던 것이다.

이러한 공업 및 상업의 조직화와 아울러 수송력의 일원적 통제를 위해 육상운송업(자동차 사업이나 소운송업 등), 해상운송업(해운업과 항만운송업 등)에 대한 합동도 추진되었다. 수송력의 통제를 위해서는 '개정자동차사업령', '소운송업령', '해운통제령', '항만운송업 등 통제령' 등의 개별 입법이 이루어졌다.

자동차사업은 '개정자동차사업령'에 의해 각 도마다 하나씩 조합을 결성하여 조선 전체 13개소에 설치하는 것을 목표로 추진되었다. 소운송업

---

125) 『鮮滿支財界彙報』, 1940년 11월호, 12쪽.
126) 『鮮滿支財界彙報』, 1941년 4월호, 10쪽.

의 합동은 1930년의 제1차 합동에 이어 1940년부터는 '소운송업령'을 통해 시국정책적으로 착수되어 1941년 초가 되면 주요지의 22사를 제외한 군소점의 통합을 완료하여 1역 2점제가 되었고, 다시 1942년의 합동에 의해 조선운송주식회사로 완전 통합되었다.

해운업의 통합은 조선총독부 체신국의 주도하에 일항일사주의(一港一社主義) 원칙 아래 연안 소형선 기업을 조선 전체에서 15사만 남기는 것을 목표로 추진되었다. 1942년에는 '해운통제령'을 대대적으로 개정하여 총톤수 20톤 이상의 기선과 범선(일본의 경우에는 50톤 이상)을 대상으로 해운사업의 정비에 착수했다. 해운사업의 범위에는 해난구조선과 선구재료판매사업까지 포함되었으며, 조선총독에게 사업위탁·수탁·공동경영·합병 등에 관해 광범한 명령권을 부여했다.

항만운송업은 1941년 10월 1일 시행에 들어간 '항만운송업 등 통제령'을 통해 항만작업에 관련된 기업의 대통합과 그 일원적 통제를 목표로 추진되었다. 그 내용은 주요 항구별로 항만운송업의 일원적 경영을 목적으로 하는 '항만작업회사'를 설립하고, 해당 항구 내의 항만운송업자가 소유하는 부선·예인선·창고·사무소·토지·하역용구·우마차·트럭·기타 필요하다고 인정되는 사업설비는 원칙적으로 이 작업회사에 출자시켜, 이 작업회사가 선내 하역작업 및 연안하역작업을 직영하게 하는 것이었다. 여기서 말하는 '주요 항구'란 고시로써 지정하는 23개 항구로서 '제1기 계획'으로는 신의주·해주·인천·군산·목포·여수·마산·포항·부산·원산·성진 등의 11개 항구가 지정되었고, 나머지는 '제2기 계획'으로 했다.

나아가 조선총독부는 기업간의 합동을 종용하기도 했다. 여기에는 서선화학(西鮮化學)과 동양(東洋)알루미늄의 합병(1941년 7월), 일본고주파중공업과 광양정공(光陽精工)의 합작에 의한 동아금속공업주식회사의 설립(1941년 6월)에서 볼 수 있듯이 일본인 대기업의 합동 종용과 같은 형태도 있었지만, 착암기 제작업에 대한 통합(1942년 6월), 양곡가공업의 통합(1941년 11월),[127] 정어리기름공장 통합(1942년 5월) 등의 예에서 볼 수 있듯이 산업별로 일원적 조직화 구축을 종용하는 경우도 있었다.[128] 광업부문에서는 조선총독부가 텅스텐, 운모, 석면, 형석 및 기타의 특종광물에 대해서도 적극적으로 합동을 종용하여 기업의 합리화에 의한 증산에 박차를 가할 방침을 세우기도 했다. 그런데 합동을 추진하면 필연적으로 중소광산의 희생이 뒤따를 수밖에 없기 때문에, 합동을 강제하는 대신 업자의 자발적 합동에 맡기는 것으로 했다. 중소상업자는 아무래도 노동력, 자재, 금융, 기술난으로 경영이 더욱 어려워질 것이기 때문에 중소광산업자 스스로 기업합동에 나설 수밖에 없을 것이라고 판단했던 것이다.[129]

한편 통제와 통합으로 많은 중소상공업이 어려움에 처하게 되자, 조선총독부는 이들 중소상공업의 어려움을 해결해 주기 위한 재정·금융지원정책도 전개했다. 우선 휴폐업의 위기에 빠진 중소상공업자들이 조선총독부나 관련기관이 지정하는 업종으로 사업종목을 전환하는 경우, 전업대책비로 보조금을 지급했다. 1939년의 경우 조선총독부는 각 도에 총액 30만 엔을 전업대책 보조금으로 할당했고, 각 도는 이것을 공동시설비보조, 설비비보조, 전업지도비로 철공업조합, 진유기공업조합 및 고무공업조합에 주로 지원했다.[130] 이 3업종에 전체 대책비의 81%가 집중되었다. 이 소수의 업종에 지원되던 소액의 전업대책비라는 것도 1941년이 되면 전업뿐만 아니라 유지육성 쪽에도 사용하는 것으로 용도가 변경되면서 그 규모가 한층 축소되었다.

---

127) 조선총독부 농림국에서는 양곡가공은 원칙적으로 道 糧穀會社 이외에는 인정하지 않을 방침이지만, 기존의 정미업자를 흡수하는 데는 막대한 자본이 필요할 뿐만 아니라, 지방에 있어서 영향을 고려해야 할 것이기 때문에, 도별로 하나의 양곡회사를 두는 것을 이상으로 하면서도, 지역 실정에 따라 선처하도록 했다. 또 통합에 이르기까지는 가공업자에 대해 허가제를 채택하도록 했다.
128) 조선은행에 따르면 기업합동은 당국의 종용에 의한 것이 많았다고 한다. 『鮮滿支財界彙報』, 1941년 3월호, 9-10쪽.
129) 『鮮滿支財界彙報』, 1941년 3월호, 8쪽.
130) 『鮮滿支財界彙報』, 1940년 3월호, 2-3쪽.

중소상공업 유지육성정책을 금융적 측면에서 뒷받침하기 위한 조치로서는 '중소상공업 융자손실 보상제도'라는 것이 만들어졌다.[131] 조선총독부가 지정하는 금융기관이 중소상공업자나 중소상공업자 조합에 자금을 융통해주고, 그 때문에 손실을 입을 경우 일정한 금액(대출금액의 5할)을 한도로 보상해주는 제도로서, 1939년도부터 5개년에 걸쳐 실시하기로 계획되었다.[132] 금융기관의 입장에서 보면 대출에 따르는 위험이 그만큼 경감되는 것이기 때문에 보다 적극적으로 대출에 나서도록 권장하는 효과를 낳게 된다. 그러나 이 제도를 통해 대출을 받을 자격은 공업조합이나 중소상공업자의 조합, 경제통제의 강화에 의해 어쩔 수 없이 휴폐업된 중소상공업자로서 조선총독부나 지방공공단체 혹은 전업상담기관이 알선해주는 업무로 전환하려는 경우에만 한정되어 있었다.[133] 대부한도는 공업조합이나 기타 조합의 대부에 대해서는 제한을 설정하지 않고, 개인 또는 회사의 경우에는 1인당 또는 1회사당 2만 엔 이내(담보가 없는 경우에는 5천 엔 이내)로 하고, 이자율은 연 6%에 손실보상료 1.2%를 합해 최고 연 7.2%였다. 금융기관이 이 제도에 의한 대출을 해주려면, 그 때마다 필요한 사항을 기재하여 각 도를 경유하여 조선총독부의 승인을 받아야 했다.[134]

이 '중소상공업 융자손실보상제도'는 1941년 중소상공업 문제가 더욱 심각한 양상을 띠게 됨에 따라, 8월부터 '갱생금융제도'로 보강되었다. 전폐업의 위기에 몰려 있는 공칭자본금 20만 엔 또는 납입자본금 10만 엔

---

131) '輸出品製造資金 融通損失 補償制'라는 것을 통해서도 수출에 관련된 중소기업은 금융지원을 받을 수 있었다. 자세한 것은 『帝國議會說明資料』 제4권, 280-281쪽을 참조.
132) 『鮮滿支財界彙報』, 1939년 2월호, 1-2쪽.
133) 『鮮滿支財界彙報』, 1939년 8월호, 1쪽.
134) 『鮮滿支財界彙報』, 1939년 8월호, 1-2쪽. 한편 1942년의 조선식산은행의 법정대출 표준이자율이 연 6.7%(일반산업대부의 경우)였고, 금융조합의 실행이자율(보통자금의 경우)은 촌락 8.3%, 도시 6.5%였다. 따라서 7.2%라는 이자율이 특별히 유리한 조건의 이자율은 아니었다.

이하의 회사이거나 이에 준하는 개인을 대상으로, 조선식산은행을 중심기관으로 삼아 조선 내의 보통은행, 금융조합, 무진회사을 통해 200만 엔의 손실보상금을 활용하여 융자하는 방식이었다.[135] 그러나 이 융자액이 그 당시의 금융기관의 연간 신규대출액에서 차지하는 비중은 1941년의 경우 0.8%에 불과한 것이었다.[136]

이와 같이 '중소상공업 유지육성정책'은 겉으로 표방하고 있는 것과는 달리, 유지육성보다는 그것을 산업별 지역별로 체계적으로 통합하여 좀더 효율적으로 통제하는 데 초점을 맞추는 것이었다. 또 조선의 특수사정 또는 지역적 사정을 감안하여 자율적 통합을 추진하는 모양새를 갖추고 있었지만, 실제로는 노동력·원료·자금에 대한 통제와 아울러 일본보다 더욱 강력한 규칙이나 시행령 및 행정적 종용을 통해 (반)강제적으로 이루어진 것이었음도 알 수 있다.

(2) 기업허가령

정부가 지정하는 업종에서는 정부의 허가를 받아야만 기업을 신설할 수 있도록 하는 '기업허가령'은 1941년 12월 10일(칙령 제1084호)에 공포되었다. 물론 그 이전에도 각종 국책회사나 영단(營團) 등은 정부의 명령

---

135) 매 년의 손실보상금이 2백만 엔이라는 것은 이 제도에 의한 융자는 400만 엔이 상한선이 된다는 의미이다. 1939년 이 제도가 실시된 이래 실제 융자된 액수는 1940년에 358만 엔을 정점으로 그것을 하회했다.
136) 이 비율은 1941년의 각종 금융기관(각종 은행, 신탁회사, 금융조합, 무진회사)의 대출금 합계(2,617,700천 엔)에서 1940년의 대출금 합계(2,356,229천 엔)를 차감하여 1941년에 증감된 대출액(261,471천 엔)을 계산하고, 그것으로 1941년 중소상공업 대출액(2,096천 엔)을 나누어 계산한 것이다. 각종 금융기관의 대출액에 대한 자료는 조선총독부 재무국, 『朝鮮金融年報』(1943년 조사), 21, 63-64, 68, 77쪽에서 가져왔다.

처분에 의해서만 신설될 수 있었고, 경금속사업법과 같이 국가적으로 중요한 것 또는 경찰의 단속이 필요한 것도 법령으로 일정한 요건을 정하여 정부의 인허가 혹은 면허를 받아야 신설이 허용되었다. 또 '임시자금조정법'에서도 공칭자본금 20만 엔 이상의 회사는 그 사업 종류에 관계없이 정부의 인가가 필요하도록 규정하고 있었다. 기업허가령은 기업신설에 관한 허가조건을 좀더 일반화시킨 것이었다.

그런데 이 기업허가령이 공포되기 직전인 12월 7일은 일본이 진주만 공습을 감행함으로써 일본의 대외침략전쟁이 태평양전쟁으로 확전된 때였다는 점에 유의할 필요가 있다. 말하자면 기업허가령은 미국과의 교전이라는 새로운 사태에 접하게 되면서, 기업활동에 대한 보다 강력하고 직접적인 통제를 목적으로 제정된 것이었다.

기업허가령은 1942년 12월 26일 '기업허가령 운용방침', '기업허가령 시행규칙'(부령 제338호), 1943년 1월 9일 '기업허가령 제6조의 규정에 의한 설비지정' 등을 잇달아 내어놓으면서 조선에서도 실시되었다.

'기업허가령 운용방침'에서도 밝히고 있듯이, "본령의 적용범위는 상당히 광범하고 그 영향 역시 심대"할 것으로 예상되고 있었다.[137] 그리고 이 법령의 실시에 의해 조선에서 회사령이 철폐된 이래, "특수한 사업 이외에는 모두 (그 설립을) 자유롭게 방임"해오던 방침을 바꾸어, 광산업 중에서 1종류, 제조공업 중에서 216종류, 상업 중에서 26종류, 교통업 중에서 1종류, 합계 483종류를 지정하여 그 설립을 허가받게 함으로써 기업설립에 대한 조선총독부의 통제의사를 명백히 한 것이었다.

이 기업허가령의 시행방침을 좀 구체적으로 살펴보자. ① 앞의 483종류의 지정업종수는 일본에 비해 공업 13종 및 상업 27종이 추가된 것이었

---

137) '기업허가령 운용방침'(1941년 12월 26일, 정무총감 통첩), 『企業許可令に關する資料』(조선금융조합연합회 조사자료 제27집), 1942, 11쪽.

다.[138] 일본에 비해 조선에서 훨씬 더 강력한 통제가 의도되고 있었던 것을 알 수 있다. ② 이들 지정사업의 신규개시, 위탁 또는 설비의 신설·확장·개량 등은 조선총독(중요한 사업의 경우)이나 도지사(기타 사업의 경우)의 허가를 필요로 하는 것으로 되었다. 기존사업자의 경우에는 60일 이내에 정해진 서류를 제출하는 것만으로 그대로 사업을 계속할 수 있었다. ③ 허가에 있어서는 국토계획, 기업정비계획 및 생산력확충계획, 생활필수품 생산 및 배급계획 등의 객관적 조건을 기초로 하고, 여기에 신청자의 지식·경험·기능·자금력 등의 개인적 조건을 참작하여 결정하되, 경제통제법령 위반자에 대해서는 원칙적으로 허가하지 말도록 할 것을 지시하고 있다. ④ 허가방침은 광공업에 대해서는 생산력확충계획상, 수출상, 국민생활상 필요하다고 인정되는 것에 대해서는 허가를 원칙으로 하고, 상업은 불허를 원칙으로 하되 물자배급 등에 지장을 초래할 우려가 있는 경우 등 특별한 사정이 있을 때만 허가하도록 했다.

그러나 이 기업허가령이 시행된 이후 처음 몇 개월간의 경제상황은 기업허가령 제정 당시에 우려했던 수준은 아니었다. 진주만공습 이후 1942년 중엽까지의 반년간은 일본이 거의 모든 전선에서 파죽의 승리를 거두던 시기였고, 전선의 확대와 함께 병참기지로서의 조선산업의 중요성도 한층 높아지고 있었기 때문에, 이 기업허가령에 의한 기업통제는 기업의 설립

---

138) 조선에서 추가된 공업분야의 품목으로서는 공업분야의 건축용 철물 또는 가구용 철물의 제조업, 진유제품 제조업, 자동차 수리가공업, 세탁소다 제조업, 가공유 제조업, 코크스 제조업, 목제가구 또는 목제건구의 제조업, 정미업, 정맥업, 면류(豆麵을 제외)제조업, 豆麵제조업, 그림물감 또는 크레용류의 제조업, 거름종이 제조업, 기름종이 제조업, 정모 및 브러쉬 제조업, 전구 제조업 등이었고, 상업분야의 품목으로서는 실 도매업, 면(진면 포함) 도매업, 일본옷 기성품 도매업, 양복원단 도매상, 부인 어린이 기성복 도매업, 남자 기성복 (작업복 및 단체복 포함) 도매업, 양품 및 복장 잡화 도매업, 半襟細貨 도매업, 식용유 도매업, 향신료 도매업, 麵類 도매업, 건구 판매업, 가구 판매업 등이었다.『鮮滿支財界彙報』, 1942년 1월호, 11-12쪽.

그 자체를 가로막기보다는 전시경제체제에 적합하도록 기업설립을 유도하는 쪽으로 작용했다.

1940년판 및 1942년판 『조선은행회사조합요록』을 분석해보면 기업허가령이 기업설립에 어떤 영향을 끼쳤는지 알 수 있다. 다른 여러 가지 요인을 배제하기 위해, 1940년판 요록에서 1940년에 설립된 회사만을 추출하고, 1942년판에서 1942년에 설립된 회사들만을 추출하여 회사수, 공칭자본금, 납입자본금 등을 민족별로 서로 비교해보면 [표 3-30]과 같다.[139]

우선 회사수를 서로 비교해보면, 1940년 1~8월간에 설립된 회사수(253사)가 1942년 1~9월간에 설립된 회사수(213사)보다 더 많다. 1942년의 조사대상기간이 한 달 더 길었음에도 불구하고 신설회사수가 오히려 감소한 이러한 현상은 1910년대 후반 이래 신설 회사수가 매년 비약적으로 증가해온 점을 감안한다면, 기업허가령이 신설회사의 설립에 어느 정도 영향

[표 3-30] 기업허가령 초기의 민족별 회사내용의 변화

	연도	조선인회사	조일합동회사	일본인회사	합계
회사수	1940	102 40.3%	26 10.3%	125 49.4%	253 100%
	1942	75 35.2%	7 3.3%	131 61.5%	213 100%
공칭 자본금 (천 엔)	1940	11,032 14.0%	4,184 5.3%	63,735 80.7%	78,950 100%
	1942	9,905 5.2%	5,080 2.7%	176,197 92.1%	191,183 100%
납입 자본금 (천 엔)	1940	5,661 15.3%	2,032 5.5%	29,306 79.2%	36,998 100%
	1942	6,067 7.4%	3,662 4.5%	72,090 88.1%	81,818 100%

주 : 1940년도판 要錄에서 1940년에 설립된 회사, 1942년판에서 1942년에 설립된 회사만을 각각 추출하여 비교했다.

---

139) 이 책의 서문을 보면, 1940년판 요록에 수록된 회사들은 '1940년 8월 현재'라고 하고 있고, 1942년판의 경우에는 '1942년 9월 현재'라고 하고 있다. 1942년판의 요록이 1902년판에 비해 1달 정도 더 조사대상기간이 길다.

을 끼쳤던 것으로 해석될 수 있다.

둘째, 신설회사수를 민족별로 보면 기업허가령이 민족별로 상당한 차이를 보이면서 적용되었다는 사실을 알 수 있다. 이 시기의 조선인 신설회사수는 102개에서 75개로 크게 줄어들고, 조일합동 신설회사수도 26개에서 7개로 줄어든 반면, 일본인 신설 회사수는 125에서 131로 오히려 증가하고 있는 것이다. 신설회사에 대한 조사가 불철저했던 점을 고려하여, 그 비중으로 검토해보더라도 위의 분석은 그대로 타당하다. 공칭자본금과 납입자본금의 경우에도 동일한 현상이 나타난다. 이 기간 동안 조선인 신설회사의 공칭자본금은 1천 103만 2천 엔에서 990만 5천 엔으로 감소한 반면, 일본인 신설회사의 경우에는 7천 895만 엔에서 1억 9천 118만 3천 엔으로 크게 늘어나고 있다. 그 결과 각 시기의 공칭자본금에서 신설회사가 차지하는 민족별 비중은 조선인 회사의 경우 14.0%에서 5.2%로, 조일합동회사의 경우에도 5.3%에서 2.7%로 격감한 반면, 일본인 회사의 경우에는 80.7%에서 92.1%로 크게 증가하고 있다. 납입자본금에서도 공칭자본금과 대체로 동일한 경향이 나타난다.

셋째, 기업허가령은 제조공업 중심으로 허가해줄 방침을 천명하고 있었는데, 그 방침 역시 1940년과 1942년 두 연도의 비교를 통해 확실히 입증된다. [표 3-31]에서 볼 수 있듯이, 1940년에는 상업회사가 상당히 큰 비중을 차지하고 있었지만, 1942년에는 그 비중이 크게 줄어들었다. 그 반면 제조공업 회사수는 1942년에 크게 증가한다. 이러한 경향은 민족별로 보았을 때, 조선인 회사의 경우 특히 현저하게 나타난다. 조선인 신설 상업회사수는 1940년 43사에서 1942년 21사로 급감한 반면, 일본인의 그것은 49사에서 47사로 줄어들기는 했지만 줄어든 폭은 그리 크지 않았다. 반면 제조공업의 경우에는 조선인 회사의 경우 9사에서 26사로 급증한 반면, 일본인 회사의 경우에는 32사에서 52사로 상대적으로 조금 증가했을 뿐이다.

[표 3-31] 신설회사의 업종별 민족별 회사수 비교

	조선인 회사		조일합동회사		일본인 회사		합계	
	1940	1942	1940	1942	1940	1942	1940	1942
금융신탁업	3	1	1			3	4	4
제조공업	9	26	6	3	32	52	47	81
운수창고업	6	5	4		6	3	16	8
농림업	4	4			5	3	9	7
수산업	8	1	2		4	2	14	3
광업	5	1			8	4	13	5
전기업					1	1	1	1
양조업	9	4			2	5	11	9
정미업	3				2	2	5	2
인쇄업		3						3
상업	43	21	7	4	49	47	99	72
기타	12	9	6		16	9	34	18
합계	102	75	26	7	125	131	253	213

자료 : [표 3-30]과 같음.

이러한 사실은 1942년 중엽까지 기업허가령의 의도가 어느 정도 관철되었음을 의미하고, 이 법령의 적용에 있어서도 조선인 기업에 대해서는 더욱 철저히 적용되었음을 짐작할 수 있다. 업종별 민족별 분석을 공칭자본금과 납입자본금에 대해 적용해보아도 결론은 회사수의 경우와 별로 다르지 않으므로, 구체적인 자료 제시는 생략하기로 한다.

기업허가령은 1942년 중엽, 미드웨이해전에서 일본의 주력함대가 궤멸되고 전황이 불리하게 돌아가면서 한층 강화된다. 1942년 9월 10일자 '기업허가령 시행규칙의 개정'은 일본에서 '기계설비 제한규칙', '주조(鑄造)설비 제한규칙' 등 여러 법령으로 나누어져 있는 것을 조선에서는 모두 기업허가령에 포함시킨 것이다. 그리하여 선철주물, 가단주철주물(可鍛鑄鐵鑄物), 용수철, 금속절단업, 원동기, 전기 기계기구, 전선(電線)·전람(電纜), 전지, 공작기계기구, 채광·선광·정련 기계기구, 방적 기계기구, 재봉틀, 철도차량, 철도 보전장치, 철도선로용품, 자동차차량, 항공기, 운반기계, 펌프·수압기, 송풍기, 기체압축기, 농업용 기계기구, 토목건축용 기계기구, 차량차축 제조업 등의 업종이 기업허가령에 추가되었다. 그리고 용융로(鎔融爐), 선반(旋盤), 연마반(硏磨盤), 볼반, 용수철 제조용기계, 소입로(燒入爐), 소둔로(燒鈍爐), 라스(lath)제조기, 전단기(剪斷機), 중등사판(中謄寫版), 프레이즈(fraise)반, 치절반(齒切盤), 평삭반(平削盤), 견삭반(堅削盤), 연탄제조기 등이 새로 허가가 필요한 설비에 추가되었다.[140] 철 자재의 소비제한과 더불어 기계공업의 신규설립에 통제를 가하는 방향으로 품목이 추가된 것을 알 수 있다.

기업의 신설에 대한 통제가 점차 강력해지면서, 이 법령을 위반하는 사례도 점차 증가하게 되었다. 조선총독부 자료에 따르면, "경제범은 해가 갈수록 증가하고 있고 또 그 내용도 점점 악질 교묘화되고 있다. 1944년에 검거된 경제통제법 위반사범의 내용에 대해 검토해보면, 폭리행위 등 단속규칙에 저촉된 가격 무표시 등을 제외하면 여전히 곡류, 청과물, 생선 및 조개류, 육류 등의 식료품 관계 가격위반이 가장 많아 전 경제사범의 35%를 차지하고, 섬유품 가격위반 11%, 기업허가령 위반 7%, 무역통제 위반 5% 및 피혁 배급통제위반 5% 등의 순서"로 되어 있다고 했다.[141] 기업허가령 위반은 가격위반을 제외하면 가장 큰 비중을 차지하고 있는 것을 알 수 있다.

(3) 기업정비령

기업허가령 시행초기가 일본의 승전기였다면, 기업정비령이 공포된 시점은 일본이 태평양전쟁에서 패전기로 접어드는 시점에 해당한다. 1942년 봄까지 일본의 승전은 이어져, 3월 9일에는 자바섬에 주둔하던 네덜란드군이 일본에 항복하고, 3월 12일에는 맥아더가 필리핀에서 호주로 탈출했

---

140) 『鮮滿支財界彙報』, 1942년 10월호, 5쪽.
141) 『帝國議會說明資料』, 제10권, 118쪽.

으며, 4월 9일에는 필리핀 바탄반도의 미군이 일본군에 항복했으며, 5월 6일에는 맥아더의 후임인 웨인라이트 준장이 일본군에 항복하여 포로가 되는 등 전쟁은 일본의 일방적 공세로 이어졌던 것이다.

이렇게 승승장구하던 일본군이었지만, 1942년 5월 8일 솔로몬해에서 미군에게 패배(산호해전)한 이후, 6월 4일에는 미드웨이 해전에서 항공모함 4척을 상실하는 등 엄청난 타격을 받게 되고, 8월부터 11월에 걸친 과달카날 전투에서 결정적 패배를 당하게 된다.[142] 1942년 중엽의 일련의 전투를 거치면서 전황은 종래의 일본의 승전국면에서 완전한 패전국면으로 접어들게 되었다.

군사정세의 악화를 받아들일 수밖에 없게 되자, 군수재로 생산을 집중하려는 노력은 한층 강화되었다. 1942~43년 겨울에 경제의 제목표는 수정되고, 1943년의 봄과 여름 신계획을 실시하는 단계로 들어갔다. 군수재 생산능력의 획기적 증대가 계획되고, 민수품 공업의 광범한 전환이 착수되었다. 자재와 노동력에 대한 통제는 더욱 엄격하게 되었다. 병기 생산계획의 목표는 일본의 경제능력의 최고 한계까지 끌어올려지고, 특히 항공기와 조선(造船)에 중점이 두어졌다. 민수경제는 생존의 한계점까지 삭감되었고,

---

142) 전후, 東條內閣의 서기관장이었던 星野는 일본의 전쟁경제는 과달카날 이후에 시작되었다고 했다. 과달카날 전투는 1942년 8월 7일에 시작되어 1943년 2월 9일에 끝났지만, 1942년 11월 중엽에 이미 승패의 귀추는 명백해졌다. 진주만 공격으로부터 11개월 후의 이 때를 획기로 태평양전쟁에 있어서 일본의 경제적 발전의 제1기가 막을 내렸다. 1942년 11월이 되면, 생산목표를 전면적으로 끌어올리는 진지한 노력과 원료나 공장능력의 근본적 재배치를 포함한 선택적 접근법이 취해지게 되었다. 과달카날 전투의 쇼크가 일본의 경제계획 및 군사적 제 계획을 근본적으로 재평가하도록 만들었다. 아직 이것을 가지고 종국적 패배를 예시하는 것으로 생각할 수는 없지만, 東京이 예기하고 있었던 것보다도 훨씬 빨리 미국이 이니셔티브를 잡을 준비에 나섰던 것을 명백히 보여주고 있었다. 뿐만 아니라, 미국의 북아프리카 침입이나 독일군의 스탈린그라드의 패전은 유럽에 있어서 구축측의 조기 승리 기대를 날려 버렸다. 正木千冬 역, 『日本戰爭經濟의 崩壞』, 日本評論社, 1950, 28-29쪽, 35-36쪽 참조.

모든 사치품이 배제되고, 민수용 설비에 대한 일체의 유지보수도 허락되지 않게 되었다.[143]

　기업정비령은 이와 같이 일본의 전쟁경제가 패전국면으로 치닫기 시작하는 첫 계기였던 산호해 패전 바로 직후인 1942년 5월 12일에 공포되었고, 그 시행규칙은 한 달 후인 6월 15일(부령 제165호)에 공포되었다.

　물론 기업정비가 기업정비령 이후에만 이루어졌던 것은 아니다. 1937년의 중일전쟁 발발 이후 자금·자재·노동력의 통제가 강화되고 그것이 군수관계기업 이외의 방면으로 흘러가지 않도록 하는 여러 가지 조치가 취해졌기 때문에, 일반 민수관계기업은 사실상 감축되지 않을 수 없게 되어 간접적으로 정리되었다. 또 각종 중요물자에 대해서는 각종 배급통제법에 의거하여 일원적인 배급기구가 확립되어 갔기 때문에 이들 배급에 관련되어 있던 많은 중소상인은 전업 혹은 폐업하지 않을 수 없었다. 그러나 조선에서는 소비재물자가 일본에 비해 상대적으로 풍부했고 군수관계기업의 발달도 낙후되어 있었기 때문에 처음에는 일본에 비해 그 영향은 경미했다. '신문사업령', '전력조정령', '조선전력관리령', '항만운송업 등 통제령', '육운통제령', '조선자동차 교통사업령', '해운통제령', '금융사업정비령' 등이 제정 혹은 개정되어 이들 기업도 필요한 최소한의 숫자로 감축되고 능률적 경영이 추구되었다. 나아가 법령에 의하지 않고 정부가 행정적으로 업자에게 그 정비를 권장하여 업자가 자발적, 임의적으로 정비에 나선 경우도 많았다.

　기업정비령은 이러한 개별적 정리, 간접적 정리에서 한걸음 나아가 광범위한 각종 기업에 대해, 이것을 정리하여 그 설비나 노동력을 더 중요한 전력증강기업에 돌리려는 목적을 가지고 있었는데, 그 범위가 일반 민수관계기업에만 머물지 않고 군수관계기업이라고 하더라도 비능률적인 것을

---

143) 正木千冬 역, 『日本戰爭經濟の崩壞』, 日本評論社, 1950, 28-29쪽.

포함시키고 있다.[144]

그 내용은 첫째, 조선총독이 지정하는 사업에 속하는 설비 또는 권리의 양도, 기타 처분, 출자, 사용 또는 이동을 제한·금지하여 불요불급한 용도로 유용되는 것을 억제하는 것인데, 이 경우 조선총독이 지정하는 사업을 행하는 법인의 합병 또는 해산은 인가를 받아야 한다. 둘째, 사업의 전부 또는 일부의 양도·폐지·휴지를 일반적으로 제한·금지하여, 전시하 긴요한 사업의 유지 및 생산확보를 도모한다. 셋째, 개개의 사업에 속하는 설비 또는 권리 혹은 사업을 대상으로 하여 양도·양수를 명하거나 또는 설비·권리를 현물출자로서 회사에 출자시킬 것을 명령하거나 또는 사업의 위탁·양도·양수 또는 회사의 합병을 명할 수 있다. 넷째, 개개의 사업의 폐지 또는 휴지를 명하여 전체로서의 생산력의 확보를 도모하는 등 국민경제의 총력발휘를 기한다. 단 사업의 폐지명령에 대해서는 정부가 그 손실을 보상한다는 것이다.

그러나 이 기업정비령도 민심의 동요를 우려하여 이 법령의 시행과 더불어 바로 강제적으로 실시하지는 않았고, 처음에는 자발적인 정비라는 모양새를 갖추어 행해졌다. 즉 기업정비령 실시와 관련하여 조선총독부 식산국장이 "조선에서는 본령에 의거한 명령을 당장 발동하는 일은 없을 것이고, 본령의 실시에 의해 철저한 정리통합이 행해지는 것은 아닌가라는 생각은 기우에 불과하다"고 말한 것에서 알 수 있듯이, 이 무렵까지는 아직 전황에 대해 그다지 비관적이지 않았고 당연히 기업정비에 대한 필요성도 심각하게 느끼지는 않았던 것 같다. 산호해전과 같은 패전도 있었지만, 5월 20일

---

[144] 기업정비령의 적용대상 업종은 기업허가령과 달리, 그 업종을 특정하지 않고 널리 광공업 및 상업 전반에 걸쳐 물자의 생산(가공을 포함) 수리, 판매, 수출입 또는 보관 사업을 영위하는 자 또는 조선총독이 지정하는 법인(상업조합, 공업조합, 산업조합, 주택영단)에 대해 필요한 명령을 발동할 수 있는 것이고, 중소상공업자에게 한정된 것이 아니라 널리 대상공광업자에 대해서도 적용되었다. 때로는 대상공업자를 중심으로 하여 중소상공업자를 흡수합병하는 방식으로 정비되기도 했다.

버마를 완전 장악하는 데 성공하고, 7월 말에는 파푸아뉴기니에 상륙하는 등 일본의 승전소식도 있었기 때문이다. 따라서 기업정비령은 비록 1942년 5월에 공포되었지만, 필요한 경우 행정관청의 명령에 의해 (기업정비의 촉진확보와 설비 또는 권리의 유효이용을) 강제적으로 조치할 수 있도록 법적 근거를 확립하여 두는 정도의 의미를 가졌던 것으로 생각된다.

이렇게 일시적으로 시행이 유보되었던 기업정비령이었지만, 과달카날 전투 이후 전세가 일본에 불리하게 돌아가기 시작하자 본격적으로 발동되기 시작했다.[145] 급박한 정세로 인해, 종래 표방되어 오던 '중소상공업 유지육성' 정책도 포기되었다. 1943년 9월 7일에 부령 제64호로 조선총독부 기업정비위원회규정이 공포되었고, 10월 25일에는 '기업정비 기본요강', '배급부문 정비요강', '중소상공업 정비요강', '기업정비에 따른 공조시설조치요강', '기업정비에 따른 종업자의 조치방안', '기업정비에 따른 재정금융조치 요강' 이 공포됨과 아울러 제1회 기업정비위원회가 개최되었다.

1943년 10월 25일의 제1회 기업정비위원회와 1944년 2월 21일의 제2회 기업정비 위원회에서는 기업정비에 관한 기본방침, 중요물자영단의 설립, 전업 혹은 폐업대상이 되는 기업자산의 매수를 위한 평가기준, 기업정비 대상업종에 관한 결정이 내려졌다. 이 기업정비위원회는 1944년 2월 21일에 제1차 정비업종을, 또 6월 26일에 제2차 정비업종을 결정 발표했다. 총 63업종으로서 그 내역은 [표 3-32]와 같다.

---

145) 1943년 6월 1일 각의에서 '전력증강 기업정비 기본요강' 이 결정되자, 조선에서도 이 방침에 순응하여 종래 채택되어 온 유지육성의 근본방침에 필요한 정도의 수정을 가하여 조선산업의 현황에 즉응하는 기업정비를 실시하게 되었다. 『帝國議會說明資料』, 제10권, 337쪽.

[표 3-32] 기업정비 대상업종

		제1차 기업정비 업종(1944.2.21)	제2차 기업정비업종(1944.6.26)
조선총독부 담당	배급 부문	의약품류 도매업, 도자기 도매업, 견사 매매업, 직물 도매 및 중간 판매업	일본옷 기성품 도매업, 제면 도매업, 모자 도매업, 설탕 도매업, 원피중매업, 자전거 · 내연기관 · 자동차부분품 판매업
	공업 부문	제약업, 비료제조업, 유리제품제조업, 제사업, 진면제조업, 양곡가공업, 소주제조업, 아미노산공업, 인쇄업	식육가공업, 경화유 지방산 글리세린제조업
	기타	유가증권 거래원업 및 유가증권업, 전기공사 청부업	
도 담당	소매상	포목상, 양품 잡화상, 가정용 철물상, 도자기상, 구두상, 약품 · 화장품상, 종이 · 문구상, 가구상, 신발상, 부엌용 잡화상, 과자상, 어물상, 채소 과일상, 만물상	양복상, 기성복상, 귀금속 · 시계 · 안경상, 사진기상, 라디오 · 전기구상, 자전거상, 유리상, 가방상, 장신구 · 화장품상, 서적 · 잡지상, 완구상, 식료잡화상, 정육상, 건축 철물상, 땔감상, 화분상
공동 담당	공업 부문	견 · 인견직물공업, 메리야스제조업, 피복제조업, 가구제조업, 일본나막신제조업, 과자제조업, 제면업	제면(製綿) 및 반모(反毛)가공업, 모자제조업

자료: 『帝國議會說明資料』, 제10권, 336-339쪽.
조선금융조합연합회, 『企業整備に關する資料』, 1944, 34-35, 74쪽

    기업정비령에 속하는 업종이 조선의 공장공업에서 어떤 위치를 차지하는지 1939년판 공장명부를 사용하여 분석해보면, [표 3-33]과 같다.
    이 표를 보면 기업정비가 반드시 조선인 공업의 정비만을 목표로 한 것은 아니었다. 제사업 등 일본인 공장수가 조선인 공장수보다 더 많은 업종도 포함되어 있기 때문이다. 그러나 조선인 공장의 경우에는 63%에 해당하는 4,185개소의 공장이, 그리고 일본인 공장의 경우에는 42%에 해당하는 2,768개소의 공장이 각각 정비대상이 되었다는 점에서 볼 때는, 이 법령이 일본인 공업보다는 조선인 공업에 더 큰 영향을 주었다고 해도 좋다.
    한편 기업정비령에 속하는 공장을 규모별, 민족별로 분석해보면, 조선인 공장의 경우에는 규모 'A'에서는 62%, 규모 'B'에서는 72%가 정비되었음을 보여준다(이하 [표 3-34] 참조). 규모 'C'와 규모 'D'에서는 49%와

[표 3-33] 제1차 기업정비업종에 속하는 공장의 민족별 내역

업 종	조선인 공장	일본인 공장	합 계
제사업	48	71	119
견직물	142	3	145
인조견직물	51	12	63
메리야스제조업	130	11	141
진면제조업		2	2
유리, 유리제품제조업	13	15	28
제약업	18	11	29
동물유지제조업	937	299	1,236
건구, 가구	51	84	135
인쇄업	146	160	306
소주	180	39	219
과자, 빵, 엿제조업	21	77	98
제면업	11	9	20
정곡업	810	283	1,093
봉재업	79	97	176
소계	2,637	1,173	3,810
합계	4,185	2,768	6,953
비율	63.0%	42.4%	54.8%

자료 : 조선총독부 식산국, 『朝鮮工場名簿』(1939년 조사)에서 작성.

25%로 정비대상이 되는 공장수의 비율이 상대적으로 낮았다(비율 '가'의 조선인 공장 부분 참조). 일본인 공장의 경우에는 모든 규모에서 38~48%의 비교적 낮은 비율을 보여주고 있다(비율 '가'의 일본인 공장 부분 참조). 조선인 공장의 경우 'C', 'D' 급 규모에서 정비대상비율이 낮은 이유는 '고무제품제조업'이 아직 정비대상에 포함되지 않았기 때문인데,[146] 이

---

146) 일본의 생고무 수입량은 1941년 67.6천 톤, 1942년 31.4천 톤, 1943년 42.1천 톤, 1944년 31.5천 톤, 1945년 17.9천 톤이었다(『日本戰爭經濟の崩壞』, 274쪽). 고무제품제조업의 원료가 되는 생고무 수입이 상대적으로 원활했기 때문에 고무제품제조업은 다른 업종에 비해 상대적으로 조업률이 높았다고 생각된다. 이러한 사정으로 고무제품제조업이 1944년 시점에서 정비대상 업종에 포함되지 않았던 것으로 생각된다.

것을 포함시키면 'B'급 이상은 한결같이 75~85%의 높은 비율을 보여주게 된다(비율 '나' 의 조선인 공장 부분 참조). 그러나 일본인 공장의 경우에는 그 비율이 거의 차이가 없다. 요컨대, 1944년 초부터 본격적으로 시행되기 시작한 기업정비령에 의한 기업정비는 조선인 공장과 일본인 공장 모두에게 큰 영향을 주었지만, 그 중에서도 조선인 기업이 받은 타격은 더욱 격심한 것이었다.

[표 3-34] 정비대상업종의 규모별 민족별 공장수와 그 비율

			A	B	C	D	휴업	소계
공장수	가	조	2,276	105	21	5	257	2,664
		일	896	125	67	45	81	1,214
	나	조	18	5	13	10		46
		일	5	1	5	2	2	15
	다	조	3,673	146	43	20	303	4,185
		일	2,114	264	151	123	116	2,768
비율(%)	가	조	62	72	49	25	85	64
		일	42	47	44	37	70	44
	나	조	62	75	79	75	85	65
		일	43	48	48	38	72	44

주 : '가' 는 '1차 기업정비업종' 에 속하는 것만 포함. '나' 는 '고무제품제조업' 도 포함하고, '다' 는 1939년의 공장수 합계이다. 공장규모는 평상시 고용하는 종업원수에 의한 구분이고, 'A' = 5~49, 'B' = 50~99, 'C' = 100~199, 'D' = 200을 각각 의미한다.
자료 : 『朝鮮工場名簿』(1939년 조사)에서 작성.

한편 기업정비령에 의해 통폐합된 기업은 '금속류 회수령' 과 '조선중요물자영단령' 에 의해 조선중요물자영단에 생산설비를 매각해야 했다. 조선중요물자영단은 매입한 생산설비 중에서 재사용이 가능한 것들을 초중점 군수생산 부문에 재배치했다. 즉 "현재의 물자동원 정세에 대처하여 가동되지 않고 있는 유휴시설 및 자재의 전용이 긴요하기 때문에, 전동기, 변압기 및 공작기계, 기타 중요기기류의 전용에 대해서는 각 도로 하여금 '금속류 회수령' 에 의거하여 '제3호 물자' 로 인정하도록 하여, 소유자의 자발적 공출 혹은 양도명령의 발동에 의해 영단이 일괄적으로 회수하게

만들어 긴요부문으로 전용시키고 있다. 그 계획 개요는 전동기 4천대, 변압기 450대, 공작기계 500대, 개산금액 3,427,500엔으로서, 이 중에서 긴급부문으로 전용을 끝낸 것은 제2사반기 말 현재 아래의 [표 3-35]와 같이 '대체로 순조롭게 진척되고 있다' 는 것이다.[147]

[표 3-35] '금속류 회수령' 에 의한 기기(器機)의 매수와 전용 및 활용

(금액 단위: 엔)

할당대상	전동기		변압기		공작기계		금액합계
	대수	금액	대수	금액	대수	금액	
군관계	1,381	739,555	144	67,244			806,799
군수성	474	326,361	56	20,326			346,687
조선군	355	206,597	44	22,447			229,044
군 무관부	552	206,597	44	24,471			231,068
조선총독부	1,184	814,211	144	58,468	219	627,920	1,500,599
관수	241	155,398	35	11,675	57	161,440	328,513
민수	943	658,813	109	46,793	162	466,480	1,172,086
합 계	2,565	1,553,766	288	125,712	219	627,920	2,307,398

자료 : 『帝國議會說明資料』, 제10권, 153쪽.

　제국의회설명자료를 보면, 온유비(정어리 기름과 비료) 제조공업이 기업정비령에 의해 정비되고 그 시설이 초중점 군수생산부문으로 재배치되어 가는 과정에 대한 언급이 있다([표 3-36] 참조). 즉 동해안 소재의 온유비제조공장으로서 기업정비에 의한 정비공장은 제1차로 909공장(기계식 15, 수착식 894), 제2차로 921공장(기계식 27, 수착식 894)을 매수하는 것으로 하고, 제1차 정비분에 대해서는 매매계약을 완료하고, 제2차분에 대해서는 현재 매수절차가 진행 중이다. 매매계약체결이 완료된 매입자산의 대금지불에 대해서는 현재 절차를 밟고 있다. 제1차 기계식 공장 15공장분은 '기업정비 실시요강' 결정 전이고 일부 소유권 이전등기를 아직

---

147) 『帝國議會說明資料』, 제10권, 153쪽.

마치지 않았지만, 그 매입금액이 클 뿐만 아니라 소유자가 부채정리를 하기 위해서도 조속히 자금을 풀어야 할 사정이 있음에 비추어, 그 불매입(不買入) 대상의 7할 정도를 지불하는 것으로 하여 15공장에 대해 5,011,200엔을 지불했다.

[표 3-36] 온유비제조공장의 매수상황

(금액 단위: 엔)

정비공장 종류	공장수	자산변상액				
		토지	건물	설비	기계	합계
기계식 1차	15	223,058	3,058,205	942,823	2,922,662	7,146,748
기계식 2차	12	89,280	4,667,441	954,971	3,677,161	9,388,853
수착식 1차	894	540,892	3,880,311	6,348,367	492,642	11,262,212
합 계	921	853,230	11,605,957	8,246,161	7,092,465	27,797,813

자료: 『帝國議會說明資料』, 제10권 154쪽.

이렇게 매입된 자산의 전용에 대해서는 특히 긴급하다고 인정되는 것에 대해 제2사반기 말 현재 제1차 기계식 공장은 매입자산의 약 66%, 대략 4,740,339엔, 수착식 공장은 매입자산의 약 13%, 대략 1,433,802엔, 합계 6,174,141엔의 전용 결정을 보았다. 그리하여 전용가능물건 금액 및 전용곤란물건 금액은 [표 3-37]과 같고, 전용가능물건 중 미전용 물건 및 제2차 기계공장물건에 대해서는 현재 전용 절차를 밟고 있다.

온유비제조업 이외에도 '정미업 및 소주양조업의 기업정비의 구체적 결정을 보아 그 시설을 매입하여 전용하는 방법을 준비 중'이라고 했다.

[표 3-37] 온유비제조공장 매수자산의 전활용(轉活用) 상황

(금액 단위: 엔)

공장종류	공장수	매수물건 금액	전용가능 물건금액			전용곤란 물건금액
			전용금액	미전용금액	합계	
기계식	15	7,146,748	4,740,339	1,839,011	6,579,350	567,398
수착식	894	11,262,212	1,433,802	7,016,575	8,450,377	2,811,835
합 계	909	18,408,960	6,174,141	8,855,586	15,029,727	3,379,233

자료: 『帝國議會說明資料』, 제10권, 154쪽.

상업부문에 대한 기업정비도 급속히 추진되어 갔다. 조선총독부가 관할하는 부문의 기업정비에서는 유가증권 거래원업 및 유가증권업은 제1사반기에 정비완료했고, 제2사반기에 정비하기로 결정된 도자기 도매업, 자동차부분품판매업에 대해서는 현재 자산의 매입 및 공조금 자금의 대부절차를 밟고 있는 중이어서 가까운 장래에 정비를 끝마칠 예정이라고 했다. 또 관할권이 각 도에 속하는 업종에 대해서는 현재 각 도별로 구체적 실시안을 작성 중이다. 대체로 연내(1944년)에 완료될 전망이고, 그 구체적 실시안이 이미 결정된 도는 다음의 [표 3-38]과 같다고 했다.

[표 3-38] 각 도 담당 기업정비 상황

(금액 단위: 엔)

도별	기존업자수 (A)	전폐업자수 (B)	잔존업자수	정비율 (B/A)	생활원호 공조금	실적보상 공조금
충북	1,570	918	652	58%	367,200	309,744
충남	3,727	2,298	1,429	62%	719,327	998,191
경북	10,012	6,327	3,685	63%	2,530,800	2,361,479
전북		1,519			527,600	836,350
황해	9,303	6,646	2,657	71%	1,996,800	3,567,519
평북	688	395	293	57%	156,800	1,041,509
함북	7,081	4,185	2,896	59%	694,886	12,291,910
계		22,086			6,993,413	21,406,702

주 : 평북의 경우, 신의주부만 포함됨.
자료 : 『帝國議會說明資料』, 제10권, 154쪽.

전국 13개 도 중에서 7개의 도에서 기업정비 실시안이 구체화되었는데, 그 정비율을 보면 가장 낮은 충북이 58%이고, 황해는 71%에 달하고 있다. 대체로 6할 가량의 기업이 정비될 예정으로 되어 있었던 것이다.

이렇게 정비대상기업으로 선정되면, '금속류 회수령' 과 '조선중요물자영단령' 에 의해 기업소유주는 조선중요물자영단에 그 자산을 매각해야 했다. 매각은 기업정비위원회에서 책정한 '기업정비 자산평가기준' 과 '기업정비에 따르는 공조금 산정기준' 에 의해 이루어졌다. 그러나 이 매각대금이 전액 매도자에게 지급된 것은 아니었다. 조선총독부는 '매수대금, 공조금교부, 퇴직금지급 등으로 공급된 막대한 자금이 부동 구매력화 되는 것'을 방지하기 위해 '기업정비 자금조치법'을 공포하여 회수했다.[148] 제국의 회설명자료에 따르면, "각종 기업정비에 따른 자금의 살포, 기타 임시적으로 많은 수입이 있는 사람에 대해서는 기업정비자금조치법에 의한 특수결제 이외의 잔여부분 또는 적용 외의 자금에 대해서도 각종 법령의 인허가, 지도 또는 알선을 할 때 관계당국 및 금융기관이 서로 연락하여 그 대부분을 국채저금 또는 장기성 저금을 하도록 강력하게 권장함으로써 자금의 부동화 방지를 도모하고 있다"는 것이다.[149]

(4) 군수회사법

1942년 일본의 미드웨이 해전 패전 이후부터는 항공기와 선박생산에 '최중점'이 주어졌지만, 미군의 공격으로 선박 상실량은 급증하기 시작했고 이로 인해 수송력의 괴멸과 물자부족이 극심해져갔다. 일본전쟁경제의 붕괴는 명백해졌고, '생산확충'마저 불가능하게 되었기 때문에, 감산을 피하면서 생산을 확보하고 가능하다면 생산을 증강하고 싶다는 희망을 담고

---

148) 이 법의 주요 내용은 다음과 같다. (1) 각종 기업의 매수자는 민간기업 혹은 조선중요물자영단이지만, 그 대금결제에 대해 정부나 전시금융금고, 기타 금융기관을 개입시켜 이들도 당사자로 한다. (2) 본법의 적용을 받는 기업정비는 1건 3만 엔 이상의 사업의 전부 혹은 일부 양도, 설비 또는 권리의 전부 혹은 일부 양도 또는 수용, 자본금 100만 엔 이상인 회사의 자본금 1/3 이상의 주식 또는 출자지분의 양도, 1건 5만 엔 이상의 주식 또는 출자지분의 양도, 1건 1천 엔 이상의 실적보상공조금의 교부, 회사의 합병에 따른 1천엔 이상의 주주 또는 사원에 대한 합병교부금의 교부, 1건 3만 엔 이상의 조선중요물자영단에 대한 자산의 전부 또는 일부 양도의 각 경우를 말한다. (3) 자금의 결제방법은 특수예금, 특수금전신탁, 채무자 특수차입금, 전시금융금고 특수차입금, 정부 특수차입금의 다섯 가지이다.
149) 『帝國議會說明資料』, 제10권, 301쪽.

있는 '생산증강'으로 바뀌어져갔다.[150] 이에 따라 1943년 3월에는 '초중점 산업'이 지정되고, 10월에는 '군수회사법'이 공포되었으며, 11월에는 '군수성'이 설치되어 군수생산을 총괄하게 되었다. 여기에서는 군수회사법에 초점을 맞추어 분석해 본다.

기업정비령이 각종 기업을 정리하여 그 설비나 노동력을 더 중요한 전력증강기업에 돌리려는 목적을 가지고 있었다면, 군수회사법은 정부가 직접 군수사업체의 운영에 개입하여 그 생산을 극대화하기 위한 것이었다.

그러나 조선에서는 군수회사법이 일본보다 1년 정도 늦은 1944년 10월부터 시행되었다. 단, 일본에서만 군수회사법이 시행되고 있던 기간 동안, 조선에서는 '군수생산책임제'가 시행되었다.[151] 1944년 3월 말에 군수생산책임자에 대한 지정이 있었는데, 경금속관계 10명, 철강 및 제철 13명, 특수광물 및 비철금속 82명, 석탄 16명, 액체연료 3명, 화학공업 12명, 전기관계 2명, 합계 7개 부문 138명에 대해 지정서가 교부되었다. 1944년 10월, 군수회사법을 조선에서도 시행하기로 결정되자, 1944년 12월에는 제1차로 55사, 1945년 1월에는 제2차로 45사가 군수회사로 지정되었다.

이 법의 적용대상이 되는 군수사업이란 ① 병기, 항공기, 함정, 선박, 차량 및 그 부품, ② 철강, 경금속, 비철금속, 희유금속, 기타 주요 광산물, ③ 액체연료 및 윤활유, 석탄, 가스, 코크스 및 전력, ④ 중요 화학공업품, ⑤ 중요 기계기구 및 그 부품, ⑥ 앞의 각 항목에서 든 물자의 원료 및 재료의 생산, 가공 또는 수리를 하는 사업을 말한다. 그러나 군수사업 이외의 운수사업이나 중요 군수물자의 배급사업과 같은 것도 '군수 충족에 필요한 사업'으로서 이 법을 준용하도록 되어 있었다. 이것은 1945년 1월에 '군

---

150) 原朗, 「太平洋戰爭期の生産增強政策」, 『戰時經濟』(近代日本硏究會), 1987, 231-232쪽.
151) 군수생산책임제는 1944년 4월1일부터 실시되었는데, 법령에 의한 것이 아니었다. 일본정부와 조선총독부 사이의 의견의 불일치로 군수회사법의 조선시행이 늦추어지고 있던 사이에 잠정적으로 적용하기 위한 행정조치였다.

수충족회사령'으로 명문화되었다. 또 회사가 아니라 조합이나 개인기업 형태의 것 중에서도 필요한 것은 군수회사법을 준용하도록 하고 있었다.

군수회사법은 지정된 기업으로 하여금, 책임을 지고 주어진 생산량을 생산하도록 하는 이른바 '생산책임제'를 핵심으로 한다. 정부는 군수회사에 대해 기한과 수량, 기타 필요한 사항을 지정하여 군수물자의 생산이나 가공 혹은 수리 명령(즉 생산 명령)을 내리면, 해당 기업에서는 '생산책임자'와 '생산담당자'(현장 지도자)가 책임을 지고 생산을 해내는 방식인 것이다. 만약 생산책임자가 직무를 태만히 하여 그 책임을 다하지 못했을 때는 징계해임이나 견책을 당하도록 되어 있었다.

군수회사에는 이러한 부담만 부과된 것이 아니었다. 각종 특혜도 주어지고 있었다. 근무관리나 자금조정 및 경리에 관한 명령을 통해 자금·자재·노동력 등이 무엇보다 우선적으로 공급되었고, 노동에 대한 통제가 가능했으며, 명령에 따른 생산의 결과 손실이 발생할 경우에는 가격조정·보조금 교부·손실 보상·이익 보증과 같은 방법으로 일정한 수준의 이윤을 보장해주도록 되어 있었다. 말하자면 군수사업체가 안심하고 군수생산에 전념할 수 있는 여건을 만들어 준 것이다.

조선에서는 제1차 및 제2차 두 번에 걸쳐 100개 회사가 군수회사로 지정되었는데, 그 중 조선인 회사는 박흥식의 조선비행기공업과 백낙승의 일본무연탄제철 둘 뿐이었고, 나머지는 모두 일본인 회사였다. 군수회사로 지정된 일본인 회사의 자산의 크기와 그 업종을 살펴보면 [표 3-39]와 같다.

회사수는 100개사로 얼마 되지 않지만, 이들 군수회사로 지정된 회사의 자산이 일본인 회사 자산 전체에서 차지하는 비중은 61.9%나 되고 있다. 또 군수회사로 지정된 회사의 업종은 군수회사법의 내용 그대로 제철업, 화학공업, 기계기구공업, 경금속공업, 가스 전기업, 석유업, 석탄 및 금속광업 등에 집중되어 있다. 조선에서는 그 밖에도 요업(시멘트), 직물업 등이 군수회사로 지정되고 있는 점이 일본과 조금 다르다.

[표 3-39] 군수회사로 지정된 일본인 회사의 업종별 자산

(단위: 백만 엔)

	군수회사지정			비지정	합계	군수회사 비중
	1차	2차	소계			
요 업	220	54	274	156	430	63.8%
제 철	4,341	291	4,632	143	4,775	97.0%
화 학	6,771	363	7,134	692	7,826	91.2%
기계기구공업	1,227	191	1,418	515	1,933	73.4%
중금속	216		216	502	718	30.0%
경금속	1,392	45	1,437	791	2,228	64.5%
석탄, 금속광업	5,337	1,090	6,427	1,784	8,211	78.3%
가스, 전기, 수도	7,368		7,368	1,344	8,712	84.6%
석유, 고무	747	18	765	148	913	83.7%
직 물	629	501	1,130	1,629	2,759	40.9%
제 지	6		6	410	416	1.4%
운수, 창고			16	3,142	3,158	0.5%
기 타	111	84	195	7,845	8,040	16.5%
합 계	28,381	2,635	31,016	19,105	50,121	61.9%

주 : 회사 자산은 SCAP의 조사에 의한 1945년 8월 현재의 것임. 단 SCAP 자료에서 회사명을 확인할 수 없었던 朝鮮神鋼金屬, 理硏特殊製鐵, 住友鑛業*, 日本無煙炭製鐵, 朝鮮重機工業, 明治鑛業*, 沖電機*, 中央電機*, 湯淺蓄電池 등은 제외하고 계산했다. 업종 분류는 SCAP에 따랐고, *표는 일본 본점회사를 의미한다. 군수회사로 지정된 개별 기업명에 대해서는 김인호의 저서를 참조바람.
자료 : SCAP, *Japanese External Assets*; 김인호, 『식민지 조선경제의 종말』, 신서원, 2000, 167-170쪽 등에서 작성.

지금까지 살펴보았듯이, 조선의 공업은 일제 말기로 다가갈수록 군수공업화의 성격이 짙어지고, 1944년 단계가 되면 조선의 광공업은 완전히 군수공업화의 체제로 재편성된다. 생산이 전체적으로 괴멸상태에 놓여 있었기 때문에 모든 생산역량을 군수품 생산에 집중하기 위해서는 비군수품 생산부문은 노동력, 원료와 자재, 자금 등에서 심한 제한을 받았고, 평화산업 관련 기업은 통폐합되거나 강제로 정비되었다. 이렇게 하여 획득된 생산역량은 군수회사에 집중되었는데, 조선에서 이 군수회사라는 것은 거의 완전히 일본인 자본에 의한 것이었다.

제4장
근대교육과 기술의 발전

식민지체제는 조선인들의 인적자본 형성에도 매우 불리하게 작용하는 것이었다. 조선인들의 높은 교육열에도 불구하고 충분한 교육시설이 제공되지 않았고, 특히 기술계 고등교육 기회는 소수의 일본인에게 특혜적으로 제공되었다. 학력을 우선시하던 일제시대에 교육기회에 대한 차별은 바로 경제적 격차 및 사회적 차별의 확대를 의미하는 것이었다. 제4장에서는 교육부문의 개발 이면에 놓여 있는 이러한 식민지적 특징을 명백히 하려고 한다.

1. 교육

조선의 근대적 교육은 갑오개혁(1894) 이후 사범학교, 중학교, 외국어학교, 의학교, 농상공학교, 소학교 등의 관공립학교(官公立學校)가 설립되면서 시작되었다. 그리고 1905년경의 국가적 위기에 직면하여 나타난 애국계몽운동에 의해 근대적 교육은 또 한번의 전기를 맞이하게 되었다. 이 근대교육운동은 민족교육의 맥락에서 이루어졌고, '자주독립', '문명개화', '내수외학', '아는 것이 힘이다' 등의 슬로건 아래 추진되었다. 각지에 학회, 교육회 등이 조직되는 한편, 학교건설·운영운동, 민중계몽운동이 활발히 전개되었다. 전국각지에 정규 사립학교를 비롯하여, 수많은 서당, 각종 강습소, 야학회, 노동학교, 노동야학교가 세워졌다.[152]

그 결과, 조선이 일본에 병탄되기 직전이 되면, 조선인들의 근대교육에 대한 견해도 상당히 달라졌다. 우선 근대교육을 하는 학교수와 그 학생수가 급증했다. [표 4-1]에서 볼 수 있듯이, 조선 정부에서 설립·운영하던 관공립 보통학교의 학교수와 학생수도 비약적으로 증가했지만, 그것보다는 오히려 사립학교의 발전이 훨씬 괄목할만한 것이었다. 이에 따라 병탄

---

152) 朴慶植, 『日本帝國主義の朝鮮支配』(上), 青木書店, 1973, 145쪽.

직전인 1910년 3월에는 2,146개소의 보통학교에 10만 명을 상회하는 조선인 학생들이 재적하게 된다. 이 숫자는 해방 당시의 조선인 학생수에 비하면 아주 적은 숫자이지만, 5년 남짓한 사이에 근대교육기관의 수가 이처럼 비약적인 발전을 했다는 것은 조선인이 주체적으로 근대교육을 확대해 나갈 태세가 되어 있었다는 점에서 상당히 중요한 의미를 갖는다.

[표 4-1] 일제의 조선병탄 직전의 조선인 보통교육

		학교수					학생수				
		1906	1907	1908	1909	1910	1906	1907	1908	1909	1910
관공립	관립 및 갑종공립	23	50	50	59	60	3,380	4,615	8,215	10,092	11,067
	보조지정				31	41				2,503	3,988
	을종공립			48	34	29			2,529	2,239	2,179
	관공립소계			98	124	130			10,744	14,834	17,234
사립	보통학교					43					3,060
	사립각종학교					1,973					84,362
	일반					1,227					62,770
	종교					746					21,592
	사립소계					2,016					87,422
	합 계					2,146					104,656

주 : 1906~1907년은 연 말, 1908~10년은 익년 3월 말의 자료임.
자료 : 朝鮮總督府, 『學事統計』(1910년도) 및 통감부, 『統計年報』 해당 연도판.

둘째, 조선인의 전통적인 사농공상이라는 직업관도 이 시기가 되면 상당히 크게 이완된다. 이 점은 실업교육 기관수가 증가했을 뿐만 아니라 그러한 교육기관에 대한 입학경쟁률이 엄청나게 높았다는 사실에서도 입증될 수 있다([표 4-2] 참조). 1910년의 입시경쟁률을 보면, 한성사범학교 본과의 경쟁률이 19.5 대 1로 가장 높았고, 아직 부산이나 인천과 같은 지방 실업계학교의 경쟁률은 여전히 낮았지만, 서울에 소재하던 공업전습소나 선린상업학교의 경쟁률은 13 대 1 정도의 높은 경쟁률을 보여주고 있다. 이러한 통계는 상공업이 말업이라는 인식이 불식되어 가고 있었음을 의미한다.

[표 4-2] 입학경쟁률 (1910년 3월)

	지원자	입학생	경쟁률		지원자	입학생	경쟁률
법학교	913	108	8.5	관립인천실업학교	67	52	1.3
한성사범학교	2,257	194	11.6	공립부산실업학교	41	41	1.0
한성고등학교	194	50	3.9	사립선린상업학교	713	57	12.5
평양고등학교	209	72	2.9	소 계	821	150	5.5
한성외국어학교	1,139	308	3.7	구대한의원부속의학교	450	50	9.0
한성고등여학교	99	79	1.3	공업전습소	1,281	100	12.8
소 계	4,811	811	5.9				

자료 : 朝鮮總督府, 『第3次 統監府統計年報』에서 작성.

셋째, 이 시기가 되면 근대교육은 대중교육의 하나로 널리 자리잡아 가고 있었다. [표 4-3]에서 볼 수 있듯이, 고등정도 제학교나 실업계통의 학

[표 4-3] 고등정도 제학교 및 실업계통 제학교 지원자와 입학자 학부모의 직업과 신분

| | | 고등정도 제 학교 | | 실업계통 제 학교 | | | | | | 합계 | | | |
| | | | | 실업학교 | | | | 실업보습학교 | | | | | |
		입학	비율	지원	비율	입학	비율	지원	비율	입학	비율	지원	비율	입학	비율
직업별	관공리	97	13.0	120	7.6	68	7.8	11	3.4	8	3.9	131	6.9	173	9.5
	은행회사원	26	3.5	24	1.5	47	5.4	6	1.9	4	2.0	30	1.6	77	4.2
	상업자	186	24.9	759	48.2	490	55.9	56	17.4	43	21.0	815	43.0	719	39.3
	농업자	323	43.2	510	32.4	234	26.7	148	46.1	101	49.3	658	34.7	658	36.0
	공업자	8	1.1	24	1.5	8	0.9	24	7.5	14	6.8	48	2.5	30	1.6
	노동자	1	0.1	11	0.7	2	0.2	11	3.4	1	0.5	22	1.2	4	0.2
	기타	107	14.3	128	8.1	27	3.1	65	20.2	34	16.6	193	10.2	168	9.2
	계	748	100.0	1576	100.0	876	100.0	321	100.0	205	100.0	1897	100.0	1829	100.0
신분별	양반	330	47.4	337	37.4	354	40.4	46	43.0	70	34.1	383	38.0	754	42.4
	상민	366	52.6	565	62.6	522	59.6	61	57.0	135	65.9	626	62.0	1023	57.6
	계	696	100.0	902	100.0	876	100.0	107	100.0	205	100.0	1009	100.0	1777	100.0
토지소유별	50두락 이하			115	13.1	111	12.7	2	9.1	13	6.3	117	13.0	124	11.5
	5~10두락			110	12.6	111	12.7	4	18.2	17	8.3	114	12.7	128	11.8
	10~50두락			220	25.1	245	28.0	4	18.2	42	20.5	224	24.9	287	26.5
	50두락 이상			211	24.1	199	22.7	4	18.2	22	10.7	215	23.9	221	20.4
	없음			220	25.1	210	24.0	8	36.4	111	54.1	228	25.4	321	29.7
	계			876	100.0	876	100.0	22	100.0	205	100.0	898	100.0	1081	100.0

자료 : 朝鮮總督府, 『學事統計』, 1910년판에서 작성.

제4장 | 근대교육과 기술의 발전 243

교에 대한 입학지원자와 입학자 학부모의 직업별, 신분별, 혹은 토지소유 규모별 비중을 보면 직업에서는 상업자와 농업자의 비중이 압도적으로 높고, 신분에서는 양반보다 상민의 비중이 높으며, 토지소유규모별에서는 10두락 이하('없음' 도 포함)가 절반 이상을 차지하고 있다.

이상의 몇 가지 점에서 고찰하건데, 조선이 일본에 병탄되기 직전에 조선에서는 이미 근대교육을 수행하기 위한 제 조건이 충분히 성숙되어 있었다는 것을 알 수 있다. 환언하면 조선이 일제의 식민지가 되지 않았다 하더라도 자주적인 근대교육의 확충이 뒤따랐을 것이 분명하다.

조선총독부는 처음에는 조선인 교육에 적극적으로 나설 생각이 없었지만,[153] 그 이전에 이미 고양되어 있던 조선인들의 높은 교육열을 무시할 수 없었다. 따라서 병탄 이후의 조선총독부의 조선인 교육방침은 그들의 높은 교육욕구를 충족시켜 주되, 그것을 식민지체제의 정착에 이바지하게끔 바꾸어주는 것으로 설정되었다. 1911년에 공포된 '(제1차)조선교육령'에서 일제가 취한 초기 교육정책의 방향을 가늠할 수 있다. 즉 ① 기존의 민족교육운동을 탄압하는 한편[154] 그것을 천황에 충량한 황국신민교육으로 재편하고, ② 일본국민으로서의 품성을 함양하고 일본어를 보급하며, ③ 민도에 맞는 보통교육, 특히 실업교육에 중점을 두는 데 그 목표를 두었다.

이제 병탄 이후의 조선인 교육의 추세를 검토해보자. [그림 4-1]에서는 조선의 국·공·사립 초등교육기관(소학교 및 보통학교)에 재적하고 있는 학생수의 추이와 서당의 학생수의 추이를 보여주고 있다.

이 그림을 보면 초등교육은 삼일운동이 일어나는 1919년을 경계로 두 시기로 나누어진다. 삼일운동 이전에는 보통학교 재학생수보다는 서당 재학생수가 많고 또 서당 재학생수가 꾸준히 증가하고 있다. 보통학교 교육

---

153) 조선인들은 교육시킬 필요가 없다. 북해도의 아이누와 같이 압박하여 멸망시키면 족하다(阿部勳, 『朝鮮統治の解剖』, 1927, 221-222쪽).
154) 朴慶植, 앞의 책, 146쪽.

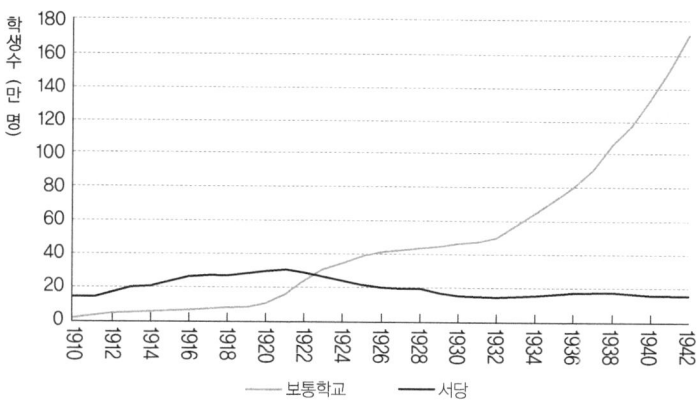

[그림 4-1] 보통학교와 서당의 조선인 재학생수

주 : 1925년 이후에는 보통학교생 = 조선인 학생, 소학교생 = 일본인 학생으로 취급했다.
자료 : 朝鮮總督府, 『統計年報』, 해당 연도판.

의 공급이 원활하지 못했던 것에도 하나의 이유가 있을 것이지만, 그것보다는 일제의 식민지교육에 대한 거부감과 높은 교육열이 서당 재학생수를 증대시켰던 것으로 생각된다.

삼일운동 이후에는 보통학교 재학생이 급속히 늘어나는 반면 서당 재학생수는 점차 감소한다. 보통학교 학생수는 1910년 2만 명 정도에서 1942년에는 170만 명 정도로 증가했다. 해방 무렵이 되면 초등학교의 조선인 취학률은 남한의 경우 45.2%에 달하게 되었고, 1946년부터 의무교육을 실시할 계획이 세워지기도 했다.[155] 그 반면 병탄 이래 조선인 교육의 주축을 이루어 왔던 서당과 각종학교의 학생수는 일제 초기에는 증가했지만 1920년대 초반 이후 감소추세로 돌아선다. 그 결과 1924년부터 보통학교

---

155) 近藤釖一 편, 『太平洋戰下の朝鮮及ひ臺灣』 朝鮮近代史料(1), 朝鮮史料硏究會, 1961, 18-19쪽. 일제시대의 조선인 학생의 취학률은 1925년 10.0%, 1930년 12.2%, 1935년 17.6% 등이었다고 한다. 安秉直 외, 『近代朝鮮의 經濟構造』, 비봉출판사, 413쪽.

의 학생수가 서당 및 각종학교의 학생수를 상회하기 시작하게 된다.

이러한 전환점의 발생은 보통학교 학생수가 1920~25년과 1933년 이후의 두 시기에 집중적으로 늘어난 것과 관련이 있다. 1920년대 전반에 학생수가 급증하게 된 것은 3·1운동이 일제의 교육정책 기조를 바꾸어 놓았을 뿐만 아니라 또 다른 한편으로는 조선인도 자신의 근대교육관을 급변시켰기 때문이다. 전자에 대해서는 1922년의 제2차 '조선교육령'의 공포, 또 후자에 대해서는 1920년 이후 서당학생수의 감소추세를 보면 알 수 있다.[156]

따라서 적어도 1933년에 이르기까지의 보통교육의 확대는 조선총독부의 의도에 의해 이루어진 것이라기보다는 조선인들의 근대교육에 대한 좀 더 적극적인 요구가 그 배경이 되었음을 알 수 있다. 그 반면 1933년 이후의 보통학교 학생수의 증가는 이 시기에 본격화된 광공업의 발전과 (준)전시체제에 따르는 황국신민의 육성이라는 일제의 교육방침의 변경이 가장 중요한 원인이었다.

한편 초등교육의 확대와 더불어 고등교육기관의 재학생수도 빠른 속도로 증가했다([그림 4-2] 참조). 조선인 중학생수(즉 고등보통학교 및 고등보통여학교 학생수)는 1920년부터, 전문학교 학생수는 1924년부터, 실업학교(실업학교 및 실업보습학교) 및 대학교(대학예과 및 본과) 학생수는 1925년부터 각각 급증하기 시작했다. 모두 1920년대 초반을 경계로 하고 있지만, 높은 학제일수록 급증시기가 늦어지는 것은 1920년부터 초등교육기관의 학생수가 급증하기 시작하여 고등교육기관에 대한 수요 확대로 이어졌기 때문이다. 따라서 1920년대 이후의 초등교육과 고등교육은 결국 3·1운동 이후의 조선인들의 대응이 고등교육기관까지 확대된 것이라고 보면 옳을 것이다. 마찬가지로 1930년대 중엽 이후의 고등교육기관 학생

---

156) 서당에 대한 규제가 서당의 쇠퇴를 촉진한 측면도 있다.

수의 증가는 이러한 조선인들의 대응을 토대로 하면서도 동시에 이 시기에 급속히 발달한 광공업부문으로부터의 고급노동력에 대한 수요의 증가가 원인이었다고 볼 수 있다.

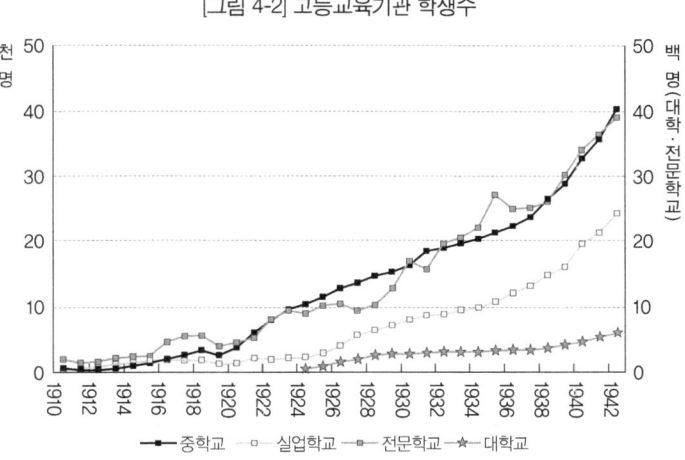

[그림 4-2] 고등교육기관 학생수

주 : 사범학교 학생수는 제외했음.
자료 : 朝鮮總督府, 『統計年報』, 해당 연도판에서 작성.

요컨대 일제하 조선인 고등교육의 확대는 일제가 조선인의 고등교육을 능동적으로 장려했기 때문이 아니라, 조선인들의 교육수요가 폭발적으로 증대한 데 근본원인이 있었다. 조선인들의 근대교육에 대한 열의는 이미 언급한 바와 같이 애국계몽운동과 더불어 본격화되었고, 3·1운동 이후 한 단계 고양되어, 일제시대 전시기에 걸쳐 지속되었다. 조선인들의 높은 교육열은 입학경쟁률에서 잘 나타나는데, 실업학교 중 상업학교와 농업학교의 경쟁률이 가장 높으며, 실업학교 중 공업학교의 경쟁률은 고등보통학교나 전문학교와 거의 비슷한 수준이었다([표 4-4] 참조).

추세적으로는 1933~1934년을 경계로 그 이전보다는 그 이후에 더 높아졌는데, 1920년대 중엽 이후 중등 이상의 교육기관의 입학정원이 상당히 늘어났음에도 불구하고 입학경쟁률이 더 높아졌다는 사실은 조선인들

[표 4-4] 조선인의 입학경쟁률

	보통학교	고등 보통학교	실업학교			전문학교
			농업학교	상업학교	공업학교	
1927	1.2	2.8	4.9	4.5	2.6	3.0
1928	1.2	3.1	5.4	4.6	2.1	2.7
1929	1.3	3.3	4.7	5.9	2.7	8.3
1930	1.3	2.8	4.7	4.9	2.2	3.1
1931	1.3	2.4	3.6	4.8	2.8	3.0
1932	1.2	2.4	4.2	4.9	3.2	2.8
1933	1.3	2.6	4.8	4.6	2.9	2.8
1934	1.4	3.1	5.2	5.0	2.9	3.1
1935	1.6	3.8	6.2	5.8	3.8	3.1
1936	1.9	4.6	6.5	7.4	4.2	3.5
1937	1.8	4.6	5.6	6.6	6.0	4.0

자료 : 朝鮮總督府, 『學事參考資料』, 1937에서 작성.

의 교육에 대한 수요, 특히 실업교육에 대한 수요가 갈수록 치열해져 갔다는 것을 의미한다. 앞에서 근대교육기관에 재학하는 학생들의 학부형이 신분상이나 재산상의 차별을 상당히 불식하고 있었다는 점을 지적한 바 있고, 또 실업경시의 직업관도 크게 불식되었다는 점을 지적한 바 있지만, 이 입학 경쟁률표도 이러한 경향이 일제시대에 더욱 확대되어 나갔음을 알 수 있게 해준다.

조선인들의 교육열은 조선 내의 학교에 대한 취학으로만 한정되지는 않았다. 조선의 교육기관이 조선인들의 교육수요를 질·양 양면에서 충족시켜주기 어려워짐에 따라 많은 조선인학생들이 유학을 떠났다. [그림 4-3]에서 볼 수 있듯이 조선인 유학생수 역시 3·1운동 이후 급증하기 시작했고,[157] 1930년대 중반 이후 그 증가속도가 한층 빨라지고 있어 조선 내의 학생수의 증가추세와 비슷한 양상을 보여주고 있다.

---

157) 1923~1925년의 유학생수가 격감한 것은 關東大地震으로 인한 朝鮮人虐殺이 그 원인이었을 것이다.

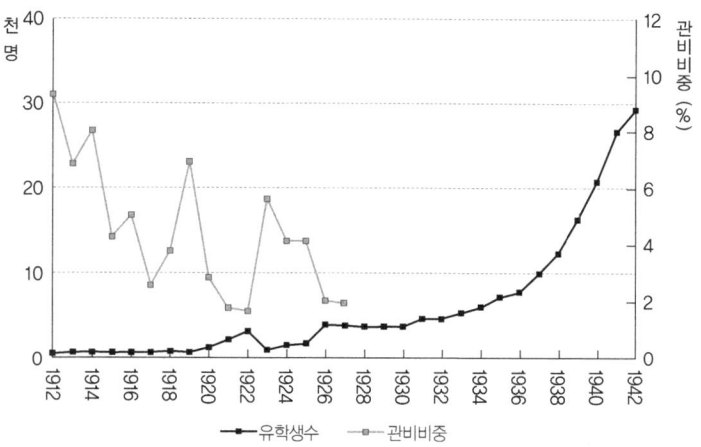

[그림 4-3] 유학생수(사비 및 관비)와 관비유학생의 비중

자료 : 朝鮮總督府,『統計年報』, 각 연도판; 圓務省保局,『社會運動の狀況-1931~1942』(『韓』 Vol.5, No.12, 1976. 12.에서 인용).

    조선인 유학생 중 일부는 관비유학생이었지만 그 비중은 1910년대 초에 약 10% 정도이던 것이 1920년대 말이 되면 2% 이내로 줄어들었기 때문에 거의 대부분의 유학생은 사비유학생이었다. 이러한 유학생수의 증가 역시 당시 조선인들의 높은 교육열을 반영하는 것으로 해석해도 좋을 것이다.[158]

    1938년경에 조사된『조선기술가명부』를 정리해보면, 당시 조선에서 활약하고 있던 조선인 기술자의 약 57%는 조선 내에서 공부한 사람이고, 43%는 외국에서 공부한 사람이었다([표 4-5] 참조). 단, 당시에는 아직 조선 내에서 이공계통의 대학졸업생이 배출되고 있지 않았기 때문에, 조선

---

158) 전체 유학생 중에서 官費留學生이 차지하는 비중은 1919년 6.9%였지만, 1920년에는 2.8%, 1921~27년에는 2%를 약간 하회하는 수준으로 떨어지게 된다. 단 1923~25년의 관비유학생 비중이 높아지는 이유는 관동대지진으로 私費留學生數가 격감했기 때문이다.

내에서 배출된 기술자는 전부 전문학교 출신자뿐이었다. 그 이후 조선 내에서 이공계통대학 졸업생이 비록 소수이지만 배출되기 시작하고, 전문학교 출신자의 수도 증가하게 되지만, 해방의 시점까지 조선인 기술자는 거의 대부분 일본유학생 출신일 수밖에 없었다. 이 점에서도 조선인 기술자는 일제 지배의 산물이라기보다 조선인들의 능동적 대응의 귀결이라고 생각할 수 있다.

[표 4-5] 출신학교 소재국별·조선인 기술자수와 그 비중

(1938년)

출신학교소재지 →	기술자수(명)					비중(%)				
	조선	일본	중국	구미	합계	조선	일본	중국	구미	합계
대　학		237	2	1	240	-	98.8	0.8	0.4	100.0
전문학교	594	209	8		811	73.2	25.8	1.0	-	100.0
합　계	594	446	10	1	1,051	56.5	42.4	1.0	0.1	100.0

자료 : 朝鮮工業協會, 『朝鮮技術家名簿』, 1939년에서 작성.

그러나 일제 말기의 민족별 학력구조를 살펴보면, 조선인과 일본인 사이에 현저한 격차가 존재한다. 1944년 5월의 인구조사 결과보고를 통해 민족별 학력차를 살펴보면 [표 4-6]과 같다.

[표 4-6] 민족별 학력별 인구

(1944년 5월)

	인구(명)		비율C (%)		비율R (%)	
	일본인	조선인	일본인	조선인	일본인	조선인
대　졸	7,230	7,374	1.17	0.03	49.5	50.5
전　졸	19,845	12,064	3.21	0.05	62.2	37.8
중　졸	155,234	199,642	25.11	0.88	43.7	56.3
국고졸	142,430	49,942	23.04	0.22	74.0	26.0
국초졸	127,910	1,637,042	20.69	7.18	7.2	92.8
국초퇴	7,714	254,805	1.25	1.12	2.9	97.1
간서수		980,122	-	4.30	-	100.0
불취학	158,340	19,642,775	25.62	86.18	0.8	99.2
합　계	618,103	22,793,766	100.00	100.00	2.6	97.4

주 : 소학교 초등과와 동등 정도의 학교 및 서당에 취학중인 자는 제외한다.
　　'간서수'는 간이학교, 서당 수료자를 의미한다.
자료 : 朝鮮總督府, 『人口調査結果報告』, 其二, 1944. 5, 114-115, 142-143쪽.

일본인의 73%는 소학교 초등과 졸업 이상의 학력을 가지고 있다. 위 표에서는 불취학자가 27% 정도 되지만, 불취학자 16만 명 중에서 14만 명은 11세 이하이기 때문에 실제 불취학자의 비율은 2.9%에 불과하다. 여기에 소학교 초등과 중퇴자 1.3%를 더해도 4.2%에 불과하다. 일본인은 거의 대부분 소학교 초등과 이상의 학력을 가지고 있었다고 생각해도 좋다. 나아가 소학교 초등과 졸업, 소학교 고등과 졸업, 중학교 졸업의 비율이 거의 비슷하기 때문에 소학교 초등과를 졸업한 일본인은 거의 대부분 상급학교로 순차적으로 진학해갔던 것으로 볼 수 있다. 그리하여 일본인의 53% 정도는 소학교 고등과 졸업 이상의 학력을 소지하고 있었던 것으로 된다.

그러나 조선인의 경우에는 학력 수준이 매우 낮다. 불취학률이 86%에 달하고 있는데, 이 중에서 11세 이하를 제외하더라도 불취학률은 54%에 이른다. 한편 일본인의 경우와는 달리 소학교 초등과 졸업 이후의 비율이 현저히 낮아지기 때문에 상급학교로의 진학은 거의 중단되고 있음도 알 수 있다. 그 결과 중학교 졸업 이상의 학력을 가진 조선인은 전체 조선인의 1%에 불과하고, 전문학교나 대학교 졸업 이상의 학력을 가진 조선인은 0.1%도 되지 않았다.

요컨대 일본인은 전체 조선 인구에서 차지하는 비중이 2.6%에 불과했지만, 소학교 고등과 졸업 이상의 학력 소지자수는 조선인보다 많았다. 중학교, 전문학교 및 대학교 졸업자수는 거의 대등한 수준이었다.

이와 같은 학력차는 전문학교 이상에서 특히 현저했는데, 그 이유로서는 일본인에게는 용이하고 조선인에게는 어려웠던 민족별 입학제도의 차이를 들 수 있다. 경성고등공업학교 등의 관공립 전문학교나 경성제국대학 졸업생들의 회고를 들어보면, 입학에는 민족별로 정원이 있었다고 한다. 물론 어디에도 그런 민족별 정원 같은 것이 명시되어 있지는 않지만, 재학생수의 민족별 비율에서 사후적으로 그런 제도가 있었던 것이 확인된다. [그림 4-4]를 보면, 1915년까지만 해도 관공립전문학교는 거의 완전히 조선인 교육기관이었다. 원래 구한말에 조선인 기술자를 양성하기 위해 설립된 것이었기 때문에 조선인 학생이 주축이 되는 것이 당연하였다. 그러나 1916년부터 일본인 학생수가 증가하기 시작하여 1920년대 중엽이 되면 전체 재학생수의 2/3는 일본인이 차지하게 되었다. 이 시기가 되면, 관공립전문학교는 일본인 위주의 학교로 바뀌었던 것이다. 대학예과와 경성제국대학의 경우에도 연도별로 약간의 차이는 있지만, 일본인 재학생의 비율이 대체로 2/3 수준을 차지하고 있다. 즉 일본인 학생 2명에 조선인 학생 1명 꼴로 입학하고 있었던 것이다. 1920년대 중엽에 처음으로 경성제국대학이 설립되면서 일본인과 조선인의 2 : 1이라는 비율이 그대로 적용되었다.

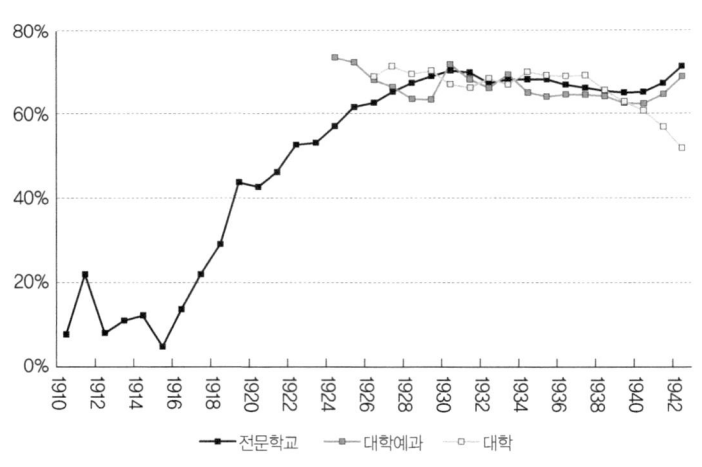

[그림 4-4] 전체 재학생 중에서 일본인이 차지하는 비중

자료 : 朝鮮總督府, 『學事參考資料』, 1942에서 작성.

이와 같이 일제시대의 교육제도에는 민족별로 큰 차별이 존재하고 있어 조선인이 상급학교로 진학하는 것은 매우 어려웠다. 해방과 더불어 남한의 교육에 대한 수요가 폭발적으로 커진 것은 아마 일제시대의 교육제도가 조선인이 교육을 받으려는 욕구를 충족시켜주지 못했던 것과 관련이 있다고 생각된다.

[표 4-7]에서 볼 수 있듯이, 해방 당시와 1947년 5월 사이의 2년도 안 되는 기간에 초등교육기관의 학생수는 59% 증가했고, 교사수는 134% 증가했다. 중등교육기관과 고등교육기관의 경우에는 증가율이 한층 더 현저하여 학생수와 교사수의 증가율이 중등학교의 경우에는 100%, 415%, 고등교육기관의 경우에는 466%, 318%나 되었다. 짧은 기간에 교육은 폭발적으로 팽창되었다. 단 학교수가 별로 증가하지 않고 교사수와 학생수만 증가했기 때문에 교육의 질적 저하가 뒤따랐을 것으로 생각된다.

[표 4-7] 해방 전후 남한의 교육

교육기관 종류		실수			지수(1945.8.15. = 100)		
		학교수	교사수	학생수	학교수	교사수	학생수
초등교육	1945.8.15	3,037	13,064	1,372,883	100	100	100
	1945.12.말	2,937	22,474	1,637,723	97	172	119
	1946.2.1	2,868	22,964	1,623,330	94	176	118
	1946.10.말	3,172	28,338	2,159,330	104	217	157
	1947.5.말	3,314	30,519	2,183,449	109	234	159
중등교육	1945.8.15	394	1,225	79,846	100	100	100
	1945.12.말	248	1,186	71,701	63	97	90
	1946.2.1	274	2,712	76,467	70	221	96
	1946.10.말	344	4,899	111,924	87	400	140
	1947.5.말	385	6,304	159,650	98	515	200
고등교육	1945.8.15	21	257	2,382	100	100	100
	1945.12.말	21	753	7,110	100	293	298
	1946.2.1	23	753	6,960	110	293	292
	1946.10.말	24	949	10,315	114	369	433
	1947.5.말	24	1,075	13,485	114	418	566

자료 : 1945. 8. 15. 및 1946. 2. 1.: United States Army Military Government, *Summation of United States Army Military Government Activities in Korea*, Volume 3, June 1946.
그 밖의 시기 : 朝鮮通信社, 『朝鮮年鑑』, 1948년판, 298-305쪽에서 작성.

취학률도 해방 당시의 45.2%에서 1946년 2월에는 51.9%로 급등했다([표 4-8] 참조). 물자부족으로 굶주리고 있던 시기였음에도 불구하고 이렇게 학생수가 증가한 것은 조선인들이 교육에 대해 유달리 높은 관심을 가지고 있었음을 보여주는 것이라고 생각된다.

[표 4-8] 남한의 초등학교 조선인 학생수

	1939. 5. 31	1945. 8. 15	1946. 2. 1
학령아동수	2,679,899	3,036,492	3,125,666
취학아동수	856,146	1,372,883	1,623,330
취 학 률	31.9	45.2	51.9

자료 : United States Army Military Government, 같은 책, 330쪽.

지금까지 개관해 보았듯이 근대교육기관에 재학하는 학생수가 일제시대에 비약적으로 늘어났지만, 그것은 조선인들의 높은 교육열을 배경으로 하는 것이었다. 그리고 이 근대교육에 대한 높은 열의는 1905년경의 애국계몽운동과 1919년의 3·1운동이라는 두 번의 계기를 거치면서 형성된 것이고, 일제의 식민지지배의 산물로 돌릴 수는 없다. 따라서 경제성장의 원인으로서 교육수준이나 교육열을 거론하는 경우라면, 그것은 일제의 조선지배에만 귀착될 성질의 것이 아니고, 조선인들의 노력에도 큰 원인이 있는 것으로 보아야 할 것이다.

2. 기술과 기능

　인적 유산과 관련하여 또 하나 주목되어야 할 분야는 기술과 기능의 축적일 것이다. 해방 이후의 기술자에 대한 언급 중 가장 대표적인 것은 『조선경제연보』 1948년판에 나오는 것이라고 생각한다. 지금까지의 수많은 논저의 조선인 기술자에 대한 서술은 직·간접적으로 이 입장을 따르고 있다고 해도 과언이 아니다.[159]

　60만 공장노동자의 대부분이 조선민족임에 반하여 기술자 특히 고급기술자는 대부분이 일본인이다. 이는 조선공업의 짧은 역사에도 기인할 것이다. 일본인의 의식적 식민지 민족차별대우와 일본인 자본의 조선공업에 대한 독점력이 조선인 노동자는 순전한 단순노동부분에 동원시키는 동시에 조선인에 대한

---

159) 朝鮮銀行(1948), 『朝鮮經濟年報』, I-100쪽. 이 『朝鮮經濟年報』의 시각을 거의 그대로 답습하고 있는 대표적 연구로서는 전석담·최윤규, 『조선근대 사회경제사』, 이성과 현실, 1989, 296쪽 및 324-326쪽; 朴慶植, 『日本帝國主義の朝鮮支配』(下), 青木書店, 1973, 145쪽 등을 들 수 있다. 이들 연구서에서는 대부분 1~2쪽에 걸쳐 언급되고 있으며, 또 모두 『朝鮮經濟年報』의 事業別 現技術者數(1944년 현재) 표를 사용하고 있다. 이 표는 朝鮮總督府에서 조사한 1942년 6월 10일 현재 『第二回 朝鮮勞動技術統計調査結果報告』를 인용한 것이다.

기술교육을 철저히 회피하고 고급기술을 요하는 부문에는 조선인의 접근을 방지하여 왔다. 그러므로 특히 금속 화학공업에 있어서는 조선인 기술자 수는 10%를 약간 초과할 뿐이며 약 25%에 달하는 기계공업부문에 있어서도 기실은 대부분이 중소공업의 저위기술자이고 기술적 정비는 양적으로 빈약하였을 뿐만 아니라 질적 저위성은 더욱 혹심하였던 것이다.

1960년 이국순에 의해 홍남질소비료공장 노동자들에 대한 사례연구가 나오면서, 일제하 최대의 일본인 자본인 일본질소비료(주)의 고용구조에 대한 심층적인 연구가 진행되었다. 고바야시 히데오(小林英夫), 카스야 켄이치(糟谷憲一) 등의 연구가 대표적인 것이다.[160] 고바야시는 다음과 같이 지적하고 있다.[161]

조선에 진출한 일본독점자본은 (1) 조선총독부의 장려부문 즉 「시국산업부문」에서 지배적 지위를 차지하고, 자본의 집중과 동시에 노동력의 집중을 촉진하였다. (2) 고도로 발달한 중추적 숙련기술부문과 부차적 미숙련부문을 병존시키고 있던 자본구성을 갖는 독점자본의 특수성은 소수 숙련노동력을 일본으로부터의 '수출' 노동력으로, 다수의 미숙련노동력을 조선 남부의 농촌으로부터의 노동력으로 충당할 경제적 근거를 주고 있었다. (3) 거대한 군사력을 바탕으로 한 민족억압체계의 일환으로서 노동력을 분할, 지배하여 조선인 노동력을 미숙련부문으로 한정지운 것은 조선인 노동력을 무제한적으로 착취하기 위한 유력한 수단으로 되었던 것이다.……이러한 사실은 조선인에게 식민

---

160) 李國淳,「홍남비료공장의 노동자들이 걸어 온 승리의 길」,『력사론문집』제4집, 조선민주주의 인민공화국 과학원 출판사, 1960; 小林英夫,「1930年代朝鮮工業化政策の展開過程」,『朝鮮史研究會論文集』제3집, 1967; 小林英夫,「1930年代日本窒素肥料株式會社の朝鮮への進出について」,『植民地經濟史の諸問題』(山田秀雄 篇), アジア經濟研究所, 1973; 小林英夫,『大東亞共榮圈の形成と崩壞』, 御茶の水書房, 1975.
161) 小林英夫(1967), 169-170쪽.

지교육을 강요하고, 기술노동자 양성에의 길을 폐쇄한 것과 결합하여 숙련노동력의 결여와 대량의 미숙련노동자를 낳고 있었다.

즉 고바야시 히데오는 ① 숙련노동력의 민족적 분단(숙련=일본인, 미숙련=조선인) ② 노동력 공급의 지역적 분단(고급=일본, 저급=조선) ③ 노동자의 차별(조선인의 핵심 지위로부터 소외, 승진·승급제한) ④ 기술노동자 양성의 결여(부족) 등을 지적함으로써 일제의 조선인 노동력에 대한 무제한적인 착취에 초점을 맞추고 있는 것이다.

그러나 1976년 모스코비츠에 의해 식민지체제 하에서도 조선인 종업원의 질적 성장이 있었다는 주장이 처음 제기되고, 1981년 섹슨하우스에 의해 비슷한 내용의 주장이 다시 제기된 이후, 1980년대 말 이후 한국인 연구자들 사이에서도 조선인 노동자들의 질적 성장을 긍정하면서도 식민지적 고용구조의 지속을 강조하는 사례연구 작업이 시작되었다.[162] 이러한 새로운 연구 경향을 연 모스코비츠의 결론은 다음과 같았다.[163]

(중일전쟁 이전까지 식산은행은 많은 조선인 엘리트들의 선망의 직장이었지만) 전쟁에 의해 강제되기까지 조선인 비율이 통상 노동력의 1/3을 크게 상회하는 것을 허용하지는 않았다. 또 식산은행은 경영적 지위에는 많은 조선인을

---

[162] K. Moskowitz, *The Employees of Japanese Banks in Colonial Korea*, Harvard University, 1978(殖銀行友會 역, 『植民地朝鮮における日本の銀行の從業員達』, 1986); G. R. Saxonhouse, 「戰間期における朝鮮人勞動者」, 『戰間期の日本資本主義分析』(中村隆英 編), 山川出版社, 1981; 安秉直, 「日本窒素における朝鮮人勞動者階級의 成長에 關하는 硏究」, 『朝鮮史硏究會論文集』, No. 25, 綠蔭書房, 1988; 安秉直, 「植民地朝鮮의 雇傭構造에 관한 硏究」, 『近代朝鮮의 經濟構造』(安秉直·李大根 등 편), 比峰出版社, 1989; 鄭在貞, 「朝鮮總督府 鐵道局의 雇傭構造」, 『近代朝鮮의 經濟構造』(安秉直·李大根 등 편), 1989; 朴淳遠, 「2次大戰期의 朝鮮 工場勞動者들—小野田시멘트 勝湖里工場의 事例—」, 經濟史學會發表文, 1992.

[163] K. Moskowitz, 앞의 책, 209-211쪽 참조.

등용하지 않았다. 나아가 본점의 몇 개의 중요한 부서에는 조선인을 배치하지 않았다. 조선인 종업원들을 일본인 종업원과 동등하게 취급하지 않았고, 동일한 승진 기회를 제공하지 않았다. 총독부를 포함하여 식민지(조선-인용자)의 다른 기관에 비해서 식산은행의 경영간부의 자세와 목적은 본래부터 조선인 종업원의 채용·대우·직무상의 지위상승에 이르기까지 일본의 식민지정책을 성공적으로 수행한 본보기였다.……1937년 중일전쟁이 시작되고 태평양전쟁으로 발전하게 됨에 따라 이들 정책 중 몇 개를 급작스럽게 바꾸어 버렸다. 노동력 중 조선인의 비율은 올라갔고, 조선인의 승진기회는 늘어났다. 그리고 많은 사람들이 경영적 지위로 승진되거나 또는 경영적 책임이 있는 대리에 임명되었다. 이들 변화는 의도한 것은 아니었다. 오히려 자격 있는 일본인 종업원이 부족하게 되어 조선인으로 대체할 수밖에 없을 때가 되어서야 비로소 변화하게 된 것이다.……중핵 엘리트의 명성과 높은 질이 전쟁전에 확립되었던 한편, 전시 중의 수적 증가는 중핵 엘리트가 은행뿐만 아니라 사회전체의 인재의 원천으로서 일할 수 있을 정도로 그 수가 팽창되었다.……중핵 엘리트의 멤버는 다양한 분야에서 지도자적 역할을 하고 있으며 오늘날에도 그들은 한국의 중요한 재산이다.

안병직은 고바야시 히데오나 카스야 켄이치와 마찬가지로 일본질소비료 흥남공장을 대상으로 조선인 노동자의 고용구조를 검토했지만, 그 분석 결과는 많은 점에서 서로 달랐다. 즉 안병직은 앞에서 본 고바야시 히데오의 결론을 부분적으로 인정하면서도, 후기로 갈수록 조선인 종업원의 구성비가 증대하고 있었던 점, 노동경험이 축적되고 교육수준이 향상됨에 따라 조선인 종업원 중에서도 하급 기술자, 기능공, 숙련공이 성장해갔던 점을 특히 강조했다. 그러나 일본제국주의가 패배하는 1945년까지 관리기술자·숙련공 = 일본인 노동자, 자유노동자·비숙련공 = 조선인 노동자라는 식민지적 고용구조는 기본적으로 붕괴되지 않았다고 보았다.[164]

한편 정재정도 조선총독부 철도국의 조선인 노동자에 대한 연구를 통해 조선인 노동자의 질적 성장을 밝히려고 했다. 즉 "(해방 후) 조선인 종사원들이 단기간 내에 혼란을 극복하고 철도업무를 나름대로 운영해 갈 수 있었던 것은, 그들이 2개월 여에 걸쳐 혼신의 힘을 다해 일본인 기술자와 관리자로부터 철도업무를 주체적으로 인수했기 때문이었다. 그리고 이 정도나마 철도업무의 인수가 가능했던 것은 경험과 기술을 축적한 조선인 중견관리자와 기술자가 해방의 시점에서 일정하게 형성되어 있었기 때문이었다.……조선인 종사원들이 보여준 양적·질적 변모는 '조선인 = 말단의 현업원·비숙련공·관리능력 불구자'라는 고정된 식민지적 고용구조를 스스로의 경험축적과 기술습득을 통하여 타파하고 중·상위급의 기술자·관리자로 성장해 나가는 모습을 구체적으로 보여주는 귀중한 예라고 할 수 있다."[165]

오노다(小野田)시멘트를 대상으로 하는 박순원의 연구도 조선식산은행에 관한 모스코비츠의 연구와 대단히 비슷했다. 이 연구는 일제시대의 조선인 숙련공들이 해방된 한국사회가 물려받은 귀중한 숙련인력이며 해방 후에도 남한의 각 산업에서 조선숙련공 제1세대로서 상당한 역할을 했다는 사실을 밝힘으로써 해방 전·후의 숙련노동자의 성장과 조선경제에서의 역할을 평가하고 있다는 점에서 특히 주목을 끈다.[166]

이와 같이 최근의 일련의 연구들은 일본질소비료·조선식산은행·조선총독부 철도국·오노다시멘트 승호리공장 등의 사례연구를 통해 조선인 노동자의 질적 성장 여부를 검증하고, 그것이 비록 식민지적 고용구조라는 한계를 완전히 벗어날 수 없었지만 전쟁이라는 '의도되지 않았던 요인'에 의해 한층 증폭되었다는 사실을 명백히 함으로써, 기존 연구의 한계를 뛰

---

[164] 安秉直, 「日本窒素における朝鮮人勞動者階級の成長に關する硏究」, 『朝鮮史硏究會論文集』, No. 25, 綠蔭書房, 1988, 391-392 쪽.
[165] 鄭在貞, 1989, 468쪽 각주 81 및 470쪽.
[166] 朴淳遠, 1992, 8쪽, 12-13 쪽.

어 넘어 새로운 연구 지평을 연 것으로 높이 평가할 수 있다.

이들 연구에 따르면, 해방 전에 형성된 인적 유산이 해방 후의 한국경제에서 대단히 중요한 역할을 했다는 점은 명백하다. 그러나 공업화의 시점에서 식민지시대에 형성된 인적 유산이 중요한 역할을 했다고 하여, 그것이 바로 일제시대의 개발의 산물이라고 속단할 수는 없다. 이 인적 자본은 개발에 의해 형성된 측면도 있지만 조선인들의 적극적인 자기개발 노력에 의해 이루어진 측면도 있을 뿐만 아니라, 해방 전에 형성된 인적 자본 중 상당수는 해방 후에 도태되었기 때문이다.

우선 인적 유산 중에서 조선인들의 자기개발 노력부터 검토해보자. 일제시대의 조선인 유학생들은 앞에서 보았듯이 주로 일본에 유학했지만 극소수의 관비유학생을 제외하면 대부분 사비유학생이었다. 사비유학생이 대부분을 차지했다는 점에서 보더라도, 유학에 의한 기술능력의 개발은 조선인들의 자기개발 노력의 산물이라고 해야 한다. 나아가 유학대상지가 주로 일본이었다는 것 역시 일제의 조선인 인력개발정책에 의한 것이 아니었다. 당시의 지식인·청년들에게는 미국이 일제하의 피압박상태로부터 벗어날 수 있는 하나의 이상향으로 생각되고 있었지만, 해외유학의 엄격한 제한과 관헌의 감시 때문에 어쩔 수 없이 일본유학을 선택할 수밖에 없었던 경우도 많았다.[167]

일제하에 형성된 조선인 기능자의 경우에도 그 모든 것을 일제의 인력개발정책에 의해 양성된 것으로만 생각할 수는 없다. 조선에서 기능자의 수가 본격적으로 증가하게 되는 시점은 대체로 1930년대 후반이라고 생각된다. 일제는 '국민직업능력신고령'을 통해 인력의 소재를 정확하게 파악하는 한편, 실업교육의 확충과 '기능자양성령'을 통해 기능자 공급을 확대하려는 정책을 실시했다.[168] 그 결과 기능자수는 [표 4-9]에서 볼 수 있듯이 1930년대 말 이후 비약적으로 증가했다.

---

167) 馬越 徹, 「'解放'後韓國における海外留學」, 『韓』 Vol.5, No.12, 1976. 12., 76쪽.

[표 4-9] 연도별 기술자·기능자 등록수

	일본인	조선인	계
1939	41,463	187,559	229,022
1940	49,037	241,259	290,296
1941	56,508	314,053	370,561
1942	60,083	369,503	429,586
1943	61,373	394,093	455,466
1944	80,121	405,067	485,188

자료 : 近藤釖一 편, 『太平洋戰下の朝鮮』(5), 友邦協會, 朝鮮史料編纂會, 1964, 177쪽.
주 : 1944년은 5월 말, 나머지는 연 말.

그러나 이 시기에 기능자의 수가 급증했다고 하여 그 모두를 바로 일제의 조선인 인력개발정책의 산물로 속단할 수는 없다. 우선 기능자 양성을 위한 실업교육은 이미 구한국정부 시대부터 추진되고 있던 것이다. 일제시대의 기능자양성은 이러한 구한국정부 시대의 노력을 계승한 측면이 강하다. 예컨대 일제시대 조선의 주요 실업계 학교인 수원농림학교, 경성공립공업학교, 경성공업전문학교, 경성광업전문학교 등은 모두 1899년에 설립된 상공학교를 전신으로 하여 확대·발전된 것이었지만, 이 개편과정에서 원래 조선인 기술자 양성을 위해 설립되었던 학교가 일본인 위주의 학교로 전환되어갔다(앞의 [그림 4-4] 참조). 이미 지적한 바와 같이 조선인들의 실업교육에 대한 열의가 대단히 높았기 때문에, 이들 학교가 조선인을 배제한 것은 일제가 조선인에게는 고급기술이나 기능을 가르치려 하지 않으려는 의도가 있었음을 보여준다. 따라서 1930년대 후반의 기능자 양성은 급박한 전시체제로 어쩔 수 없이 종래의 방침에서 일시적으로 후퇴한 것에 불과했다.

---

168) 일제하 조선에 있어서 조선인 기술자 및 조선인 기능자의 질적 성장에 대해서는 安秉直 외, 『近代朝鮮의 經濟構造』, 제11장과 『近代朝鮮 工業化의 硏究』, 제7장에서 상세히 다루고 있다.

또 조선인 기능자의 증가는 조선인들의 기능습득을 위한 적극적 노력의 일환이기도 했다. [표 4-10]에서 보면, 조선인 현직기술자·기능자의 수는 1944년 5월 말 현재 26만여 명에 달하였다. 당시의 교육기관이나 기능자 양성시설 및 검정시험 면허자로 배출될 수 있는 숫자와 비교해보면 그 수가 엄청나게 많다. 따라서 여기서 말하는 기술자·기능자는 거의 대부분 현장경험을 통해 기능자로 된 사람들이었음을 짐작하게 해준다. 뿐만 아니라 조선총독부의 양성의지가 뚜렷했던 양성시설 배출 기능자보다는 자발적 노력에 의한 검정시험면허자가 훨씬 더 많았다는 것 역시 조선인들의 기능향상 노력을 간접적으로 증명해준다.

[표 4-10] 기술자·기능자 종류별 등록수표

(1944년 5월 현재)

	일본인	조선인	계
현직자	46,192	260,745	306,937
전력자	31,896	140,677	172,573
학교졸업자	634	234	868
기능자양성시설수료자	614	221	835
검정시험면허자	817	3,330	4,147
계	80,153	405,207	485,360

자료 : 近藤釼一편, 앞의 책, 177쪽.

다음으로 일제시대에 형성된 조선인 기술자·기능자가 해방 이후의 한국경제에서 갖는 의미를 검토해보자. 우선 앞의 [표 4-10]에서 본 조선인 기술자·기능자 중 거의 대부분은 기능자이고, 기술자는 [표 4-11]에서 볼 수 있듯이 1942년 4천여 명, 1943년 6천여 명 정도에 불과했다. 물론 이 기간에 조선인 기술자수는 50%나 증가했지만 증가한 기술자는 주로 사무소·상점분야에 집중되어 있었고, 광공업분야에서는 그 증가폭이 별로 크지 않았다. 따라서 1943년의 경우 조선인 기술자의 44%는 사무소·상점에, 그리고 광업과 공업에는 각각 22%씩 배치되어 있어, 공업기술자가 차지하는 비중이 대단히 낮았음을 보여주고 있다. 각 산업별로 조선인 기술자의 비중을 보더라도 비슷한 결과가 얻어진다. 즉 1943년의 경우 사무소·상점 기술자의 65%는 조선인이었고, 광업에서도 그 비중이 38%나 되었지만, 공업에서는 겨우 17%만이 조선인 기술자였던 것이다. 요컨대 핵심기술은 일본인 기술자가 장악하고 조선인 기술자는 그들을 보조하는 식민지적 기술구조가 일제 말기까지도 변함없이 관철되고 있었던 것이다.

[표 4-11] 산업별 민족별 기술자수와 그 비중

	1942년			1943년			비중(A)		비중(B)	
	합계	조선인	일본인	합계	조선인	일본인	1942년	1943년	1942년	1943년
공 업	6,695	1,215	5,480	8,037	1,381	6,656	29.3	22.5	18.1	17.2
토건업	2,402	559	1,843	2,055	547	1,508	13.5	8.9	23.3	26.6
광 업	4,177	1,553	2,624	3,526	1,349	2,177	37.4	22.0	37.2	38.3
운수업	1,249	180	1,069	1,162	132	1,030	4.3	2.2	14.4	11.4
사무소	1,799	642	1,157	4,181	2,721	1,460	15.5	44.4	35.7	65.1
합 계	16,322	4,149	12,173	18,961	6,130	12,831	100.0	100.0	25.4	32.3

자료 : 朝鮮總督府, 『朝鮮勞動技術統計調査結果報告』, 제2회 및 제3회, 1944, 1945에서 작성.
주 : 비중(A)는 조선인 기술자의 산업별 비중이고, 비중(B)는 각 업종별로 조선인 기술자가 차지하는 민족별 비중임.

한편 일제 말기의 기능자들은 대개 전시체제하의 급박한 요구에 의해 급속히 양성되었기 때문에, 질적으로 그렇게 높은 수준에 있지 않았다. [표 4-12]를 보면 1946년 11월 현재, 남한에는 약 9천 명의 숙련노무자가 존재하고 있었던 것으로 되어 있다. 이들 숙련노무자의 학력을 보면, 소학졸이 거의 7할에 육박하고 중학졸 이상은 3할 남짓하기 때문에, 결코 높다고 하기 어렵다. 한편 이 숙련노무자수를 1943년의 조선인 기능자수 40만 명과 비교해보면 엄청난 격차가 있다. 1943년의 경우는 남북한을 합한 숫자인 반면 1946년은 남한만의 숫자이고, 해방직후의 산업생산이 크게 위축되었다는 점을 감안하더라도 양자간의 이 엄청난 격차를 설명하기는 어렵다. 결국 1943년의 기능자 속에는 1946년의 숙련노동자 범주에도 들어갈 수 없을 정도의 낮은 기능수준의 노동자가 대부분이었다고 해석하는 것이 합리적일 것이다.

[표 4-12] 공업 및 토건업부문에 있어서 학력별 숙련노무자수

	소학졸	중학졸	전문졸	대 졸	합 계
남	5,871	2,259	499	116	8,745
여	217	20	7	1	245
합계	6,088	2,279	506	117	8,990
(비중)	67.7	25.4	5.6	1.3	100.0

자료 : 南朝鮮過渡政府 中央經濟委員會, 『南朝鮮産業勞務力 及 賃金調査』, 1948.

요컨대 일제 말기에 조선인 노동자가 질적으로 성장한 것은 분명하지만, 그것은 명백한 한계를 갖는 성장이고 특히 해방후의 한국경제에서의 역할과 관련해서는 과대평가된 것으로 평가된다. 따라서 해방 이후에는 원료부족과 더불어 "기술빈곤이 생산부진의 적지 않은 원인이 되고 있다. 이 문제를 해결하고자 47년 4월에 기술자 양성계획을 작성"하기도 했을 정도이다.[169]

한편 해방 당시에 존재하던 기술자・기능자들은 주로 일제 말에 형성되었기 때문에, 전시체제에 적합한 기술・기능분야에 집중되어 있었다. 대표적인 예는 광업부문에서 나타난다. 일제는 각종 지원정책을 통해 군수광물 생산을 독려했기 때문에 해방 전에는 광업이 특이하게 발전하게 되고, 따라서 이 부문에서 많은 기술자가 양성되었다. 앞에서 지적했듯이([표 4-11] 참조), 일제 말기의 조선인 기술자의 산업별 구성비를 보면 비제조업부문에 주로 집중되어 있었다. 또 광공업부문에서는 공업에 비해 광업의 비중이 지나치게 높았다. 이것은 일본인 기술자의 경우와 대조적이다. 그러나 해방 후 전시체제가 해체되면서 광업에 대한 특수도 사라지게 되고 많은 광산이 폐광되기에 이르자, 광업분야에서는 기술자・기능자의 과잉상태가 발생한 반면 민수생산의 제조업분야에서는 오히려 기술자가 절대적으로 부족하게 되는 부문간 불균형이 심화될 수밖에 없었다.

---

169) 朝鮮通信社, 앞의 책, 244쪽.

나아가 이미 지적한 바와 같은 해방 직후의 생산의 궤멸도 인적유산의 일산을 촉진시킨 중요한 원인의 하나였다. 1930년대 말 이후가 되면 조선은 거의 완전고용상태에 있었지만,[170] 생산의 궤멸은 실업자의 범람을 초래하여 [표 4-13]에서 볼 수 있듯이 1946년 1월 말 현재 남한에는 약 100만 명의 실업자가 존재했고, 실업률은 약 12%정도였던 것으로 추산되고 있다. 한편 1946년 1월의 유업자 7,436,729명을 1946년의 직업별 인구비율을 사용하여 산업별로 추계한 다음, 유업자와 실업자를 합한 '합계'에서 실업자가 차지하는 비율을 실업률로 간주하면, 그 추계결과는 [표 4-13]과 같이 된다. 유업자수에 관한 적당한 통계가 없어 다소 무리한 가정을 도입했지만, 전체적인 분위기를 읽기에는 부족함이 없다고 생각한다. 이 표에 의하면, 농업부문은 실업률이 아주 낮지만, 광공업부문과 운수업부문의 실업률은 굉장히 높은 것으로 나타난다. 말하자면 1946년경에는 일제시대에 형성된 광공업부문의 기술자나 기능자가 활동할 수 있는 무대가 거의 사라져버렸다고 해도 과언이 아니게 되었던 것이다.

[표 4-13] 1946년의 산업별 실업률 추계

	유업자	실업자	합계	실업률(%)
농 업	5,928,951	210,287	6,139,238	3.4
공 업	26,634	329,739	356,373	92.5
광 업	22,658	122,598	145,256	84.4
운수업	67,578	39,965	107,543	37.2
관리 및 상업	834,784	111,347	946,131	11.8
기 타	556,125	237,001	793,126	29.9
합 계	7,436,729	1,050,937	8,487,666	12.4

주 : 실업자수 : 朝鮮銀行調査部, 『朝鮮經濟年報』, 1948年版, I-9쪽.
유업자수 : '합계' 란의 총유업자수(7,436,729명)를 1946년의 직업별 인구비율을 사용하여 추계하였다. 직업별 인구비율은 같은 책 III-19쪽의 것을 사용했다. 토건업은 공업에 합산했다.

---

170) 허수열, 「日帝下 朝鮮의 失業率과 失業者數 推計」, 『經濟史學』 제17호, 1993. 참조.

끝으로 한국에서 본격적으로 공업화가 시작되는 1960년 시점에서 보았을 때, 일제하에 형성된 기술자·기능공의 의의가 상대적으로 크게 줄어든 반면, 미국유학 및 국내에서 배출된 기술자·기능자들이 점차 큰 역할을 하게 되었다. [표 4-14]에서 볼 수 있듯이 한국전쟁 이후 1960년까지 약 5천 명의 유학생이 해외로 나갔는데, 그 중 9할 가량은 미국으로 향하고 있고, 또 1953~1956년에 3,360명이 유학을 떠나게 되어, 공업화가 시작될 시점에서 공업화에 필요한 고급인력을 조달하는 데 큰 역할을 했다.

[표 4-14] 1953~1960년간의 해외 유학생수

	유학생수	국별 비중
미 국	4,391	89.9
서 독	160	3.3
프랑스	157	3.2
일 본	1	0.0
기 타	175	3.5
합 계	4,884	100.0

자료 : 文敎部, 『海外留學生 實態調査』, 1971~1973년판에서 작성.

최근의 몇 가지 사례연구에서는 일제하에 형성된 조선인 기술자나 기능자의 양적 및 질적 발전이 해방후의 한국경제에서 상당히 중요한 역할을 한 것으로 평가되고 있다. 모스코비츠의 조선식산은행에 관한 연구, 박순원의 오노다시멘트의 연구 등에서는 해당 직장의 조선인 종업원들이 해방 후의 한국의 금융업, 시멘트산업의 발전에 있어서 핵심적인 역할을 한 것으로 보고 있다. 몇 가지 사례연구에 불과하지만, 아마 이런 사례연구는 다른 산업이나 업종으로 확대 해석해도 무방하리라고 생각된다. 해방 후 일본인 기술자의 철수에 뒤따른 기술적 공백을 이들이 메울 수밖에 없었다는 점에서 보면 그러한 결론은 아마 당연할 것이다. 또 『현대한국인명사전』 1970년판을 분석해 보면, 전체 3,336명 중 51%에 해당하는 1,708명이 해외유학을 한 적이 있고, 그 중 52%는 해방 전에 일본에 유학을 한 적이 있는 것으로 나타난다고 한다([표 4-15] 참조). 1970년의 시점에서도 해방 전에 일본에 유학한 적이 있는 사람들이 한국사회에서 여전히 중요한 역할을 하고 있었던 것을 알 수 있다.

[표 4-15] 유학을 경험한 명사들의 유학국 및 유학시기

(1970년 현재)

	1945		1945~1970		불명		합계	
	유학생수	비율	유학생수	비율	유학생수	비율	유학생수	비율
일본	893	52.3	38	2.2	162	9.5	1,093	64.0
미국	37	2.2	348	20.4	43	2.5	428	25.1
기타	104	6.1	57	3.3	26	1.5	187	10.9
소계	1,034	60.5	443	25.9	231	13.5	1,708	100.0

자료 : 馬越 徹, 「'解放'後韓國における海外留學」, 『韓』, Vol.5, No.12, 1976. 12.
　　　제5장 불평등과 차별

제5장
불평등과 차별

일반적으로 경제개발은 성장을 낳고, 그것은 다시 소득의 증가로 연결된다. 따라서 일제시대의 경제개발이 조선인에게 어떤 의미를 가지려면 생활수준의 향상이나 소득의 증가와 같은 현상이 관찰되어야 할 것이다. 제5장에서는 식민지 조선에서 일어난 놀라운 경제성장에도 불구하고 그것이 조선인들의 생활수준을 개선시키거나 개선시킬 전망이 없고 오히려 불평등과 차별만을 확대재생산하는 과정이었음을 명백히 하고자 한다.

1. 경제성장과 생활수준

1) 1인당 곡물 소비량

일제시대에 조선인들의 생활수준이 저하되었음을 증명하는 지표로 흔히 1인당 미곡 소비량의 감소가 거론된다. 보통 조선총독부 『통계연보』에 나오는 미곡생산량에서 미곡무역량을 공제한 다음 그것을 다시 인구로 나누어 계산한 1인당 미곡소비량 통계를 사용한다. 그리고 이렇게 계산한 통계에 따르면 조선의 1인당 미곡소비량은 현저히 감소하는 것으로 나타난다. 만약 여기에 조선에 거주하는 일본인들의 미곡소비량을 감안한다면, 조선인들의 1인당 미곡소비량은 한층 더 줄어들게 되기 때문에, 생활수준 저하에 대한 더 할 나위 없이 좋은 지표가 된다.[171]

그러나 앞에서 지적한 바와 같이 조선의 미곡생산량은 1936년의 생산량 조사방법의 변경의 반영여부, 또 재배면적 중에서 경작불가능한 면적의 공

---

171) 東畑精一과 大川一司는 조선이 아니라 조선인 일인당 미곡소비량을 계산하려면 일본인 몫을 빼 주어야 한다고 지적하고 있다. 토하타 등은 일본인의 1인당 소비량을 미곡의 경우 1석으로 가정했다. 『米穀經濟の研究(1)』, 有斐閣, 1939, 380쪽.

제여부, 초기 생산량의 과소집계 문제의 수정여부에 따라 상당히 달라지게 된다. 또 조선총독부 『통계연보』의 인구통계도 그냥 그대로 사용하기에는 문제가 있다. 여기에서는 박섭의 미곡생산량 추계에서 1910~17년 부분을 수정한 필자의 미곡생산량 추계와 석남국의 인구추계를 사용하기로 한다. 단 미곡 무역량은 별로 수정할 필요가 없을 것이다. 이런 여러 점들을 감안하여 새롭게 추계한 미곡생산량과 무역량 및 인구통계를 그래프로 그려보면 [그림 5-1]과 같다.

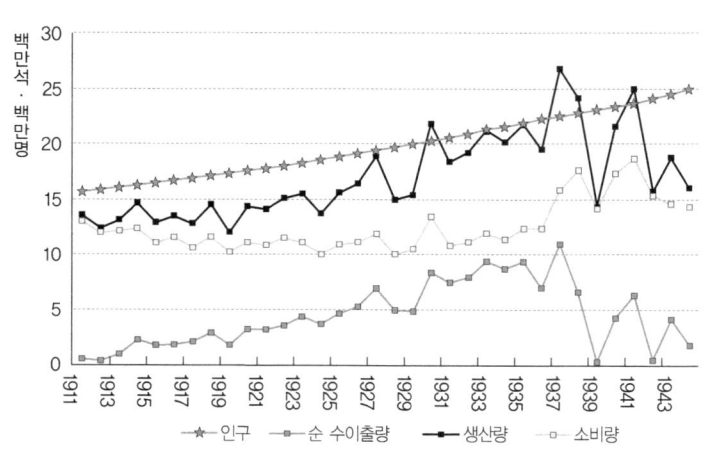

[그림 5-1] 조선의 인구와 미곡생산량 및 미곡 순수이출량

주 : 미곡생산량은 박섭의 추계 중 1911~17년간을 수정한 필자의 추계, 인구는 石南國의 추계를 각각 사용했다.
자료 : 『朝鮮米穀要覽』, 2-3쪽, 152-153쪽; 『數字でみる日本の100年』, 國勢社, 1986, 19-20쪽; 『日本戰爭經濟の崩壞』(正木千冬 역), 321쪽; 石南國, 『韓國の人口增加の分析』, 勁草書房, 1972; [부표 2] 등에서 작성.

이 그림에서는 미곡생산량과 인구의 단위가 백만 석 및 백만 명으로 둘 다 백만 단위로 되어 있기 때문에, 미곡생산량 곡선과 인구곡선이 일치한다면 1인당 미곡소비량이 1석이 된다. 조선의 미곡생산량은 1920년대 중엽까지는 인구곡선보다 상당히 아래쪽으로 처진 상태에서 인구곡선과 평행선을 그으면서 등락하고 있었지만, 산미증식갱신계획이 시작되는 1926년부터는 미곡생산량의 증가경향이 뚜렷해지기 시작하여 1930~41년간에는 인구곡선 위로 오르내리게 된다. 미곡의 수이출이 없다면 1930년대의 조선의 1인당 미곡소비량은 1석 정도가 되었을 것이다. 그러나 미곡 수이출량은 일제 초부터 1937년경까지 지속적으로 늘어났다. 1930년에서 1937년까지는 매년 약 1천만 석 가까운 미곡이 수이출되었다. 따라서 미곡 증산이 뚜렷하지 않았던 1911~25년경까지는 순수이출량이 지속적으로 증가해 감에 따라 조선 내 소비량도 지속적으로 줄어들었다. 1926년 이후에는 산미증식갱신계획의 시작과 더불어 미곡증산효과가 뚜렷해졌지만 수이출 역시 급증했기 때문에 조선 내 소비량은 거의 변함이 없었다. 조선 내 소비량이 증가하게 되는 것은 1937년 이후인데, 이 때는 생산량도 많았던 반면 수이출은 적었기 때문이었다. 1940년대에 조선 내 미곡소비량이 감소한 것은 생산량의 감소가 원인이었다.

한편 일본의 미곡 생산, 소비, 무역 및 인구는 [그림 5-2]와 같다.

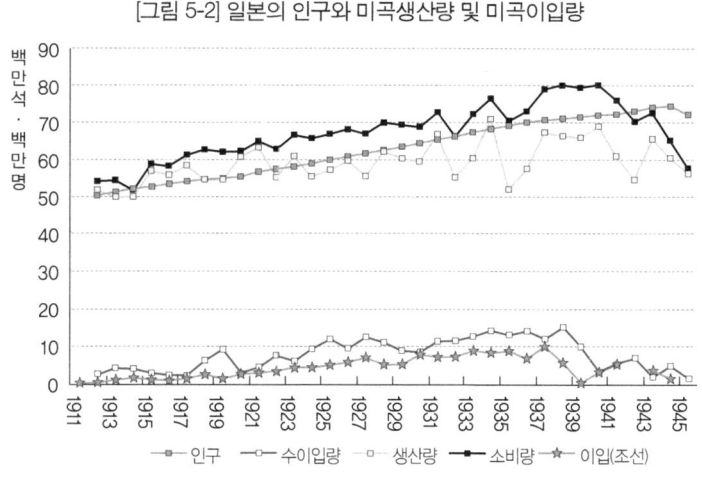

[그림 5-2] 일본의 인구와 미곡생산량 및 미곡이입량

주 : 1940년대의 수이출량과 재고조정은 자료 불비로 고려하지 않았다.
자료 : [그림 5-1]과 같음.

일본의 미곡생산량 곡선은 인구곡선에 위로 걸려 있다가 1920년대 이후 점차 아래쪽으로 멀리 떨어져 나가고 있다. 즉 일본의 1인당 미곡소비량은 만약 미곡 수이입이 없었다면 1920년대 초까지는 1인당 1석을 조금 상회하는 수준이었고, 그 이후에는 1석을 하회하게 되었을 것이다. 그러나 일본은 조선과 대만에서 미곡을 이입함으로써 생산량보다 더 많은 소비를 할 수 있게 된다. 1940년까지는 대체로 인구선을 웃도는 수준, 즉 1인당 1.1석 부근의 소비가 가능했던 것이다. 1940년대에는 일본의 1인당 미곡소비량이 급감하게 되는데, 이것은 미곡생산량의 감소와 미곡 수이입량의 감소가 동시에 일어났기 때문이었다. 따라서 전쟁으로 인한 특수한 몇몇 시기를 제외하면 일본의 1인당 미곡소비량은 1.1석 부근에서 매우 안정적인 모양을 지속하고 있다.

조선의 1인당 미곡소비량은 위에서 본 조선과 일본의 미곡수급관계에서 규정된다. [그림 5-3]은 조선의 미곡생산량에서 순 수이출량을 공제하여 조선 내 소비량을 구한 다음 그것을 인구수로 나누어 구한 1인당 미곡소비량이다.[172)]

조선의 1인당 미곡소비량은 일제 초에서 1936년경까지는 감소 또는 정체 경향이 있고, 1937년에서 1941년까지는 0.7석 이상으로 올라가지만 1942년 이후에는 다시 큰 폭으로 떨어져 감소하고 있다. 조선총독부의 인구자료와 생산량 자료를 그대로 사용하는 경우에는 1911~34년간의 1인당 미곡소비량의 감소는 확실하게 나타난다. 1911년의 0.786석에서 1934년의 0.379석으로 52%나 감소하게 되는 것이다. 미곡생산량을 최대한 높게 추정한 박섭의 자료를 사용하더라도 조선의 1인당 미곡소비량이 경향

---

172) 재고변동은 자료 부족으로 고려하지 않았다. 1930-40년간에 대해서는 미곡재고량에 대한 통계가 주어지는데, 재고변동은 -170,317석~298,303석 사이로 변하고 있었고, 평균 11,533석이었다. 『朝鮮米穀要覽』(1940년판), 3쪽. 미곡소비량은 1,000만 석을 전후하여 변동하기 때문에 재고변화는 무시해도 좋을 것이다.

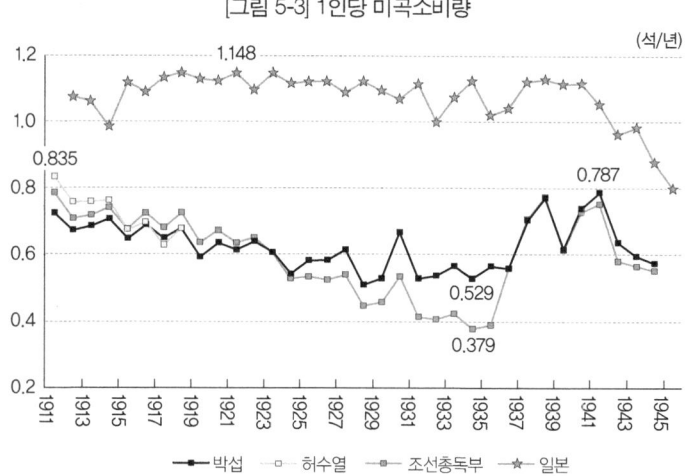

[그림 5-3] 1인당 미곡소비량

자료 : [그림 5-1]과 같음.

적으로 증가했다고 하기는 어렵다. 만약 1910~17년간의 미곡생산량을 필자의 것으로 대체한다면 1인당 미곡소비량은 감소경향이 뚜렷해진다. 요컨대 어떤 추계를 사용하더라도 일제시대에 조선의 1인당 미곡소비량은 증가했다고 할 수 없다.

앞의 조선과 일본의 미곡수급관계에서 언급했듯이, 조선의 1인당 미곡소비량이 감소경향을 가지면서 또 상당히 불안정하게 변해간 반면에 일본의 1인당 미곡소비량은 적어도 1940년까지는 1.1석을 오르내리는 상당히 안정된 모습을 보여주고 있는데, 이것은 조선의 1인당 미곡소비량의 불안정과 일본의 1인당 미곡소비량의 안정이 무역을 통해 서로 연결되어 있기 때문에 생기는 현상이었다.

미곡을 제외한 다른 곡물의 1인당 소비는 어떠했을까? 작물의 종류가 다르지만, 맥류, 두류, 잡곡류 소비량을 통합하여 살펴보기로 하자. 1910~17년간의 통계가 있지만, 믿기 어려워 생략했다. 이들 미곡 이외의 곡물류의 조선 내 소비량과 그 1인당 소비량을 그래프로 그려보면 [그림 5-4]와 같다. 조선 내 소비량은 1918~35년까지는 크게 변하지 않았지만, 1936년부터 증가추세를 보이고 있다. 이에 따라 1936년 이후에는 1인당 소비량도 상승하게 된다. 그러나 1918~40년간 전체를 보면 소비 증가율이 인구 증가율보다 낮았기 때문에 1인당 소비량은 감소경향이 뚜렷하게 나타난다.

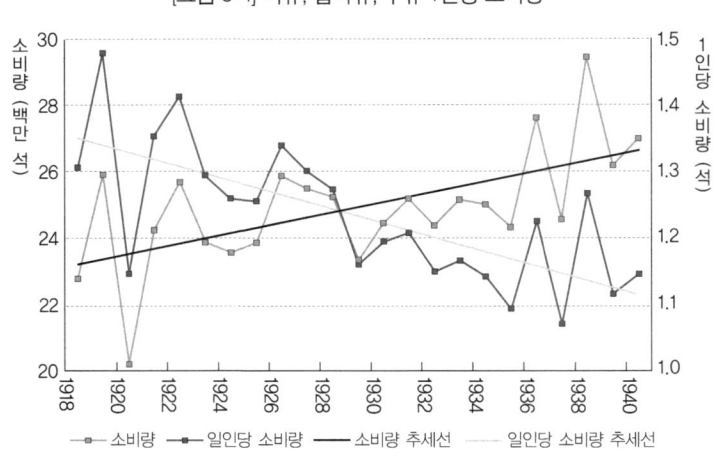

[그림 5-4] 맥류, 잡곡류, 두류 1인당 소비량

주 : 인구는 石南國의 추계를 사용했고, 소비량에 대한 기초 자료는 『朝鮮米穀要覽』(1941), 142쪽에 의거했다.

키무라 미츠히코는 미곡, 보리 및 대두의 소비에서 얻어지는 조선의 1인당 일일 섭취 칼로리를 계산했다. 그 계산결과에 따르면, 칼로리 섭취량은 1918년이 정점이고 그 뒤로 계속 감소하여 1936년에 최저점에 도달한다. 그 뒤 다시 약간 증가하지만, 1918년의 수준을 넘어서지는 못하고 있다.[173] 1인당 곡물소비량의 동향이 [그림 5-3] 및 [그림 5-4]와 같았기 때문에 1인당 칼로리 소비량도 비슷한 동향을 그렸던 것이다.

---

173) Mitsuhiko Kimura, "Standards of living in colonial Korea : Did the masses become worse off or better off under Japanese rule?", *The Journal of Economic History*, Vol.53, No.3(Sept. 1993), p.640.

키무라의 1인당 칼로리 소비량을 통한 곡물소비량의 종합에서 알 수 있듯이, 일제시대에 1인당 곡물소비량은 결코 증가했다고 할 수는 없다. 일제시대는 아직 엥겔계수가 매우 높은 시기였기 때문에, 이러한 1인당 곡물소비량의 동향은 조선인들의 생활수준이 향상되었다거나 혹은 1인당 소득이 증가했다는 주장을 하기 어려움을 짐작하게 해준다.

2) 1인당 소비

　곡물소비는 전체 소비지출 중 일부에 불과하다. 곡물소비량이 감소하더라도 과일, 야채, 육류 등의 다른 음식품과 피복을 비롯한 다른 소비재나 서비스의 소비가 증가한다면 생활수준이 향상될 수도 있다. 따라서 생활수준의 향상에 대해서는 곡물소비량의 추세보다 1인당 소비로 계측하는 것이 더 바람직할 것이다.

　최근에 국민계산(national accounts)에 대한 연구가 진전되면서 1인당 소비에 대한 추계도 다수 제출되고 있다. 정확한 추계만 된다면 1인당 곡물소비량과 같은 지표보다는 훨씬 더 바람직한 지표가 될 것이지만, 애석하게도 아직도 크고 작은 문제가 있어 마음 놓고 이용하기는 어려운 것 같다. 지금까지 나온 추계와 그 문제점에 대해 알아보기로 하자.

　일제시대의 경제에 대한 분석에서 자주 활용되는 국민계산은 미조구치 토시유키(溝口敏行)의 조선의 국내총지출(Gross Domestic Expenditure; GDE)에 대한 추계이다. 이 추계는 그 이전의 추계에 비해 한결 개선된 것이지만 그 세부 내역으로 들어가보면 여러 가지 크고 작은 오류가 발견된다. 물론 이런 오류 중에는 데이터 입력 상의 오류와 같이 간단하고 또 별로 중요하지 않은 오류도 있지만, 당시의 현실을 충분히 반영하지 못하는 것 같은 치명적인 오류도 포함하고 있는 것으로 생각된다. [표 5-1]은 미조구치의 실질 1인당 GDE를 몇 개의 연도에 대해 발췌하고, 각

[표 5-1] 미조구치 토시유키의 1인당 실질 국내총지출

(단위: 엔)

	1인당 GDE	증가율
1911	58.36	
1919	92.82	59.1%
1938	119.39	28.6%
1911~38		104.6%

주 : 1인당 국내총지출(GDE)은 1934~36년의 불변가격임.
자료 : 構口敏行, 梅村又次 편, 『舊日本植民地經濟統計―推計と分析―』, 東洋經濟新報社, 1988, 239쪽.

구간별 증가율을 구해본 것이다.

조선의 1인당 국내총지출(GDE)은 1911~38년간에 104.6% 증가한 것으로 된다. 이것을 구간별로 나누어보면, 1911~19년간에 59.1% 증가했고, 1919~38년간에 28.6% 증가한 것으로 된다. 1911~19년 구간에는 제1차 세계대전으로 인한 호경기 국면이 포함되어 있지만, 그것만으로 이 기간에 1인당 GDE가 59.1%나 성장했다고 보기는 어렵다. 더구나 1919~38년 구간은 산미증식(갱신)계획과 공업화 등에 의해 조선이 본격적으로 개발되던 시기이며, 1911~19년에 비해 구간의 길이 자체도 2배나 된다. 그럼에도 불구하고 1910년대의 성장률이 2배 이상 높게 나왔다는 것은 상식적으로 납득하기 어렵다.[174] 차명수 등의 추계는 미조구치 토시유키 등의 추계를 재검토한 것이기 때문에 그 내용이 한층 더 엄밀해졌을 것이라고 생각한다. 추계결과는 [표 5-2]와 같다.

---

174) 미조구치 토시유키의 추계는 곳곳에서 자료가 잘못 입력되었을 뿐만 아니라, 가중평균 대신 산술평균을 사용한 경우도 있고, 다른 시리즈의 디플레이트를 잘못 적용한 경우도 있으며, 생산통계도 조선총독부의 원자료를 액면 그대로 받아들이고 있는 등 크고 작은 문제를 가지고 있다. 경제사 분야에서는 이 추계를 사용한 분석이 자주 보이는데, 이 추계가 믿을 만하지 못하기 때문에 그것을 이용한 분석에도 상당한 오류가 내포되었을 가능성이 있다. 김낙년은 미조구치의 추계를 일부 수정하여 국내총지출을 추계했다.

[표 5-2] 차명수의 실질 국내총지출과 실질 국내총생산 성장률

	실질 국내총지출	실질 국내총생산
1912~1937	4.24%	4.10%
	(4.01%)	(3.81%)
1919~1937	3.87%	4.06%
	(3.02%)	(3.48%)

자료 : 차명수, "GDP & GDE", 낙성대 경제연구소 발표문, 2004. 2. 19.

1919~37년의 실질 국내총생산의 연평균 성장률은 4.06%인데, 1912~37년의 그것은 4.10%로 되어 있다. 역시 1912~19년의 성장률이 1919~37년의 성장률을 상회하고 있다. 실질 국내총지출의 연평균 성장률에서는 1919~37년이 3.87%이고 1912~37년이 4.24%로 그 차이가 한층 더 커지고 있다. 따라서 1912~19년의 성장률은 1919~37년의 성장률을 대폭적으로 상회하게 된다. 초기의 경제성장률이 높게 나타나는 것은 초기 생산통계가 과소평가되는 경향이 있기 때문이고, 실제 생산이 그렇게 빨리 성장한 것은 아니라고 보는 것이 합당할 것이다. 많은 개선에도 불구하고 여전히 미조구치의 추계가 가지고 있던 문제가 해소되지 못하고 있다.

국민계산이 가지는 또 하나의 문제점은 그것이 국내총생산(GDP)이나 국내총지출(GDE)에 대한 추계를 하고 있고, 분석단위가 조선이라는 지역으로 되어 있다는 점이다. 현재의 한국과 같이 독립된 국가인 경우에 있어

그의 계산에 의하면 1912~38년간에 국내총지출은 연 평균 3.7% 성장한 것으로 된다. 그러나 여기서도 역시 1910년대 특히 1912~15년간의 성장률이 7.5%로 대단히 높게 나타나는 문제가 있다. 김낙년, 앞의 책, 197쪽, 표5-5 참조. 김낙년은 그 원인이 초기로 거슬러 올라갈수록 통계조사의 파악범위가 좁아 드는 문제점 때문이라고 보고 있지만, 그것보다는 초기 통계의 과소평가 문제가 더 컸을 것으로 생각된다. 그러나 어쨌든 김낙년도 초기통계의 문제점을 인식하여 1910년대에 대한 평가를 유보하고 있다. 김낙년, 앞의 책, 196-197쪽.

서는 국내총생산이든 국민총생산이든 크게 다를 바 없다. 그러나 일제시대와 같은 식민지경제의 경우에 있어서는 국내총생산에 대한 추계로부터는 조선인의 경제상태에 대한 신뢰할만한 정보를 얻기 어렵다는 치명적 약점이 생기게 된다. 예컨대 차명수의 추계에서처럼 1912~37년간에 국내총생산이 연평균 4.1%로 성장했다고 하더라도 거기에서는 조선인들의 소득, 소비, 투자 등에 대한 아무런 정보도 끄집어낼 수 없다. 기껏해야 1인당 소비라든가 1인당 투자와 같은 평균적인 개념만 얻을 수 있을 뿐이다. 그러나 민족별로 소득에 현저한 격차가 존재한다면, 이런 평균에서 얻을 수 있는 정보는 매우 제한적일 수밖에 없다. 예컨대 키무라의 계산과 같이 만약 일본인들의 평균 소득이 조선인의 10배라고 가정한다면, 1940년의 경우 조선에 거주하던 70만 명의 일본인들의 소비능력은 조선인 700만 명의 소비능력과 비슷할 것이다. 만약 조선인들의 엥겔계수가 매우 높고 일본인의 그것이 크게 낮다면, 비식료품에 대한 소비량은 민족별로 격차가 더 크게 벌어질 것이다. 이 모두 평균적 개념에서 얻을 수 있는 정보가 매우 제한적임을 의미한다.

국내총생산 혹은 국내총지출에 대한 추계가 이렇게 문제가 있는 것이라면, 그 구성부분인 소비지출에 대한 추계에도 문제가 생길 수밖에 없다. 예컨대 테라사키 야스히로(寺崎康博)는 1913~38년간의 조선의 1인당 실질민간소비지출의 연평균성장률을 0.97%였다고 했고, 김낙년도 1911~38년간의 민간소비지출 증가율이 3.7%였다고 했다.[175] 이 두 가지 추계는 모두 미조구치 토시유키의 국내총지출(GNE) 추계를 이용한 것이다. 당연히 미조구치 추계가 가진 특징이 1인당 소비에서도 그대로 나타난다.

테라사키는 조선의 1인당 실질 민간소비지출의 연평균 성장률을 [표 5-

---

175) 寺崎康博, 「臺灣・朝鮮の消費水準」, 『舊日本植民地經濟統計―推計と分析―』(構口敏行, 梅村又次 편), 東洋經濟新報社, 1988, 61쪽; 김낙년, 앞의 책, 197쪽. 단, 김낙년은 미조구치 통계의 일부 오류를 수정하여 재계산했다.

3]과 같이 추계했다. 조선의 1인당 실질민간소비지출의 연평균성장률에서 1930/32~1935/37년간의 성장률이 가장 높지만, 그 다음으로는 1913/15~1918/20년간이 높다. 이 기간에 특히 높았던 것은 미조구치 등의 추계결과를 그대로 사용했기 때문에 생기는 문제이다. 김낙년의 추계도 동일한 문제를 가지고 있다.

[표 5-3] 조선의 1인당 실질민간소비지출의 연평균성장률

구 간	성 장 률
1913/15~1918/20	2.30
1917/19~1922/24	-0.70
1921/23~1926/28	1.60
1925/27~1930/32	-1.80
1928/30~1933/35	1.80
1930/32~1935/37	5.00
1913~1938 합계	0.97

자료 : 寺崎康博, 「臺灣・朝鮮の消費水準」, 『舊日本植民地經濟統計―推計と分析―』(構口敏行, 梅村又次 편), 東洋經濟新報社, 1988, 61, 64쪽.

테라사키는 조선의 1인당 실질민간소비지출의 성장률을 항목별로 계산했는데, 그 결과는 [표 5-4]와 같다. 이 계산에 따르면 1913~38년간에 1인당 음식품 소비지출이 연평균 0.56%의 성장률로 상승한 것으로 되어 있다. 그러나 앞에서 보았듯이 미곡과 기타 식량작물의 1인당 소비량은 감소했기 때문에 이 추계는 상당히 잘못된 것이라고 생각된다. 나머지 다른 항목의 추계가 올바른지 어떤지는 구체적으로 검토해보지 않았지만, 소비 구성에서 엄청나게 높은 비중을 차지했을 음식품 항목의 추계가 이렇게 잘못되었다면 이것만으로도 그의 1인당 민간소비지출에 대한 추계에 상당히 큰 문제가 있을 것으로 판단된다.

[표 5-4] 조선의 1인당 실질민간소비지출 항목별 소비

(1913~38)

지 출	연 평균 성장률
음식품	0.56
피복	5.07
주거 광열	-0.35
의료	0.70
가구 집기	3.51
교통 통신	3.50
오락 문화 교육	4.35
기타	-0.06

자료 : [표 5-3]과 같음.

3) 계층별·직업별 소득과 소비

　1940년에도 조선 전체 인구의 7할에 해당하는 1천 7백만 명이 농업에 종사하고 있었다. 농민의 소득수준에 대해서는 키무라의 연구가 있다. 그의 계산에 의하면 미곡수입과 밭작물수입은 [그림 5-5]와 같다. 밭작물 수입이 가장 높았던 때는 1918년의 120.5이고, 가장 낮았던 때는 1931년의 72.9이다. 전체적으로 감소추세가 뚜렷하다. 그 반면 미곡 수입(收入)은 뚜렷하지는 않지만 대체로 증가추세에 있었던 것으로 판단된다.

　키무라는 이 두 계열의 수입을 가중 평균하여 실질 평균 농가소득을 구했다. 가중 평균에 있어서 미곡의 비중을 0.5로 주느냐 0.6으로 주느냐에 따라 약간의 차이는 있지만, 전체적으로 보아 실질 평균 농가소득은 감소하는 추세에 있었던 것으로 판단된다([그림 5-6] 참조). 밭작물 수입의 감소가 그 원인이었다.

　키무라의 연구에 따른다면, 조선의 경제가 고도성장하고 있던 바로 그 때, 조선 농민들의 생활은 점점 더 곤궁해져간 것으로 된다. 그리하여 [표 5-5]에서 볼 수 있듯이, 1926년과 1933/34년 사이에 세민 및 궁민의 수는

[그림 5-5] 키무라의 미곡 및 밭작물 수입 추계

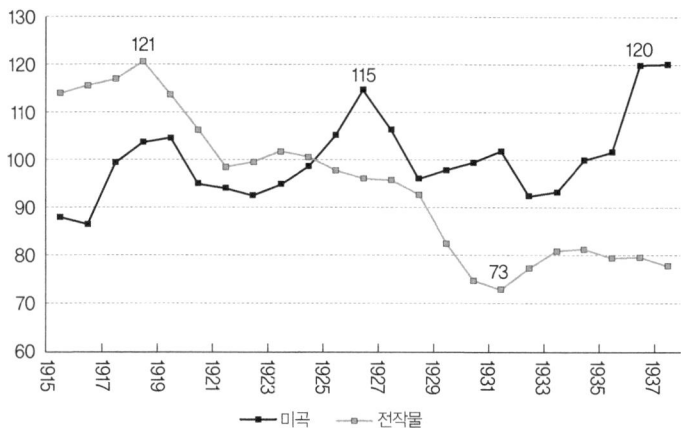

주 : 숫자는 3년 이동평균값임(1920 = 100).
자료 : Mitsuhiko Kimura, "Standards of living in colonial Korea : Did the masses become worse off or better off under Japanese rule?", *The Journal of Economic History*, Vol.53, No.3(Sept. 1993), 635쪽.

[그림 5-6] 키무라의 실질 평균 농가소득 (1920 = 100)

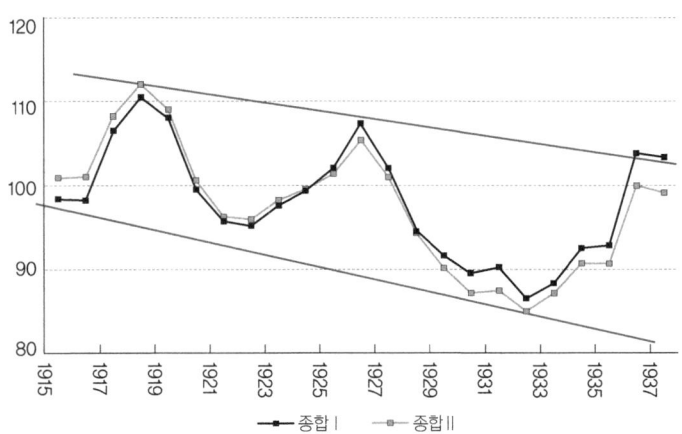

주 : '종합 I'은 미곡의 가중치를 0.6으로 가정하여 종합한 것이고, '종합 II'는 미곡의 가중치를 0.5로 가정하여 종합한 것임. 추세선은 필자가 삽입한 것임.
자료 : [그림 5-5]와 같음.

41만 호(217만 명)에서 91만 호(586만 명)로 2배 이상 늘어났다. 그리고 전체 조선인 호수에서 이들 세궁민 호수가 차지하는 비중은 1926년의 13.8%에서 1934년 35.5%로 늘어났고, 같은 기간 동안 전체 조선인 중에서 이들 세궁민이 차지하는 비중은 11.6%에서 28.2%로 급증했다. 전체 조선인의 1/3 가량이 세궁민인 것이다.

[표 5-5] 세민, 궁민, 거지 호수 및 인구

		1926	1933	1934
호 수	세민	408,422	919,941	908,583
	궁민	73,515	395,989	355,663
	계	408,422	919,941	908,583
인 구	세민	1,860,000	4,276,757	4,216,900
	궁민	295,620	1,771,103	1,590,158
	걸식	10,066	72,428	51,806
	계	2,165,686	6,120,288	5,858,864
조선인 호수		3,483,779	3,818,555	3,941,389
조선인 인구		18,615,033	20,282,644	20,748,690
호수비중	세민	11.7%	24.1%	23.1%
	궁민	2.1%	10.4%	9.0%
	계	13.8%	35.5%	32.1%
인구비중	세민	10.0%	21.1%	20.3%
	궁민	1.6%	8.7%	7.7%
	걸식	0.1%	0.4%	0.2%
	계	11.6%	30.2%	28.2%

주 : 細民이란 생활이 궁박한 상태에 있지만 반드시 타인의 구호를 받을 정도에는 이르지 않고 간신히 생계를 세울 수 있는 자를 말한다. 窮民이란 생활이 궁박하여 긴급히 누군가의 구제를 필요로 하는 상태에 있는 자를 말한다. 걸식이란 여러 곳을 부랑배회하며 자기 및 그 가족을 위해 미지의 사람에게 빈곤을 호소하여 常業的으로 구조를 애걸하는 자를 말한다.
자료 : 善生永助,「朝鮮に於ける貧民生活」,『朝鮮社會事業』7-1, 1929. 1, 23쪽;「細窮民及浮浪者又は乞食數調」,『朝鮮社會事業』13-6, 1935. 6, 63-65쪽.

이 통계는 조선의 농민분해에 대한 여러 통계들과 정합적이다. 소작농 호수는 1933년 무렵까지 급증했지만, 그 이후는 비교적 일정 수를 유지하게 된다. 위 표의 세궁민수도 대체로 비슷한 양상을 보여주고 있다. 1926년과 1933년 사이에 그 수는 급증하지만, 1933년과 1934년 사이에는 소폭 감소하고 있다. 단 농민분해의 양상이나 실업률의 변화를 고려한다면 1934년 이후에 세궁민의 수가 크게 증가했을 것으로 보이지는 않는다.

키무라의 실질 평균 농가소득 추계결과도 세궁민 호수의 변화 추세와 상당히 정합적이다. 다시 앞의 [그림 5-6]을 보면 농가소득은 1926년이 하나의 피크를 이루고 있고, 그 후에는 급감하여 1933년에 바닥을 친 후 1934년부터 다시 상승하기 시작한다. 농가소득이 감소할 때, 세궁민이 증가한다고 생각하면 이 두 자료 사이에도 상당한 정합성이 있다.

하나의 사이클의 정점에 해당하는 1926년의 농가소득은 어떤 수준의 것이었을까? 조선총독부 내무국 사회과의 『농가경제에 관한 조사』(1925년 9월 조사)를 정리한 [표 5-6]을 보면, 소작농의 중, 소, 세 및 자소작농의 세와 궁농은 적자이고, 소작농의 대와 자소작농의 중 및 자작의 세는 흑자이기는 하지만 그 흑자폭이 연간 20엔에도 미달하는 사소한 것이었다. 물론 이 자료의 잔액이라는 것이 농가에서 생활비 등을 지출하고 남는 것이기 때문에 임금과 바로 비교할 수 있는 것은 아니다. 또 다 같은 농가라 하더라도 생활비는 등급별로 현저한 격차가 있을 수 있다. 예컨대 궁농의 생활비와 지주의 생활비는 전혀 다를 것이다. 따라서 생활비를 포함한 지출을 공제한 다음에 남게 되는 잔액은 소득이 아니다. 이런 고려해야 할 점이 있지만, 전체 농가의 46.7%는 적자농이고, 흑자이기는 하지만 그 잔액이 20엔 미만인 농가도 19.1%나 되었다. 그 반면 잔액의 크기가 100엔을 넘는 농가는 6.0%에 불과했고, 50엔 이상으로 범위를 넓혀도 그 비율은 16.2%에 불과했다.

1925년은 [그림 5-6]에서 보면 농가소득이 비교적 높은 시기였다. 그 이후 농가소득은 급감하여 1930년경이 되면 거의 바닥에 이르게 된다. 1930년의 조사에 의하면, 자작농의 18.4%, 자소작농의 37.5%, 소작농의 68.1%, 전체 농가의 48.3%가 춘궁농가였다고 한다. [표 5-6]의 적자농의 비율과 1930년의 춘궁농가의 비율이 거의 비슷하기 때문에 1925년의 적자농은 1930년이 되면 춘궁농가로 집계되고 있었다고 보아도 좋을 것이다. 요컨

[표 5-6] 1925년의 농가수지표

		호수	호당 평균			호수 비중 (%)
			수입	지출	잔액	
지주	대	6,866	10,712	5,130	5,582	0.3
	중	22,994	2,236	1,532	704	0.8
	소	39,455	954	714	240	1.4
	세	52,670	467	420	47	1.9
	계	121,985	1,534	989	545	4.5
자작	대	94,453	1,237	1,004	233	3.5
	중	179,016	732	635	97	6.6
	소	172,390	441	401	40	6.3
	세	103,819	314	297	17	3.8
	계	553,678	646	559	87	20.3
자소작	대	98,628	1,015	924	91	3.6
	중	263,747	595	551	44	9.7
	소	329,331	381	374	7	12.1
	세	225,605	241	242	-1	8.3
	계	917,311	476	451	25	33.6
소작	대	88,226	824	808	16	3.2
	중	233,029	591	596	-5	8.5
	소	354,399	333	353	-20	13.0
	세	298,084	215	227	-12	10.9
	계	973,738	403	414	-11	35.7
궁민		162,209	102	106	-4	5.9
합계		2,728,921	510	463	47	100.0

자료 : 朝鮮總督府, 『朝鮮の小作慣習』, 1926, 33, 38쪽에서 작성.

대 1930년에는 전체 농가의 절반 가량이 기본적인 식생활조차 지속하기 어려운 상태에 놓여 있었다고 할 수 있다.

인구의 압도적 다수를 차지하는 농민의 생활고는 이농을 촉진시켰다. 이들이 도시에 정착하여 무허가 건물을 짓고 거주하면 이른바 '토막민'이 된다. 경성제국대학 위생조사부에서 편찬한 『토막민의 생활위생』에서도 이 토막민이 주로 농촌의 빈농과 궁농이 이농하여 생긴 것이라고 보고 있다.[176] 즉,

(토막민의 이전 직업은) 농업이 가장 많은데, ……. 그들의 농촌에서의 지위는 ……. 일반적으로 소작 내지는 자소작이다.(84쪽)

(이농의 이유는)……요컨대 농촌의 빈궁이다. 한발, 수해, 기타 흉작을 계기로 그들이 이촌을 강요당하는 것도 필경 그들의 농촌생활에 여유가 없고, 이들 재해를 극복할만한 탄력이 남아 있지 않기 때문이다.(90쪽)

방탕, 과실 등으로 인한 재산상실 때문에 자작 내지는 자소작으로부터 몰락한 자는 극히 드물고, 도시에서 더 나은 생활을 누리기 위해 자발적으로 이촌한 자도 역시 드물다. 토막민이 농촌을 떠나 도시로 향하게 되는 것은 그들 자신의 의지 이외에 어쩔 수 없는 주위의 사정 때문이다.(91쪽)

그렇다면 이들 토막민은 어느 정도 존재하고 있었을까? [표 5-7]에서 볼 수 있듯이, 일부 단편적인 관청자료에 의하면 경성부의 토막민(불량주택 거주자 포함)의 수는 1931년의 1,538호 5,093명으로부터 매년 증가하여 1942년에는 7,426호 30,020명으로 11년 동안 호수로는 약 5배, 인구수로는 약 6배 증가했다. 그러나 이 관청자료는 다음과 같은 점에서 토막민의 수를 과소평가하고 있다. 첫째, 1935년부터 1937년 사이의 감소는 "경성부가 교외의 홍제동 돈암동 아현동 등에 토막수용소를 설립하고, 시내에 산재하는 토막민을 수용했기 때문인데, 이들 수용소의 토막민은……다른 일반 토막민과 조금도 다를 바 없고, 이것도 가산할 때는 그들의 수는…… 증가일로를 걸어 왔던 것"으로 보지 않으면 안 된다(63쪽). 둘째, 경성부에서 제시한 숫자는 대개 실수보다 적었던 것 같다. "토막은……이동이 격렬한 것이고, 각 호별로 정확하게 호구를 조사하는 것은 대단히 어려운 일이며, 경성부의 조사가 정확한 숫자를 얻을 수 없었던 것"은 당연하다(63쪽). 경성부 사회과의 조사에 의하면 토막수용민은 홍제동 4,710명, 돈암

---

176) 京城帝國大學衛生調査部 編, 『土幕民の生活衛生』, 岩波書店, 1942. 이하 본문 중의 쪽수는 모두 이 책의 것임.

동 4,266명, 아현동 3,708명(이상 1940년 말 현재), 합계 16,344명에 달하고 있었다. 1940년 토막수용소 이외에 거주하는 토막민 34,316명을 합산하면 전체 토막민의 수는 관청통계를 그대로 받아들인다고 하여도 50,660명이 된다. 이것은 1940년 경성부 인구 930,547명의 5.4%에 해당한다.

[표 5-7] 토막 및 불량주택 주거자 수

	경성부			조선 전체	
	토막민 호수	제2종 카드 세민 호수	인구	호수	인구
1931	1,538		5,093		
1932					
1933	2,870		12,378		
1934	2,902	(6,441)	14,179		
1935	3,576		17,320		
1936	3,412	(6,330)			
1937	3,248		14,993		
1938	3,316		16,644		
1939	4,292		20,911	26,736	115,939
1940	7,303		34,316	34,090	144,264
1941				36,335	161,896
1942	7,426		30,020	33,340	138,462

자료 : 1931~37 : 『同胞愛』, 17-1, 1939, 41쪽.
1938~39 : 『土幕民の生活衛生』.
1940~42(경성), 1939~42년(조선 전체) : 朝鮮總督府, 『調査月報』15권 3호, 35쪽 및 15권 6호, 79쪽에서 작성.

한편 그 경제적 처지로 보아 하층 토막민과 다를 바 없는 '경성부의 제2종 카드 세민'은 1936년의 자료에 의하면 6,330호로 같은 해의 토막민호수 3,412호의 약 1.9배에 달하고 있다.[177] 토막민과 '제2종 카드 세민'을 합하면 9,742호가 되고, 그 당시 경성부조선인 호수의 15% 내외에 달하게 된다.

---

177) 경성부의 제2종 카드 세민 표준은 4~5명 세대로 월 수입액 30엔 이하로 되어 있다. 『土幕民の生活衛生』, 124쪽.

다음에는 임노동자층의 생활상태를 알아보자. 조선인 노동자의 임금 중 이른바 일반노동자에 대해서는 비교적 긴 시계열의 자료를 얻을 수 있다. 이들의 실질임금을 정리해보면 [그림 5-7]과 같다.

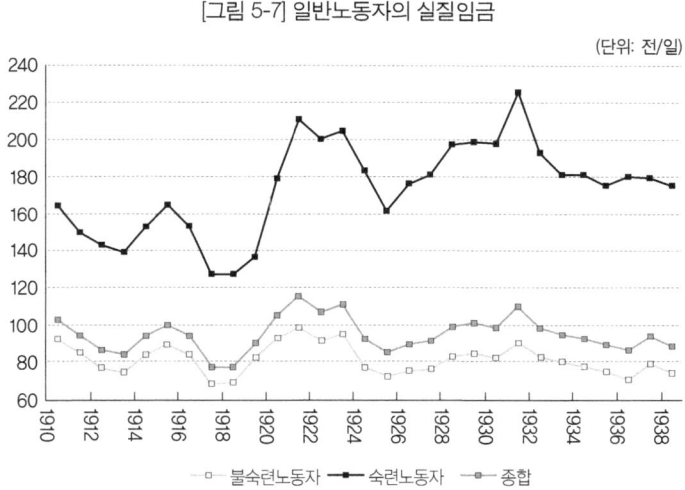

[그림 5-7] 일반노동자의 실질임금

자료: 許粹烈, 「日帝下 實質賃金(變動)推計」, 『經濟史學』 제5호, 1981. 12, 244-245쪽.

일반노동자의 실질임금의 변화추세는 숙련노동자와 불숙련노동자 별로 차이가 있다. 숙련노동자의 실질임금은 1910년 말과 1920년대 초에 급증하여, 1921년경이 피크로 되고, 그 이후 1925년까지는 감소하는 양상을 보이고 있다. 1930년대에는 특별히 증감을 말하기 어렵지만, 1910년대에 비하면 한단계 더 높은 수준에 있었던 것은 분명하다. 불숙련노동자의 경우에는 굳이 따진다면 사소한 하락추세가 있지만, 그 정도는 그리 크지 않고 대체로 70전/일~90전/일 사이를 사이클을 그리면서 변화하고 있다. 시기별로 차이가 있겠지만, 1928년의 경우, 전체 노동자수에서 불숙련노동자수가 차지하는 비중은 85.6% 정도였다.[178] 따라서 숙련노동자와 불숙

---

178) 朝鮮鐵道協會, 『朝鮮ニ於ケル勞動者數及其分布狀態』, 1928, 1쪽에서 계산.

련노동자를 합한 전체 일반노동자의 실질임금은 불숙련노동자의 구성비가 워낙 높기 때문에 이것을 가중 평균하게 되면 그 모습은 불숙련노동자의 그것과 비슷하게 되며, 대체로 80전/일~100전/일 사이를 오르내리게 된다.

그러면 하루 70~90전 사이를 오르내린 불숙련노동자의 임금은 어떤 수준의 것이었을까? 조선토목건축협회에서 발간한 『조선 공사용 각종 노동자 실상조』라는 자료가 크게 도움이 된다. 이 자료에는 1928년 7월 말 현재 37개 직종을 선택하여 조선인 426명, 일본인 123명, 중국인 64명, 합계 615명의 노동자 개개인에 대해 그 수지관계를 조사한 표가 수록되어 있다. 이 조사표에 나타난 불숙련노동자의 하루 임금은 81~186전이지만, 이것을 구성비를 감안하여 평균하면 100전 가량이 된다. 이 명목임금을 물가지수로 나누어 실질임금을 구하면 91전 정도가 된다. 이 금액은 1928년의 전국 조선인 불숙련노동자 실질임금 83전보다는 높지만, 불숙련노동자의 실질임금 변동대의 상한선인 90전을 약간 상회하고 있기 때문에, 조선인 불숙련노동자의 실질임금이 갖는 의미를 분석하는 데는 대단히 적절하다.

[표 5-8]의 조선인 불숙련노동자의 1개월 수지차를 보면 -2.3~5.8엔으로 다양하지만, 이를 다시 구성비를 감안하여 평균하면, -0.32엔이 된다. 즉 조선인 불숙련노동자의 실질임금 변동대의 상한선인 90전이 겨우 1개월의 생활을 지속할 수 있는 금액이라는 것이다.

[표 5-8] 조선인 불숙련노동자의 명목임금과 1개월 수지차

직종	직종별 구성비	명목임금(엔/일)	1개월 수지차(엔)
보통인부	69.10	0.8100	-2.3060
비계공(䔍人夫)	0.31	1.8600	1.2400
선하운반부	2.28	1.5000	2.5500
토공	7.89	1.7500	0.2230
짐꾼	20.42	1.2810	5.8480
계	100.00	0.9994	-0.3197

자료 : 朝鮮土木建築協會, 『朝鮮工事用各種勞動者實狀調』, 1928에서 작성.

원자료로 돌아가 좀더 자세히 검토해보면, 독신자의 경우에는 이 정도의 임금으로도 생활이 가능하지만, 가족이 증가할수록 적자폭이 현저히 증가하고 있음을 알 수 있다([표 5-9] 참조). 여기에서 1개월 수입으로 계산한 액수는 월 취업일수를 26일로 간주하고 여기에 하루 임금을 곱한 것이다. 그러나 일반 불숙련노동자의 경우 일감이 없거나 천기가 불순하여 작업할 수 없는 날이 많아 위의 26일은 과대평가된 것으로 생각된다. 따라서 원자료상에도 '연 계산이 부족한 자는 감식, 차금, 때로는 2일씩의 절식도 어쩔 수 없는 모양임'이라는 귀절이 빈번히 나타나고 있다. 요컨대 일제시대의 조선인 노동자 중 일부 숙련노동자를 제외한 나머지 대부분의 불숙련노동자의 임금수준은 생존수준 임금에 해당하는 것이었고, 이러한 임금수준이 일제 말기까지 변함 없이 지속되었다. 전체 노동자수의 15% 정도되는 숙련노동자만 이러한 생존수준 이상의 임금을 받았던 것으로 된다.

[표 5-9] 가족 유무별 1개월 수지 상태별 노동자수

(단위: 명)

		적자	흑자	계
보통인부	독신자	18	23	41
	가족유	54	9	63
토 공	독신자		2	2
	가족유	1	2	3
짐 꾼	독신자	1	19	20
	가족유	4	9	13
선하운반부	독신자		1	1
	가족유		1	1
연인부	독신자		24	24
	가족유	2	18	20
합 계	독신자	19	69	88
	가족유	61	39	100
총 계		80	108	188

주: 가족유는 부모, 형제, 처자 중 일부 혹은 전부가 있는 경우를 말함.
자료: [표 5-8]과 같음.

　공장노동자와 광산노동자에 대한 자료는 일반노동자만큼 충분하지 못하

다. [그림 5-8]에서 보면, 광산노동자의 실질임금은 일반노동자의 임금보다 약간 낮은 수준에 있었지만, 일반노동자와는 달리 취업일수가 많았을 것이기 때문에 월 소득이 일반노동자보다 낮았다고 보기는 어렵다. 따라서 광산노동자의 임금은 일반 불숙련노동자의 그것과 대동소이할 것이고, 이 역시 생존수준 임금에 해당하는 것으로 판단된다. 공장노동자의 실질임금은 대체로 일반노동자의 평균과 비슷하다. 만약 공장노동자를 숙련공과 불숙련공으로 구분한다면, 일반노동자의 숙련노동자와 불숙련노동자의 그것과 비슷한 수준이 될 것이다. 단 공장노동자의 1개월 취업일수는 일반노동자보다 많을 것이기 때문에 1개월 소득도 좀더 많았을 것이다. 그러나 공장노동자 중 불숙련공의 임금은 생존수준 임금에서 크게 벗어나지는 않았을 것이다.

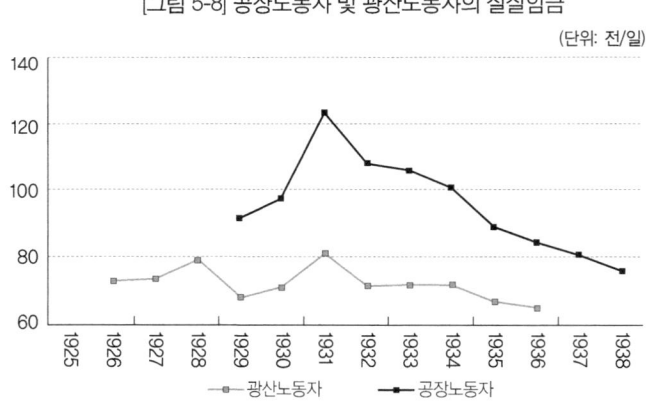

[그림 5-8] 공장노동자 및 광산노동자의 실질임금
(단위: 전/일)

자료: 許粹烈, 「日帝下 實質賃金(變動) 推計」, 『經濟史學』제5호, 1981. 12, 245-246쪽.

인구의 대다수를 차지하는 농민, 도시하층민, 노동자 등의 생활수준을 검토해보았을 때 그들 대중의 경제적 처지가 생존수준을 크게 벗어나지 못하고 있었다는 것은 일제시대에 조선경제가 고도성장했고 또 공업화를 통해 공업제품의 조선 내 소비가 급증했다는 거시적 제지표와 합치하지 않는다고 할 수 있다. 물론 인구가 증가했기 때문에 1인당 소비에 개선이 없었다고 할 수도 있지만, 만약 그런 주장을 받아들인다면 조선인 경제에서는 아직 근대적 경제성장(modern economic growth)이 시작되지 않았다는 의미로 해석된다. 근대적 경제성장이란 인구증가가 계속되는 조건하에서 1인당 생산량이 지속적 성장(sustained growth)을 하는 것이라고 할 수 있기 때문이다.

2. 경제적 불평등과 민족차별

　앞의 제1장과 제2장에서는 농업과 공업부문의 생산수단이 민족별로 극도로 불평등하게 소유되고 있고, 그에 따라 생산액도 민족별로 매우 불평등하게 배분되고 있었음을 보았다. 나아가 이러한 소유의 불평등 및 생산액 배분의 민족별 불평등은 개발이 진행되면 될수록 점점 더 확대되어 갔다는 점도 지적한 바 있다.

　이러한 생산수단과 생산액의 민족별 불평등 및 그 악화추세는 농업과 공업에만 한정된 것은 아니었다. 수산업과 광업에서도 동일한 현상이 나타나고 있었다. 우선 수산업부문부터 생산수단의 소유관계 및 생산액의 민족별 불평등 문제부터 살펴보기로 하자.

　[표 5-10]에서 볼 수 있듯이, 조선의 수산업자의 95~98%는 조선인이었고, 일본인은 전체 수산업자의 2.3~4.7%에 불과했다. 그러나 어구 견적가격에서 일본인 수산업자의 비중은 31.7~47.7%였고, 생산액에서는 39.2~47.7%를 각각 차지했다. 이에 따라 호당 어구 견적가격과 생산액은 민족별로 큰 격차를 가지게 되었다.

　[그림 5-9]에서 볼 수 있듯이 일본인 수산업자 1호당 어구 견적가격은 조선인에 비해 10~27배나 되었고, 생산액은 13~28배나 되었다. 또 그 격차도 후기로 갈수록 확대되어가는 추세를 보여주고 있다. 이것은 농업부

[표 5-10] 수산업에 있어서 민족별 격차

	수산업자 호수			어구 견적가격(천 엔)			생산액 (천 엔)		
	일본인	조선인	계	일본인	조선인	계	일본인	조선인	계
1912	2,978	60,455	63,433	559	1,100	1,659	5,124	7,948	13,072
1916	2,984	82,389	85,373	1,220	1,903	3,123	12,226	13,511	25,737
1921	3,358	93,297	96,655	5,129	6,459	11,588	34,074	37,296	71,370
1926	4,177	108,001	112,178	6,444	7,053	13,497	42,218	48,136	90,354
1931	3,866	124,144	128,010	4,300	6,921	11,221	31,228	46,335	77,563
1933	3,125	111,282	114,407	5,161	6,861	12,022	35,526	54,345	89,871
1935	3,074	120,801	123,875	4,284	9,230	13,514	55,922	77,961	133,912
1937	3,073	130,776	133,849						187,953
				호당 어구 견적가격(엔)			호당 생산액(엔)		
1912				188	18	26	1,721	131	206
1916				409	23	37	4,097	164	301
1921				1,527	69	120	10,147	400	738
1926				1,543	65	120	10,107	446	805
1931				1,112	56	88	8,078	373	606
1933				1,652	62	105	11,368	488	786
1935				1,394	76	109	18,192	645	1,081
1937									1,404

자료 : 嬉野實 편, 『朝鮮經濟圖表』, 朝鮮統計協會, 1940, 322쪽.

문의 격차 배율보다는 좀 낮지만, 민족별로 대단히 큰 격차가 있는 것은 확실하다.

　광업부문은 개항 이후 처음부터 외국 열강의 이권 쟁탈지였고, 따라서 전체 광산액에서 조선인이 차지하는 비중은 대단히 낮았다. [그림 5-10]에서 볼 수 있듯이 조선인 광산의 생산액이 전체 광산액에서 차지하는 비중은 최대 16.2%(1933년)이었고, 1926, 1933~35년을 제외하면 거의 10% 이하의 수준에 불과했다. 1917년까지만 하여도 조선의 광산액은 일본인을 제외한 여타 외국인이 50% 이상을 차지하고 있었지만, 1917년과 1918년에 일본인의 비중이 급속히 증대되어 그 이후에는 일본인의 비중이 70~80%대를 오르내리게 된다. 물론 이 사이에 조선의 광산액은 크게 증대되었다. 1911년 6백만 엔이던 광산액은 제1차 세계대전의 호경기에 힘입어

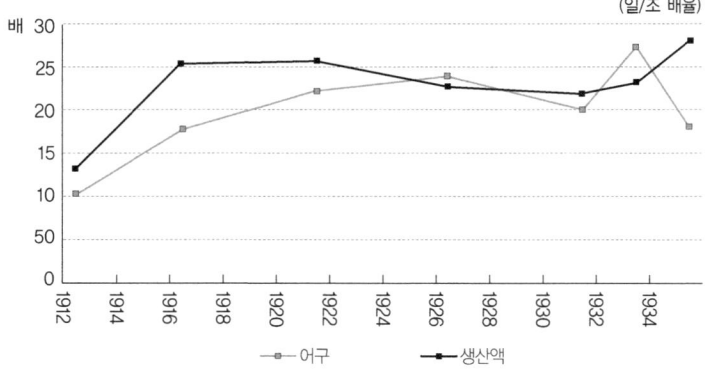

[그림 5-9] 수산업에 있어서 민족별 격차

자료 : [표 5-10]과 같음.

1918년 3천만 엔대로 급증했다. 1931년까지는 그 수준 이하에서 오르내렸지만, 1932년부터 다시 급증하기 시작하여 1936년에는 1억 엔을 돌파하게 된다. 그 과정에서 조선인의 광산액도 급증하여 1910년 33만 엔 수준에서 1936년에는 987만 엔으로 거의 30배 증가하게 된다. 특히 광업개발이 본격화되는 1930년대 이후에는 조선인과 외국인의 비중이 더욱 줄어들고, 일본인의 비중이 더욱 커지고 있다. 조선의 광업개발이란 것도 농업이나 공업 혹은 수산업과 마찬가지로 생산수단의 소유 및 생산액의 배분이 일본인에게 집중되고 있었던 것이다.[179]

민족별 생산수단의 극도로 불평등한 소유관계뿐만 아니라 생산과정에서도 조선인들은 심한 민족차별을 받았다. 남만주철도(주) 경제조사회에서 발간한 한 책자에서는 일본인 노동자와 조선인 노동자 사이의 관계를 다

---

[179] "1945년 7월 말 현재 석탄을 제외한 (광산의) 추정 투자 및 시설액은 136,500천 엔이고, 그 중 조선인 주관은 겨우 5,400천 엔으로 日人 점유시설의 20분의 1에 未及했고, 同期의 석탄액에 있어서는 총 투자액 669,102,871엔 중 日系 회사 지배분이 634,614,871엔으로 94% 이상을 점하고 있었다." 朝鮮銀行, 『朝鮮經濟年報』, 1948년판, I-87쪽.

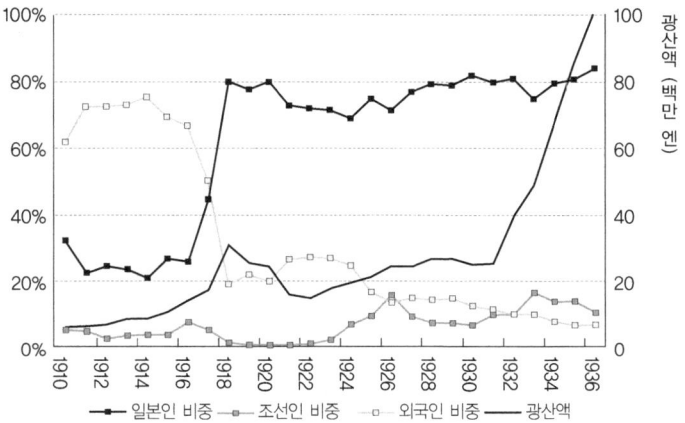

[그림 5-1] 광산액과 민족별 구성비

자료 : 朝鮮總督府, 『統計年報』; 朝鮮鑛業會, 『朝鮮鑛業の趨勢』, 1931년판 및 1936년판.

음과 같이 말하고 있다.[180]

일본인 거의 전부는 조선인 노동자의 지도적 입장에 있고, 조선인 사이에 끼어서 취로하고 있지 않다. 광부 중에는 일본인은 거의 없고—일본인은 감독적인 종업원이다—대부분은 조선인.

일본인 노동자의 대부분은 직공이고 평인부는 극히 소수이다. 그리고 이 인부 중에는 순전한 인부도 있지만 대부분은 조선인의 감독.

(일본인은) 조선인에 비해 상당히 높은 임금을 지불하지 않으면 안 된다. 그리고 조선인과 중국인 사이에 끼워 평등한 작업에 종사시키는 것은 곤란하다. 그것은 일종의 우월감이 번뜩이기 때문일 것이다. 따라서……작업의 지도적 지위에 둘 수 있는 정도 이상으로 고용할 수는 없다.

---

180) 南滿洲鐵道株式會社經濟調査會, 『朝鮮人勞動者一般事情』, 1933, 69, 87, 97쪽.

이러한 민족차별적 인식은 내선일체를 강조하던 1940년대가 되어도 여전했다. 예컨대 1941년 1월 13일 조선총독부가 '상공업 지도조직 요강'을 결정하여 발표하면서 그 네 가지 이유를 들고 있는데, 그 중 두 번째는 다음과 같았다.[181]

조선에 있는 일본인 대부분은 일본제품의 이입 판매, 엔블럭이나 제3국무역, 시국적 질재(質材)를 원료로 하는 중소상공업자인데 공정가격으로 가격은 통제된 반면 경영비와 생활비가 앙등하고, 이입 상품의 감소, 수출의 감소, 통제의 강화에 의해 심각한 영향을 받고 있다. 그러나 일본인은 임금 기타의 이유로 일반 육체노동에 종사하거나 또는 귀농하는 것이 곤란할 뿐만 아니라 만주이주 등과 같은 것도 조선에 있어서 일본인의 정착 증가가 국책적 견지에서 필요하다는 점에 비추어 볼 때 부적당하기 때문에 조선에 정착하여 생업을 계속하게 할 필요가 있다.

일본인은 식민지 지배민족이라는 바로 그 사실로 인해 노동과정에서 조선인 노동자들을 지휘 감독하는 특수한 위치를 차지하고 있는 것이다. 1944년의 인구조사에서도 바로 이러한 일본인들의 특수한 지위가 여실히 나타난다([표 5-11] 참조).

이 표를 보면 조선인의 95%는 농민이나 노동자와 같은 작업자였다. 앞에서 본 생산수단의 소유관계가 일본인에게 편중되어 있던 것과 대체로 동일한 양상을 보여준다. 단 조선인은 그 수가 워낙 많아 위 표의 모든 직위에서 일본인수를 능가하고 있다. 경영자나 기술자 및 사무자인 조선인의 수는 일본인 수의 23배에 달하고 있다. 그러나 같은 직위 내에서도 조선인과 일본인의 지위는 판이한 것이었기 때문에, 이 숫자를 바로 비교하는 것

---

181) 『朝鮮總督府 帝國議會說明資料』(不二出版 復刻版) 제4권, 276-277쪽.

[표 5-11] 직업상의 지위별 인구 및 그 비율

	조선인		일본인	
경영자	7,151	0.1%	3,412	1.8%
사무자	172,422	2.6%	53,357	29.0%
기술자	27,901	0.4%	14,486	7.9%
작업자	6,292,704	95.0%	74,564	40.5%
공무자, 자유직업자, 기타 직업자	122,130	1.9%	38,240	20.8%
합 계	6,622,308	100.0%	184,059	100.0%

주 : 전체 인구 중에서 유직자인 남자에 대해서만 작성함.
자료 : 朝鮮總督府, 『人口調査結果報告』(其二), 1944년 5월, 30-31쪽 및 58-59쪽에서 작성.

은 별 의미가 없다. 예컨대 기술자의 경우라면, 기사장, 기사, 기수, 기수보, 기술견습 등의 여러 유형이 있는데, 조선인은 기껏해야 기수보 정도로까지 진출할 수 있을 뿐이었고 요직은 모두 일본인이 차지하고 있었다. 또 위 표에서는 일본인의 4할이 작업자로 되어 있지만, 이들 일본인 작업자들은 대체로 조선인 작업자를 제일선에서 지도 감독하는 역할을 수행했기 때문에 조선인 작업자와 동렬에 놓을 수는 없는 존재였다. 조선인은 조선인이라는 바로 그 이유 하나로 모든 점에서 차별을 받고 있었던 것이다.

아래에서는 이러한 민족차별을 조선총독부 철도국의 직원에 대한 분석을 통해 좀더 구체적으로 살펴보기로 하겠다.[182] 철도국의 분석결과는 조선총독부 내의 다른 직원들의 경우에도 마찬가지로 적용될 수 있을 것이고, 나아가서는 일반 민간기업에 대해서도 어느 정도 타당할 것으로 생각된다.

김병관은 1939년에 발간된 『조선기술가명부』와 1939년판 『조선총독부 및 소속관서 직원록(朝鮮總督府及所屬官署職員錄; 이하 『직원록』으로 약

---

[182] 조선총독부 철도국에 대한 이하의 내용은 金秉觀의 양해를 얻어 그의 박사학위 논문 중 제5장 제2절 부분을 거의 그대로 전재한 것이다. 김병관 박사에게 감사의 뜻을 표한다. 金秉觀, 『日帝下 朝鮮人技術者의 形成過程과 存在樣態』, 충남대학교 대학원 경제학과 박사학위논문, 1996.

칭)』 중의 철도국 소속 직원 자료에서 공통적으로 출현하는 기술자(기사와 기수) 633명에 대해 임금과 승진에서 민족차별이 어떻게 존재하고 있는지 분석했다. 분석대상이 되는 자료의 개요는 [표 5-12]와 같다.

[표 5-12] 분석대상이 되는 자료의 개요

(단위: 명, %)

		조선인	일본인	소계(A)	합계(B)	A/B(%)
학 력	제국대학졸	7	129	136		
	전문학교졸	55	442	497		
출신학교소재지	조선	41	147	188		
	일본	19	392	411		
	중국	2	32	34		
직 급	기사	7	158	165	519	31.8
	기수	55	413	468	6,777	6.9
소 계		62	571	633	7,296	8.7

자료: 『技術家名簿』(1939) 및 『職員錄』(1939)에서 작성.
주 : '합계'는 조선총독부 전체의 기사 및 기수의 수를 의미한다.
전문학교에는 사립대학을 포함시켰다.

참고로 철도국의 직제는 최말단의 시용(試用)에서부터 국장에 이르기까지 여러 단계로 이루어져 있다([그림 5-11] 참조). 시용은 철도국원으로는 간주되지 않는 최말단의 노동자들이었다. 일반 모집으로 충원했고, 기본적으로 학력제한은 없었다. 일반적으로 용인(傭人) 이상을 철도국원이라 불렀다. 용인은 철도국원 중 가장 말단이며, 시용으로부터 충원되거나 초등학교 졸업 정도의 학력소지자로부터 일반모집으로 충원되었다. 고원(雇員)은 용인으로부터 승진에 의해 충원되거나 중등학교 혹은 실업학교 출신자 중에서 일반모집으로 채용되기도 했다. 이 고원 중의 일부는 철도수(鐵道手)로 승진하거나 서기(書記, 사무직) 혹은 기수(技手, 기술직)로 승진했다. 시용이나 용인에서 출발한 사람들은 대체로 고원 혹은 철도수가 승진의 한계였다.

철도수 이상의 직급에 있는 사람들은 '직원'이라고 부른다. 『직원록』에

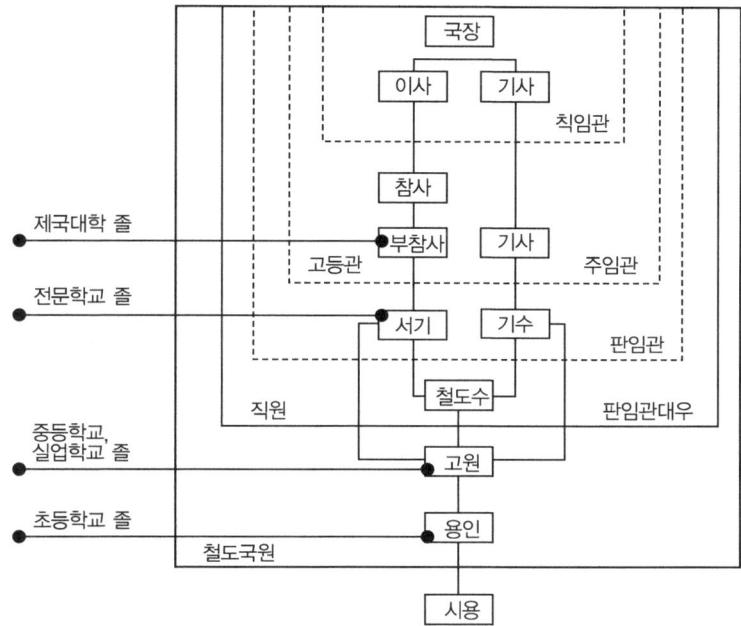

[그림 5-11] 조선총독부 철도국 관제

주 : 교유(敎諭), 촉탁 및 철도의(鐵道醫), 철도약제사는 생략.

는 이 직원만이 수록되어 있는 것이다. 서기와 기수는 고원이나 철도수로부터 승진에 의해 충원되기도 했지만, 나머지 일부는 전문대학출신자들로 충원되었다. 고등관으로의 승급에 있어서는 제국대학 출신자가 압도적으로 많았고, 때로는 제국대학 출신자 중에서 바로 충원되기도 했다.

이와 같이, 철도국원의 충원은 크게 보아 상위직급으로의 자체 승진에 의한 경우와 외부로부터의 일정한 학력을 전제로 하는 모집에 의한 충원 두 가지 방법이 있었다. 또 철도국 자체 내의 승진은 일정한 경력을 전제로 시험을 통해 이루어졌다.

다음으로 철도국을 대상으로 조선인의 직급과 직무를 검토해보자. 1925~40년의 철도국직원(철도수 이상) 중 조선인을 분석해보면 상위직급에 해당하는 국장, 기사, 이사, 참사, 부참사 등에는 조선인이 거의 없었다. 국장과 이사 중에는 조선인이 한 명도 없었고, 1940년에 비로소 조선인 참사와 기사가 1명씩 등장하고 있을 뿐이며, 부참사는 1928년 및 1929에 1명, 1936~39년에 1~2명 있었을 뿐이다. 따라서 조선인 직원의 거의 대부분은 서기, 기수, 철도수로 구성되어 있었다고 보아도 좋다. 이 세 가지 직급의 조선인 직원이 해당 직급의 직원수 합계에서 차지하는 비중을 보면 [그림 5-12]와 같다.

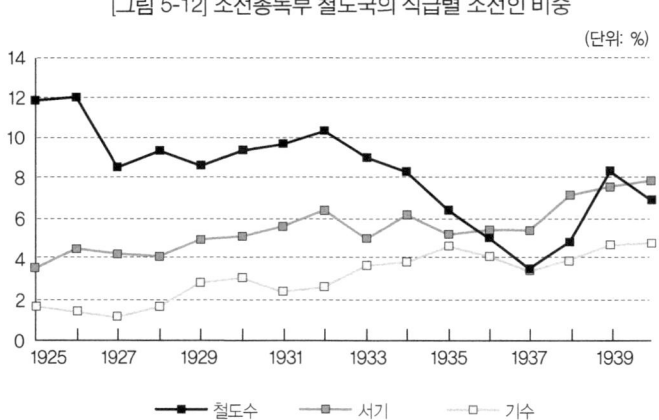

[그림 5-12] 조선총독부 철도국의 직급별 조선인 비중

자료 : 『職員錄』, 각연도판.

철도수에 있어서는 조선인의 비중은 1925년의 12%대에서 1930년대 말 4~8%대로 점감하는 추세를 보이고 있고, 서기와 기수의 경우에는 1925년의 2~4%대에서 1930년대 말 4~8%대로 점증하는 추세가 나타나지만 그 비중은 대단히 낮았다.

이번에는 조·일간의 직무를 비교해보기로 하자([표 5-13] 참조). 다소 시기적으로 빠른 것이기는 해도 1929년의 경우를 검토하기로 한다. 이 때는 조선인 기사가 존재하지 않았기 때문에 모든 상위 직무는 일본인이 독

차지하고 있었다. 기수의 직무 중에서 조선인은 구장에 1명, 계원에 18명이 있었을 뿐이고 나머지 모든 상위 직무 역시 일본인이 독점하고 있었다. 유일하게 조선인 구장이 배치되어 있는 곳은 보선구로서 여기에는 조선인 고원, 용인 및 시용이 가장 많이 배치되어 있기 때문이었다. 조선인 철도수의 경우에는 기관구에 기관방으로 19명이 배치되어 있었다. 당시 조선인 철도수 22명 중에서 19명이 기관구의 기관방(機關方)으로 종사하고 있었던 것이다. 1928년 10월 말 현재 조선인 철도수 전원의 근속연수가 10년 이상이었으며, 20년 이상인 자 2명을 포함하여 12명이 15년 이상임에도 불구하고 조선인 철도수는 한정된 직무에만 배치되었음을 알 수 있다.[183]

[표 5-13] 1929년도 조선총독부 철도국에 있어서 민족별 직무

(단위: 명)

직급	직무	일본인	조선인	직급	직무	일본인	조선인
기사	칙임과장	1		철도수	토목공		1
	과장	2			심득(心得)		1
	공장장	2			사주장(司廚長)	1	
	구장	3			요리장	1	
	소장	7			수위	4	
	주임	17			기관사	5	
	계원	18			수(手)	5	
기수	주임	26			조역	29	
	구장	51	1		직장원(職場員)	31	
	방(方)	64			공장(工長)	24	1
	기관사	134			방(方)	82	19
	조역	145					
	계원	197	18				

자료 : 朝鮮總督府鐵道局, 『鐵道局 統計年報』, 1929년판에서 작성.

철도국에는 일본인과 더불어 조선인도 다수 근무하고 있었지만, 조선인은 기사나 부참사 이상의 상위직급에는 거의 존재하지 않았으며, 기수나

---

183) 南滿洲鐵道株式會社經濟調查會,「朝鮮人勞動者一般事情」, 1933, 30쪽.

서기에서 조선인의 비중이 추세적으로 높아지는 경향은 있었지만 1930년대 말까지도 아주 소수에 불과했고, 1929년의 상태를 예로 들어볼 때 대부분이 각 부서의 책임자의 지위에는 올라있지 않아 일본인의 지휘·감독을 받는 존재였다는 것을 알 수 있다.

1) 임금에 있어서 민족차별

임금격차를 추정하기 위해서는 횡단면자료로부터 임금결정요인을 분석하는 방법인 임금함수를 이용했다. 여기에서 사용된 임금함수는 다음과 같다.

$$\ln Y = \alpha_1 + \alpha_2 NAT + \alpha_3 EDU + \alpha_4 DK + \alpha_5 EXP + \alpha_6 DUM + \varepsilon$$

단 ln Y = 월급여 총액(= 본봉+가봉)의 자연대수 값
   NAT = 민족구분 더미변수(조선인 = 1)
   EDU = 교육년수
   DK = 학교소재지 더미변수(조선소재 = 1)
   EXP = 경력(1939-졸업연도)
   DUM = 직급 더미변수(기사 = 1)

Y는 1939년 7월 현재의 기술자 개개인의 월급여 총액으로서 본봉에 가봉(재외수당)만을 합산한 것이다. 본봉은 『직원록』에 기재되어 있는 직급호봉을 월봉으로 환산한 것을 사용했다. 일본인 기수(판임관)의 경우는 본봉의 6할을, 그리고 기사(고등관)의 경우는 본봉의 4할을 재외수당으로 가급(加給) 받았다. 일본인 고급기술자에 대해서는 이 가봉 이외에도 여러 가지 별도의 수당이 지급되고 있었지만, 수량화하기가 어려워 이 분석에서는 제외했다. 한편 기술자의 질을 나타내는 변수는 EDU(교육년수)와 EXP(경력년

수 = 1939-졸업연도)이다. 이 중 교육연수는 최종출신학교가 전문학교이면 14년, 대학이면 17년으로 각각 설정해주었고, 경력연수는 분석대상 기간인 1939년에서 최종학교 졸업연도를 차감하여 구했다. 따라서 경력연수의 경우에는 졸업 후 미취업 기간이나 실업기간도 포함된다는 점에 유의할 필요가 있다.

위의 임금함수를 회귀분석하여 얻은 결과는 [표 5-14]와 같다.

[표 5-14] 총임금 추정결과

	계수추정값	t-값
상수항	3.337	33.5
민족 (조선인 = 1, 일본인 = 0)	-0.445	-19.7
교육연수(전문대졸 = 14, 대졸 = 17)	0.0837	12.6
출신학교소재지 더미(조선 = 1, 일본·중국 = 0)	-0.0613	-3.96
경력연수(= 1939-졸업연도)	0.0353	26.8
직급더미변수 (기수 = 0, 기사 = 1)	0.320	15.1
N	633	
R^2	0.857	

주 : 유효자리 세 자리수까지 표시함. 이하 [표 5-17]까지 마찬가지임.

첫째, 임금에 가장 큰 영향을 주는 것은 민족별 차이였다. 다른 모든 조건이 동일하다고 가정하는 경우에도, 조선인이라는 단 한 가지의 이유로 인하여 조선인 고급기술자는 일본인 고급기술자의 55.5%에 해당하는 임금밖에 받지 못했던 것이다.

둘째, 직급의 차이로 인한 임금격차는 32%였다. 이것은 조선인 고급기술자가 기수에서 기사로 승진하는 것이 더 어려웠기 때문에 그것으로 인해서도 상당한 정도의 임금격차가 발생한다는 것을 의미한다.

셋째, 교육연수의 차이 역시 임금에 상당한 영향을 끼치는 것으로 나타났다. EDU의 계수의 값은 0.084이지만 전문학교와 대학의 교육연수의 차이를 3년으로 본다면, 전문학교출신이냐 대학출신이냐에 따라 임금은 25.2%의 격차가 발생하는 것으로 나타난다.

넷째, 조선인의 경우에도 학력이 높거나 경력이 오래될수록 더 높은 임금을 받는 것으로 나타나지만, 경력이 임금에 끼치는 영향은 0.0353으로 위의 세 요인에 비하면 상대적으로 그 크기가 크게 작았다. 말하자면 당시 조선총독부의 임금결정 과정에서 보는 한, 당시 조선은 학력이 경력보다 더 중요한 의미를 갖는 사회였다고 할 수 있는 것이다. 학력을 좀더 중요시하는 사회가 갖는 의미에 대해서는 나중에 다시 언급하기로 한다.

다섯째, 조선에 소재한 학교를 졸업한 경우에는 일본의 학교를 졸업한 경우보다 6%정도의 임금을 적게 받는 것으로 나타났다. 따라서 분석대상 중 당시 조선에 있는 이공계 학교는 경성고공이므로 경성고공 출신자들은 일본인을 포함하여 일본의 같은 등급의 공업전문학교를 졸업한 자들보다 상대적으로 낮은 임금을 받았다고 할 수 있다.

한 가지 강조해 두고 싶은 것은, 이 분석에서는 이미 조선총독부에 취업하고 있는 고급기술자들만을 대상으로 했기 때문에, 전문학교 이상의 고등교육을 받을 수 있는 기회와 취업단계에 있어서의 민족차별은 전혀 고려대상이 되고 있지 않다는 점이다. 취업단계의 민족차별은 두 가지 점에서 나타날 수 있다고 생각된다. 하나는 조선인 고급기술자들은 일본인 고급기술자들에 비해 원하는 직장에 취업하기가 훨씬 더 어려웠다는 점이다. 또 하나는 조선인 고급기술자들은 앞의 제1절에서 분석했듯이 민간기업체에 취업하는 경우에는 상대적으로 규모가 작은 기업체에 더 많이 취업할 수밖에 없었고, 그러한 기업체는 일반적으로 급여조건이 한층 더 나빴다. 이들 두 가지 점을 고려한다면 위의 분석에서 주어지는 차별의 정도는 과소평가된 것으로 해석해도 좋을 것이다.

2) 승진에 있어서 민족차별

다음으로 기수에서 기사로 직급이 승진하는 경우에 대해 분석해보자.

1939년 현재 기사로 되어 있느냐 아니냐와 같은 이산확률변수(discrete random variable)를 종속변수로 사용하는 계량모형에는 선형확률모형(linear probability model), 프로빗 모형(probit model), 로짓 모형(logit model) 등이 있지만, 여기서는 프로빗 모형과 선형확률모형을 추정방법으로 각각 채택하여 분석을 진행한다. 우선 분석에 사용한 프로빗 모형에 대한 최우추정 결과는 [표 5-15]와 같다.

[표 5-15] 승진에 관한 probit 모형의 추정결과

	계수추정값	표준 오차
상수항	-17.434	1.473
민족(조선인=1 일본인=0)	-0.643	0.311
교육연수(전문학교졸=14, 대졸=17)	0.924	0.0801
경력연수(=1939-졸업연도)	0.353	0.0579
경력연수 제곱	-0.00497	0.00196
N	633	
Log likelihood	-156	

추정결과의 주요점을 정리하면 다음과 같다. 기수에서 기사로의 승진가능성에 플러스의 영향을 끼치는 요인은 교육연수, 경력연수였고, 조선인이라는 사실은 승진가능성에 분명한 마이너스의 영향을 주는 것으로 나타났다. 교육연수가 특히 매우 강한 영향을 끼치는 것에 주목할 필요가 있을 것이다.

선형확률모형을 사용하여 승진확률에 미치는 각 변수들의 영향력을 알아본다. 분석에 사용한 선형확률모형은 다음과 같다.

$$DUM = \alpha_1 + \alpha_2 NAT + \alpha_3 EDU + \alpha_4 EXP + \varepsilon$$

DUM = 직급 더미변수(기사=1)
NAT = 민족구분 더미변수(조선인=1)

EDU = 교육수준 더미변수(제국대학졸 = 1)
EXP = 경력(1939 – 졸업연도)

　선형확률모형도 프로빗 모형과 마찬가지로 2 변량확률변수를 종속변수로 사용하고 있지만, 프로빗 모형과는 달리 독립변수의 영향의 정도를 확률의 크기로 측정할 수 있는 장점이 있다. 이 선형확률모형을 회귀분석하여 추정한 결과는 [표 5-16]과 같다.

[표 5-16] 승진에 관한 선형확률모형(linear probability model)의 추정결과

	계수추정값	t-값
상수항	-0.176	-7.581
민족 (조선인 = 1)	-0.081	-1.985
교육수준(제국대학졸 = 1)	0.174	17.629
경력연수(= 1939-졸업연도)	0.036	18.142
N	633	
R^2	0.519	

　선형확률모형의 분석결과에 따르면, 승진 확률에 있어서 교육연수, 민족, 경력연수의 순으로 큰 영향을 끼치는 것을 알 수 있다. 특히 교육연수의 차이가 승진확률에 결정적으로 큰 영향을 끼치고 있어, 대학졸업자는 전문학교 졸업자보다 더 빨리 승진할 확률이 52.3%(연간 17.4%×3) 더 높았다. 이것에 비하면 민족별 차이, 즉 조선인이기 때문에 받는 불이익은 승진이 8.1% 정도 더 낮아지는 것으로 나타났고, 매 1년간의 경력의 추가가 승진 확률에 끼치는 영향(3.6%)도 상대적으로 낮았다.
　따라서 조선인의 경우는 학력이 동일하다고 하더라도 평균적으로 2.25년간(-0.081/0.036)의 경력을 더 쌓아야 민족차이로부터 발생하는 승진 상의 차별을 불식할 수 있었고, 0.47년(-0.081/0.174)간의 고등기술교육을 더 받는 것으로도 민족차이로부터 발생하는 승진 확률상의 불이익을 극복할 수 있었다. 바로 이 점에서 당시의 조선은 학력주의 사회였다고 생각해

도 좋을 것이다.

　이상의 분석을 통해 얻을 수 있는 결론을 종합하여 그 함의를 부연설명해본다.

　조선총독부 직원의 급여는 기본적으로 호봉에 따라 주어진다. 그러나 이 호봉의 산정에 있어서는 학력과 민족의 상이가 상당히 중요한 요인으로 영향을 미치고 있었다.

　첫째, 학력에 의한 차별은 오늘날의 한국이나 일본에서도 광범하게 이루어지고 있고, 당시의 일본에서도 널리 통용되고 있던 것이었기 때문에, 식민지 조선에만 독특한 것은 아니었다. 그러나 일제시대의 이 학력에 의한 차별의 본질은 학력주의로 위장된 민족차별이었다는 점을 강조하지 않으면 안 된다. 조선 내의 인구 중에서 조선인이 차지하는 비중은 압도적이었지만, 조선인이 고등교육을 받을 수 있는 기회는 상대적으로 제한되어 있었다. 조선 내에서는 초대 총독 이래 조선인에게 고등교육을 시키지 않으려는 방침이 관철됨으로써 고등교육기관의 확충이 지지부진했을 뿐만 아니라, 조선인과 일본인이 공학하는 학교의 경우에는 민족별 쿼터제를 도입하여 조선인의 입학기회를 원천적으로 제한했다. 조선인이 고등교육을 받기 위해서는 조선 내의 이 제한된 문호를 통과하든가, 그렇지 않으면 많은 비용을 들여 자비로 일본으로 유학을 하지 않을 수 없었지만, 그 어느 쪽도 조선인에게는 불리한 것이었음은 물론이다. 그 반대로 일본인의 경우는 조선 내의 고등교육기관에서 우대를 받아 수적으로 더 많이 배출되었을 뿐만 아니라, 일본 내의 일본인들이 일본 내의 고등교육기관에 더 손쉽게 입학할 수 있었다. 따라서 굳이 민족 차별을 하지 않는다고 하더라도 조선 내의 여러 직장에서 학력을 기준으로 직원이나 사원을 모집하게 되면 일본인이 압도적으로 유리한 위치에 놓일 수밖에 없었다. 당연히 조선 내의 여러 직장에서 일본의 고등교육기관 출신자들이 수적으로도 훨씬 많았을 뿐만 아니라 훨씬 더 중요한 요직을 차지하게 되었던 것이다.

　민족별로 진학의 기회가 상이하게 주어져 있는 상황하에서의 학력에 의한 차별은 최근 한국이나 일본에서 이루어지고 있는 자국민들 간의 경쟁에 의한 것과는 그 성격을 달리하는 것이고, 일본인을 정점으로 하는 식민지의 인적 지배를 제도적으로 뒷받침하는 것이었다고 볼 수 있다. 그 결과 일본인들이 더 높은 호봉에서 출발하고 조선인들이 더 낮은 호봉에서 출발하게 되었고, 승진 속도에서도 현저한 차이가 존재하게 됨으로써, 조선인과 일본인 사이의 임금격차를 확대시키는 요인으로 작용하게 되었다.

이러한 학력의 차이에 따라 주어지는 차별은 학교수준에 따른 차별에 의해 더욱 강화되었다. 예컨대 동일한 대학출신자라고 하더라도 제국대학출신자나 관립대학출신자와 일반 사립대학출신자 사이에는 입직과 승진에서 차별이 있었다. 예컨대 앞의 [그림 5-11]에서 보았듯이 일반대학출신은 서기나 기수로 입직할 수 있었던 반면, 제국대학출신은 이보다 상위직급인 부참사나 기사부터 출발할 수 있었던 것이다. 그런데 조선인에게는 제도적으로 제국대학을 졸업하는 것이 일본인에 비해 훨씬 어려웠다. 조선 내에서 유일한 제국대학인 경성제대는 1942년이 되어서야 겨우 이과계 첫 졸업생을 배출했고, 입학에는 민족별로 쿼터가 주어져 있었기 때문에 그나마 그 수가 대단히 적을 수밖에 없었으며, 일본 내의 제국대학에 입학하기 위해서는 고등학교를 졸업해야 하지만, 일본과 조선의 학제의 차이로 조선 내에는 고등학교가 존재하지 않았다. 경성고공과 같은 전문학교 수준의 학교나 경성제대예과를 졸업하면 입학자격이 부여되지만, 이들 학교에 입학하는 것 역시 조선인 학생에게 적용된 쿼터 때문에 그 수가 대단히 적을 수밖에 없었다. 또 어떤 경우에는 상급학교에 진학하지 않는다는 서약이 입학의 조건으로 부과되기도 했다. 따라서 조선 내에서 일본의 고등학교에 해당하는 과정을 거쳐 일본의 제국대학에 진학하는 것은 거의 불가능했다. 또 다른 방법은 고등학교부터 일본에서 다니는 경우이지만, 이것은 고등학교부터 유학하는 것이 되기 때문에 일반 조선인이 쉽게 택할 수 있는 길은 아니었다. 따라서 조선인으로서 일본의 제국대학에 입학하는 것은 아주 드물 수밖에 없었다.

둘째, 동일한 학력의 소지자라고 하더라도 민족별 차이에 의해 서로 다른 임금기준이 적용되었다. [표 5-17]에서 고원의 경우를 보면, 동일한 학력의 소지자라고 하더라도 취업시 민족별로 상당한 임금격차가 나타나고 있었다. 이러한 민족별 임금격차는 학교의 등급이 올라갈수록 점차 더 커지고 있었다. 예컨대 기술직 고원의 경우, 조선인 임금에 대한 일본인 임금의 비율은 갑종실업학교는 125, 전문학교는 140, 사립대학은 136, 관립대학은 153으로 학교의 등급이 올라갈수록 그 격차가 확대되는 모습을 보여주고 있다.

[표 5-17] 조선총독부의 제 학교졸업자 신규 채용시 최고급여 표준

(단위: 엔/월)

	고원				판임관			
	일본인		조선인		일본인		조선인	
	남	여	남	여				
중등학교	40	30	30	20				
을종실업학교	35	25	25	15				
	기술	사무	기술	사무	기술	사무	기술	사무
갑종실업학교	50	40	40	30				
전문학교	70	60	50	40				
사립대학	75	65	55	45				
관립대학	130	100	85	65	5급	7급	5급	7급
고등시험합격자						6급		6급

자료: 「諸學校卒業者新規採用竝ニ雇員增給ニ關スル件」, 昭和 6年 3月 9日, 人秘 231號. 朝鮮總督官房秘書課, 『朝鮮人事例規』, 帝國地方行政學會朝鮮本部, 1933.
주 : 일본인 판임관에게는 본봉의 6할을 가봉으로 추가 지급했음.

판임관(서기, 기수)의 경우에는 기술직인지 사무직인지에 따라 2호봉 정도의 격차가 존재하기는 했지만, 고원의 경우에서처럼 성이나 민족 차이에 따른 차별은 없었다. 동일학력의 소지자에게는 대체로 동일한 호봉이 부여되었다. 따라서 외형상으로는 학력별 및 민족별 격차가 존재하지 않는 것으로 보이지만 사실은 민족별로는 상당한 격차가 존재했다. 격차가 발생하는 요인으로는 앞에서 서술한 바와 같이 판임관 이상의 직원 그룹에 들어

가는 데 필요한 학력제한 조건이 조선인에게는 특히 불리하게 작용했다는 점도 있지만, 또 민족별로 차등 지급되는 가봉이나 수당이 있었기 때문이었다. 가봉에 관한 규정으로는 "조선총독부 및 소속관서 직원의 가봉에 관한 건"이 있었다. 그 제1조에서는 고등관 및 고등관대우에 대해서는 본봉의 4/10를, 그리고 판임관 및 판임관대우에 대해서는 본봉의 6/10을 각각 가봉으로 지급하도록 규정하고 있고, 이 밖에 벽지근무자의 경우에는 제1조에 의한 가봉에 덧붙여 본봉의 1/10에 해당하는 벽지수당을 지급하도록 되어 있었고, 국경근무자의 경우에는 제1조에 의한 가봉과 벽지수당에 덧붙여 본봉의 1/10에 해당하는 국경근무수당을 지급하도록 규정하고 있었다.[184] 또 1911년 3월의 칙령에 의해 조선총독부 및 소속관서 직원 중 일본인 판임관, 판임관대우, 고원 중에서 조선어를 구사하는 사람에 대해서는 조선총독이 정하는 바에 따라 월 10엔 이내의 '조선어수당'을 지급하도록 했다.[185] 이 조선어수당은 조선어시험에 합격한 사람에게 지급되었는데, 이 시험에는 갑종시험과 을종시험이 있었다.[186] 이 밖에도 일본인 직원에게는 숙사료에 대해서도 별도의 보조금이 지급되었다. 민족별로 차이가 주어지는 것은 아니라 해도, 칙령 제545호('근속수당'에 관한 규정)에 의해 판임관, 판임관대우에 대해서는 본봉에 해당하는 근속수당이 주어졌고, 촉탁원, 고원, 용인 등에 대해서는 월봉의 2/3에 해당하는 근속수당이 주

---

184) 「朝鮮總督府及所屬官署職員の加俸に關する件」(朝鮮總督府令 36호), 1913년 3월, 『朝鮮法令輯覽』上 1, (朝鮮總督府 편), 1940.
185) 「朝鮮總督府及其の所屬官署職員の朝鮮語獎勵手當に關する件」(勅令 第34號), 1921년 3월, 『朝鮮法令輯覽』上 1, (朝鮮總督府 편), 1940.
186) 갑종시험은 조선총독부 및 도(경기도 제외)에서 매년 1회 실시하고, 조선어 해석, 번역, 듣기와 쓰기, 말하기 등에 대해 자신의 의사를 발표할 수 있을 정도의 능력을 갖는 자를 대상으로 월 10엔 이하의 수당을 지급하도록 했다. 을종시험의 경우에는 조선총독부 및 도(경기도 제외) 및 위원장이 지정한 부・군・도에서 매년 실시하되 해석, 듣기와 쓰기, 말하기 등에서 조선어를 이해할 수 있을 정도의 사람에게 월 5엔 이하의 수당을 지급하도록 각각 규정하고 있다.

어졌다. 이 밖에도 '현업근무수당' 등의 제수당이 있었다.

　셋째, 민족차별은 일본인 고급기술자가 조선인 고급기술자보다 승진기간이 상당히 짧은 데서도 주어진다. 앞의 프로빗 모형의 추정결과에 따르면, 이 승진의 경우에서도 학력과 민족별 차이가 영향을 크게 끼치는 것으로 나타났다. 앞에서도 지적한 바와 같이 학력의 차이도 일종의 우회적인 민족차별이라고 간주한다면, 결국 승진의 차이를 설명하는 데는 직·간접적인 민족차별이 가장 큰 요인인 것이다. 요컨대 민족별 차이에 따라 승진속도가 달라지고, 그것에 따라 본봉을 결정하는 호봉에 차이가 발생하고, 그 호봉에 일정한 비율로 일본인에게만 주어지는 특별한 급여가 추가되면 조선인 고급기술자와 일본인 고급기술자의 실제 수령급여는 한층 벌어지지 않을 수 없는 것이다.

제6장
연속과 단절 — 개발의 유산

일제시대 공업화의 과정에서 남겨진 물적 유산은 해방 후, 남북분단, 해방 후의 혼란기, 한국전쟁의 과정을 겪으면서 그 크기가 현저히 줄어들었다. 한국전쟁 후 남한에 남겨진 물적 유산은 해방 당시 일본인 공업자산의 1/10의 수준이었다. 식민지적 개발은 일제시대에도 또 해방 후에도 조선인(한국인)의 개발에 별로 기여한 바가 없었고, 조선인 스스로의 힘에 의한 개발을 식민지적 개발로 대체함으로써 진정한 개발을 저해한 것이다.

1. 일본인 기업자산의 남북한별 분포

　개발을 강조하는 주장에서는 일제시대와 해방 후 한국경제를 연속적 측면에서 파악하는 경향이 있다.[187] 그러나 이러한 역사인식에는 상당히 큰 문제가 있다. 일제시대의 조선경제의 고도개발과 해방 후 한국이 처한 현실 사이에는 엄청난 괴리가 있기 때문이다. 일제시대에 조선이 세계적으로 유례가 없을 정도로 고도로 개발되었음에도 불구하고 해방 후 한국은 왜 세계에서 가장 가난한 농업국으로 되돌아가게 되었는가? 일본 전쟁경제의 붕괴, 해방과 남북분단 그리고 뒤이은 한국전쟁이라는 세 가지 요인을 논

---

[187] 해방 후의 한국경제가 일제시대와 단절된 채 완전히 새롭게 시작되었다는 것은 지극히 비현실적이다. 해방 후의 시기는 일제시대에 이어진 시기이고, 당연히 일제시대와 해방 후 한국경제는 연속적인 측면이 강하게 존재하고 있었다. 따라서 해방 후 한국경제에서 이른바 제국의 후예(Offspring of Empire)를 발견하는 것은 어렵지 않다. 또 일제시대에 건설된 도로, 항만, 철도, 통신시설, 관개시설 등의 기반시설과 일제시대에 도입된 근대적 제제도가 해방 후 한국사회에서도 거의 그대로 이어지고 있었다. 이 모든 것들은 일제시대의 개발의 효과가 해방 후 한국사회 형성에서도 상당히 큰 역할을 했음을 의미한다. 더구나 일제시대에 일본인들이 소유하고 있던 생산설비들이 해방 후 한국경제의 발전에 어느 정도 기여한 것도 명백하다. 해방 이전과 해방 이후에는 많은 연속적인 측면이 존재하고 있었다. 그러나 필자가 여기서 문제를 삼고자 하는 연속이란 그런 부분적인 연속이 아니다.

외로 하고는 어떤 설명도 불가능할 것이다. 이것은 일제시대의 조선경제와 해방 후 한국경제가 연속적 측면 못지 않게 단절적 측면을 강하게 가지고 있었음을 암시한다.

이 장에서는 해방 이전의 조선의 개발이 아주 제한적으로만 해방 이후로 이어졌음을 밝혀보기로 하겠다. 단 제도와 같이 보는 각도에 따라 그 평가가 달라질 수 있는 문제들은 논외로 하고, 오로지 일제시대 개발의 결과 남겨지게 된 물적 유산을 중심으로 이 문제에 접근해 들어간다.

해방이 되자 조선에는 일본인들이 소유하고 있던 각종 자산들이 남겨졌다. 이 자산에 대해서는 연합군 최고사령부(SCAP)에서 발간한 『1945년 8월 현재 일본인 해외자산』이라는 책이 가장 정확하고 포괄적인 것이라고 볼 수 있다. 이 자료에 의하면 일본의 대외자산의 9할 이상이 중국(만주 및 대만 포함)과 조선에 집중되어 있었다. 해방 당시 조선에는 일본의 해외자산 총액 218.8억 달러(3,282억 엔)의 24%에 해당하는 52.5억 달러(787억 엔)가 소재하고 있었고, 다시 남한에는 총액의 10.5%에 해당하는 22.8억 달러(341억 엔)가 소재하고 있었다([그림 6-1]).

[그림 6-1] 1945년 8월 현재 일본의 해외 자산의 지역별 분포

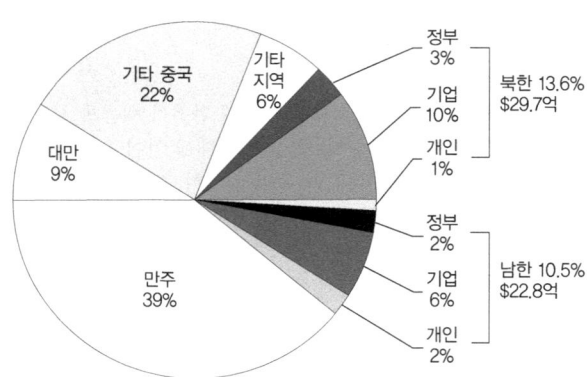

자료 : SCAP(Civil Property Custodian, External Assets Division, General Headquarters), *Japanese External Assets as of August 1945*, 1948. 9. 30., 18쪽.

북위 38도선 이남의 남한지역에 남겨졌던 일본인 자산은 만주나 '기타 중국(북, 중, 남 중국)'은 물론이고 북한지역보다 훨씬 적은 것이었다. 대체로 대만의 그것과 비슷한 수준이었다. 남겨진 일본인 자산을 개발의 산물로 본다면, 일제시대의 조선의 경제개발은 남한보다는 북한에서 더 활발했던 것으로 된다.

이제 이 일본인 해외자산 중 조선에 관한 부분에 초점을 맞추어보자([표 6-1]). 기업부문의 자산을 좀더 구체적으로 보면, 비교적 규모가 큰 1,500사의 경우에는 북한지역의 비중이 64.8%로 남한지역 35.2%의 거의 2배에 달하고 있다. 이것을 제외한 나머지 3,800개의 소회사와 기타 기업자산의 경우에는 거꾸로 남한지역의 비중이 압도적으로 높다. 나아가 정부부문의 자산은 남북한간에 비교적 차이가 작지만, 개인부문 자산에서는 다시 남한지역의 비중이 압도적으로 높다. 결국 남한지역에는 중소기업과 소규모자영업을 영위하던 일본인이 많았고, 북한지역에는 대기업이 많았다는 의미가 된다.

[표 6-1] 소유주체별, 남북한별 일본인 자산액

(단위: 달러)

종류		남북한 별 일본인 자산			비중	
		북한	남한	합계	북한	남한
기업부문 자산		2,210,674,940	1,333,393,416	3,544,068,356	62.4%	37.6%
	1500사 소계	2,165,924,940	1,175,443,416	3,341,368,356	64.8%	35.2%
	3800사 소기업	23,700,000	94,800,000	118,500,000	20.0%	80.0%
	기타 기업자산	21,050,000	63,150,000	84,200,000	25.0%	75.0%
정부부문 자산		549,024,674	449,202,006	998,226,680	55.0%	45.0%
개인부문 자산		211,260,000	492,940,000	704,200,000	30.0%	70.0%
총 계		2,970,959,614	2,275,535,422	5,246,495,036	56.6%	43.4%

자료: SCAP(Civil Property Custodian, External Assets Division, General Headquarters), *Japanese External Assets as of August 1945*, 1948. 9. 30., 36-37쪽에서 작성.

업종별 자산액을 알 수 있는 1,500개의 회사 중에서 광공업 부문만을 따로 뽑아, 남북한별로 비교해보자([표 6-2] 참조). 북한지역의 비중이

72%인데 반해, 남한지역의 비중은 겨우 28%에 불과하다. 북한지역의 편중은 광업보다는 공업부문에서 더 심했다. 일제시대 일본인 기업자산, 특히 공업자산 중 중요한 것은 거의 대부분 북한지역에 소재하고 있었던 것이 명백해진다. 그리고 이러한 격차는 공업내부에서 한층 더 두드러지게 나타난다. 즉 공업을 경공업과 중화학공업으로 양분하여 비교해보았을 때, 경공업부문에서는 남한지역의 비중이 압도적으로 높고, 중화학공업부문에서는 북한지역의 비중이 압도적으로 높다.

[표 6-2] 주요 1,500회사 중 광공업회사의 업종별 남북한별 자산액과 그 비율

	자산액 (달러)			비율	
	북한	남한	합계	북한	남한
방직공업	31,200,931	152,763,521	183,964,452	17.0%	83.0%
출판 인쇄업	251,000	5,224,159	5,475,159	4.6%	95.4%
식료품공업	21,416,420	43,324,100	64,740,520	33.1%	66.9%
제지업	12,623,144	15,096,464	27,719,608	45.5%	54.5%
경공업 소계	65,491,495	216,408,244	281,899,739	23.2%	76.8%
제철업	294,309,992	24,031,446	318,341,438	92.5%	7.5%
경금속공업	140,167,678	8,387,510	148,555,188	94.4%	5.6%
기계기구공업	22,031,771	106,803,926	128,835,697	17.1%	82.9%
요업	19,601,951	9,034,342	28,636,293	68.5%	31.5%
화학공업	461,248,539	60,497,306	521,745,845	88.4%	11.6%
석유 고무공업	50,493,046	10,400,118	60,893,164	82.9%	17.1%
가스 전기업	498,179,759	82,617,759	580,797,518	85.8%	14.2%
중화학공업 소계	1,486,032,736	301,772,407	1,787,805,143	83.1%	16.9%
공업 합계	1,551,524,231	518,180,651	2,069,704,882	73.4%	26.6%
광업	366,796,317	228,465,231	595,261,548	61.6%	38.4%
광공업 합계	1,918,320,548	746,645,882	2,664,966,430	72.0%	28.0%

자료 : SCAP(Civil Property Custodian, External Assets Division, General Headquarters), *Japanese External Assets as of August 1945*, 1948. 9. 30에서 작성.

요컨대 광공업부문에 한정해서 보면, 일제시대 조선경제를 변모시켰던 여러 변화가 조선지역 전체에 걸쳐 골고루 이루어진 것이 아니라 북한지역에서 집중적으로 일어난 것이었음을 알 수 있다. 해방과 그것에 수반된

남북분단을 전제로 한다면, 해방 후의 한국경제를 일제시대와 연속적인 것으로 보기보다는 단절적인 측면이 더 강한 것이었다고 보아야 할 이유의 하나를 바로 여기에서 찾을 수 있다. 그리고 해방 후 한국경제가 다시 가난한 농업국으로 바뀐 이유도 바로 여기에 있었다고 해야 할 것이다.

2. 일본인 물적 유산의 활용 상황

앞에서 남한지역에는 약 22.8억 달러의 일본인 자산이 남겨졌는데, 그 중 기업자산은 13억 달러(200억 엔)였다고 했다. 그러나 이 물적 유산도 다음과 같은 여러 가지 이유로 해방 후 제대로 기능을 발휘할 수 없었다.

첫째, "조선공업의 발전이 조선 자체의 경제적 생장과정에서 초래된 것이 아니고 일제의 필요에서 출발하여 일본공업의 연장으로서 건설된 것인 만큼, 일제가 패퇴한 오늘날 각 공업이 상호유기적 관련을 잃고 소위 기형화한 것은 당연한 귀결이다. 더욱이 38선의 설정은 8·15 이후의 조선공업의 곤란에 박차를 가했으며, 날이 갈수록 조선공업의 박약성이 노정되고 있다"는 지적과 같이,[188] 해방 후 남한은 식민지적 분업구조의 붕괴에 따라 생산에 심각한 타격을 입고 있었다. 그 결과 해방 직후에는 약간 남아 있던 비축 원자재가 소진되어가면서 원료부족으로 휴업상태에 빠지거나([표 6-3] 참조), 심각한 조업단축 사태에 직면하게 되었다([표 6-4]참조). 완전 휴업한 공장은 전체 공장수의 7.4%에 불과하지만, 가동중인 공장의 경우에도 평균 조업률은 대단히 낮았다. 즉 기계공업과 전기공업의 대부분은

---

188) 朝鮮通信社, 『朝鮮年鑑』, 1948년판, 234쪽.

60%를 상회하는 조업률을 보여주고 있지만, 그 나머지 대부분의 업종의 조업률이 60% 이하였다. 광업의 경우에도 유연탄 등 몇 개 업종은 완전 조업률에 가까웠지만, 남한 최대의 광업인 무연탄의 조업률은 50%이고 금·은 광업 역시 40% 이하의 수준에 있는 등 전체적으로 광업의 조업률이 공업부문보다 낮았다. 광공업의 업종이 워낙 다양하기 때문에, 이 표에서 바로 광공업 전체의 조업률은 구할 수는 없지만, 평균 조업률은 50% 수준을 크게 벗어나지 않을 것으로 판단된다.

[표 6-3] 휴업원인별 사업장수

	사업장수	휴업 원인별 사업장수						휴업 비율
		노동	자본	원료	기계	기타	합계	
금속	499			6	2	1	9	1.8%
기계	878		3	4	4	3	14	1.6%
화학	574		2	31	4	5	42	7.3%
공익	78							0.0%
요업	731		5	33	6	12	56	7.7%
방직	615		3	46	5	2	56	9.1%
제재	584		2	4	5	3	14	2.4%
식료	726	1	3	130	10	31	175	24.1%
인쇄	233			2		1	3	1.3%
토건	175		1	2		1	4	2.3%
기타	156		1	14		2	17	10.9%
합계	5,249	1	20	272	36	61	390	7.4%

자료 : 南朝鮮過渡政府 中央經濟委員會, 『南朝鮮産業勞務力 及 賃金調査』, 1948.

둘째, 전시체제 기간 동안 생산시설은 각종 통제에 의해 군수산업과 관련 있는 산업부문은 여러 가지 정책적 보호와 지원에 의해 이상 비대한 반면, 평화산업과 관련된 산업부문은 통폐합되거나 축소되었다. 따라서 이들 물적 유산은 군수산업부문에서 평화산업부문으로의 구조전환을 통해 비로소 남한 경제의 부흥이나 성장에 기여할 수 있는 것이었다. 남한에 남겨진 공업시설은 북한에 비해 평화산업이 많았고 또 평화산업으로 전환하기 용

[표 6-4] 업종별 조업률

	120%	21~40%	41~60%	61~80%	81~100%
기계		탭, 다이스, 벨트레이싱	톱, 줄, 자전거	탈곡기, 선풍기, 현미기, 정미기, 정맥기, 제분기, 제초기, 분무기, 풍구, 네림틀, 제승기, 제연기, 수차, 쟁기, 보습, 괭이, 쇠스랑, 삽, 낫, 호미, 자동차 보수용 부품	전차조립, 재봉기, 방직기계 및 부품, 톱, 원형톱,펜치, 드라이버, 렌치, 스패너, 플라이어, 망치, 볼 베아링
전기		건전지	전선, 운모판	변압기, 전동기, 축전지, 전구, 기타 전기공업	
방직	신사복, 셔츠, 오버코트, 로프류, 염색 면포	모직물, 견직물, 학생복, 작업복, 장갑, 양말,타올, 어망, 호스	면사, 면포, 마사, 마직물, 셔츠상의, 셔츠하의, 제면	모사, 갱생복지	
화학	비누, 가성소다, 염소, 표백분, 사염화탄소, 이산화탄소, 염화알미늄, 염화마그네슘, 연마저석, 기타 피혁제품	양초, 아교, 트리로이드, 석회유황합제, 전극, 구두, 내화벽돌, 유산, 탄닌, 산소, 과인산석회, 석회질소, 페인트, 다이나마이트, 제유, 법랑철기, 유리병, 코크스, 석탄가스, 콜탈, 연탄, 자동차튜브 및 타이어, 고무운동화, 작업화, 기타고무제품, 피혁, 공업용 피혁제품,	데리스유제, 메르크롬, 대두전착제, 비산석회, 데리스분, 시멘트, 석회,토기, 소성카리비료, 카아바이트, 경화유, 지방산, 글리세린, 인쇄잉크, 도자기, 판유리, 흑연감와, 고무벨트, 공업용 고무제품, 고무신, 종이류	유황 석회분, 포타슘나프틸아세테이트, 제충국, 연초분, 아교, 알콜, 광학유리, 자전거튜브 및 타이어, 정미 롤, 고무 호스	성냥, 비산연, 보르도, 메르크롬더스트, 제충국분, 유산 니코틴, 조선지
식품	된장, 간장, 건면	식용유	전분, 통조림	제분	
광업	조동, 수연, 은	유산동, 금	무연탄	동광, 전기동, 인상흑연, 활석, 형석, 규사	유연탄, 염화 코발트, 중석, 토상흑연, 명반석

자료 : 商務部, 『1947年度 生産計劃』에서 작성.
주 : 조업률은 '現運營狀況'을 토대로 작성한 것인데, 이 자료가 1947년도 생산계획이기 때문에, '現運營狀況'이란 1946년 말 혹은 1947년 초의 操業率일 것으로 짐작된다.

이한 것이 많았지만, 전환에 필요한 기술이나 부품확보가 어려웠기 때문에 전환이 용이한 것만도 아니었다. 특히 군수광물의 생산을 위해 지나치게 팽창되었던 광업부문의 경우에는 연료용 석탄이나 수출용 텅스텐 등의 일부 광종을 제외하면 거의 모두 그 기능을 발휘할 수 없게 되어 버렸다.

셋째, 이들 물적 유산 중에는 일제 말기에 부품확보가 어려워 조악한 상태로 유지되고 있었거나 이미 노후화되어 해방의 시점에서 제 기능을 다 하지 못할 것들도 다수 포함되어 있었다. 예컨대 제철공장은 "일제 말기의 급경에 강행된 능률열등하고 품질 조악한 소위 무연탄제철로 현재는 가동의 가치조차 없게 된 존재로 휴업 중에 있으며, 제동도 광석·연료관계로 휴지중인 종연실업의 로타리 킬른에 의한 본격적 제동(製銅)설비 이외는 주강용 소형 전기로에 지나지 않았다."[189] 일제 말기에 일본의 유휴시설의 도입에 의해 건설된 방직공업의 경우도 이와 유사한 경우일 것이다.[190] 그밖에도 해방 초 일본인들이 철수하면서 시설을 파괴했거나, 관리가 부실하여 침수·도난·관리태만 등으로 황폐화된 것도 많았으며, 설비가 고장났으나 부품부족으로 수선할 수 없어 방치하고 있는 경우도 적지 않았다. 나아가 "1946년 말부터 대량으로 입하된 외국완성품이 남조선공업을 위협"하게 된 것도 남한의 공업을 위축시킨 원인이었다.[191]

이러한 요인들이 서로 결합되어 해방 직후에는 많은 생산시설이 생산에 기여함이 없이 그냥 녹슬어가게 되었다. 해방 직후의 공업의 위축상황을 보면 [표 6-5]와 같다. 1944년과 1946년을 비교해보았을 때, 금속공업, 기계기구공업 및 전기공업과 같이 공장수가 오히려 늘어난 업종도 있지만, 바로 그 업종의 노무자수의 감소비율이 다른 업종보다 결코 낮지 않았기 때문에 이들 업종에서도 생산시설의 유휴화는 마찬가지 상태였다고 판단

---

189) 朝鮮通信社, 앞의 책, 235쪽.
190) 近藤釼一 편, 『太平洋戰下の朝鮮』(5), 友邦協會, 1964, 88-89쪽.
191) 朝鮮通信社, 같은 책, 234쪽.

된다. 전체적으로 이 두 기간 동안, 공장수는 41% 감소했고, 노무자수는 52% 감소했다. 이러한 공업생산의 위축은 결국 물적 유산 중 절반 이상이 제대로 기능을 발휘하지 못했음을 의미한다.

[표 6-5] 해방 전후 남한의 공장수와 노무자수의 변화

업종	1944.6		1946.11		변화량		변화율	
	공장수	노무자수	공장수	노무자수	공장수	노무자수	공장수	노무자수
금속	420	17,992	499	8,966	79	-9,026	18.8%	-50.2%
기계	829	43,375	878	17,394	49	-25,981	5.9%	-59.9%
화학	789	33,238	574	19,171	-215	-14,067	-27.2%	-42.3%
전기	71	2,876	78	2,711	7	-165	9.9%	-5.7%
요업	1,355	23,836	731	9,693	-624	-14,143	-46.1%	-59.3%
방직	1,440	62,532	615	36,269	-825	-26,263	-57.3%	-42.0%
제재	1,203	15,162	584	6,502	-619	-8,660	-51.5%	-57.1%
식료	1,429	26,243	726	8,383	-703	-17,860	-49.2%	-68.1%
인쇄	414	7,731	233	4,540	-181	-3,191	-43.7%	-41.3%
기타	630	11,732	156	2,932	-474	-8,800	-75.2%	-75.0%
합계	8,580	244,717	5,074	116,561	-3,506	-128,156	-40.9%	-52.4%

자료 : Department of State(The Korean Economic Mission), *The Economic Potential of an Independent Korea*, Seoul, 1947. 6., 70-75쪽; 南朝鮮過渡政府 中央經濟委員會, 『南朝鮮産業勞務力 及 賃金調査』, 1948.
주 : 토건업에 관한 자료는 제외함.

3. 한국전쟁의 피해

여기서 한걸음 더 나아가, 해방 직후 남한에 남겨졌던 물적 유산은 한국전쟁의 과정에서 다시 그 50.5%가 파괴되었다([표 6-6] 참조). 인쇄공업과 방직공업은 원상의 5할 이상의 피해를 입었고, 그 밖의 업종은 대체로 20~30%대의 피해를 입었다. 공업의 피해액은 1억 1천 6백만 달러 정도였는데, 이 중 건물과 시설의 피해액은 1억 1천 5백만 달러였고, 피해액과 피해율에서 원상을 추계해보면, 이들 업종의 건물과 시설은 2억 2천 7백만 달러 정도가 되기 때문에 전체적으로 50.5%의 피해를 입은 것으로 된다. 일본인 물적유산 중 한국전쟁 과정에서 피해를 입지 않고, 전쟁 후로 넘겨진 건물과 시설의 가치는 1억 1천 3백만 달러 정도였다.[192]

1945년 해방 당시 조선에 남겨진 일본인 (주요 1,500기업만 대상으로 함) 자산 중에서 건물과 시설이 포함되는 부동산 자산의 크기가 22억 8천 6백만 달러였고, 그 중에서 공업부문에 해당하는 것은 10억 6천 5백만 달

---

[192] 李大根은 조사대상업체가 대체로 규모가 큰 귀속사업체를 중심으로 하고 있었고, 군소 사업체들은 조사대상에서 제외되었다고 지적하고 있다. 李大根, 『韓國戰爭과 一九五0年代의 資本蓄積』, 까치, 1987, 105쪽. 따라서 이 자료와 SCAP의 주요 1,500회사 자료를 서로 비교하는 것에 별 무리는 없을 것이다.

[표 6-6] 공업부문의 전쟁피해 상황

(1951년 8월 말 현재)

	피해액 ($)				피해율(%)		원상 (추계, $)	
	건물	시설	원자재 및 제품	계	건물	시설	건물	시설
금속공업	414,150	127,050	111,650	652,850	25	25	1,626,289	502,659
철강	311,850	108,350	64,900	485,100	25	25	1,247,400	433,400
비철금속	102,300	18,700	46,750	167,750	27	27	378,88	69,259
기계공업	406,670	106,078	279,807	792,555	19	40	2,132,600	265,995
자전거	138,600	32,677	114,510	285,787	26	27	533,077	121,026
자동차	151,800	880	34,991	187,671	11	11	1,380,000	8,000
조선	44,550	29,720	34,100	108,370	60	60	74,250	49,533
차량	8,250	8,250	20,020	36,520	45	45	18,333	18,333
방직기계	63,470	34,551	76,186	174,207	50	50	126,940	69,102
화학공업	4,730,519	10,632,820	49,065	15,412,404	26	22	18,494,408	47,786,373
제지	1,402,501	3,935,250	1,734	5,339,485	20	20	7,012,505	19,676,250
유지	185,597	1,343,100	143	1,528,840	40	40	463,993	3,357,750
무기화학	372,130	435,270	46,420	853,820	30	34	1,240,433	1,280,206
피혁	1,629,591	674,300	596	2,304,487	40	30	4,073,978	2,247,667
고무	1,140,700	4,244,900	172	5,385,772	20	20	5,703,500	21,224,500
섬유공업	41,902,294	50,819,450		92,721,744	64	68	65,967,971	75,213,359
면방직	41,416,754	42,930,250		84,347,004	64	64	64,713,678	67,078,516
모방직	179,080	56,100		235,180	24	25	746,167	224,400
견방직	302,500	137,500		440,000	60	64	504,167	214,844
염색가공	3,960	7,695,600		7,699,560	100	100	3,960	7,695,600
요업	1,428,680	214,813	246	1,643,739	25	20	5,714,720	1,074,065
식품공업	1,215,500	378,253	55	1,593,808	30	30	4,051,667	1,260,843
인쇄공업	907,698	1,536,447	255	2,444,400	75	75	1,210,264	2,048,596
합계	51,005,511	63,814,911	441,078	115,261,500	51	50	99,197,920	128,151,890

주 : 일부 데이터는 합계를 기준으로 적절히 수정했다.
　　회색칸은 원자료의 피해율을 토대로 추계한 금액이다.
　　조사대상은 대체로 규모가 큰 귀속사업체를 중심으로 한 것이다.
자료 : 韓國産業銀行調査部, 『韓國産業經濟 十年史(1945-1955)』, 996-997쪽에서 작성.

러였다. 일본인 물적유산의 한국전쟁 이후의 잔존가치는 조선전체 일본인 부동산자산의 4.9%, 조선전체 일본인 공업부문 부동산자산의 10.6%, 남한에 남겨진 공업부문 부동산자산의 39%에 각각 해당하는 것이었다. 일제시대의 공업화과정에서 형성된 일본인 공업자산과 한국전쟁 이후에 남겨진 일본인 공업자산의 크기는 이처럼 엄청난 차이가 있는 것이다.

따라서 이대근은 면방공업부문의 귀속사업체를 대상으로 한 연구에서 다음과 같이 언급하고 있다.[193]

"생산시설이란 관점에서는 분명히 단절되는 측면을 찾아볼 수 있"고, 또 한국전쟁 이후의 "시설의 복구과정에서는 그간 파괴된 시설만이 아니라 기존시설 가운데서 노후화된 시설까지도 한꺼번에 개체되는 과정을 밟게 되었"으며, "새로 개체되는 신규시설은 또한 지난날의 일본제 시설로부터 대부분 미국제 시설로 치환되는 과정으로 이루어졌다는 점도 중요하다".

생산시설의 측면에서 단절적 성격은 면방공업부문에만 한정되는 것은 아니었다. 이대근은 한국전쟁의 피해와 관련하여 이렇게 지적했다.

> 총피해규모 4,123억 원을 또한 당시의 국민총생산과 비교해보면, 그것은 1953년의 국민총수입 (생산국민소득의 개념) 2,450억 원의 1.7배에 달하며, 또 1952~53년의 합계치 4,2296억 원의 96.6%에 이르는 규모이다.
> ……
> 그것은 단순한 생산시설이나 건물의 파괴, 또는 생활기반의 파괴를 넘어서는 다음과 같은 의미를 갖는 것으로 평가된다. 무엇보다도 먼저 일제시대로부터 물려받은 식민지경제의 물적 유산의 파괴라고 하는 의미를 강력히 띤다. 그리고 복구과정에서는 옛 일본식 시설 패턴의 새 미국식 패턴으로의 치환과정으로 전개되었다.

---

193) 李大根, 「政府樹立後 歸屬事業體의 實態와 그 處理過程」, 安秉直 외, 『近代朝鮮工業化의 硏究』, 일조각, 1993, 298쪽 참조.

노후시설의 개체문제는 이 논문에서 감안하지 않은 것이지만, 이 요인까지 따지면 한국의 공업화 전야(前夜)에 잔존하고 있던 일제시대의 물적 유산의 크기는 더욱 줄어들 것임에 틀림없다.

4. 물적 유산의 가치 평가

　일제시대 조선의 개발을 강조하는 견해들은 한결같이 1930년대 이후의 조선의 공업화에 대해 주목한다. 그러나 공업발전의 중심축은 남한이 아니라 북한지역이었다. 조선 전체의 공업발전 수준과 남한의 그것 사이에는 상당한 격차가 있었다. 더구나 앞에서 보았듯이 남북분단과 해방 직후의 상황 및 한국전쟁으로 인해 일제시대의 물적 유산은 1950년대 초가 되면 그 의의가 크게 축소된다.

　이제 지금까지 이 공업자산의 감소경향을 종합적으로 비교해보자(이하 [표6-7] 참조). 1949년과 1951년의 자료가 건물과 시설에 대한 조사자료이기 때문에, 1945년의 데이터도 SCAP 자료에서 건물과 시설이 포함되어 있는 부동산 자산만을 가져왔다.[194] 1945년과 1949년간에 일본인 물적 유산은 그 크기가 10.5% 정도 줄어들었다. 공업부문별로는 변화에 상당한 차이가 있었다. 기계기구공업을 비롯하여 금속공업, 식료품공업 등에서는

---

194) 주요 1,500회사에 대한 것이다. 환율변화에 대해서도 고려해야 하겠지만, 여기에서는 무시하기로 한다.

크게 감소되었고, 화학공업, 방직공업, 요업에서는 오히려 그 크기가 더 늘어난 것으로 되어 있다. 즉 1949년과 1951년의 데이터에서는 해방 이후에 추가된 자산까지 포함하고 있는데, 이것을 포함하더라도 한국전쟁 이후에 잔존하게 되는 일본인 물적유산은 해방 당시의 44.3% 수준으로 떨어지고 있다.

[표 6-7] 해방 이후 남한 소재 일본인 공업자산(부동산)의 변화

(단위: 달러)

	1945 (A)	1949 (B)	B/A(%)	1951(C)	C/A(%)
금속공업	6,308,292	2,128,948	33.7	1,587,748	25.2
기계기구공업	58,625,844	2,398,595	4.1	1,885,847	3.2
화학공업	58,158,069	66,280,781	114.0	50,917,442	87.6
방직공업	97,596,632	141,181,331	144.7	48,459,587	49.7
요업	6,052,621	6,788,785	112.2	5,145,292	85.0
식료품공업	22,934,007	5,312,510	23.2	3,718,757	16.2
인쇄업	4,298,146	3,258,860	75.8	814,715	19.0
합계	253,973,611	227,349,810	89.5	112,529,388	44.3

주: 1945년은 남한의 주요 1,500개 기업 중의 일본인 공업기업의 부동산 자산액.
1949년 및 1951년은 한국전쟁 피해액과 피해율에서 추산(계산)한 건물 및 시설액.
자료: SCAP(Civil Property Custodian, External Assets Division, General Headquarters), *Japanese External Assets as of August 1945*, 1948. 9. 30; 韓國産業銀行調査部, 『韓國産業經濟 十年史(1945-1955)』, 996-997쪽 등에서 작성.

그런데 일제시대의 공업화와 해방 이후의 남한의 공업발달을 고찰할 때는 남한만을 비교 대상으로 해서는 안 된다. 일제시대의 공업에 대한 연구는 거의 대부분 조선 전체를 대상으로 하는 것인데, 남북분단에 의해 주요 일본인 공업자산의 3/4 가량을 차지하는 북한이 분리되어 나갔기 때문이다. 남한에 잔존하는 물적유산의 크기만으로 본다면, 한국전쟁 후에는 해방 당시 조선 공업의 1/10 수준으로 그 규모가 축소되는 것이다.

당시 남한 최대의 공업이었던 면방직 공업을 중심으로 해방 후 한국전쟁에 이르기까지 공업의 전개과정을 살펴보자([그림 6-2] 참조).

해방 후 한국전쟁에 이르기까지 면사 및 면직물 생산설비는 일제 말기인

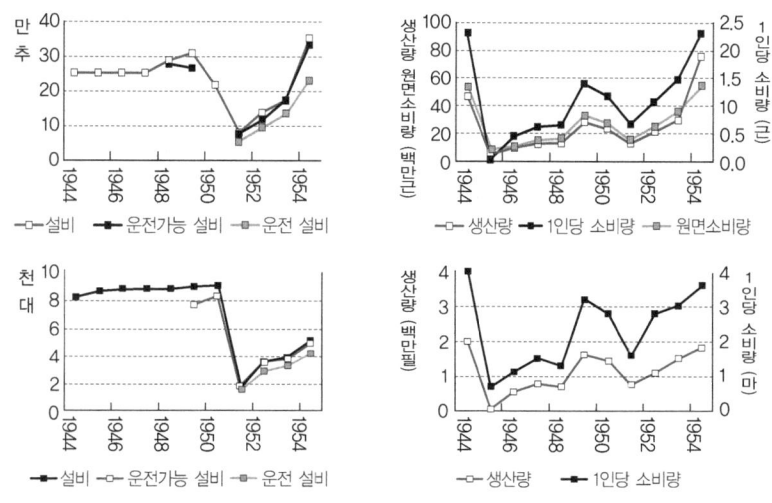

[그림 6-2] 면방적업의 생산설비 및 생산 동향

자료 : 韓國産業銀行調査部, 『韓國産業經濟 十年史(1945-1955)』, 998-999쪽.

1944년의 수준을 거의 그대로 유지하고 있다. 그러나 생산실적은 1945년에 급감한 다음 한국전쟁이 발발하기 직전까지 서서히 증대되어 갔다. 1944년의 생산량이란 일본전쟁경제의 붕괴로 1930년대 말 이래 그 실적이 가장 저조한 때였는데, 1945년의 감소는 여기서 한층 더 격감한 것이었다는 점에 유의할 필요가 있다.

한편 해방 후 다시 서서히 증가하던 면사 및 면직물 생산량은 한국전쟁이 발발하면서 다시 급감하게 되는데, 이 때는 생산설비 자체도 크게 줄어들게 된다. 1945~50년간의 감소가 주로 원료부족에 의한 것이었다면, 한국전쟁기의 생산의 급감은 생산시설 그 자체가 파괴되었기 때문이었다. 이렇게 파괴된 생산시설은 그 후 복구과정을 거치면서 다시 확충되어갔는데, 이 복구과정에서 파괴된 시설뿐만 아니라 기존시설 중 노후화된 시설까지도 미국제 시설로 치환되었다. 면방적업 이외의 다른 공업도 사정은 크게 다르지 않았을 것이다.

이와 같은 격변을 거치면서 1950년대 남한지역에 남겨진 일본인 공업자산의 의의는 1930년대 말까지의 급속한 공업발전과정에서 일본인 자본이 수행했던 역할이나 의미와는 전혀 다른 것이었다.

서로 성격이 달라 적절한 비교라고는 생각하지 않지만, 참고로 한국전쟁 이후에 남겨진 일제시대 공업화의 물적 자산과 해방 후 한국에 도입된 미국 원조액을 그래프로 그려보면 [그림 6-3]과 같다. 일제시대의 물적 유산의 크기는 한국정부가 수립되기 이전의 미군정기 동안 한국에 도입된 원조액에 불과한 것이다. 더구나 미국의 한국에 대한 원조는 한국전쟁 이후 본격화되어, 1960년까지 약 30억 달러가 들어오게 된다. 따라서 1960년의 시점에서 보았을 때, 일제시대의 물적 유산은 미국의 대한 원조액의 약 1/7 정도에 불과한 미미한 수준으로 떨어지게 된다. 요컨대 물적 유산이라는 측면에서만 한정하여 평가한다면, 해방 후 남한지역에 남겨진 일본인 공업자산은 1960년대 이후 본격화되는 한국의 공업화에서 한 역할은 매우 제한적인 것이었다.

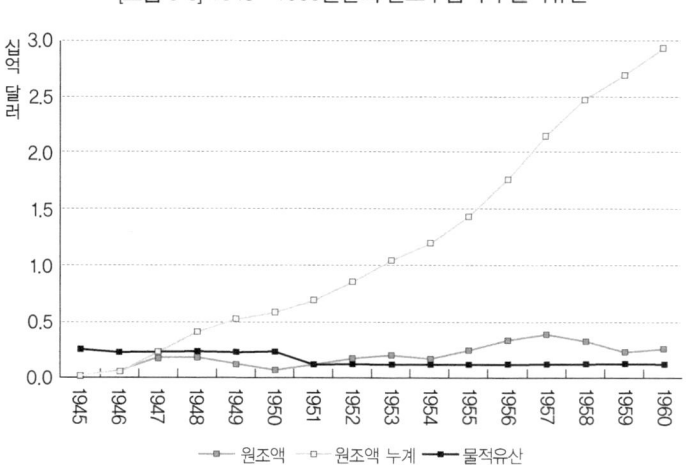

[그림 6-3] 1945~1960년간의 원조수입액과 물적유산

자료: 韓國銀行, 『經濟統計年報』, 각 연도판에서 작성.
주: '원조액 누계'에는 GARIOA, CEA & SEC, UNKRA, ICA & AID, PL480이 포함됨.

종장
개발 없는 개발

조선왕조 시대는 전자본주의 시대이고, 지금은 자본주의 시대이다. 따라서 일제시대에는 전자본주의 시대에서 자본주의 시대로의 변화가 진행 중이었다. 일제 말기에 자본주의 사회가 성립되었는가 아닌가 하는 문제는 그다지 중요하지 않다. 그것은 단지 시간의 문제였을 뿐이기 때문이다.

또 일제시대의 대부분이 포함되는 양차 세계대전 사이 기간, 즉 전간기 세계는 무역이 위축되고 전쟁과 대공황으로 여타 시기에 비해 성장률이 매우 낮은 시기였다. 그러나 식민지 조선은 공업을 중심으로 매우 빨리 성장했다. 철도, 도로, 항만, 통신 등의 각종 기반시설뿐만 아니라 농업, 광공업, 수산업 등의 모든 산업생산시설도 급속히 확충되었다. 교육, 행정, 사법 제도와 시설도 급속히 발전되었다. 19세기 말의 조선왕조시대와는 비교도 되지 않을 정도의 괄목할만한 개발이 이루어졌던 것이다. 개발의 속도에 대해서는 여러 가지 논란이 있을 수 있겠지만, 상당한 정도의 개발이 존재했던 것은 명백하다.

그런데 더욱 놀라운 것은, 해방 후가 되면 일제시대의 그 급속했던 개발의 결과물들이 마치 신기루처럼 사라져버리고 한국은 다시 세계에서 가장 가난한 농업국의 하나로 남겨지게 되었다는 점이다. 왜 이런 극단적인 변화가 일어났을까?

우리는 그 해답을 개발의 주체에서 찾아 볼 수 있다. 일제시대의 개발은 한마디로 말해 일본인들의 일본인들에 의한 일본인들을 위한 개발이었다. 조선 땅 위에서 이루어진 개발이었음에도 불구하고 조선인들은 들러리에 불과했다.

농업개발의 측면부터 정리해보자. 일제시대에는 농업투입과 근대적 영농법이 급속히 보급되면서 농업생산량도 급증했다. 논면적의 증대, 우량품종의 보급, 비료투입의 증대, 관개시설의 확충 등에 의해 미곡은 52.3%가 증산되었다. 또 밭작물의 경우에는 지목변환으로 인해 비록 밭면적 자체는 줄어들었지만, 윤작이나 간작의 확대에 따라 재배면적은 크게 늘어났고, 우량품종의 보급과 시비량의 증대가 뒤따랐기 때문에 생산량도 31.2% 증대된 것으로 계산된다.

그런데 농업개발에 의한 농업생산의 증대는 바로 일본인 지주들의 성장과정이었고, 동시에 조선인 지주들의 토지상실 과정이기도 했다. 일본인 소유의 경지는 1910~15년, 1928~35년, 1943~45년 등 3번에 걸쳐 급속히 확대되었다. 일제 말기의 일본인 소유지의 증대는 그것을 구체적으로 뒷받침할 만한 충분한 자료가 없기 때문에 일단 논외로 한다면 1935년이 피크가 된다. 1910~35년간에 일본인 소유 경지면적은 6만 9천 정보에서 45만 2천 정보로 6.5배로 늘어났고, 논면적은 4만 3천 정보에서 31만 2천 정보로 7.3배, 밭면적은 2만 7천 정보에서 14만 정보로 5.2배 증대되었다. 일제시대를 통해 조선의 경지면적은 거의 변하지 않았기 때문에 일본인 소유지의 급증은 조선의 경지에서 일본인이 차지하는 비중이 급증했음을 의미한다. 이 기간 동안 일본인이 소유하는 경지면적의 비중은 1.6%에서 10.2%로 증대되었는데, 특히 논의 경우에는 그 비중이 2.8%에서 18.3%로 크게 늘어났다. 조선의 논의 1/5 가량이 일본인 소유로 되었던 것이다. 그런데 일본인 소유지는 조선의 주요 답작 지역에 집중되어 있었고 그 중에서도 특히 비옥도가 높은 평야지대에 집중되어 있었기 때문에 그 비중을 단순한 면적만으로 비교해서는 안 된다. 토지의 가치까지 감안했을 때의 일본인 소유 논의 비중은 1931년에 44%(조선은행의 추계)였고, 1941년에 54%(경성상공회의소의 추계)였다고 한다. 믿기 어려울 정도로 높은 비중인데, 조선은행이나 경성상공회의소라는 기관에서 내놓은 추계치이기 때문에 전혀 터무니없는 것이라고 생각하기도 어렵다. 당시의 여러 가지 상황으로 미루어 보건데 이 추계는 상당한 타당성을 가지고 있다고 판단된다.

이와 같이 일본인이 소유하는 논이 급증하고 조선인이 소유하는 논이 격감함에 따라, 농업개발로 인해 증산된 미곡의 36% 정도는 일본인에게 귀속되고, 64% 정도는 조선인이 차지하게 된다. 농업개발의 효과가 조선인에게도 상당한 영향을 주었다는 의미이다. 그런데 조선인에게 귀속된 미곡의 양 이상으로 농업인구가 증가했기 때문에 일제 말의 조선인 농업인구 일인당 미곡 수취량은 상당히 줄여 잡아 주어야 한다. 얼마나 줄여 잡아야 할지는 1910년 농업인구의 추계방법에 달려 있다. 이 책에서는 두 가지 방법으로 그것을 추계해 보았는데, 하나는 33.7% 증가, 또 다른 하나는 45.6%로 추계되었다.

만약 조선인 농업인구 증가율이 33.7%라면 일제시대를 통해 조선인들의 미곡 수취량이 34.4% 증가하였기 때문에, 조선인 농업인구 1인당 수취량은 0.7% 증가한 셈이 되고, 조선인 농업인구의 증가율이 45.6%라면 조선인 농업인구 1인당 수취량은 11.2% 줄어들게 된다. 밭작물의 경우에는 일제시대를 통해 31.2% 정도 증산된 것으로 추산되었고, 따라서 이 증산율은 조선인 농업인구 증가율을 밑돌게 되기 때문에 조선인 농업인구 1인당 수취량은 6~18% 줄어들게 된다. 논밭을 종합하여 보면 조선인 농업인구 1인당 농업생산물 수취량은 3~15% 줄어들게 된다.

그 반면 조선의 농업인구의 0.2% 정도를 차지하는 것에 불과한 일본인에게는 증산량의 36% 정도가 귀속됨에 따라 일본인 농업인구 1인당 수취량이 미곡의 경우에는 429% 증가하고 밭작물의 경우에는 206% 증가하게 된다. 그 결과 일본인의 1인당 미곡 수취량은 1910년에 이미 조선인의 1인당 미곡 수취량의 48배 정도에 달하고 있었지만, 후기로 갈수록 그 격차가 확대되어 1942년에는 96배에 달하게 된다.

  농업인구 일인당 농업수입의 민족별 격차는 호당 평균 경지면적의 격차에서도 확인된다. 일본인 수중으로 경지가 집중됨으로써 1941년의 경우 일본인들의 농가 호당 경지면적은 조선인들에 비해 54배에 달하게 되었다.

  이 54배라는 경지면적의 민족별 격차는 생산성을 고려하지 않은 단순 면적기준에 의해 계산된 것이기 때문에, 만약 토지생산성이 민족별로 다르고 또 일본인의 경우가 훨씬 높다고 생각한다면, 앞에서 추산했던 일인당 농업수입의 격차 96배는 결코 과대평가된 것이 아니라고 생각된다. 참으로 엄청난 격차인데, 이 격차가 터무니 없는 것이 아니라는 것은 농가 1호당 논 면적을 민족별로 비교해 보면 알 수 있다. [부표1]에서 추계된 민족별 경지(논, 밭) 면적을 농업호수로 나누어 주면 농업인구 1인당 경지면적을 얻을 수 있다. 이 계산에 따르면 일본인 농가 1호당 논 면적은 1910년에 조선인에 비해 20배 정도로 많았지만, 후기로 갈수록 그 격차가 확대되어 1942년에는 105배에 달하게 된다. 밭의 경우에도 이 배율은 1910년 12배에서 1942년 54배로 확대되었다.

  농업에서 가장 기본적인 생산수단인 경지소유에 있어서 이러한 민족별 불평등은, 수확물 수취관계에 있어서의 불평등으로 나타났고, 아마 그것은 소득의 불평등으로 이어졌을 것이다. 중요한 점은 이렇듯 극심한 민족별 경제적 불평등이 일제시대 전체를 통해 확대되어 가고 있었다는 것이고, 따라서 식민지 체제를 벗어나지 않는 한 조선인 농업의 본격적인 개발은 이루어질 수 없는 것이었다.

  마찬가지로 조선의 공업개발과정 역시 일본인 대자본의 발전과정과 다름없었다. 조선의 공업은 조선 내에 그 형성기반을 두는 가내공업, 영세공장공업 및 중소공장공업과 일본에 형성기반을 두는 자본의 직접 진출에 의한 근대적 대공업으로 나누어진다. 1939년의 경우 생산액을 기준으로 했을 때 일본인 공업생산액이 6할, 조선인 공업생산액이 4할 정도를 각각 차지하고 있었다. 또 공업생산액의 8할 정도는 공장공업에 의해 생산되었고, 그 나머지 2할 정도는 가내공업에 의해 생산되었다. 공장공업생산은 일본에서 진출해 온 근대적 대공업과 조선 내에 형성기반을 두는 조선인 공장공업 및 일본인 공장공업이 각각 1/3 정도씩 차지하고 있었다.

이 중 일본에서 진출해 온 일본인의 근대적 대공업은 소수에 불과하지만 전체 공업생산액의 22.2%를 차지했다. 대부분 주식회사 형태의 기업경영 형태를 취하고 있었고, 경영관리기법이 확립되어 있었으며, 신식·자본집약적 생산기술과 대량생산체제를 가진 근대적 대공업이었고, 독과점적 시장형태를 가지고 있었다.

그 대극에는 가내공업적 생산이 존재하고 있었다. 가내공업생산의 85%는 조선인에 의한 것이었는데, 가족경영 형태를 취하고 있었고, 재래적이고 노동집약적인 생산기술과 소규모생산, 경쟁적 제품시장 등의 특징을 가지고 있었다. 영세공장공업의 대부분도 이 가내공업과 성격상 크게 다를 바 없었다.

일본인 근대적 대공업과 가내공업 및 영세공장공업이라는 두 극단 사이에는 조선인과 일본인의 중소공장공업이 존재하고 있었다. 생산규모에서 보면 가내공업과 구별되지만, 생산기술면에서는 일본인 근대적 대공업과 현격한 차이를 가지고 있었다. 가내공업 및 영세공장공업에 기반을 두는 조선인 공업 중 일부는 이 범주로까지 성장하기도 했다. 농업이나 상업에서 축적된 자본의 출자에 의해 설립된 경우도 포함된다. 1930년대 이후 공업발전의 여건이 좋아지면서 이들 중소공장공업도 급속히 발전하게 된다.

생산액의 측면에서는 조선인 공업의 성장도 괄목할만한 것이었지만, 자본 혹은 자산의 측면에서 보면 일본인 근대적 대공업이 압도적 비중을 차지하고 있었다. 가내공업과 영세공장공업 및 중소공장공업은 어느 것이나 노동집약적이기 때문에 자본/산출 비율이 낮고, 일본인 근대적 대공업은 자본집약적이기 때문에 자본/산출 비율이 월등히 높다. 요컨대 일본인 근대적 대공업이 조선의 자본이나 자산에서 차지하는 비율은 생산액에서 차지하는 비율을 훨씬 상회할 수밖에 없다.

일본인 근대적 대공업은 1920년대 후반부터 진출이 시작되어 1930년대 이후 진출이 확대되고, 중일전쟁 이후의 전시경제체제 하에서 군수공업의 담당자로서 집중적으로 육성되고 발전한다. 1942년 초의 추산에 의하면 조선의 광공업 회사자산 중에서 일본인 근대적 대공업은 74%의 비중을 차지하고 있고, 일본인 중소공업이 21%, 조선인 중소공업이 5% 정도의 비중을 각각 차지하게 되었다. 물론 여기에 개인기업까지 포함시키면 비중은 달라지겠지만, 일본인 자본이 압도적 비중을 차지할 것이라는 점만은 명백하다.

1942~45년간에는 기업허가령, 기업정비령, 군수회사법 등 기업에 대한 각종 전시통제가 강화되어갔기 때문에 일본인 근대적 대공업이 차지하는 비중은 더욱 급속히 높아졌을 것으로 판단된다. 요컨대 조선에서 공업개발이 이루어지면 이루어질수록 또 그 개발의 속도가 빠르면 빠를수록 조선의 광공업부문의 생산수단은 더욱 빠른 속도로 일본인들의 수중으로 집중되어 갔던 것이다.

식민지체제는 조선의 인적 자본의 형성에 있어서도 조선인에게 매우 불평등하게 작동하는 것이었다. 조선 내에는 이공계 대학이 존재하지 않았으며, 소수의 이공계 전문학교마저 조선인의 입학 쿼터가 일본인의 절반에 불과했던 것이다. 중일전쟁 이후 처음으로 경성제국대학에 이학부가 설치되었고, 기능자양성령 등의 기능자 양성노력이 나타나게 되었지만 이것은 전시경제체제라는 매우 특수한 환경 속에서 이루어진 것이었다. 일제시대 전 기간에 걸쳐 고급기술자=일본인, 하급노동자=조선인이라는 식민지적 고용구조는 변함없이 관철되고 있었다.

그 때문에 조선인들은 생산수단의 소유를 통해서가 아니라 농업노동이나 공장, 광산 노동 등의 노동수입을 통해 생활해가는 존재로 전락되어 갔다. 그러나 그들의 생활수준은 일제시대 내내 생존수준을 벗어나지 못하는 그런 것이었다.

소수의 일본인이 조선의 부의 많은 부분을 장악하게 되면서 민족별 경제적 격차는 상상을 초월할 정도로 커졌고, 시간이 경과하면서 그 격차는 더욱 확대되어갔다. 민족별 경제적 격차의 확대는 민족차별을 더욱 조장함으로써 차별은 일상화되었다. 많은 조선인들이 경제적 궁박을 견디다 못해, 농촌을 떠나 도시빈민으로 흘러 들어가거나 혹은 만주나 시베리아로 유민화되어 떠나갔다. 한 사람의 일본인이 이민으로 들어올 때마다 다섯 사람 꼴로 조선인이 유민화되어 조선을 떠나간 것도 바로 이러한 경제적 궁박이 가장 큰 원인이었다. 조선인 유민과 일본인 이민, 이것이 다름아닌 식민화(colonization)의 과정이었던 것이다.

이와 같이 식민지체제하에서는 조선사람들이 경제개발에 의해 그 경제적 처지가 향상되었다거나 좀더 인간적인 삶을 영위할 수 있었던 것도 아니고, 조금 참고 견디면 좋은 세상이 올 것이라는 희망도 없었으며, 그들이 자신의 땅에서 주도적 지위를 차지한다는 것은 더더욱 불가능해져만 갔다. 개발의 결과로 돌아온 것은 소작농이나 임금노동자로서의 비참한 삶이었고, 민족별로 엄청난 경제적 불평등이었으며, 사회적으로 상향 이동의 가능성이 거의 없는 구조적 덫에 걸리는 것이었다.

더구나 이런 고초를 겪으며 이루어졌던 일제시대 개발의 유산도 해방 후의 남북분단과 한국전쟁을 거치면서 거의 대부분 사라져 버림으로써 1960년대 이후 본격화되는 경제개발의 시대에 그것이 한 역할도 매우 미미했다.

우선 일제 말기의 공업은 1943년 이후 일본 전쟁경제가 패전국면에 접어들면서 급속히 황폐화되어갔기 때문에 그 전성기였던 1930년대 말에 비해 오히려 더 낮은 수준에 놓여 있었다. 전쟁 말기에는 일부 군수기업을 제외한 대부분의 기업은 생산시설의 신증설은 물론이고 기존시설의 유지보수에도 어려움을 겪고 있었고, 초중점 생산방침으로 인해 매우 특이하게 재편되었다. 해방 후 조선에 남겨진 물적 유산은 바로 이 패전의 잔재였던 것이다.

해방 후 조선에 남겨진 이 물적 유산이라는 것도 주로 북한지역에 소재하고 있었다. 해방 당시, 대부분의 근대적 대공장은 주로 회사형태를 취하고 있었고, 그 대부분이 일본인 공업이었는데, 그 3/4이 북한지역에 편중되어 있었다. 따라서 해방에 이은 남북분단으로 인해 남한 지역에 남겨진 일본인 공업회사 자산은 1/4 정도에 불과했다.

더구나 해방 후에는 원료, 기술자, 에너지, 부품 등의 부족과 관리체제의 부재로 남겨진 공장시설 중 상당수는 파괴되거나 제대로 가동되지 못했다. 대체로 1/2 정도가 이러한 요인으로 인해 공업자산으로서의 기능을 다할 수 없었다. 한국전쟁은 이 남겨진 생산시설의 1/2 정도를 파괴해버렸고 그 복구과정에서는 일본제 시설이 미국제 시설로 대거 교체되었다.

즉 일제시대의 개발의 유산 중 한국전쟁 이후까지 잔존한 것은 일제 말기의 1/10 정도에 불과했다. 개발의 유산은 매우 제한적이었고, 일제시대와 해방 후 한국 경제가 처해 있던 상황 사이에는 상당한 단절적 측면이 존재하고 있었던 것이다.

일제시대 조선에는 개발이라는 현상이 존재했던 것이 분명하지만 조선인에게는 개발다운 개발은 없었고, 해방과 더불어 그간 이룩했던 개발의 유산마저 현저히 축소되어 버림으로써, 메디슨의 추계에서 보았던 것처럼 조선의 1인당 국내총생산이 일제 초기에 비해 오히려 더 낮아져버리는 그런 상태가 바로 '개발 없는 개발'이 아니고 무엇이겠는가?

이 책은 실증이 가능한 것만 분석대상으로 삼았다. 따라서 각종 제도적 개혁 같은 것은 논의하지 않았다. 물론 일제시대에 도입된 각종 근대적 제도들이 해방 후 한국사회의 형성에 적지 않게 기여했음에 틀림없다. 그러나 그것은 또 다른 측면에서의 많은 부정적 측면을 수반하는 것이었기 때문에, 쉽게 평가하기 어렵다. 수량화하여 다루기 어려운 것들 중에서 지금까지도 매우 부정적인 영향을 끼치고 있는 가장 대표적인 것은 남북분단과 민족갈등을 들 수 있을 것이다. 일제시대에 활약했던 많은 조선인 기업가들은 해방 후 친일파라는 멍에를 숙명처럼 짊어지고 다녀야 했고, 그런 것들이 오늘날 한국의 기업이나 기업가에 대한 부정적 시각을 형성하는 데 일조했다. 이윤추구를 목적으로 하는 기업가들에게는 정부와 협조적인 관계를 유지하는 것이 무엇보다 중요했을 것이기 때문에 해방 후의 잣대로 평가하면 친일파 혹은 예속자본이라는 굴레를 벗어나기 어려울 것이다. 최남선, 서정주 등의 뛰어난 역사학자와 시인도 이런 굴레에 끼여 자신의 업적을 정당하게 평가받지 못하고 있다. 조선인들이 자신의 역사를 부정당하고, 말과 글을 빼앗기고, 자신의 성과 이름마저 박탈당했을 뿐만 아니라 항상 피지배민족으로서의 차별과 멸시를 받으며 살아가야 했으며, 때로는 자신의 생각이나 사상마저 전향을 강요당함으로써 역사의 죄인이 되게 만든 시대가 바로 일제시대였던 것이다. 철도가 깔리고 도로가 뚫리고, 전화와 전기가 들어오고, 많은 공장과 저수지가 생겼으며 또 학교가 들어서고 도시가 발전한 것만 보고 일제시대를 문명화의 시대라고 보아서는 안 된다. 조선인들의 입장에서 보면 일제시대는 더 없는 야만의 시대였던 것이다.

부표

[부표 1] 조선전체 및 일본인 소유 경지의 전답별 면적과 그 구성비

	일본인 소유 경지면적 (정보)			조선의 경지면적 (정보)			비중(%)			
	답 A	전 B	계 C	답 D	전 E	계 F	A/C	C/F	A/D	B/E
1910	42,585	26,727	69,312	1,506,101	2,772,267	4,278,368	61.4	1.6	2.8	1.0
1911	58,044	35,337	93,381	1,510,080	2,773,542	4,283,622	62.2	2.2	3.8	1.3
1912	68,376	39,605	107,981	1,514,064	2,774,813	4,288,877	63.3	2.5	4.5	1.4
1913	89,624	60,403	150,027	1,518,053	2,776,078	4,294,131	59.7	3.5	5.9	2.2
1914	96,345	63,517	159,862	1,522,047	2,777,338	4,299,385	60.3	3.7	6.3	2.3
1915	107,846	61,162	169,008	1,526,046	2,778,593	4,304,639	63.8	3.9	7.1	2.2
1916	117,308	66,443	183,750	1,530,051	2,779,843	4,309,894	63.8	4.3	7.7	2.4
1917	123,341	69,770	193,111	1,534,061	2,781,087	4,315,148	63.9	4.5	8.0	2.5
1918	128,028	72,328	200,356	1,544,430	2,797,661	4,342,091	63.9	4.6	8.3	2.6
1919	131,560	74,228	205,788	1,543,090	2,781,590	4,324,679	63.9	4.8	8.5	2.7
1920	134,128	75,580	209,709	1,543,702	2,778,333	4,322,035	64.0	4.9	8.7	2.7
1921	135,926	76,495	212,420	1,543,664	2,778,826	4,322,490	64.0	4.9	8.8	2.8
1922	137,000	77,000	214,000	1,545,123	2,772,195	4,317,318	64.0	5.0	8.9	2.8
1923	138,272	77,152	215,424	1,549,461	2,771,403	4,320,864	64.2	5.0	8.9	2.8
1924	139,209	77,111	216,321	1,553,998	2,768,207	4,322,205	64.4	5.0	9.0	2.8
1925	140,149	77,067	217,216	1,563,736	2,784,619	4,348,355	64.5	5.0	9.0	2.8
1926	141,286	77,126	218,412	1,574,157	2,804,800	4,378,956	64.7	5.0	9.0	2.7
1927	142,819	77,393	220,212	1,587,053	2,800,674	4,387,727	64.9	5.0	9.0	2.8
1928	145,000	78,000	223,000	1,598,224	2,793,171	4,391,395	65.0	5.1	9.1	2.8
1929	155,264	82,657	237,921	1,608,888	2,783,228	4,392,116	65.3	5.4	9.7	3.0
1930	182,633	95,077	277,710	1,617,696	2,770,968	4,388,664	65.8	6.3	11.3	3.4
1931	237,372	119,916	357,289	1,628,984	2,755,526	4,384,510	66.4	8.1	14.6	4.4
1932	264,742	132,336	397,078	1,647,009	2,743,434	4,390,443	66.7	9.0	16.1	4.8
1933	275,006	136,993	411,999	1,660,255	2,751,549	4,411,804	66.7	9.3	16.6	5.0
1934	281,848	137,310	419,158	1,671,389	2,760,094	4,431,483	67.2	9.5	16.9	5.0
1935	308,083	143,734	451,817	1,681,340	2,750,939	4,432,279	68.2	10.2	18.3	5.2
1936	282,364	129,638	412,001	1,689,786	2,736,983	4,426,770	68.5	9.3	16.7	4.7
1937	291,049	131,020	422,069	1,703,835	2,723,334	4,427,169	69.0	9.5	17.1	4.8
1938	301,229	133,539	434,769	1,717,232	2,719,593	4,436,825	69.3	9.8	17.5	4.9
1939	288,730	126,289	415,019	1,729,539	2,718,834	4,448,373	69.6	9.3	16.7	4.6
1940	291,713	125,259	416,973	1,737,632	2,699,547	4,437,179	70.0	9.4	16.8	4.6
1941	292,751	123,719	416,470	1,734,760	2,669,847	4,404,607	70.3	9.5	16.9	4.6
1942	294,073	123,020	417,094	1,735,898	2,660,105	4,396,003	70.5	9.5	16.9	4.6

주 : 회색 칸은 추계치임.

[부표 2] 미곡생산량 추계 (단위: 석)

	통계연보	박섭의 추계	필자의 추계
1910	10,405,613		12,847,404
1911	11,568,362	11,869,328	13,591,084
1912	10,865,051	11,046,720	12,413,469
1913	12,109,840	12,010,370	13,196,221
1914	14,130,578	13,807,330	14,700,849
1915	12,846,085	12,487,555	12,962,901
1916	13,933,009	13,392,968	13,524,396
1917	13,687,895	13,117,405	12,806,965
1918	15,294,109	14,531,124	14,531,124
1919	12,708,208	12,067,093	12,067,093
1920	14,882,352	14,409,370	14,409,370
1921	14,324,352	14,117,774	14,117,774
1922	15,014,292	15,071,950	15,071,950
1923	15,174,645	15,497,750	15,497,750
1924	13,219,322	13,727,202	13,727,202
1925	14,773,102	15,593,777	15,593,777
1926	15,300,707	16,416,900	16,416,900
1927	17,298,887	18,848,512	18,848,512
1928	13,511,725	14,936,727	14,936,727
1929	13,701,746	15,384,211	15,384,211
1930	19,180,677	21,834,021	21,834,021
1931	15,872,999	18,326,968	18,326,968
1932	16,345,825	19,137,000	19,137,000
1933	18,192,720	21,352,068	21,352,068
1934	16,717,238	20,095,485	20,095,485
1935	17,884,669	21,752,988	21,752,988
1936	19,410,763	19,410,763	19,410,763
1937	26,796,950	26,796,950	26,796,950
1938	24,138,874	24,138,874	24,138,874
1939	14,355,793	14,355,793	14,355,793
1940	21,527,393	21,527,393	21,527,393
1941	24,886,000	24,886,000	24,886,000
1942	15,687,000	15,687,000	15,687,000
1943	18,719,000	18,719,000	18,719,000
1944	16,052,000	16,052,000	16,052,000

주 : 회색은 연도별로 동일한 값을 의미함. 추계방법에 대해서는 본문의 설명 참조.

[부표 3] 1940년 농업생산액의 구성과 각 작물별 통계작성 기간

대분류	중분류	소분류	생산액(엔)	구성비	시작	종료
식산물	미곡		868,435,089	41.0%		
	맥류	맥류 소계	240,614,722	11.3%		
		보리	100,855,724	4.8%	1910	1944
		밀	55,645,695	2.6%	1910	1944
		쌀보리	82,163,292	3.9%	1910	1944
		라이보리	2,028,339	0.1%	1936	1940
	두류	두류 소계	123,350,318	5.8%		
		대두	92,059,549	4.3%	1910	1944
		소두	25,479,746	1.2%	1910	1944
		녹두	3,158,152	0.1%	1915	1940
		기타	2,652,871	0.1%		
	잡곡류	잡곡류 소계	123,690,821	5.8%		
		조(粟)	79,782,544	3.8%	1910	1944
		피(稗)	4,863,737	0.2%	1910	1940
		기장(黍)	856,674	0.0%	1910	1940
		수수(蜀黍)	9,364,127	0.4%	1910	1940
		옥수수(玉蜀黍)	17,119,304	0.8%	1910	1944
		귀리(燕麥)	3,032,245	0.1%	1910	1940
		메밀(蕎麥)	8,672,190	0.4%	1913	1944
	서류(薯類)	서류소계	73,787,912	3.5		
		고구마	24,254,591	1.1%	1912	1942
		감자	49,533,321	2.3%	1912	1942
	특용작물	특용작물 소계	88,171,573	4.2%		
		면	41,448,616	2.0%	1910	1944
		대마	17,013,301	0.8%	1910	1944
		저마	682,080	0.0%	1910	1944
		기타 섬유작물	768,466	0.0%		
		닥	2,736,732	0.1%	1919	1944
		완초	1,390,658	0.1%	1912	1944
		깨 (胡麻)	1,518,883	0.1%	1916	1944
		들깨 (荏)	1,296,278	0.1%	1910	1944
		곤마	289,376	0.0%	1925	1944
		박하	531,524	0.0%	1925	1944
		인삼	3,311,093	0.2%	1913	1942
		연초	16,497,119	0.8%	1910	1942
		기타	687,447	0.0%		

대분류	중분류	소분류	생산액(엔)	구성비	시작	종료
식산물	채소류	채소류 소계	109,992,424	5.2%		
		무우(蘿蔔)	28,572,980	1.3%	1912	1942
		배추(白菜)	26,783,486	1.3%	1912	1942
		오이(胡瓜)	5,175,028	0.2%	1931	1942
		참외(甛瓜)	7,512,332	0.4%	1912	1942
		수박(西瓜)	3,042,272	0.1%	1931	1942
		마늘(大蒜)	11,887,581	0.6%	1931	1942
		고추(蕃椒)	16,689,473	0.8%	1931	1942
		기타	10,329,272	0.5%		
	과일류	과일류 소계	36,211,127	1.7%		
		사과	24,374,209	1.1%	1913	1942
		배	6,121,086	0.3%	1913	1942
		기타	5,715,832	0.3%		
	볏짚류		56,649,561	2.7%		
	뽕나무 묘목(桑苗)		808,325	0.0%		
	식산물 소계		1,721,711,872	81.2%		
잠업생산품	견	견 소계	43,967,124	2.1%		
		가잠	43,919,566	2.1%		
		작잠	47,558	0.0%		
	잠종		2,344,396	0.1%		
	잠업생산품 소계		46,311,520	2.2%		
식산물 가공품	면포		6,273,883	0.3%		
	마포		5,183,207	0.2%		
	새끼		14,401,651	0.7%		
	가마니		16,187,807	0.8%		
	기타		3,998,803	0.2%		
	식산물 가공품 소계		46,045,351	2.2%		
잠업생산물 및 그 부산물			42,490,872	2.0%		
축산물 및 그 부산물			132,328,197	6.2%		
축산물 가공품			2,325,757	0.1%		
자급비료	녹비		8,809,756	0.4%		
	퇴비		120,645,538	5.7%		
	자급비료 소계		129,455,294	6.1%		
농업생산액 합계			2,120,668,863	100.0%		

주 : ① 호간류(기타 식산물)와 면포, 마포(식산물 가공품)의 생산액은 1934년 생산액이다.
　② 맥류 생산액 내역은 "조선의 농업"에서 인용했으나, 원본의 합계액과 약간의 차이가 있다.
　③ 식산물의 소분류 항목으로서 조선총독부 통계연보나 농업통계표에 나오지만, 그 생산액이 기타에 포함되어 있어 그 내역을 알 수 없는 것으로서는 다음과 같은 것들이 있다.

단, (   ) 속의 숫자는 통계가 처음 주어진 연도를 의미한다.
   두류의 기타 : 땅콩(1916), 강낭콩(1922), 완두(1922)
   특용작물의 기타 섬유작물 : 청마(1925), 황마(1933), 아마(1933)
   특용작물의 기타 : 기류(1925), 제충국(1925), 아마종자(1933)
   채소류의 기타 : 양배추(甘藍, 1931), 가지(茄子, 1931), 파(葱, 1931), 호박(南瓜, 1931), 미나리(芹, 1931)
   과일류의 기타 : 포도(1913), 복숭아(1930), 감(1930)
④ 항목명 중에서 '시작'과 '종료'는 조선총독부 『통계연보』나 『농업통계표』 등에서 통계가 처음 출현하는 연도와 마지막으로 등장하는 연도를 각각 의미한다. 종료의 일부는 『조선경제연보』(1948년판)와 『제국의회 설명자료』 등에서 보완한 것이다.

[부표 4] 밭작물의 작물별 및 전체 생산량, 재배면적 및 단보당 생산량 증가율 추계

		증가율		구성비	
		생산량	재배면적	단보당생산량	1916~20 평균
맥류	보리	-1.00%	2.60%	-4.2%	17.65%
	밀	0.90%	-1.70%	2.3%	7.61%
	쌀보리	759.50%	407.20%	68.29%	1.37%
두류	콩	-26.70%	-6.60%	-22.8%	16.57%
	팥	-36.50%	-22.00%	-19.0%	4.55%
	녹두	-6.00%	14.70%	-11.5%	0.50%
	땅콩	254.20%	403.20%	-21.0%	0.03%
잡곡류	조	-12.00%	3.20%	-16.6%	13.25%
	피	-55.70%	-46.50%	-17.4%	1.70%
	기장	-31.00%	-11.70%	-18.2%	0.28%
	수수	-24.50%	-18.30%	-12.0%	1.92%
	옥수수	57.90%	85.10%	-14.5%	1.36%
	귀리	-46.90%	-6.10%	-38.6%	1.16%
	메밀	11.40%	62.50%아	-28.4%	1.61%
서류	고구마	278.80%	285.10%	-7.1%	1.69%
	감자	64.50%	93.70%아	-17.9%	7.77%
특용작물	육지면	209.50%	179.10%	17.0%	4.09%
	재래면	14.90%	-20.20%	33.9%	0.84%
	대마	18.90%	14.40%	5.3%	2.48%
	저마	-21.50%	-18.00%	-6.8%	0.22%
	연초	105.90%	21.40%	61.3%	1.46%
	들깨	-46.00%	-22.50%	-31.9%	0.28%
	깨	-1.20%	19.00%	-17.6%	0.20%
	완초	8.60%	17.50%	-10.1%	0.24%
	닥	96.60%	82.20%	-7.8%	0.98%
	인삼	98.90%		-53.2%	0.47%
야채류	무우	2.70%	30.60%	-21.1%	4.19%
	배추	14.00%	44.40%	-17.6%	3.30%
	참외	-11.10%	-8.00%	-3.8%	1.29%
과일류	사과	1111.80%	100.40%	532.3%	0.57%
	배	348.60%	14.80%	244.6%	0.30%
	포도	196.20%	-1.00%	176.1%	0.06%
가중평균 혹은 합계		31.21%	29.31%	-5.84%	100.00%

주 : 과일류의 경우에는 재배면적 단위가 단보가 아니라 과수의 그루수이다. 증가율을 계산할 때는 1916~20년의 5년 평균과 1935~44년의 10년 평균을 기준으로 삼아 비교했지만, 자료가 결락되어 있는 경우에는 몇 년이 빠진 채 평균치를 잡은 경우도 있다.

찾아보기

사 항 색 인

ㄱ

가내공업 145, 190
가내공업 제조호수 191
가내공업과 다른 공업과의 연관관계 199
가내공업에서 공장으로 성장 150
강제 노동정책 165
개발 27
　～ 없는 개발(development without development) 27, 28, 30
　～ 없는 성장(Growth without Development) 27
　～ 과 수탈(Development and Exploitation) 22
　～ 과 수탈론 24
　～ 론 23, 25, 29
경로의존성(path dependence) 32
경지면적 39, 80
고등교육기관 246
공산액 146
공업 134
　～ 육성정책 136
　～부문의 민족별 자산 175
　～의 위축 325
공장노동자의 실질임금 292

공장의 기준 142
공장제(factory system) 141
과달카날 전투 224
관개 42
　～시설 42
　～시설의 확충 43
광산노동자 실질임금 292
교육정책 기조 246
국내총생산(GDP) 30
국민계산(national accounts) 277
국민직업능력신고령 260
국제통화기금(IMF) 17
군수공업 204
　～생산액의 비중 205
　～의 개념 206
군수생산책임자 235
군수생산책임제 235
군수성 235
군수회사 지정 235
군수회사법 235
근대적 경제성장(modern economic growth) 21, 293
금속류 회수령 230
기능자양성령 260
기업정비 225

~ 대상업종 227
~령 223
~위원회 227
기업허가령 217
　　~의 시행방침 218

ㄴ

남북분단 321
노농기술(老農技術) 48
노동자의 질적 발전 165
노무수급조정정책 165
노후시설의 개체 330
농가 88
　　~ 현금지출 89
　　~ 호당 경지면적 126
　　~계급 106
　　~소득 282
농민분해 108, 164
농사개량 저리자금 54
농업생산물의 민족별 분배 관계 114
농업생산액의 구성 70
농업생산통계의 수정 56
농업인구 1인당 수취량 120
농지가격 89

ㄷ

단절 329
단절적 측면 318
동양척식 85
동척 사유지 86

ㄹ

로지스틱 분포(logistic distribution) 92

ㅁ

무역구조의 고도화 160

물적 유산 318
미곡 88
　　~ 가격 88, 90
　　~ 증산 69
　　~생산량 조사방법의 변경 64
　　~생산량 통계의 수정 65
미드웨이 해전 224
민족관계 27, 31
민족별 80
　　~ 경지소유 80
　　~ 공업생산의 구성 170
　　~ 공장공업생산액 168
　　~ 농업생산 수취량 112
　　~ 분배 118
　　~ 입학제도 251
　　~ 지주제의 동향 109
　　~ 학력구조 250
　　~ 학력차 250
　　~ 호당 생산액 192
민족별 격차 280
　　경지면적의 ~ 340
　　일인당 농업수입의 ~ 340
민족차별 294
　　승진의 ~ 306
　　학력에 의한 ~ 309

ㅂ

밭 비중 119
밭작물 71
　　~의 생산량 73
　　~의 재배면적 72
불량수리조합 구제 정책 90
불평등 34
　　경제적 ~ 34
　　민족별 소득 ~ 34
　　소득~ 34

소유관계의 ~ 34
　　　소유구조의 ~ 112
비료 저리자금 156
　　　~ 대부제도 54
비료투입 55
비지적(飛地的) 190

ㅅ

산업구조의 고도화 137
산업별 부가가치생산액 139
산호해전 224
상업조합령 212
생산수단의 소유관계 34
생산증강 235
생존수준 임금 291
생활수준 292
서당 244
선내 일본인 자본 167
성년남자노동력 162
성장사학 24
세계은행 19
세민 및 궁민 282
소작료율 105
소작지율 108
수력발전 자원조사 155
수리조합구역 내의 민족별 토지소유면적 100
수산업의 민족별 격차 295
수송력의 일원적 통제 213
수탈 29
식민지 근대화론 22
식민지적 고용구조 258
실질 평균 농가소득 282

ㅇ

연평균 성장률 21

연합군 최고사령부(SCAP) 178, 318
　　　~ 자료 178
영세공업 190
영세공장의 분업관계 199
우량품종 47
유안 판매가격 156
유학 248
음식품 소비지출 281
이자율 89, 216
이중구조론 182
인적 유산 260
인적 자본 260
일반노동자의 실질임금 289
일본대자본 167
일본인 177
　　　~ 공업자산의 의의 334
　　　~ 근대적 대공업의 특징 188
　　　~ 자산 319
　　　~ 지주제 111
　　　~ 회사 자산 업종별 179
일본인 소유 경지면적 91
　　　1910—28년간의 ~ 추계 91
　　　1929—34년간의 ~ 추계 93
　　　1934—42년간의 ~ 추계 94
일본질소비료 133, 155, 256, 258
일제시대의 경지면적 40
일질 185
임금격차 304
임금노동자수 161
입학경쟁률 242

ㅈ

자급비료 증산계획 54
자급적 생산 192
자주적 근대교육의 확충 244
작물별 증산율 74

적자농 285
전력다소비산업 158
전업대책비 215
전업적 상품생산 192
제2종 카드 세민 288
제세공과금 89
제언과 보의 수축 사업 42
조·일간의 직무 비교 302
조선공업조합령 211
조선교육령 244
조선인 109
　　~ 공업 169
　　~ 노동자의 질적 성장 259
　　~ 지주제 111
조선중요물자영단령 230
조선총독부의 산업정책 134
조업단축 322
주요국의 중화학공업 비중 154
주체적 근대교육 확대 242
중소상공업 유지육성정책 208
중소상공업 융자손실 보상제도 216
지세납세의무자 면적별 인원표 83
지속적 성장 21
지주제 105

차별 34
춘궁농가 285
취학률 253
침략과 개발 22

클라크의 법칙 138

타
타 산업과의 연관관계 203

토막민 286
토막수용소 287
토지가격 90
토지생산성 고려 민족별 경지소유면적 97

파행적 공업화 131
평균 조업률 322
포령적(包領的; enclave) 190

해방 전후 남한의 교육 253
현금수입의 극대화나 현금지출의 극소화를 목적으로 하는 생산 198
협의의 민족자본론 144
호프만의 법칙(Hoffmann's law) 153

World Bank 20

1인당 국내총생산 20
　　1900년의 ~ 17
　　1911년의 ~ 17
　　1950년의 한국의 ~ 18
　　실질 ~ 19
1인당
　　~ 곡물소비량 276
　　~ 국내총지출(GDE) 277
　　~ 미곡소비량 271
　　~ 소비 275
　　~ 실질민간소비지출 281
　　~ 일일 섭취 칼로리 276

인 명 색 인

ㄱ

고바야시 히데오(小林英夫) 135, 205, 204, 256, 258
김낙년 29, 32, 33, 78, 105, 139, 140, 147, 160, 278, 280, 281
김병관(金秉觀) 299

ㄴ

나카무라 타카후사(中村隆英) 207
니시카와 슈운사쿠(西川俊作) 184

ㅁ

마츠모토 타케노리(松本武祝) 42, 47, 50, 54
마츠모토 토시로(松本俊郎) 22
메디슨(Maddison, A.) 17, 18
모스코비츠 257
미야지마 히로시(宮嶋博史) 47, 101
미조구치 토시유키(構口敏行) 17, 147, 277, 278, 280, 281

ㅂ

박경식(朴慶植) 241
박섭 62, 65, 66, 115, 272, 274

박순원(朴淳遠) 257, 259

ㅅ

세키 요시쿠니(石南國) 21
섹슨하우스(Saxonhouse, G.) 257
소순열(蘇淳烈) 50, 51
시모타니 마사히로(下谷政弘) 186

ㅇ

아베 카오루(阿部勳) 244
아사다 쿄오지(淺田喬二) 86
안도우 요시오(安藤良雄) 19, 155
안병직 23, 127, 166, 245, 258
야마모토 유우조(山本有造) 172
오다카 코오노스케(尾高煌之助) 184, 185
오카와 카즈시(大川一司) 64, 271
우레시노 미노루(嬉野實) 295
우마코시 토루(馬越 徹) 260, 267
우메무라 마타지(梅村又次) 18, 184
이국순(李國淳) 256
이기수(李基洙) 24
이대근(李大根) 257, 327, 329

ㅈ

전석담(全錫淡) 131
정연태(鄭然泰) 81
정재정(鄭在貞) 257, 258
젠쇼 에이스케(善生永助) 284

ㅊ~ㅋ

차명수(車明洙) 21, 138, 139, 278
카스야 켄이치(糟谷憲一) 256, 258
콘도 켄이치(近藤釼一) 261, 262, 325
쾰블(Koelble, Thomas A.) 32
쿠즈네츠(Kuznets, S.) 21
클라우어(Clower, R.) 27
클라크(Clark, C. G.) 137, 138
키무라 미츠히코(木村光彦) 22, 23, 276

ㅌ~ㅎ

테라사키 야스히로(寺崎康博) 280, 281
테루오카 슈우죠오(暉峻衆三) 48
토하타 세이이치(東畑精一) 64, 271
피티(Mark R. Peattie) 22, 23
하라 아키라(原朗) 207, 235
하시모토 쥬로(橋本壽朗) 183, 184
하시야 히로시(橋谷弘) 161
허수열(許粹烈) 153, 164, 165, 289, 292
호리 가즈오(堀和生) 23, 25, 135, 138, 141, 153, 160, 161, 183, 204

허수열

서울대학교 경제학과와 대학원을 졸업하고, 경제학 박사 학위를 받았다. 일본 교토대학교 초빙 외국인 학자, 미국 하버드대학교 visiting scholar를 지냈고, 현재 충남대학교 경상대학 경제학과 교수로 재직 중이다.
E-mail : syhuh@cnu.ac.kr

주요연구

- 「日帝下 實質賃金(變動) 推計」, 『경제사학』, 1981
- 「日帝下 韓國에 있어서 植民地的 工業의 性格에 關한 一硏究」(박사학위논문), 1983
- 「조선인 노동력의 강제동원의 실태」, 『일제의 한국 식민 통치』(차기벽 엮음), 정음사, 1985
- 「日帝下 韓國人會社 및 韓國人重役의 分析」, 『近代朝鮮의 經濟構造』(安秉直 等 編), 比峰出版社, 1989
- 「日帝下 朝鮮人工場의 動態―1930年代 "朝鮮工場名簿" 分析을 中心으로」, 『近代朝鮮 工業化의 硏究』, (安秉直 等 編), 一潮閣, 1993
- 「植民地的 工業化의 特徵」, 『工業化의 諸類型』(吳斗煥 編), 經文社, 1996
- 「개발과 수탈'론 비판」, 『역사비평』, 1999
- 「'지식정보화' 시대의 경제사」, 『역사학과 지식정보사회』(역사학회 편), 서울대학교출판부, 2001
- 「일제하 조선의 각종 수익률」, 『경제사학』, 2003

개발 없는 개발

1판 1쇄 발행 2005년 3월 16일
개정1판 1쇄 발행 2011년 12월 23일
개정2판 1쇄 발행 2016년 3월 25일
개정2판 4쇄 발행 2024년 11월 18일

지은이 · 허수열
펴낸이 · 주연선

(주)은행나무
04035 서울특별시 마포구 양화로11길 54
전화 · 02)3143-0651~3 | 팩스 · 02)3143-0654
신고번호 · 제 1997-000168호(1997. 12. 12)
www.ehbook.co.kr
ehbook@ehbook.co.kr

잘못된 책은 바꿔드립니다.
ISBN 978-89-5660-572-2 93320